O Ministério Público
Na Investigação Criminal

EDITORA AFILIADA

"O livro é a porta que se abre para a realização do homem."

Jair Lot Vieira

VALTER FOLETO SANTIN

Promotor de Justiça em São Paulo. Mestre e Doutor em Processo pela Faculdade de Direito da Universidade de São Paulo. Bacharel pela Faculdade de Direito de Presidente Prudente. Professor do programa de pós-graduação da Faculdade de Direito do Norte Pioneiro – FUNDINOPI, em Jacarezinho, da Universidade Estadual do Paraná. Professor de graduação do curso de Direito da Universidade Ibirapuera (UNIB), de São Paulo.

O MINISTÉRIO PÚBLICO NA INVESTIGAÇÃO CRIMINAL

2ª EDIÇÃO REVISTA E AMPLIADA

O Ministério Público na Investigação Criminal

VALTER FOLETO SANTIN

2ª Edição 2007

Supervisão editorial: *Jair Lot Vieira*
Produção editorial: *Alexandre Rudyard Benevides ME*
Revisão: *Ricardo Virando*
Digitação: *Disquetes fornecidos pelo Autor*

Nº *de Catálogo:* 1315

**Dados de Catalogação na Fonte (CIP) Internacional
(Câmara Brasileira do Livro, SP, Brasil)**

Santin, Valter Foleto
   O Ministério Público na investigação criminal / Valter Foleto Santin – 2ª ed., rev. e ampl. – Bauru, SP: EDIPRO, 2007.

   ISBN 978-85-7283-587-9

   1. Investigação criminal – Brasil 2. Ministério Público – Brasil 3. Polícia – Brasil 4. Processo penal – Brasil.

   01-3712   CDU-343.977.3:347.963(81)

Índices para catálogo sistemático:
1. Brasil : Investigação criminal e Ministério Público : Direito : 343.977.3:347.963(81)
2. Brasil : Ministério Público e investigação criminal : Direito : 343.977.3:347.963(81)

edições profissionais ltda.

São Paulo: Fone (11) 3107-4788 – Fax (11) 3107-0061
Bauru: Fone (14) 3234-1104 – Fax (14) 3214-4122
edipro@edipro.com.br

AGRADECIMENTOS

Agradeço à minha esposa Sandra e aos meus filhos Caio Henrique e Gustavo Luiz pelo apoio e compreensão pelas restrições de convivência e lazer.

Consigno os meus votos de reconhecimento à professora Ada Pellegrini Grinover, minha orientadora no Mestrado da Faculdade de Direito da Universidade de São Paulo, pelos ensinamentos transmitidos durante a orientação, essenciais para o desenvolvimento e finalização do trabalho com êxito.

As críticas e sugestões dos professores Antonio Scarance Fernandes, Antonio Magalhães Gomes Filho e Maurício Antonio Ribeiro Lopes, durante as fases de qualificação e defesa da dissertação, no Mestrado, foram importantes para a revisão de alguns conceitos, a solidificação de posições originárias e a busca de melhorias técnicas e jurídicas sobre o tema da investigação criminal.

Uma lembrança carinhosa aos professores do grupo escolar, ginásio e colegial de Nova Londrina, Paraná, da Faculdade de Direito de Presidente Prudente, e da Faculdade de Direito da Universidade de São Paulo, pelos bons ensinamentos nos ensinos fundamental, médio, graduação no bacharelado e pós-graduação (Mestrado e Doutorado).

Agradeço pelo estímulo aos meus colegas do Ministério Público do Estado de São Paulo, do meio forense e da advocacia, da docência e da discência, aos professores e amigos de infância, juventude e maturidade de Nova Londrina, Presidente Prudente, Araçatuba, Quatá, Presidente Epitácio, Diadema e, São Paulo, cidades onde estudei, trabalhei e vivi períodos importantes da minha vida, adquirindo e transmitindo ensinamentos, conceitos e posturas para o crescimento da minha personalidade e do meu jeito de ser. Lembro dos colegas e amigos do Ministério Público de Mato Grosso pela acolhida sempre fraterna e especial interesse pelo tema da investigação criminal.

Agradeço aos meus pais Arlindo (in memoriam*) e Ester, e aos meus irmãos Valdir* (in memoriam)*, Valdomiro, Vani, Wilmar, Vitalino, Vilma, Marli e Viviane pelas energias positivas, lições de vida favoráveis e convivência familiar harmoniosa, especialmente pelo que todos representam na minha vida e na formação do meu caráter. Não esqueço os meus sogros Pedro e Maria.*

Um agradecimento especial in memoriam *ao meu pai Arlindo Santin e ao tio Izidoro Camilo Foletto, doutores da vida e do bom humor, pelos constantes estímulos e pela marcante alegria na minha realização profissional e acadêmica. Ao meu irmão Valdir, que transmitiu um estilo de vida, de que vale a pena sonhar para realizar.*

SUMÁRIO

APRESENTAÇÃO 19

Capítulo I
NOÇÕES SOBRE A INVESTIGAÇÃO CRIMINAL 21
Seção I – Breve história da investigação criminal 21
   1. Egito, Grécia e Roma 21
   2. A Igreja e os invasores 24
   3. As Ordenações do Reino e a atualidade 27
Seção II – Investigação criminal no Brasil 30
   1. A investigação criminal 30
   2. Modalidades de investigações criminais estatais e privadas 31
   3. Instrumentos de investigação criminal 32
   4. Escritura da investigação 33
Seção III – Características dos instrumentos de investigação policial 34
   1. Inquérito Policial 34
      1.1. Início do inquérito policial 35
      1.2. Atribuições policiais no inquérito policial 37
      1.3. Prazo de término do inquérito policial 37
      1.4. Relatório do inquérito policial 38
   2. Termo Circunstanciado 38
   3. Inquérito Policial Militar 42

Seção IV – Características dos instrumentos de investigação extrapolicial 42
   1. Inquéritos, procedimentos e processos administrativos 42
   2. Inquérito ou Processo Judicial 46
   3. Procedimento administrativo do Ministério Público 46
   4. Procedimento de investigação parlamentar 47
   5. Peças de informação particulares 48

Seção V – Poder de polícia 48
   1. Poder de polícia (Limitações administrativas) 48
   2. Poder de polícia no Processo Penal 50

Capítulo II
A POLÍCIA: FUNÇÕES E CONTROLE 51

Seção I – Características da polícia 51
   1. Generalidades 51
   2. Polícia brasileira 52
   3. Natureza jurídica da polícia 52
   4. Espécies de polícia e sua destinação 53
   5. Polícia privada 54

Seção II – Funções de polícia 55
   1. Divisão tradicional das funções de polícia 55
   2. Polícia de segurança pública 56
   3. Polícia de investigação criminal e polícia judiciária .. 59
   4. Função de polícia judiciária 61
   5. Princípio da universalização da investigação criminal 62
   6. Inexistência de exclusividade de investigação criminal 69

Seção III – Controle externo da polícia 73
   1. Controle interno e externo da polícia 73
   2. Controle externo da polícia 74
      2.1. Controle externo da polícia pelo Judiciário 74
      2.2. Controle da polícia pela sociedade 76
      2.3. Controle da polícia pelo Ministério Público 77

3. Finalidades do controle externo da polícia pelo Ministério Público 78
4. Limites e instrumentos de controle da polícia pelo Ministério Público 82
5. Controle judicial na tramitação do Inquérito Policial . 85
6. Encaminhamento dos autos diretamente ao Ministério Público 87

Capítulo III
SISTEMAS PROCESSUAIS PENAIS 89
Seção I – Classificação e características dos sistemas processuais 89
1. Classificação dos sistemas processuais 89
2. Sistema misto clássico 90
3. Sistema misto com juizado de instrução contraditório 91
4. Sistema acusatório sem juizado de instrução 92
Seção II – Sistema misto Clássico: França, Bélgica, Uruguai, Colômbia e México 93
1. França 93
   1.1. Noções gerais 93
   1.2. Polícia francesa 94
   1.3. Ministério Público francês 94
   1.4. Juizado de Instrução 96
2. Bélgica 97
   2.1. Noções gerais 97
   2.2. Ministério Público belga 98
   2.3. Juizado de Instrução belga 99
3. Uruguai 100
   3.1. Noções gerais 100
   3.2. Tendência de modelo acusatório 101
4. Colômbia 102
   4.1. Noções gerais 102
   4.2. Fiscalia Geral da Nação e Ministério Público .. 103
      4.2.1. Funções da Fiscalia Geral da Nação 104
      4.2.2. Funções do Ministério Público 104

5. México 105
   5.1. Noções gerais 105
   5.2. Ministério Público mexicano 105

Seção III – Sistema misto com Juizado de Instrução Contraditório: Espanha, Argentina e Peru 108

1. Espanha 108
   1.1. Noções gerais 108
   1.2. Fase de instrução 108
   1.3. Fase de juízo 109
2. Argentina 109
   2.1. Códigos Nacional e Provinciais 109
   2.2. O Ministério Público e a investigação 111
3. Peru 112
   3.1. Noções gerais 112
   3.2. Ministério Público peruano 113

Seção IV – Sistema acusatório sem Juizado de Instrução: Itália, Portugal, Alemanha, Inglaterra, Estados Unidos da América e Paraguai 114

1. Itália 114
   1.1. Noções gerais 114
   1.2. O Ministério Público dirige as investigações preliminares 115
   1.3. A polícia comunica o crime ao Ministério Público 115
   1.4. Avocação das *indagini preliminari* 116
   1.5. Prazo para conclusão das investigações 116
2. Portugal 116
   2.1. Noções gerais 116
   2.2. Ministério Público português 117
   2.3. A direção do inquérito pelo Ministério Público 118
3. Alemanha 119
   3.1. Noções gerais 119
   3.2. Ministério Público e direção da investigação criminal 120
   3.3. Relação hierárquica entre Ministério Público e agentes policiais 120
   3.4. Discricionariedade da ação penal 121

4. Inglaterra 122

    4.1. Noções gerais 122

    4.2. Polícia inglesa 123

    4.3. Ministério Público inglês 123

    4.4. Fase preparatória 124

    4.5. Ação penal 125

5. Estados Unidos da América 125

    5.1. Noções gerais 125

    5.2. Ministério Público americano 126

        5.2.1. Finalidade institucional do Ministério Público 128

        5.2.2. Atuação na investigação criminal e discricionariedade 128

6. Paraguai 130

    6.1. Noções gerais 130

    6.2. Intervenção preliminar da Polícia Nacional 130

    6.3. Investigações pelo Ministério Público e controle judicial 131

    6.4. Requerimento do Ministério Público ao juiz penal 132

Seção V – Sistema processual brasileiro e o modelo ideal .. 133

    1. Sistema adotado 133

    2. Alguns sinais do Juizado de Instrução 133

    3. Investigação criminal brasileira 134

    4. Sistema processual ideal: o modelo acusatório 134

Capítulo IV

PROCEDIMENTO ADMINISTRATIVO E PROCESSOS JUDI-CIAL E ADMINISTRATIVO 137

Seção I – Procedimento e processos e as características das investigações 137

    1. Importância das características jurídicas da investigação criminal 137

    2. Investigação criminal como processo administrativo 138

3. Investigação criminal como processo judicial 139

4. Investigação criminal como procedimento administrativo 142

5. Sindicância e inquérito administrativo 146

Seção II – Processo administrativo e garantias constitucionais 147

1. Processo administrativo e Estado Democrático de Direito 147

2. Processo administrativo, acusados e litigantes 149

3. Noções sobre contraditório e ampla defesa no processo 152

4. Contraditório no processo administrativo 154

5. Ampla defesa no processo administrativo 156

6. Devido processo legal no processo administrativo .. 157

Seção III – Procedimento administrativo investigatório e direitos constitucionais 158

1. Publicidade e sigilo do procedimento investigatório 158

2. Procedimento administrativo investigatório, contraditório e ampla defesa 160

3. Contraditório e ampla defesa de indiciado preso e nas medidas cautelares 164

4. Conseqüências da falta de contraditório na investigação criminal 165

Capítulo V

A VÍTIMA, A DEFESA, O JUIZ E A SOCIEDADE NA INVESTIGAÇÃO CRIMINAL 167

Seção I – O papel da vítima e do cidadão no processo penal. 167

1. Noções gerais 167

2. O papel da vítima no Brasil 168

3. O papel da vítima no Exterior 170

4. O papel do cidadão 172

Seção II – A defesa na investigação criminal 173

1. A defesa na investigação criminal 173

2. Direito de informação da defesa e sigilo 174

3. Contraditório mitigado 175
4. Preso e assistência de advogado 178
5. Participação da defesa na investigação criminal ... 179
6. Contraditório e ampla defesa nas medidas e ações cautelares 182

Seção III – A imprensa e os meios de comunicação na investigação criminal 183
1. A atuação da imprensa 183
2. Jornalismo investigativo 183
3. O sensacionalismo da imprensa e veículos de comunicação 186
4. A garantia do silêncio do entrevistado 187

Seção IV – O juiz na investigação criminal 188
1. Função do juiz no sistema acusatório 188
2. As investigações judiciais 189
3. Inconstitucionalidade do poder investigatório do juiz. 192
4. A investigação de crimes praticados por juízes 194

Capítulo VI
MINISTÉRIO PÚBLICO BRASILEIRO 195
Seção I – Origem, funções e estrutura 195
1. A origem e a legislação 195
2. Conceito e formato constitucional 198
   2.1. Instituição permanente 198
   2.2. Função essencial 199
   2.3. Zelo pelo interesse público 200
   2.4. Defesa da ordem jurídica 201
   2.5. Defesa do regime democrático 202
   2.6. Defesa dos interesses sociais 203
   2.7. Defesa dos interesses individuais indisponíveis 205
3. Princípios institucionais 205
   3.1. Unidade 205
   3.2. Indivisibilidade 206
   3.3. Autonomia funcional e administrativa 206
4. Garantias e prerrogativas dos órgãos 210

5. Funções típicas e atípicas, exclusivas e concorrentes 210

    5.1. Funções típicas 211

    5.2. Funções atípicas 211

    5.3. Funções exclusivas e concorrentes 212

6. Campo de atuação 212

7. Estrutura organizacional do Ministério Público 213

    7.1. Ministério Público da União 213

        7.1.1. Ministério Público Federal 214

        7.1.2. Ministério Público do Trabalho 214

        7.1.3. Ministério Público Militar 215

        7.1.4. Ministério Público do Distrito Federal e Territórios 215

        7.1.5. Ministério Público junto à Justiça Eleitoral 216

    7.2. Ministério Público dos Estados 216

    7.3. Ministério Público perante o Tribunal de Contas 216

Seção II – O papel atual do Ministério Público na ação penal e na investigação criminal 217

1. O Ministério Público na ação penal 217

2. Elementos mínimos para iniciação da ação penal . 219

3. Movimentação de ação penal pública por outros entes públicos 220

4. Requisição e acompanhamento de Inquérito Policial 221

Seção III – Caminhos do Ministério Público brasileiro 222

1. Liderança do Ministério Público no combate ao crime e prioridades 222

2. Prevenção de crimes e política de segurança pública 224

3. Política criminal e discricionariedade 227

4. Participação do processo legislativo 229

5. Pedidos de prisões apenas pelo Ministério Público 232

6. Recebimento de comunicação de crimes 233

7. Direção, supervisão, fiscalização e controle da investigação 235

8. Avocação das investigações 239

Capítulo VII

O MINISTÉRIO PÚBLICO NAS INVESTIGAÇÕES CRIMINAIS 241

Seção I – O sistema atual e o distanciamento do Ministério Público 241

    1. O sistema atual de investigação pela polícia 241

    2. O inadequado distanciamento do Ministério Público 245

Seção II – Possibilidade jurídica da investigação criminal pelo Ministério Público 246

    1. Respaldo constitucional e legal 246

        1.1. Respaldo por Resolução do CNMP 249

    2. O questionamento do poder investigatório do Ministério Público 251

        2.1. Jurisprudência do STF 252

        2.2. Jurisprudência do STJ.................................... 257

        2.3. Jurisprudência dos TRFs................................ 265

        2.4. Jurisprudência dos Tribunais de Justiça 267

        2.5. Doutrina favorável à investigação pelo MP 271

        2.6. Doutrina contrária à investigação pelo MP....... 276

Seção III – Hipóteses de atuação investigatória do Ministério Público 277

    1. Crimes praticados por membros do Ministério Público 277

    2. Investigação de crimes praticados por indiciados sem foro especial 278

    3. Experiências de investigação do Ministério Público 279

    4. As Investigações por atos infracionais de adolescentes 279

Seção IV – A maior participação do Ministério Público nas investigações: Vantagens e desvantagens 280

    1. O problema da participação do Ministério Público . 280

    2. Razões para o aumento da participação do Ministério Público 281

        2.1. Celeridade das investigações 282

        2.2. Imediação 282

        2.3. Universalização das investigações 283

2.4. Melhoria da qualidade dos elementos investigatórios 283

2.5. Prevenção e correção de falhas no trabalho policial 284

2.6. A dificultação de desvios funcionais da polícia .. 284

2.7. Efetivação do controle externo da polícia 285

Seção V – Mecanismos e instrumentos de atuação do Ministério Público na fase preliminar 286

1. Mecanismos de atuação do Ministério Público 286

2. Meios de participação do Ministério Público na investigação criminal 286

3. Instrumentos investigatórios do Ministério Público 287

   3.1. Uso do inquérito policial 287

   3.2. Procedimento autônomo: procedimento investigatório criminal 288

4. Características do procedimento administrativo do Ministério Público 289

   4.1. Discricionariedade e legalidade 289

   4.2. Publicidade, moralidade e impessoalidade 290

5. Controles judicial e administrativo da investigação conduzida pelo Ministério Público 292

Seção VI – Hipóteses para a mudança do sistema atual 294

1. Hipóteses de mudança 294

2. A situação da polícia 295

   2.1. Diminuição dos poderes policiais na investigação criminal 296

   2.2. Polícia encarregada das primeiras providências urgentes 296

3. A situação do Ministério Público 297

   3.1. A necessidade da participação do Ministério Público 297

   3.2. Titularidade das investigações pelo Ministério Público 297

   3.3. Supervisão do Ministério Público 298

4. Delegação de funções investigatórias 298

5. O sistema hierárquico 299

6. Mudança constitucional 299

SUMÁRIO

Seção VII – Supervisão dirigente ou comando das investigações e seleção dos casos 301

   1. Supervisão dirigente das investigações pelo Ministério Público 301

   2. O encargo da polícia no novo sistema 302

   3. O sistema hierárquico na supervisão dirigente 302

   4. A co-participação da polícia e Ministério Público nas investigações criminais 303

CONCLUSÕES 305

JURISPRUDÊNCIA SELECIONADA DE TRIBUNAIS 307

APÊNDICE – LEGISLAÇÃO 327

   RESOLUÇÃO CNMP Nº 13, DE 2 DE OUTUBRO DE 2006 – *Regulamenta o art. 8º da Lei Complementar nº 75/1993 e o art. 26 da Lei nº 8.625/1993, disciplinando, no âmbito do Ministério Público, a instauração e tramitação do procedimento investigatório criminal, e dá outras providências* 327

BIBLIOGRAFIA 333

ÍNDICE ALFABÉTICO-REMISSIVO 343

APRESENTAÇÃO

A presente obra é originária da dissertação denominada "O Ministério Público na Investigação Criminal", apresentada na Faculdade de Direito da Universidade de São Paulo, para a obtenção do título de Mestre em Processo. A defesa da dissertação ocorreu em novembro de 1999, perante a banca composta pelos professores Ada Pellegrini Grinover (orientadora), Antonio Scarance Fernandes e Mauricio Antonio Ribeiro Lopes. O autor foi aprovado e recebeu o título de Mestre em Processo. A dissertação original foi revisada e ampliada, com alterações de capítulos e itens do trabalho, maior desenvolvimento de assuntos e inserção de novas matérias necessárias para a melhoria da obra.

O tema da obra é importante na atualidade, tendo em vista a necessidade e interesse da sociedade de que os fatos em investigação sejam esclarecidos rapidamente, para possibilitar o arquivamento ou o início de ações penais, muitas vezes postergadas pela ineficiência do mecanismo tradicional de investigação criminal pela polícia e o distanciamento do Ministério Público, titular da ação penal, da colheita dos elementos antecedentes à ação penal.

O trabalho pretende estimular um campo de discussão sobre a fase de investigação criminal, na abordagem de assuntos como a investigação criminal, os entes públicos encarregados da função de investigar, a universalização da investigação, a inexistência de exclusividade da polícia na investigação, a distinção entre as funções de investigar e de polícia judiciária, o aumento da intervenção do Ministério Público antes do início da ação penal, a participação da vítima, do cidadão, do indiciado, da defesa e da imprensa no trabalho de investigação, o papel do juiz, os sistemas processuais, o processo e o procedimento administrativo, o contraditório e a ampla defesa na fase de investigação e o controle externo da polícia. Essa temática torna a obra interessante para juízes, membros do Ministério Público, advogados, policiais e estudiosos, na busca de maiores conhecimentos teóricos e práticos sobre a investigação criminal, os seus problemas e propostas de soluções.

O autor propôs algumas inovações sobre a atuação do Ministério Público, indicando novos caminhos para a instituição, como a ampliação do conceito de ação penal, o aprofundamento da intervenção na fase de investigação, a supervisão ou comando das investigações, o efetivo controle da polícia, o acompanhamento do processo de fixação e alteração da política de segurança pública e prevenção de crimes e da sua execução, o exercício de política criminal e a participação do processo legislativo de criação e modificação de normas penais, processuais penais e de interesses difusos, coletivos e sociais.

Na 1ª edição, em 2001, pretendia o estímulo à discussão sobre o tema: "A maior pretensão da obra é estimular a discussão sobre a investigação criminal, um pouco esquecida pelos processualistas penais. Se porventura conseguir mais que o estímulo ao debate, o autor sentir-se-á ainda mais recompensado. Aguarda-se a resposta dos críticos e a opinião dos leitores".

Felizmente, por uma série de fatores sociais, políticos e jurídicos, a investigação criminal, que era um assunto pouco doutrinado, passou a objeto de intenso debate, com inúmeros artigos doutrinários e obras jurídicas, e especial enfoque sobre a possibilidade do Ministério Público investigar.

Nesta edição, o autor acrescentou informações a respeito do assunto e debate jurisprudencial, na busca de aperfeiçoamento do trabalho, mas com a manutenção da estrutura originária da obra.

O tema da investigação criminal e a participação ativa do Ministério Público, além de outros temas relacionados à fase pré-processual, merecem maior estudo doutrinário, pela riqueza de assuntos inexplorados, que podem ser objetos de novas obras próprias e de outros estudiosos.

Valter Foleto Santin

CAPÍTULO *I*
Noções sobre
A Investigação Criminal

Seção I
BREVE HISTÓRIA DA INVESTIGAÇÃO CRIMINAL

1. EGITO, GRÉCIA E ROMA

A história não é muito clara sobre a investigação criminal e os seus condutores na Antiguidade.

No Egito, 4000 anos a.C., o funcionário real *magiaí* tinha múltiplas e amplas funções civis e criminais, podendo ser inferida a sua participação na investigação criminal. Os seus deveres eram: *I)* ser a língua e os olhos do rei do país; *II)* castigar os rebeldes, reprimir os violentos, proteger os cidadãos pacíficos; *III)* acolher os pedidos do homem justo e verdadeiro, perseguindo o malvado e mentiroso; *IV)* ser o marido da viúva e o pai do órfão; *V)* fazer ouvir as palavras da acusação, indicando as disposições legais aplicáveis em cada caso; *VI)* tomar parte nas instruções para descobrir a verdade.[1] Os doutrinadores

---

1. Roberto Lyra, *Teoria e Prática da Promotoria Pública*, Sérgio Antonio Fabris Editor e Escola Superior do Ministério Público do Rio Grande do Sul, Porto Alegre, 1989,

vêem nesse funcionário até mesmo a origem mais remota do Ministério Público.[2]

Na qualidade de "língua e olhos do rei" o *magiaí* desempenhava o dever de "castigar os rebeldes, reprimir os violentos, proteger os cidadãos pacíficos e acolher os pedidos do homem justo e verdadeiro, perseguindo os malvados e mentirosos", no campo penal. Ao "fazer ouvir as palavras da acusação, indicando as disposições da lei que se aplicam ao caso" e "participar das instruções para descobrir a verdade" exercia a sua responsabilidade na área processual penal.[3]

O comandante da cidade também figuraria como acusador, conforme extraído dos Papiros Abbott e Amhurst.[4] A própria testemunha do fato criminoso tinha o "dever cívico" de proceder à acusação e era encarregada de exercer a "polícia repressiva e auxiliar da instrução".[5]

Na Grécia, o temósteta ou tesmoteta tinha a missão de denunciar os delitos à Assembléia do Povo ou ao Senado, para a designação de um acusador.[6] Ele trazia apenas a *notitia criminis* e o órgão provocado designava o cidadão para mover a ação penal.[7] Ao noticiar o deli-

---

2ª ed., p. 17; Antonio Carlos de Araújo Cintra, Ada Pellegrini Grinover e Cândido R. Dinamarco, *Teoria Geral do Processo*, 12ª ed., 1996, Malheiros, p. 211; Antonio Cláudio da Costa Machado, *A intervenção do Ministério Público no Processo Civil Brasileiro*, Saraiva, 1989, p. 10; Ary Florêncio Guimarães, *O Ministério Público no Mandado de Segurança*, Curitiba, 1959, p. 55-56; Mario Vellani, *Il Pubblico Ministero nel Processo*, Nicola Zanichelli Editore, Bologna, 1965, v. 1, p. 15; Berto Valori, "Le funzioni del pubblico ministero nell'antico Egitto", *in Arch. Giur.*, CX, 1933, p. 33 ss., espec. p. 36, *apud* Vellani.

2. Lyra, Vellani, Valori, Machado, Cintra, Grinover e Dinamarco, *op. cit.*, mesmas páginas; Raulino Jacó Bruning, *O Controle dos Atos Administrativos pelo Ministério Publico*, Sérgio Fabris Editor e Ed. da FURB, 1989, Porto Alegre, p. 71/72; Hugo Nigro Mazzilli, *Manual do Promotor de Justiça*, Saraiva, São Paulo, 1987, p. 1; O Ministério Público na Constituição de 1988, Saraiva, 1989, p. 2, e *Regime Jurídico do Ministério Público*, Saraiva, 1993, p. 2; José Damião Pinheiro Machado Cogan, *Mandado de Segurança na Justiça Criminal e Ministério Publico*, Saraiva, São Paulo, 1990, p. 79,

3. Antonio Machado, *op. cit.*, mesma página.

4. L'Amellino (Il diritto e la procedura penale nell'antico Egitto, negli studi pubblicati per il cinquantesimo anno d'insegnamento di Enrico Pessina, II, Napoli, 1899, p. 482) sustentou que "dai Papiri Abbot ed Amhurst rileviamo che il comandante della città figura come pubblico accusatore..." e "dal medesimo Papiro Abbott possiamo rilevare la formula del vero atto di accusa. Il comandante della città, quale rappresentante il Pubblico Ministero..." (apud Vellani, *op. cit.*, p. 15, nota de rodapé 14).

5. João Mendes de Almeida Júnior, *O Processo Criminal Brasileiro*, Freitas Bastos, Rio e São Paulo, 4ª ed.,1959, v. 1, p. 16-18.

6. José Damião Cogan, *op. cit.*, p. 79-80.

7. Hélio Tornaghi, *Instituições de Processo Penal*, São Paulo, Saraiva, 1978, v. 2, p. 418; José Damião Cogan, *op. cit.*, p. 80.

to, o temósteta efetuava trabalho semelhante à polícia, sem proceder à acusação, distanciando-se um pouco da função principal do Ministério Público de promover a acusação.

Em Atenas, o direito de acusação por delitos públicos pertencia ao cidadão. No período entre a denúncia e o julgamento, "o acusador era quem coligia e reunia as provas para produzi-las durante os debates no dia do julgamento", mesmo direito concedido ao acusado, o qual "buscava as provas da sua defesa e prestava juramento de dizer a verdade". Nos delitos privados a acusação era feita pelo ofendido, pais, tutor ou senhor.[8] Há menção de vestígios de magistrados incumbidos de perseguir os crimes públicos cometidos contra as pessoas, quando houvesse receio de que os criminosos ficassem impunes ou porque a vítima não tivesse parentes ou porque estes fossem pouco diligentes no procedimento criminal[9] ou para os crimes contra a pátria, magistrados denominados *tesmotetas*, com atribuição de "vigilância e de dar denúncia ou perante o Senado ou perante a Assembléia do Povo, que designava, se era aceita a denúncia, um cidadão para sustentar a acusação e determinava o número de juízes para tomar conhecimento do fato".[10] Os *estínomos*, magistrados eleitos, eram encarregados do serviço policial, uma espécie de sindicância investigatória.[11]

Em Esparta, os *éforos* eram incumbidos de responsabilizar criminalmente os acusados se os ofendidos não se interessassem pela acusação, para evitar a impunidade. Os éforos também exerceram funções de censores, acusadores e juízes.[12]

Em Roma, o povo ou o ofendido tinha a iniciativa do procedimento criminal, de cunho privado. Os participantes dos julgamentos eram movidos por paixões e interesses, em verdadeiros torneios de eloquência facciosa. César, Cícero, Hortêncio e Catão exerciam o trabalho acusatório romano com maior destaque.[13] Durante a República e

---

8. Almeida Júnior, *op. cit.*, p. 23-24.

9. Alberto dos Reis, "História do Ministério Público, Ministério Público", extraída da obra *Da Organização Judicial* (1905), republicada na *Revista do Ministério Público* nº 66, do Sindicato dos Magistrados do Ministério Público, de Portugal, www.smmp. pt/mp66.htm.

10. Almeida Júnior, *op. cit.*, p. 23. É o mesmo sistema da Grécia.

11. Fustel de Coulanges, *A Cidade Antiga – Estudos sobre o Culto, o Direito e as Instituições da Grécia e de Roma*, trad. de Edson Bini, Edipro, Bauru, SP, 3ª ed., 2001; Adilson Mehmeri, *Inquérito Policial (Dinâmica)*, Saraiva, São Paulo, 1992, p. 3.

12. José Damião Cogan, *op. cit.*, p. 80.

13. Roberto Lyra, *op. cit.*, mesma página.

a Monarquia qualquer cidadão podia acusar, mediante autorização do pretor, legitimidade para a acusação conferida inicialmente ao ofendido ou aos parentes.[14]

Através da *inquisitio*, procedia-se aos trabalhos de investigação do crime e da autoria. O magistrado (pretor) delegava à vítima ou parentes poderes investigatórios e acusatórios. O acusado também recebia a faculdade de investigar, para colher elementos inocentadores.[15] Posteriormente, com a plena publicização do *jus puniendi,* a função investigatória passou a ser exclusiva de agentes públicos, investidos de poderes legais.[16] No fim do Império Romano, funcionavam os *curiosi, encarregados* de percorrer províncias e apontar ao imperador abusos cometidos.[17] Subordinados ao *proefectus vigilum*, chefe da polícia preventiva e repressiva,[18] além dos *curiosi*, atuavam os *irenarchi* e os *stationari*, todos agentes policiais, encarregados de percorrer o território, investigar os crimes, prender os indiciados, fazer e reduzir a autos as diligências do inquérito e remetê-lo ao prefeito ou à autoridade judiciária,[19] instituições que teriam originado o Ministério Público.[20]

Na República, os julgamentos criminais eram feitos em regra por Júri Popular. Nessa fase, as distinções entre as fases de investigação prévia e a instrução do processo são tênues, normalmente conduzidas por um juiz.[21]

2. A IGREJA E OS INVASORES

A partir do século V a Igreja passou a influenciar a jurisdição criminal. Os imperadores romanos Honório e Justino concederam aos bispos o direito de inspecionar as prisões e os processos.[22]

---

14. Ada Pellegrini Grinover, *Liberdades Públicas e Processo Penal – As interceptações Telefônicas*, Revista dos Tribunais, São Paulo, 1982, 2ª ed., p. 29.
15. "A bilateralidade investigatória era chamada de contraditório" (Adilson Mehmeri, *op. cit.*, p. 3).
16. Adilson Mehmeri, *op. cit.*, mesma página.
17. Antonio Machado, *op. cit.*, mesma página.
18. Almeida Júnior, *op. cit.*, p. 42, com base no *Dig., de off. proef. vigilum*.
19. Almeida Júnior, *op. cit.*, mesma página, com base no *Dig., e cust. reord.*, L. 6 § 1º; Fernando da Costa Tourinho Filho, *Processo Penal*, Saraiva, São Paulo, 1990, 12ª ed., v. 1, p. 170.
20. Francesco Tronci vislumbra vaga idéia da origem do Ministério Público nos *irenarchi, stazionari* e *curiosi* (*Sul Pubblico Ministero*, Tipografia Timon, Cagliari, 1862, p. 15); Vellani, *op. cit.*, p. 11/12; Antonio Machado, *op. cit.*, p. 12.
21. Almeida Júnior, *op. cit.*, p. 47.
22. Almeida Júnior, *op. cit.*, p. 46.

A influência da Igreja gradativamente foi aumentando e coincidiu com o período de invasões de bárbaros e árabes.[23]

As invasões de bárbaros e árabes concorreram para as alterações institucionais e processuais.

Os Visigodos[24] tinham duas jurisdições: a assembléia dos homens livres (o *mallum*), para os crimes graves, e a dos homens mais velhos e considerados (*seniores, boni homines*), para os delitos leves. Depois, o *mallum* do conde (chefe) tornou-se o tribunal ordinário, em que ninguém podia ser condenado sem ser acusado pelo ofendido e ouvido, salvo em estado de flagrante delito e clamor geral. Na falta de testemunhas dos fatos, os membros da comunidade testemunhavam a favor e contra o réu; se desfavoráveis os testemunhos, empregavam-se as *ordálias* (torturas na água ou com ferro quente).

Os bárbaros deixaram-se influenciar pela autoridade moral dos bispos e pelas leis romanas, tanto que Alarico, em 506, mandou formar o *Breviarum*, extrato dos Códigos Gregoriano, Hermogeneano e Teodosiano, algumas Novelas, Institutas de Gaio e das Sentenças de Paulo. Em 693, o rei Egica apresentou o Código Visigótico ou *Forum Judicum* no Concílio XVI de Toledo, depois traduzido do latim para o espanhol vulgar, com o nome de *Fuero Jusgo*. Os Condes ou Duques eram os juízes naturais em seus distritos. As sentenças dos juízes inferiores das localidades podiam ser apeladas para os Condes ou Duques.

O direito de acusação podia ser exercido pelo povo, nos crimes graves, ou ao ofendido e seus parentes. A acusação era baseada principalmente na apresentação do corpo de delito ou flagrante delito, fundada no clamor público ou no clamor do ofendido, com início do processo sumário (*rancuroso*). Em certos crimes, a *inquisitio* era feita por comissários do Conde. O processo criminal era iniciado pelo *clamor*, pela *inscriptio* e pela *denúncia* (crimes capitais). O saião, oficial de justiça, era encarregado da citação do acusado, mas também exercia certas funções de Ministério Público na promoção das acusações.

Os árabes prestigiaram a polícia, indicando a conveniência da separação da judicatura e da polícia. Essa postura explicaria a influência nos nomes das autoridades policiais na monarquia portuguesa

---

23. Sobre a influência da igreja e dos invasores vide Almeida Jr., *op. cit.*, p. 52-89.

24. Povo germânico que invadiu a província romana da Dácia no século III d.C. Liderados por Alarico I, invadiram a Trácia e a Itália, saqueando Roma. Fundaram um reino na Gália e na França (419). Roderico, da Espanha, perdeu o trono para os mouros em 711, marco do domínio muçulmano na península ibérica (*Nova Enciclopédia Ilustrada Folha*, Folha da Manhã, São Paulo, 1996, v. 2, p. 989).

(alvazis, vereadores, alcaide-mor, alcaide pequeno e almotacés), de origem árabe.

A influência do clero cresceu, depois que D. Sancho I litigou com os Bispos do Porto e de Coimbra e pediu perdão. D. Afonso II, sucessor de D. Sancho I, em comum com os bispos, estabeleceu juízes.

Nos Forais portugueses,[25] incidiam no processo os princípios da acusação por clamor do ofendido ou do povo, a plenitude da defesa e o julgamento por homens bons. A ação penal era iniciada com ou sem gritaria, *cum rancura* ou *sine rancura*. A ação penal com gritaria ocorria quando o réu era preso em flagrante delito e o acusador trazia a juízo o corpo do delito e vinha clamando: "Cavaleiros e Peões!", grito depois substituído na monarquia por "Aqui d'El Rei!". A ação penal sem gritaria ocorria quando não havia flagrante, de forma direta (esquissa, por testemunhos de homens bons e instrumentos) ou indireta (combate judiciário, ferro quente, água quente, juramentos).

D. Afonso IV, que sucedeu D. Diniz, em 1325, foi o rei que instituiu as primeiras normas gerais para o processo penal, ao mandar os juízes de fora residirem no lugar durante um certo tempo e legislar sobre as inquirições devassas.

O processo eclesiástico seguiu no início a forma oral, depois passou à escrita. As provas eram semelhantes às empregadas pelos juízes seculares: testemunhas, água fervente e ferro quente. O Papa Estevão V, no século IX, proibiu o uso de tortura pelo calor. No século XIII, os Papas Inocêncio III e Bonifácio VIII tiveram papel importante, especialmente Inocêncio III, ex-professor de Direito em Paris e Bolonha, o qual expediu cânones criando instituições e normas originárias dos usos e costumes. A investigação do crime era feita pelo próprio juiz, em vista do conhecimento notório do crime ou clamor público (*clamosa insinuatio*), por meio de inquirição ou informação.

No século XV foram criados os tribunais do Santo Ofício, para decisão de matérias espirituais, eclesiásticas, cíveis e criminais dos clérigos e dos simples tonsurados. O Tribunal da Inquisição retomou o uso da tortura e a aplicação das penas de sangue. A jurisdição eclesiástica ganhou maior força, na luta contra os Mouros e Judeus. Os princípios estabelecidos pelo Papa Inocêncio III foram sendo derrogados pelos papas dos séculos XV e XVI. Nessa época, a partir do século XIII, tornou-se difícil uma diferenciação adequada entre os crimes eclesiásticos e os crimes comuns, confundidos e ligados aos

---

25. Sobre os forais e as legislações régias portuguesas vide Almeida Júnior, *op. cit.*, p. 98-108.

poderes espiritual e temporal. As lutas entre as duas justiças eram constantes.

3. AS ORDENAÇÕES DO REINO E A ATUALIDADE

As Ordenações do Reino tiveram importante papel no Brasil, pelo seu longo tempo de vigência. Por ocasião do descobrimento do Brasil (1500), vigoravam em Portugal as Ordenações Afonsinas, de 1446 ou 1447, substituídas pelas Ordenações Manuelinas, de 1521, e Ordenações Filipinas de 1603, que foram superadas pelas legislações imperiais (Código Criminal e Código de Processo Penal Imperial) e republicanas, finalmente pelo Código Civil de 1916.[26]

Nas Afonsinas, havia o inquérito propriamente dito e a devassa. No inquérito, a inquirição era presenciada pelo acusado, e na devassa, iniciava-se de ofício e sem a participação do acusado. A polícia judiciária era exercida por juízes, auxiliados pelos meirinhos, homens jurados (escolhidos e compromissados) e vintaneiros (inspetores policiais dos bairros). Nessa fase, para defesa dos direitos reais, os procuradores reais teriam funções de promotores de justiça para promoção de acusação que pudesse resultar em confisco. Essa função acusatória seria a origem do Ministério Público na área criminal.

Nas Ordenações Manuelinas, os processos criminais iniciavam-se por querelas juradas, por denúncias ou por inquirições devassas. Não mais por clamores. O promotor de justiça é previsto para as causas cíveis e criminais, com a função de requerer as causas da Justiça e para conservação da jurisdição, alegando as causas e razões para clareza e conservação da justiça. Previa o Livro I: *"O promotor da justiça, dizia a Ordenação, deve ser letrado e bem entendido, para saber espertar e aleguar as causas e razões, que pera lume e clareza da justiça e pera inteira conservaçom della convem: ao qual mandamos que, com grande cuidado e diligencia, requeira todas as causas que pertencerem à justiça, e conservaçom de nossa jurisdiçom."*[27] O promotor tinha funções bem acentuadas no crime, mas sem participação efetiva na apuração dos delitos.[28]

---

26. Sobre as Ordenações do Reino e legislação imperial vide João Mendes de Almeida Jr., p. 109-211; Arthur Cogan, "O Ministério Público no Inquérito Policial", *Justitia*, nº 74, APMP, São Paulo, 1971, p. 83; José Henrique Pierangelli, *Processo Penal: Evolução Histórica e Fontes Legislativas*, Jalovi, Bauru, 1ª ed., 1983, p. 104-106; Luiz Carlos Rocha, *Organização Policial Brasileira*, Saraiva, SP, 1991, p. 34-35.

27. João Mendes de Almeida Júnior, *op. cit.*, p. 123.

28. Almeida Júnior, *op. cit.*, p. 106. Também Arthur Cogan, *op. cit.*, p. 83.

Nas Ordenações Filipinas, de 1603, o serviço de polícia era exercido gratuitamente por moradores, divididos em quadras ou quarteirões, e controlados pelos alcaides e depois pelos juízes da terra. As devassas, inquirições para informação dos delitos, podiam ser gerais e especiais. As gerais ocorriam anualmente para a apuração de crimes incertos, quando os juízes começavam a servir nos seus cargos; conhecidas por "janeirinhas", porque ocorriam em janeiro de cada ano, em relação a alguns crimes. As especiais destinavam-se à descoberta da autoria por crime certo. O prazo para término era de 30 dias; a devassa especial devia começar até 8 dias depois do delito. As devassas gerais eram realizadas pelos juízes de fora e ordinário e pelos corregedores nas suas correições; as devassas especiais eram dirigidas pelos juízes do local do delito ou comissionados. Havia também a investigação iniciada por querela, a delação feita ao juízo competente, de um fato criminoso, de interesse público ou do ofendido. As inquirições de testemunhas feitas nas devassas e nas querelas, sem a participação do acusado, deviam ser repetidas na fase de julgamento, para permitir o contraditório (reperguntas). Depois da devassa ou da querela ocorria a sentença de pronúncia pelo juiz, fixando a acusação para a fase processual de julgamento.[29]

O Código de Processo Criminal de 1832 conferiu ao juiz de paz atribuições policiais. Na época, o juiz de paz era eleito pelo povo; os juízes municipais e promotores da Corte eram nomeados pelo Governo e nas Províncias, pelos Presidentes, por listas tríplices, elaboradas trienalmente pelas câmaras municipais; os juízes de direito eram nomeados pelo Imperador.

No trabalho de investigação, o juiz de paz procedia ao auto de corpo de delito e formava a culpa do delinqüente (art. 12, § 4º, Código de Processo Criminal Imperial), agindo a pedido da parte ou de ofício (art. 138). Ele mandava coligir tudo quanto encontrasse no lugar do delito e sua vizinhança, para servir de prova (art. 136) e inquiria as testemunhas sobre a existência do crime e autoria (art. 140). Depois de formada a culpa, o juiz de paz encaminhava o processo para o julgamento pelo Júri (arts. 228 e seguintes). O juiz de paz acumulava também funções julgadoras para as contravenções às posturas municipais e para os crimes de pena menor que a multa de cem mil réis (art. 12, § 7º), pelo procedimento estabelecido nos arts. 205 a 212.

A Lei nº 261, de 3.12.1841, em modificação ao Código de Processo Criminal, criou aparelhamento policial centralizado e retirou muitas

---

29. Almeida Júnior, *op. cit.*, p. 132 e ss.

atribuições do juiz de paz. No Município da Corte (Rio de Janeiro) e em cada província passou a existir um chefe de polícia e respectivos delegados e subdelegados, nomeados pelo Imperador ou pelos Presidentes das Províncias. Com a perda das atribuições, o juiz de paz foi substituído pela polícia e pelo juiz municipal. Os policiais passaram a exercer as funções criminais e judiciais do juiz de paz (art. 2º), que abrangiam a formação da culpa, maneira de investigação do crime antes da ação penal. O juiz municipal também substituiu o juiz de paz nas atribuições criminais e policiais (art. 17, § 2º). O juiz de direito era encarregado da formação da culpa dos empregados públicos nos crimes de responsabilidade (art. 25, § 1º) e procedia ou mandava proceder *ex officio* o processo-crime por acusação de ação pública (§ 3º). Entretanto, o juiz de paz continuou a exercer a jurisdição policial e criminal (art. 91, Lei nº 261, de 1841), mas limitadas às funções previstas no art. 5º, § 4º (custodiar bêbado), § 5º (evitar as rixas, conciliar as partes e obrigar à assinatura de termo de bem viver), § 6º (fazer destruir os quilombos), § 7º (fazer auto de corpo de delito), § 9º (ter uma relação dos criminosos e prendê-los) e § 14 (procurar a composição das partes), da Lei de 15 de outubro de 1827.

O Regulamento 120, de 31.1.1842, conferia aos chefes de polícia, delegados, subdelegados e juízes municipais o direito de proceder à formação da culpa (art. 262). Ao juiz de paz incumbia a realização do auto de corpo de delito (art. 256), com a sua remessa imediata à autoridade policial ou criminal (art. 261).

A Lei nº 2.033, de 20.9.1871, reformou o sistema adotado pela Lei nº 261, separando justiça e polícia, em virtude de considerar *"incompatível o cargo de juiz municipal e substitutos, com o de qualquer autoridade policial"* (art. 1º, § 4º). Criou o inquérito policial. A polícia deixou de julgar (art. 9º), mas continuou com o poder de preparar os processos dos crimes do art. 12, § 7º (contravenções às posturas municipais e crimes com penas de até cem mil réis, desterro até 6 meses e 3 meses de correção), do Código de Processo Criminal (de 1832). Os chefes, delegados e subdelegados ficaram incumbidos de proceder às diligências para descobrimento dos fatos criminosos e suas circunstâncias, com transmissão dos dados coligidos ao Promotor Público, dando parte à autoridade competente para a formação da culpa (art. 10, § 1º). O Decreto nº 4.824, de 22.11.1871 regulamentou a referida Lei.

O Código de Processo Penal de 1941 conferiu o trabalho de investigação criminal às autoridades policiais, para a apuração das infrações penais e da sua autoria (art. 4º), sem exclusão da função das autoridades administrativas autorizadas por lei (parágrafo único).

A Constituição Federal de 1988 conferiu especialmente às Polícias Federal (crimes federais), Civil (crimes comuns) e Militar (crimes militares) o trabalho de investigação de crimes, conforme art. 144, da Carta Magna.

Na atualidade, no mundo inteiro, as investigações criminais são realizadas principalmente pela Polícia e Ministério Público, com atuação do juiz de instrução em alguns países. No Brasil, são possíveis investigações preparatórias pelo Ministério Público, que as exerce em alguns casos.

Seção II
INVESTIGAÇÃO CRIMINAL NO BRASIL

1. A INVESTIGAÇÃO CRIMINAL

Praticado um delito, surge imediatamente o interesse social em descobrir a autoria e a materialidade do crime, para futura persecução penal, julgamento e aplicação de pena ao infrator culpado. Todos os elementos colhidos por agentes estatais ou por particulares devem ser considerados como investigações criminais, em sentido amplo.

José Frederico Marques definia a investigação como a "atividade estatal da *persecutio criminis* destinada a preparar a ação penal", apresentando "caráter preparatório e informativo, visto que seu objetivo é o de levar aos órgãos da ação penal os elementos necessários para a dedução da pretensão punitiva em juízo: *inquisitio nihil est quam informatio delicti*".[30]

Nelson Nery Júnior entende que o termo "investigação criminal" alcança tanto o inquérito policial como qualquer outro procedimento administrativo instaurado pela autoridade (por exemplo, inquérito administrativo ou no âmbito do Ministério Público para apuração de infração penal), a fim de averiguar a existência de fato típico caracterizado como crime ou contravenção penal.[31]

---

30. *Tratado de Direito Processual Penal*, Saraiva, São Paulo, 1980, v. I, p. 180.
31. *Princípios do Processo Civil na Constituição Federal*, Revista dos Tribunais, São Paulo, 2ª ed., 1995, p. 148.

José Manuel Damião da Cunha refere-se à competência do Ministério Público português na tarefa de dirigir *"o conjunto de diligências que visam investigar a existência de um crime, determinar os seus agentes e a sua responsabilidade, e descobrir e recolher provas, em ordem à decisão sobre a acusação"*, conceito extraído dos arts. 262 e 263, do Código de Processo Penal Português.[32]

Investigação criminal é a atividade destinada a apurar as infrações penais, com a identificação da autoria, documentação da materialidade e esclarecimento dos motivos, circunstâncias, causas e conseqüências do delito, para proporcionar elementos probatórios necessários à formação da *opinio delicti* do Ministério Público e embasamento da ação penal. A investigação criminal representa a primeira fase da persecução penal estatal; a ação penal corresponde à segunda fase da persecução.

O trabalho de investigação é desenvolvido por entes estatais, privados, policiais e extrapoliciais. Os instrumentos de investigação podem ser policiais e extrapoliciais, típicos e atípicos.

2. MODALIDADES DE INVESTIGAÇÕES CRIMINAIS ESTATAIS E PRIVADAS

As atividades de investigações criminais podem ser estatais e privadas, policiais e extrapoliciais, obrigatórias e facultativas, autônomas e dependentes.

As investigações estatais são realizadas e conduzidas por agentes públicos. Podem ser estatais policiais ou extrapoliciais. Policiais são as investigações realizadas pelas polícias civil, federal e militar, por meio de inquérito policial e termo circunstanciado, no trabalho de investigação criminal, conforme estabelecido no art. 144, § 1º, I e § 4º, da Constituição Federal. Extrapoliciais são as investigações elaboradas por agentes públicos não vinculados ao organismo policial. São extrapoliciais as investigações parlamentares (comissão parlamentar de inquérito, pelo Senado e Câmara dos Deputados), judiciais (procedimento para apuração de crime praticado por juiz de direito, e por crime organizado), administrativas (sindicâncias e procedimentos administrativos outros), e pelo Ministério Público (procedimento para apuração de crime praticado por membro do Ministério Público e para apuração de crimes praticados por pessoas comuns).

---

32. *O Ministério Público e os Órgãos de Polícia Criminal no Novo Código de Processo Penal*, Porto, 1993, p. 105.

Investigações privadas são os trabalhos e esforços investigatórios de pessoas e entes particulares, dentro do âmbito de participação de todos no trabalho de prestação de serviços de segurança pública, direito e responsabilidade do povo (art. 144, *caput*, CF). São as investigações preparadas pela vítima, pelo indiciado, por qualquer cidadão, pela imprensa e outros meios de comunicação.[33]

As investigações policiais são obrigatórias, tendo em vista que a autoridade policial deve agir de ofício ao tomar conhecimento de fato criminoso para a sua investigação, em atenção aos princípios da legalidade e do exercício da ação penal pelo Estado, através do Ministério Público. Nos crimes de ação pública, a polícia age autonomamente; nos crimes de ação privada ou de ação pública condicionada, depende de requerimento ou representação ou outra forma de expressão da vontade da vítima para a apuração, escrita ou verbal, exceto nos crimes de menor potencial ofensivo e de trânsito, em que a autoridade policial deve encaminhar o termo circunstanciado ou inquérito a Juízo, porque a representação tem cabimento na audiência preliminar, na esfera judicial, conforme Lei nº 9.099/1995 e art. 291 do Código de Trânsito Brasileiro.

As investigações privadas são facultativas, porque a atuação popular na elaboração de investigação criminal não é obrigatória. A vítima e o cidadão podem efetuar trabalho autônomo de investigação para instruir representação à polícia ou diretamente ao Ministério Público. Podem ter por objetivo auxiliar a polícia e o Ministério Público, agindo de forma dependente e subsidiária.

3. INSTRUMENTOS DE INVESTIGAÇÃO CRIMINAL

A investigação criminal realiza-se por instrumentos típicos e atípicos, policiais e extrapoliciais.

Os instrumentos típicos de investigação criminal são policiais e extrapoliciais, conduzidos pelos órgãos de persecução penal (polícia e Ministério Público). Os instrumentos típicos policiais são o inquérito policial e o termo circunstanciado elaborado pela polícia; os típicos extrapoliciais, por procedimento de investigação realizado pelo Ministério Público.

O inquérito policial é a forma mais comum para documentar as investigações criminais estatais, tendo em vista ser o principal instru-

---

33. Sobre as investigações privadas, vide o Capítulo V, Seções I a III.

mento utilizado pela polícia para a função de investigação criminal, encarregada especialmente do trabalho investigatório de crimes. Mesmo no campo da investigação policial nem sempre há inquérito policial, em virtude da criação do termo circunstanciado, pela Lei nº 9.099/1995, para a instrumentalização das investigações por crimes de menor potencial ofensivo. O Ministério Público utiliza-se de procedimentos investigatórios, denominados protocolado ou procedimento de investigação ou outra denominação equivalente.

Os instrumentos atípicos de investigação são por meio de inquéritos, procedimentos e processos judiciais, administrativos, de comissões parlamentares de inquérito e peças de informação públicas e privadas.

4. ESCRITURA DA INVESTIGAÇÃO

Os elementos colhidos na investigação criminal devem ser documentados, para análise pelo Ministério Público, na formação da *opinio delicti*, e acompanharem a denúncia ou queixa-crime, para apreciação inicial do juiz, no ato de recebimento da acusação e iniciação da ação penal, se presente justa causa para tanto.

Em regra, as peças do inquérito são escritas, datilografadas ou impressas, juntadas nos mesmos autos (art. 9º, CPP).

Entretanto, não há impedimento legal para a documentação da investigação em fita cassete ou fita de vídeo ou outra forma de instrumentalização de áudio, som, imagem e dados, para a audição das informações ou visão televisiva ou computadorizada, em consonância com os métodos modernos de concentração de dados não escritos.[34] Tais vias de documentação são muito mais rapidamente produzidas do que o sistema escrito. A legislação processual penal não impede a sua utilização; aliás, há estímulo legislativo para o seu uso, pela normatização dos modernos princípios processuais da oralidade, informalidade e celeridade (Lei nº 9.099/1995), perfeitamente aplicáveis à fase de investigação.

---

34. A gravação das investigações em vídeo foi realizada pelo delegado de polícia Romeu Tuma Júnior, na apuração da "máfia dos fiscais" ("O delegado da madrugada", *Veja São Paulo*, ano 32, nº 18, 5 de maio de 1999, p. 7), investigação das irregularidades e crimes envolvendo fiscais municipais e vereadores de São Paulo, em administrações regionais do município.

Seção III
CARACTERÍSTICAS DOS INSTRUMENTOS DE INVESTIGAÇÃO POLICIAL

1. INQUÉRITO POLICIAL

Inquérito policial é o procedimento administrativo, preparatório ou preliminar da ação penal, conduzido por autoridade policial, destinado à apuração das infrações penais e da sua autoria pela autoridade policial (art. 4º, *caput*, Código de Processo Penal), para servir de base ao oferecimento de denúncia pelo órgão de acusação[35] (Ministério Público) ou o arquivamento do caso. Outras autoridades administrativas podem desempenhar função de investigação (art. 4º, parágrafo único, CPP).

O inquérito policial é o principal instrumento de investigação das polícias federal e civil na função constitucional de investigar e apurar os crimes (art. 144, § 1º, I e § 4º, Constituição Federal), atividade disciplinada nos arts. 4º a 23, do Código de Processo Penal. Em regra, o procedimento é escrito, público, inquisitório e unilateral. O sigilo e a participação da vítima e do indiciado são exceções.

O entendimento jurisprudencial é no sentido de que o inquérito policial é peça "meramente informativa" e não é pressuposto necessário à ação penal, podendo ser substituído por outros elementos hábeis ao juízo de proposição da ação penal pelo Ministério Público, a *opinio delicti*, apresentados pelo particular ou produzidos por investigação administrativa ou pelo próprio Ministério Público.

O E. Supremo Tribunal Federal tem considerado constituir o inquérito policial "mero procedimento administrativo, de caráter investigatório, destinado a subsidiar a atuação do Ministério Público" ou "peça informativa" (RECR 136.239/SP, Rel. Ministro Celso de Mello, 1ª T., j. em 7.4.1992, *DJ* 14.8.1992, p. 12.227, *Ementário* 1.670-02/391, *RTJ* 143/1, p. 306).

Na mesma linha, é a posição do E. Superior Tribunal de Justiça. No RHC 15469/PR, entendeu-se: "Por outro lado, o inquérito policial, por ser peça meramente informativa, não é pressuposto necessário à propositura da ação penal, podendo essa ser embasada em outros

---

35. E. Magalhães Noronha entende o inquérito como instrução provisória (*Curso de Direito Processual Penal*, Saraiva, 20ª ed., 1990, p. 18).

elementos hábeis a formar a *opinio delicti* de seu titular. Se até o particular pode juntar peças, obter declarações, etc., é evidente que o Parquet também pode. Além do mais, até mesmo uma investigação administrativa pode, eventualmente, supedanear uma denúncia." (RHC 15469/PR, Relator(a) Ministro Félix Fischer, 5ª T., j. em 8.6.2004, *DJ* 2.8.2004, p. 423; *RSTJ* 186/524, v.u.). Em sentido semelhante: HC 55100/RJ, Relator(a) Ministro Arnaldo Esteves Lima, 5ª T., j. em 9.5.2006, *DJ* 29.5.2006, p. 283; *LEXSTJ* 202/367, v.u.

No REsp 331903/DF, decidiu-se que o inquérito é dispensável para a denúncia (art. 30, § 5º, do CPP) (REsp 331903/DF, Relator(a) Ministro Jorge Scartezzini, 5ª T., j. em 25.5.2004, *DJ* 1º.7.2004 p. 248, v.u.)

1.1. Início do inquérito policial

O início da investigação pode ser voluntário ou provocado. É voluntário quando a autoridade policial age de ofício; provocado, nas hipóteses de requerimento, representação, requisição ou outra forma de recebimento da notícia-crime, verbal ou escrita.

O inquérito policial pode ser iniciado de ofício, pela autoridade policial, mediante requisição da autoridade judiciária ou do Ministério Público ou a requerimento do ofendido ou de seu representante legal ou qualquer do povo (art. 5º, CPP) ou também pelo recebimento de informações e documentos encaminhados por juiz e funcionário público.

A requisição judicial ou do Ministério Público para instauração de inquérito policial e investigação criminal obriga a autoridade policial a agir, podendo constituir delito (prevaricação ou desobediência) e infração administrativa (falta funcional) o descumprimento ou a demora no atendimento.

O ofendido e qualquer do povo poderão fazer *notitia criminis*. Esta modalidade de notícia-crime denomina-se delação (*delatio criminis*), simples e postulatória. Simples, quando se constitui em mero comunicado da ocorrência do crime; postulatória, na hipótese de pedido de instauração de atividade persecutória criminal.[36]

O ofendido ou seu representante legal poderá pleitear a instauração de inquérito policial por meio de requerimento, contendo a narração do fato, suas circunstâncias, a individualização do indiciado ou seus sinais

---

36. Frederico Marques, *Tratado...*, p. 176.

característicos, as razões de convicção ou de presunção da autoria e nomeação de testemunhas (art. 5º, § 1º, letras "a" a "c", do CPP).

É possível que qualquer pessoa do povo faça comunicação escrita ou verbal à autoridade policial de infração penal de ação pública, para desencadear a instauração de inquérito policial (art. 5º, § 3º, CPP). Trata-se da *delatio criminis*. A delação é facultativa ao povo.

Os funcionários públicos são obrigados a comunicar a ocorrência de crime ou tomar as providências pertinentes para a apuração ou requisição. O servidor público (art. 154, parágrafo único, da Lei Federal nº 8.112/1990) e o juiz (art. 40, Código de Processo Penal) devem enviar peças de autos ao Ministério Público. A omissão de comunicação de crime à polícia ou ao Ministério Público pode caracterizar falta funcional e delito de omissão de comunicação de crime (art. 66, I, Lei das Contravenções Penais) ou prevaricação (art. 319, do Código Penal).

É perfeitamente possível a instauração por pedido de pessoa jurídica de direito público ou privado, com ou sem personalidade jurídica, porque o objetivo da comunicação é cientificar a autoridade pública da ocorrência de delito, gerando a obrigação legal de agir para apurar os fatos, sob pena de infração administrativa e penal.

Nos crimes de ação pública condicionada à representação e de ação privada, a instauração do inquérito policial dependerá da representação ou de requerimento do ofendido ou seu representante (art. 5º, §§ 4º e 5º, CPP).

Entretanto, nos crimes de menor potencial ofensivo (art. 61, Lei nº 9.099/1995) e de trânsito (art. 303, da Lei nº 9.503/1997, Código de Trânsito Brasileiro) a representação exigida para lesões dolosas leves e culposas (art. 88, Lei nº 9.099/1995 e art. 291, CTB) e ameaça (art. 147, CP) será realizada em Juízo, durante audiência preliminar, incumbindo à autoridade policial encaminhar os autos imediatamente a Juízo, depois de formalizado o termo circunstanciado, para as providências estabelecidas nos arts. 69 e seguintes da Lei nº 9.099/1995, inclusive em relação aos crimes de trânsito (art. 291, do CTB), exceto o homicídio culposo. Nessas hipóteses (crimes de menor potencial ofensivo e crimes de trânsito) não será instaurado inquérito policial, apenas termo circunstanciado.

Os requerimentos de instauração efetuados pela vítima ou qualquer do povo serão apreciados pela autoridade policial e em caso de indeferimento da abertura de inquérito caberá recurso ao chefe de polícia (art. 5º, § 2º, CPP). Poderá a vítima ou interessado representar ao Ministério Público pedindo a requisição do inquérito policial. Se o Ministério Público requisitar a instauração do inquérito policial, a autoridade policial deverá proceder aos trabalhos de investigação, mesmo que tenha indeferido anteriormente o pedido do interessado, por se cuidar de requisição.

1.2. Atribuições policiais no inquérito policial

A autoridade policial tem obrigação legal de iniciar as investigações e instaurar inquérito policial, ao tomar conhecimento, de ofício ou por comunicação de quem quer que seja, da prática da infração penal (art. 5º, CPP). Aplicam-se os princípios da legalidade e obrigatoriedade.

As suas incumbências são: dirigir-se ao local, providenciar a preservação do local e a conservação das coisas, apreender os instrumentos e objetos relacionados com o fato, colher todas as provas para esclarecimento do delito e suas circunstâncias, ouvir o ofendido e o indiciado, proceder ao reconhecimento de pessoas e coisas e às acareações, determinar a realização de exame de corpo de delito e outras perícias, ordenar a identificação do indiciado e averiguar a vida pregressa do indiciado (art. 6º, CPP) e a reconstituição dos fatos, em reprodução simulada que não contrarie a moralidade ou a ordem pública (art. 7º, CPP).

1.3. Prazo de término do inquérito policial

O inquérito policial tem o prazo de término de 10 dias para o indiciado preso e de 30 dias, em caso de indiciado solto, para os crimes comuns estaduais (art. 10, CPP).

Em relação aos crimes federais, o prazo para conclusão é de 15 dias para o indiciado preso, prorrogável por igual período, em caso de fundada razão (art. 66, da Lei nº 5.010, de 30.5.1966).

Para os crimes de tóxico, o prazo é de 30 dias e 90 dias, para o indiciado preso ou solto, respectivamente (art. 51, *caput*, da Lei 11.343/2006), podendo ser duplicado pelo juiz, a pedido da autoridade policial e concordância do Ministério Público (art. 51, parágrafo único, da Lei nº 11.343/2006). Anoto que os delitos considerados de menor potencial ofensivo (contravenções penais, crimes com pena máxima de até 2 anos e/ou cumulada ou não com multa) tipicados na Lei nº 11.343/2006 seguem as regras procedimentais da Lei nº 9.099/1995, apurados mediante termo circunstanciado e encaminhamento imediato a Juízo.

Se não for possível o término do inquérito no prazo, em caso de indiciado solto, a autoridade policial deverá solicitar a concessão de novo prazo para a conclusão das diligências faltantes (art. 10, § 3º, CPP).

1.4. Relatório do inquérito policial

Ao finalizar o inquérito policial, a autoridade policial deverá fazer relatório da apuração e encaminhar os autos a Juízo (art. 10, § 1º, CPP).

O relatório finaliza o inquérito policial, mas não tem carga decisória nem traz consigo provimento administrativo, tendo em vista que as peças do inquérito policial são informativas e se destinam principalmente à formação da *opinio delicti* do Ministério Público e à análise judicial preliminar de justa causa para o recebimento da denúncia pelo juiz e deferimento de medidas cautelares, no caso de oferecimento de denúncia criminal.

No relatório, a autoridade policial deverá historiar o que apurou nas investigações, sem a emissão de juízo de valor.[37]

Nos delitos de tóxico, a autoridade policial deve relatar as circunstâncias do fato, com justificação da classificação e indicação dos detalhes do delito e da pessoa do indiciado (art. 52, I, da Lei nº 11.343, de 2006), situação que caracteriza expressão de um juízo de valor.

2. TERMO CIRCUNSTANCIADO

A Lei nº 9.099/1995 previu procedimento especial para os crimes de menor potencial ofensivo, considerados com pena máxima até 2 anos (art. 61, da Lei nº 9.099/1995, em redação dada pela Lei nº 11.313/2006).

A polícia elabora o termo circunstanciado e o remete a Juízo, com as peças essenciais para caracterização do delito, adotando as providências constantes do art. 69 e seguintes, da Lei nº 9.099/1995.

As investigações são efetuadas pela polícia, de forma simples e direta, e pelo próprio Ministério Público, que pode tomar declarações e juntar documentos.

Termo circunstanciado é o documento administrativo, expedido pela autoridade policial, em que são registrados os dados da ocorrência policial (data, horário, local, nomes do autor dos fatos, vítima e teste-

---

37. Fernando da Costa Tourinho Filho, *Processo Penal*, Saraiva, São Paulo, 1990, 12ª ed., v. 1, p. 246.

munhas, breve descrição dos fatos delituosos e das versões apresentadas) envolvendo delitos de menor potencial ofensivo (crimes com pena máxima de até 2 anos), de forma simples e direta, em consonância com os princípios da informalidade, oralidade, economia processual e celeridade (art. 62, Lei nº 9.099/1995).

A E. Procuradoria-Geral de Justiça de São Paulo[38] entendeu que o termo circunstanciado deveria constar: *a)* a qualificação e endereços completos das partes (residencial e do trabalho, inclusive telefone); *b)* a data, hora e local dos fatos; *c)* as versões do autor do fato e da vítima; *d)* o rol de testemunhas, com qualificação e endereços completos (residencial e do trabalho, inclusive telefone), bem como a súmula do que tiverem elas presenciado; *e)* a especificação dos exames periciais que foram requisitados; *f)* o croqui do evento, se possível; *g)* a descrição dos objetos (apreendidos ou não); *h)* as assinaturas das partes envolvidas; *i)* e outros dados relevantes para esclarecimento dos fatos.

O termo circunstanciado assemelha-se a um boletim de ocorrência, um pouco mais detalhado, e cumpre a função do inquérito policial, dando respaldo mínimo para a formação da *opinio delicti* e eventual desencadeamento da ação penal. O termo circunstanciado substituiu o inquérito policial tradicional, na tarefa de registrar e documentar os fatos delituosos de menor potencial ofensivo de autoria conhecida. O inquérito policial é ainda utilizado para a investigação de delitos de médio ou grande potencial ofensivo ou de autoria desconhecida.

A concentração dos dados das investigações em termo circunstanciado é medida salutar, facilita e acelera o conhecimento dos fatos pelo Ministério Público e pelo Juiz, proporcionando rápidas condições para o trabalho de desencadeamento do mecanismo de prestação jurisdicional criminal.

As partes envolvidas (autor dos fatos e vítima) são apresentadas ao Juízo e realizada audiência preliminar, oportunidade em que são proporcionadas condições para a reparação dos danos, oferecimento de representação nos crimes de ação pública condicionada e arquivamento do procedimento ou proposta de aplicação imediata da pena ou apresentação de denúncia oral (art. 72, da Lei nº 9.099/1995).

---

38. A Procuradoria-Geral de Justiça de São Paulo, após estudos e debates com inúmeros promotores e procuradores de justiça, dos quais tive participação ativa nos estudos, em novembro de 1995, elaborou e encaminhou a todos os membros um texto contendo inúmeras interpretações da Lei nº 9.099/1995, a título de orientação, sem caráter vinculativo (item 5, da fase preliminar).

Os informes sobre os fatos poderão ser complementados na audiência preliminar por maiores dados trazidos pelos envolvidos ou extraídos dos contatos informais das partes e advogados entre si e por diálogo com o juiz e o membro do Ministério Público, tendo em vista os princípios da oralidade, informalidade, celeridade e concentração dos atos. As partes e advogados poderão apresentar fotos, croqui, declarações e documentos e fornecer oralmente esclarecimentos e explicações sobre os fatos.

O mecanismo de imediata remessa de termo circunstanciado e realização de audiência preliminar proporciona situação favorável para a complementação oral dos dados necessários para a formação da *opinio delicti* do Ministério Público, com especial participação da vítima e do autor dos fatos, em contatos informais com o juiz e o promotor de justiça.

Durante as audiências preliminares, após as tentativas infrutíferas do juiz de composição dos danos ou conciliação das partes, é perfeitamente possível que o promotor de justiça criminal contate direta e informalmente os envolvidos, para colher dados suplementares, que possam ajudar na formação da convicção sobre a melhor medida a adotar no caso concreto (arquivamento, aplicação imediata de pena ou denúncia), nos moldes da necessária informalidade do procedimento por crime de menor potencial ofensivo. Inegavelmente, captar uma informação de viva voz, em homenagem ao princípio da oralidade, é muito melhor e esclarecedor do que simplesmente ler uma declaração escrita, que nem sempre consegue expressar com exatidão como os fatos ocorreram.[39]

A participação ativa das partes, dos advogados e do Ministério Público deve ser estimulada e prestigiada pelo juiz, para maior dinamismo e resultado frutífero do diálogo na composição das partes ou esclarecimentos dos fatos.

O juiz consciente não deve cercear o diálogo direto entre as partes nem dificultar o seu desenvolvimento dinâmico e intersubjetivo, e apenas pode coibir eventuais excessos de comportamento e linguagem, intervindo quando e se necessário, para a manutenção da ordem do ato, com a medida adequada pelo uso do seu poder de polícia de audiência.

---

39. Durante as audiências preliminares, como promotor de justiça criminal, costumo contatar informalmente os envolvidos e colher dados suplementares necessários. Infelizmente, essa atuação já foi mal compreendida e ocorreram alguns impasses e entraves judiciais.

O juiz excessivamente "presidencialista" pode aproximar-se da postura arbitrária e autoritária, inibir a necessária participação das partes, diminuir o dinamismo do diálogo direto e informal e reduzir os resultados práticos, sem conseguir atingir a eficiência do trabalho e a finalidade de solução favorável do problema ou desfecho célere e imediato do caso.

A excessiva e desnecessária intervenção do juiz no diálogo das partes, sem deixar que elas conversem diretamente e pretendendo que o façam através dele, por triangulação como se fosse audiência de instrução processual e de produção de provas, pode provocar o comprometimento da sua imparcialidade e desencadear a interposição de exceção de suspeição e impedimento. Esse monopólio da palavra pelo juiz é contra o dinamismo do ato, a liberdade de expressão e de participação das partes e afronta os princípios da informalidade, oralidade, celeridade e eficiência do ato.

O ideal é que a audiência preliminar tenha desfecho satisfatório e ocorra o encerramento da fase inicial do procedimento pela composição dos danos ou colheita de representação ou arquivamento ou aplicação imediata de pena ou oferecimento de denúncia. A realização de novas diligências policiais deve ser a exceção, para serem alcançados os objetivos do legislador, principalmente a celeridade e a eficiência da audiência pela presença de vítima, autor dos fatos, Ministério Público e responsável civil. Na audiência preliminar, o desfecho adequado é a ocorrência de alguma causa impeditiva do processo ou extintiva do direito de ação ou o desencadeamento da ação penal, com denúncia oral e início do procedimento especial para julgamento da causa. Entretanto, se inviável a ocorrência de causas impeditivas do processo ou extintivas do direito e insuficientes os elementos para a formação da *opinio delicti* do Ministério Público, seja para o arquivamento ou para a denúncia, os autos deverão retornar para novas investigações policiais.

O juiz sensato e moderado certamente não dificultará o trabalho do Ministério Público para a formação da *opinio delicti*, positiva ou negativa, e para que a audiência seja frutífera para o desfecho do caso em atenção ao princípio da celeridade, de modo a evitar o retorno à delegacia de polícia para novas diligências e esclarecimentos. Um membro do Ministério Público hábil e interessado pode conseguir informal e oralmente os dados complementares necessários para a definição da sua posição sobre o caso em destaque, desde logo, sem necessidade de novas diligências policiais para tanto. Se não for possível, os autos podem ser encaminhados à polícia e ao Juízo comum.

A experiência forense mostra que é dispensável a excessiva formalidade na apuração e documentação dos fatos delituosos em inquérito policial, porque o termo circunstanciado atende perfeitamente às necessidades para o conhecimento mínimo dos fatos e a formação da *opinio delicti* na maioria dos casos, sem maiores delongas burocráticas próprias da investigação tradicional pelo inquérito policial, tanto nos crimes de menor potencial ofensivo como nos crimes de trânsito (exceto homicídio culposo).

3. INQUÉRITO POLICIAL MILITAR

Os crimes militares são investigados por autoridades militares, em inquérito policial militar (art. 144, § 4º, da Constituição Federal, e art. 9º, Código Processo Penal Militar, Decreto-Lei nº 1.002, de 21.10.1969). A essência do trabalho é semelhante, com algumas peculiaridades, não sendo objeto deste estudo.

Seção IV
CARACTERÍSTICAS DOS INSTRUMENTOS DE INVESTIGAÇÃO EXTRAPOLICIAL

1. INQUÉRITOS, PROCEDIMENTOS E PROCESSOS ADMINISTRATIVOS

As autoridades administrativas são encarregadas da apuração de condutas ilícitas de funcionários, de contribuintes e infratores de normas administrativas e penais, em inquéritos, sindicâncias, procedimentos e processos administrativos. O trabalho de apuração das autoridades administrativas pode ser interpretado como investigação criminal em sentido amplo. Os autos, papéis e documentos constantes de sindicâncias, procedimentos ou processos administrativos podem configurar material de investigação criminal e são peças informativas suficientes para embasarem a denúncia criminal.

O próprio Código de Processo Penal prevê a apuração das infrações penais e da sua autoria por outras autoridades administrativas, além das policiais (art. 4º, parágrafo único), sendo que as autoridades públicas são obrigadas a remeter cópia ao Ministério Público de fatos delituosos apurados em procedimento administrativo (art. 154, parágrafo único, da Lei nº 8.112/1990). Os informes e documentos podem ser utilizados como peças de informação para instruir a ação penal, mesmo que o objetivo direto não seja a apuração de crimes.

A atividade investigatória de "outras autoridades administrativas" presume-se que sejam alheias à estrutura policial, como as autoridades sanitárias, ambientais, fiscais e funcionais, sem restrições.

José Frederico Marques exemplifica a investigação administrativa em sentido estrito (não policial) nos crimes contra a saúde pública e de contrabando, em que as "autoridades desses setores da administração pública estão munidas dos poderes necessários para investigar amplamente a respeito dos delitos que possam interferir na sua órbita de atividades".[40]

Magalhães Noronha refere-se a "inquéritos" elaborados por "autoridades outras que não as policiais", como as sanitárias, nos delitos contra a saúde pública e as administrativas, nos delitos contra a Administração Pública.[41]

É visível que uma vistoria em estabelecimento comercial e a apreensão de produtos alimentícios, de natureza administrativa, com o objetivo de exercício do poder de polícia sanitário, pela equipe ou setor de vigilância sanitária, podem trazer elementos suficientes para o desencadeamento da ação penal.

Em relação a substâncias entorpecentes, o art. 41, *caput*, da Lei nº 6.368/1976, autorizava às autoridades judiciárias e policiais e ao Ministério Público a requisição da realização de inspeções por parte de autoridades sanitárias competentes em empresas industriais, comerciais, hospitalares, médicas, de pesquisa, ensino e congêneres que produzissem, vendessem, comprassem, consumissem ou fornecessem substâncias entorpecentes ou que determinassem dependência física e psíquica, facultando a assistência da autoridade requisitante. A inspeção sanitária para fiscalização toxicológica constituiria inegável ato de investigação criminal.

A nova lei antitóxico, Lei nº 11.343/2006, não traz previsão expressa a respeito, mas decorre logicamente do poder de fiscalização do poder público, em relação à autorização do plantio, cultura, colheita e exploração dos vegetais e substratos utilizados para extração ou produção de drogas, para uso estritamente ritualístico-religioso ou para fins medicinais ou científicos (art. 2º, *caput* e parágrafo único).

---

40. *Tratado...*, p. 181.
41. *Op. cit.*, p. 18.

Do mesmo modo, uma operação da polícia florestal ou órgão ambiental pode detectar a prática de crimes ambientais (Lei nº 9.605, de 12.2.1998, Código Ambiental),[42] fazer a apreensão dos objetos (art. 25, Lei nº 9.605/1998), prender o infrator em flagrante e produzir elementos para o procedimento administrativo (art. 70) instaurado pela autoridade administrativa ambiental para apuração das normas administrativas de cunho florestal, de caça e pesca. O art. 25, da Lei nº 9.605/1998, trata da apreensão do produto e do instrumento de infração administrativa ou de crime ambiental, com a lavratura dos respectivos autos, sem indicar a autoridade especialmente encarregada do trabalho e da formalização. O art. 70, § 1º, previu que são autoridades competentes para lavrar auto de infração ambiental e instaurar processo administrativo os funcionários de órgãos ambientais integrantes do Sistema Nacional de Meio Ambiente – SISNAMA, designados para as atividades de fiscalização, bem como os agentes das Capitanias dos Portos, do Ministério da Marinha, prevendo a obrigação da apuração imediata, mediante processo administrativo próprio, sob pena de co-responsabilidade (§ 3º). Cabe anotar que o processo administrativo para apuração e imposição de infração administrativa ambiental obedece aos princípios do contraditório e da ampla defesa (art. 70, § 4º), sendo que a mesma exigência deverá ser obedecida em qualquer processo ou procedimento administrativo que preveja ao seu final a imposição de sanção administrativa.

Note-se que o art. 33, *caput* e letra "*b*", da Lei nº 4.771/1965 (Código Florestal) considera os funcionários da repartição florestal e de autarquias, com atribuições correlatas, "autoridades competentes para instaurar, presidir e proceder a inquéritos policiais, lavrar autos de prisão em flagrante...".[43] A apreensão do produto do crime e instrumentos utilizados pode ser feita por funcionário do IBAMA ou órgão estadual delegado (Código de Caça, art. 33, com redação dada pela Lei nº 7.653/1988, e, Código Florestal, art. 35).

---

42. As legislações anteriores (Código Florestal, de Caça e Pesca e outras normas ambientais) foram revogadas parcialmente, pela disciplina ampla do meio ambiente e disposições contrárias (art. 82, Lei nº 9.605/1998).

43. O referido art. 33 previa também a possibilidade dos funcionários florestais de "intentar a ação penal", atribuição que está em desacordo com o sistema constitucional atual, o qual prevê a privatividade do Ministério Público de promover a ação penal (art. 129, I, CF). A Lei nº 4.611/1965 que previa a possibilidade da polícia, juiz e outros entes públicos iniciarem a ação penal foi revogada expressamente pelo art. 97, da Lei nº 9.099/1995. Sobre a privatividade do Ministério Público de promover a ação penal vide Capítulo VI, Seção II, item 3. Sobre a inexistência de exclusividade da polícia na apuração de crimes vide Capítulo II, Seção II.

As autoridades públicas extrapoliciais dentro das suas atribuições legais e administrativas, em tese, podem instaurar "inquérito" ou procedimento administrativo equivalente para a apuração de crimes, apreender objetos, efetuar prisão em flagrante, elaborar o respectivo auto, ouvir testemunhas, interrogar o indiciado e tomar as cautelas legais e constitucionais, porque a atividade investigatória de crimes não é exclusiva da autoridade policial.[44]

Na situação pode ocorrer concurso de atribuições, podendo a autoridade administrativa optar pelo encaminhamento do preso à autoridade policial para a lavratura do auto de prisão em flagrante, com o conseqüente inquérito policial, sem prejuízo do aproveitamento do trabalho realizado.

A atuação dos funcionários sanitários, florestais, ambientais e administrativos e a documentação das infrações sanitárias, ambientais, fiscais e contra a administração são inegáveis investigações criminais, devendo ser aproveitadas pelo Ministério Público para a formação da *opinio delicti* e embasamento da competente ação penal, dentro da noção de autoridade administrativa constante do parágrafo único, art. 4º, do Código de Processo Penal, e da inexigibilidade de inquérito policial para a ação penal.

Para a propositura de ação penal, o Ministério Público poderá se valer do inquérito policial, peças de informação ou procedimentos administrativos, representação de qualquer do povo ou documentos encaminhados por juízes ou tribunais, desde que contenham elementos para tanto (arts. 27, 28, 39, § 5º, 40 e 46, § 1º, do Código de Processo Penal).

Vladimir Passos de Freitas e Gilberto Passos de Freitas posicionam-se pelo uso amplo de informações para embasar o desencadeamento da ação penal, em relação aos crimes florestais, de caça e pesca.[45]

A jurisprudência segue a mesma linha, ao decidir que os "atos investigatórios destinados à apuração de crimes não são exclusivos da polícia judiciária", porque as "investigações referentes à fauna e à flora podem ser procedidas pela Polícia Florestal", em fato delituoso relacionado à Lei nº 5.197/1967 (TRF/DF, 1ª Região, HC 1998.01. 00.001726/MG, Juiz Tourinho Neto, 3ª T., *DJ* de 17.4.1998, p. 298; www.trf1.gov.br).

---

44. Sobre a inexistência de exclusividade da polícia na apuração de crimes vide Capítulo II, Seção II.

45. *Crimes contra a Natureza*, Revista dos Tribunais, São Paulo, 2ª ed., 1991, p. 145.

2. INQUÉRITO OU PROCESSO JUDICIAL

As normas prevêem a realização de investigação judicial nos crimes eleitorais, nas condutas enquadradas no crime organizado e nos delitos praticados por magistrados. É a versão brasileira do Juizado de Instrução, de origem francesa,[46] em fase de declínio mundial.

3. PROCEDIMENTO ADMINISTRATIVO DO MINISTÉRIO PÚBLICO

O Ministério Público, principal órgão estatal da persecução penal e encarregado privativamente do exercício da ação penal, pode investigar crimes praticados por populares, servidores públicos ou por seus membros, em função de investigação criminal típica extrapolicial.

A investigação de crimes dos seus membros é autorizada expressamente pelos arts. 18, parágrafo único, da Lei Complementar Federal nº 75/1993 (Ministério Público da União) e 41, parágrafo único, da Lei nº 8.625/1993 (Lei Orgânica Nacional do Ministério Público dos Estados), em continuidade do inquérito policial eventualmente instaurado pela polícia ou por procedimento administrativo instaurado pelo próprio Ministério Público.

A possibilidade de investigação de delitos envolvendo populares ou servidores públicos decorre do sistema constitucional, que instituiu a privatividade do Ministério Público promover a ação penal, o seu poder de requisição de investigações e diligências, de notificação e realização de procedimentos de sua atribuição, instrumentalizados em inquérito civil (art. 129, III, Constituição Federal) ou outros procedimentos administrativos (VI), função explicitada pelo ordenamento estatutário (art. 26, I e II, da Lei Federal nº 8.625/1993, art. 7º, I, da Lei Complementar Federal nº 75/1993 e art. 104, I, da Lei Complementar Estadual de São Paulo nº 734/1993). As diligências investigatórias podem ser requisitadas ou procedidas pelo próprio Ministério Público.

O Código de Processo Penal já previa outro procedimento administrativo inominado, além do inquérito policial, para a apuração de infrações penais e sua autoria por outras autoridades administrativas (art. 4º, *caput* e parágrafo único).

---

46. Sobre as investigações judiciais, vide Capítulo V, Seção IV. Sobre o Juizado de Instrução, vide Capítulo III, Seção II.

O MINISTÉRIO PÚBLICO NA INVESTIGAÇÃO CRIMINAL 47
NOÇÕES SOBRE A INVESTIGAÇÃO CRIMINAL EDIPRO

O Código Eleitoral facultou ao Ministério Público a requisição de maiores esclarecimentos e documentos complementares ou outros elementos de convicção (art. 356, § 2º, da Lei nº 4.737/1965). O art. 29, *caput*, da Lei nº 7.492/1986, dispõe sobre o poder do Ministério Público de requisição de informação, documento ou diligência relativa à prova de crime contra o sistema financeiro nacional. É evidente que a requisição de informação, documento ou diligência ou maiores esclarecimentos devem constar de algum tipo de procedimento administrativo ou sindicância, inegável atividade de investigação criminal.

Ademais, as normas de proteção à infância e juventude e ao idoso prevêem expressamente a competência do Ministério Público para instauração de sindicâncias e requisição de diligências, nominando como "sindicância" o procedimento para apuração de ilícitos ou infrações às normas de proteção à infância e à juventude (art. 201, VII, da Lei nº 8.069/1990) e de proteção ao idoso (art. 74, VI, da Lei nº 10.741/2003).

O Ministério Público do Estado de São Paulo denominou o procedimento de investigação criminal do Ministério Público como "procedimento administrativo criminal" (Ato nº 314/2003); o Conselho Nacional do Ministério Público utilizou o termo "procedimento investigatório criminal" (Resolução nº 13, de 2.10.2006).

O poder investigatório próprio do Ministério Público vem sendo questionado, em ações e recursos perante os tribunais.[47]

4. PROCEDIMENTO DE INVESTIGAÇÃO PARLAMENTAR

As peças de informações produzidas pelas Comissões Parlamentares de Inquérito consubstanciam investigação criminal atípica, porque o objetivo primordial desses entes parlamentares é legislar. Mas para o ato legislativo ou detecção de falhas governamentais ou apuração de atos delituosos dos seus membros ou envolvimento de governantes são criadas as comissões, que produzem elementos probatórios e podem ser aproveitados pelo Ministério Público para promoção das responsabilidades penais e civis (art. 58, § 3º, CF).

---

47. Sobre as investigações promovidas pelo Ministério Público, vide Capítulo VII.

5. PEÇAS DE INFORMAÇÃO PARTICULARES

Caracteriza investigação criminal os documentos e elementos probatórios apresentados pela vítima ou qualquer do povo em representação, requerimento ou outra forma de notícia, informando a ocorrência de crime. Também a imprensa e os meios de comunicação podem produzir matérias jornalísticas contendo dados e informes suficientes para permitir embasamento à ação penal.

Os elementos de prova e documentos podem ser apresentados na *notitia criminis*, a comunicação do fato ao Ministério Público (art. 27, do Código de Processo Penal), ou na representação (art. 39, § 5º, CPP), sendo o expediente rotulado como peças de informação (arts. 28, 46 § 1º, e 67, I, CPP). O recebimento de peças de informação pelo membro do Ministério Público determina a tomada de providências, no sentido de propositura da ação penal, promoção de arquivamento, instauração de procedimento investigatório criminal ou requisição de inquérito policial, dependendo da qualidade e quantidade dos informes existentes no expediente (peças de informação).

Seção V
PODER DE POLÍCIA

1. PODER DE POLÍCIA (LIMITAÇÕES ADMINISTRATIVAS)

No conceito clássico, atinente à concepção liberal existente no século XVIII, o poder de polícia relacionava-se à atividade estatal que limitava o exercício dos direitos individuais em benefício da segurança. Modernamente, passou a objetivar o benefício do interesse público.

Atualmente, o poder de polícia é visto como a atividade estatal que limita o exercício dos direitos individuais em benefício do interesse público.[48] Na maioria dos países da Europa (excetuada a França) o tema é tratado como "Limitações Administrativas à liberdade e à propriedade" e não mais como "Poder de Polícia", termo este sujeito à crítica semântica e histórica, por lembrar o "Estado de Polícia", pre-

---

48. Sobre os conceitos clássico e moderno, vide Maria Sylvia Zanella Di Pietro, *Direito Administrativo*, Atlas, São Paulo, 3ª ed., 1992, p. 88-89.

cedente do Estado de Direito.[49] A expressão "poder de polícia" ainda é a mais adotada pelos administrativistas brasileiros.

A Constituição Federal e os demais diplomas legais concedem aos cidadãos direitos e garantias, os quais devem ser compatibilizados com a atividade estatal e a convivência comunitária, na busca da harmonia da sociedade. A compatibilização entre os interesses individuais e coletivos procede-se mediante limitações administrativas à liberdade e à propriedade.[50]

Em sentido amplo, poder de polícia é a atividade estatal destinada a condicionar o exercício da liberdade e da propriedade, por medidas do Legislativo e do Executivo, em consonância com os interesses coletivos. O Estado delineia a esfera juridicamente tutelada da liberdade e da propriedade dos cidadãos.[51]

Poder de polícia, em sentido restrito, relaciona-se com as intervenções gerais e abstratas (regulamentos) ou concretas e específicas (autorizações, licenças, injunções) do Poder Executivo, medidas destinadas a prevenir e evitar atividades particulares contrastantes com os interesses sociais, na noção de Polícia Administrativa.[52]

O poder de polícia e a limitação dos direitos do cidadão são exercidos por funções estatais denominadas tradicionalmente pela doutrina como polícia administrativa, de segurança e judiciária. Outra atividade funcional se desenha na administração pública brasileira: a polícia de investigação criminal. As referidas "polícias" não são instituições públicas autônomas, mas sim tradução de funções, que podem ser desempenhadas por inúmeros órgãos públicos.

O Código Tributário Nacional, para tipificar o fato gerador para a cobrança do tributo, conceitua poder de polícia. O art. 78 dispõe que se considera "*poder de polícia atividade da administração pública que, limitando ou disciplinando direito, interesse ou liberdade, regula a prática de ato ou abstenção de fato, em razão de interesse público concernente à segurança, à higiene, à ordem, aos costumes, à disci-*

---

49. Celso Antônio Bandeira de Mello, *Curso de Direito Administrativo*, Malheiros, São Paulo, 5ª ed., 1994, p. 394.

50. Celso A. Bandeira de Mello observa que não se deve confundir com direito de liberdade e direito de propriedade. As limitações são à liberdade e à propriedade (*op. cit.*, p. 391).

51. *Op. cit.*, mesma página. Bandeira de Mello menciona que Jean Rivero definiu poder de polícia como "o conjunto de intervenção da Administração que tende a impor à livre ação dos particulares a disciplina exigida pela vida em sociedade" (*Droit Administratif*, 3ª ed., 1965, p. 368).

52. Bandeira de Mello, *op. cit.*, p. 395.

plina da produção e do mercado, ao exercício de atividades econômicas dependentes de concessão ou autorização do Poder Público, à tranqüilidade pública ou ao respeito à propriedade e aos direitos individuais ou coletivos".

2. PODER DE POLÍCIA NO PROCESSO PENAL

O ente público para desempenhar as suas atividades necessita utilizar poderes e mecanismos inerentes ao Estado, para o atingimento dos seus objetivos. O Estado detém o poder de polícia para as limitações ao direito à liberdade e à propriedade; o particular não possui o poder de polícia.

O poder de polícia no processo penal pode ser exercido nas fases da investigação, da ação penal e da execução da pena, para a realização do direito estatal de investigar, punir (*jus puniendi*) e executar a sanção.

A polícia, principal encarregada da investigação criminal, possui o poder de polícia para o desempenho de suas atividades na apuração de infrações penais. O mecanismo de poder de polícia na investigação criminal não é exclusivo dos organismos policiais, sendo o seu uso facultado aos demais entes públicos. A autoridade pública (policial, administrativa, parlamentar, judiciária ou membro do Ministério Público) que investigar o delito detém o poder de polícia, inerente à condição de ente estatal, para permitir o desempenho das atividades pertinentes à investigação.

Na fase da ação penal, o juiz detém o poder de polícia na vigilância, fiscalização e disciplina dos atos processuais e nas audiências, para a adequada atuação das partes e regular tramitação do processo.

O poder de polícia caracteriza-se pela discricionariedade, autoexecutoriedade e coercibilidade, além de corresponder a uma atividade negativa, com a finalidade de atender ao interesse público, tendo em vista as regras da necessidade, proporcionalidade e eficácia.[53]

---

53. Maria Sylvia Zanella Di Pietro, *op. cit.*, p. 90-93.

CAPÍTULO II
A POLÍCIA:
FUNÇÕES E CONTROLE

Seção I
CARACTERÍSTICAS DA POLÍCIA

1. GENERALIDADES

O vocábulo polícia, oriundo do grego *politéia* e do latim *politia,* relacionava-se ao governo de uma cidade, administração, forma de governo. Na noção greco-latina, polícia significava governo civil, organização política, administração e o governo da *pólis*, cidade ou Estado.

Nos séculos XVIII e XIX o termo polícia era usado para designar a administração civil interna do Estado. Entretanto, o vocábulo adquiriu um sentido particular e passou a representar a ação do governo, na missão de tutelar a ordem pública, assegurando a tranqüilidade pública e a proteção da sociedade contra as violações e malefícios.

Atualmente, a palavra polícia é empregada para designar a instituição, corporação ou órgão incumbido de manter o cumprimento da lei, a ordem e a segurança pública, e de reprimir e perseguir o crime.[54]

---

54. Sobre o assunto vide Tourinho Filho, *op. cit.*, v. I, p. 169; Luiz Carlos Rocha, *Organização Policial Brasileira*, Saraiva, São Paulo, 1991, p. 2 e 3; Aurélio Buarque Hollanda Ferreira, *Novo Dicionário Aurélio*, Nova Fronteira, Rio, 1ª ed., 15ª reimpressão, p. 1.107.

2. POLÍCIA BRASILEIRA

Nas Ordenações Filipinas acham-se os primeiros passos que levariam à futura criação dos órgãos estatais de polícias. O serviço de polícia era exercido gratuitamente por moradores, divididos em quadras ou quarteirões,e controlados pelos alcaides e depois pelos juízes da terra. Posteriormente, o juiz de paz exerceu atribuições policiais, por força da previsão do Código de Processo Criminal de 1832.

A Lei nº 261, de 3.12.1841, regulamentada pelo Decreto nº 120, de 21.1.1842, modificou o Código de Processo Criminal, criando aparelhamento policial centralizado e eficiente. No Município da Corte (Rio de Janeiro) e em cada província passou a existir um chefe de polícia e respectivos delegados e subdelegados, nomeados pelo Imperador ou pelos Presidentes das Províncias.

O Regulamento Policial de 16.4.1842 subordinou a guarda policial, em cada termo, ao delegado de polícia e, nos distritos, ao subdelegados.

A Lei nº 2.033, de 20.9.1871, regulamentada pelo Decreto nº 4.824, de 22.11.1871, reformou o sistema adotado pela Lei nº 261, separando justiça e polícia. Criou o inquérito policial.

A Constituição Republicana conferiu a cada Estado-Membro a competência para legislar sobre o processo civil e criminal e organização judiciária.

A Revolução de 1930 manteve o regime processual pluralista, mas interferiu nos Estados, alterando as organizações policiais.

A evolução continuou até a constitucionalização da polícia na Carta Magna de 1988 (art. 144).[55]

3. NATUREZA JURÍDICA DA POLÍCIA

A polícia é a instituição estatal destinada à manutenção da ordem e dos bons costumes, encarregada de preservar a tranqüilidade dos cidadãos e do patrimônio, dentro da noção de prestação de serviços de segurança pública, incumbida da prevenção, repressão e investigação de infrações penais.

A polícia está incluída dentro do Título VI, que trata da Defesa do Estado e das Instituições Democráticas, no seu Capítulo III, denomi-

---

55. Sobre a evolução histórica e legislativa da polícia, vide o Capítulo I.

nado Da Segurança Pública. Estabelece a Carta Magna que a segurança pública, dever do Estado, direito e responsabilidade de todos, é exercida para a preservação da ordem pública e da incolumidade das pessoas e do patrimônio (art. 144, *caput*), através da polícia federal (I), polícia rodoviária federal (II), polícia ferroviária federal (III), polícias civis (IV), polícias militares e corpos de bombeiros militares (V).

Portanto, a polícia é o instrumento para a consecução da obrigação estatal de prestar segurança pública, com a participação do povo, para a preservação da ordem pública e da incolumidade das pessoas e do patrimônio.

Dentre os principais direitos individuais garantidos encontram-se os atinentes à inviolabilidade do direito à vida, à liberdade, à segurança e à propriedade (art. 5º, *caput*, CF), inseridos na prestação de segurança pública estatal, feita pela polícia. Os entes policiais existem para proteger o cidadão, sua incolumidade e patrimônio e manter a ordem pública. Também são direitos sociais (art. 6º, CF).

Se o sistema policial funcionar a contento, os direitos fundamentais que dependerem direta ou indiretamente da segurança pública estarão preservados. Em caso contrário, tais direitos poderão ser reduzidos, na prática.

4. ESPÉCIES DE POLÍCIA E SUA DESTINAÇÃO

A Constituição Federal previu como órgãos da segurança pública as polícias federal, rodoviária federal, ferroviária federal, polícias civis e militares, os corpos de bombeiros militares e as guardas municipais (art. 144). Também as forças armadas.

As polícias e forças são federais, estaduais e municipais.

As polícias federais, em sentido amplo, são divididas em Polícia Federal, Polícia Rodoviária Federal e Polícia Ferroviária Federal. As Forças Armadas são compostas pelo Exército, Marinha e Aeronáutica. A polícia federal destina-se (art. 144, § 1º, CF) a apurar infrações penais contra a ordem política e social ou em detrimento de bens, serviços e interesses da União ou de suas entidades autárquicas e empresas públicas, assim como outras infrações cuja prática tenha repercussão interestadual ou internacional e exija repressão uniforme, segundo se dispuser em lei (I); prevenir e reprimir o tráfico ilícito de entorpecentes e drogas afins, o contrabando e o descaminho, sem prejuízo da ação fazendária e de outros órgãos públicos nas respectivas áreas de competência (II); exercer as funções de polícia marítima, aérea e de fronteiras (III); exercer, com exclusividade, as funções de polícia judiciária da União (IV). A polícia rodoviária federal efetua o patrulhamento ostensivo das rodovias federais (art. 144, § 2º, CF). A polícia ferroviária federal destina-se ao patrulhamento ostensivo das ferrovias federais (art. 144, § 3º, CF). As Forças Armadas, constituídas pela Marinha, pelo Exército e pela Aeronáutica, são instituições nacionais permanentes e regulares, organizadas com base na hierarquia e na disciplina, sob a autoridade suprema do Presidente da República, e destina-se à defesa da Pátria, à garantia dos poderes constitucionais, e por iniciativa de qualquer destes, da lei e da ordem (art. 142, *caput*, CF).

Na esfera estadual, há as polícias civis e militares e os corpos de bombeiros. As polícias civis são dirigidas por delegados de polícia de carreira e têm incumbência de exercício das funções de polícia judiciária e a apuração de infrações penais, exceto as militares e da competência da União (art. 144, § 4º). As polícias militares funcionam na atividade de polícia ostensiva e de preservação da ordem pública (art. 144, § 5º) e exercem os trabalhos de polícia judiciária militar (art. 144, § 4º). Aos corpos de bombeiros militares incumbe a execução de atividades de defesa civil, além das atribuições definidas em lei (art. 144, § 5º). As polícias militares e corpos de bombeiros militares são forças auxiliares e reserva do Exército. Subordinam-se, juntamente com as polícias civis, aos Governadores dos Estados, do Distrito Federal e dos Territórios (art. 144, § 6º).

No âmbito municipal, há possibilidade de constituição de guardas municipais, destinadas à proteção dos bens, serviços e instalações municipais (art. 144, § 8º, CF). Há inúmeros municípios que criaram e possuem a guarda municipal. Como exemplo, as cidades de Americana, São Paulo (Capital) e Rio de Janeiro.

5. POLÍCIA PRIVADA

A polícia privada suplementa as atividades estatais de oferecer segurança pública. É uma forma de participação no trabalho de segurança pública, tendo em vista que o constituinte previu o encargo como direito e responsabilidade do povo (art. 144, *caput*). O particular pode contratar funcionários para realização de segurança privada, destinada a vigiar e proteger a sua vida, os seus bens e patrimônio. Exercem essa atividade privada: os vigias e guardas noturnos, caseiros e agentes bancários de segurança de valores. A polícia particular é regulada pela Lei nº 7.102, de 20.6.1983 e Decreto nº 89.056, de 14.11.1983.

A polícia privada não possui poder de polícia no desempenho de suas atividades, devendo obter a colaboração espontânea do cidadão para facilitação do seu trabalho de segurança privada; o cidadão não é obrigado a colaborar nem interagir com o agente privado. A coerção do agente de segurança privada, para a participação indesejada do cidadão no seu trabalho, pode caracterizar delito, pois somente o agente público detém o poder de polícia para a limitação administrativa da liberdade ou da propriedade.

A atividade profissional de prestação de serviço de investigação por detetive particular é regulada pela Lei nº 3.099, de 24 de fevereiro de 1957, que determina as condições para o funcionamento de estabelecimento de informações reservadas ou confidenciais, comerciais ou particulares.

Seção II
FUNÇÕES DE POLÍCIA

1. DIVISÃO TRADICIONAL DAS FUNÇÕES DE POLÍCIA

Tradicionalmente, a doutrina divide em três as funções de polícia: polícia administrativa, de segurança e judiciária.

A Polícia Administrativa limita os excessos da liberdade, protege as situações individuais e procura manter o equilíbrio social. O seu poder visa coibir as atividades nocivas aos interesses sociais ou que infrinjam as disposições legais ou regulamentares, estranhas à alçada criminal. Esta polícia é de profissões, de associações, de liberdade de pensamento e censura, de comunicações, de construções e de vizinhança, dos serviços chamados de utilidade pública e sanitária.[56] A restrição à liberdade e à propriedade se faz por meio de fiscalização, prevenção e repressão, agindo a Administração coercitivamente.[57]

---

56. Themístocles Brandão Cavalcanti, *Tratado de Direito Administrativo*, v. 3, p. 5 e s.; Luiz Carlos Rocha, *op. cit.*, p. 2.

57. Bandeira de Mello, *op. cit.*, p. 402-403.

A polícia de segurança age administrativamente, regulamentando certas atividades, vistoriando e fiscalizando o cumprimento da lei e atua judiciária ou repressivamente com relação às infrações que lhe chegam ao conhecimento.[58]

A Polícia Judiciária seria encarregada de investigação criminal e de auxiliar o Judiciário e o Ministério Público, no cumprimento de mandados e requisições.

O sistema policial brasileiro adotava a divisão em polícia administrativa e judiciária, com inspiração no modelo preconizado pela Revolução Francesa,[59] mas criticadas as nomenclaturas pela doutrina tradicional por sua inadequação.[60] Nessa divisão artificial, a Polícia Administrativa predispõe-se a impedir ou paralisar atividades anti-sociais e a Judiciária à responsabilização dos violadores da ordem jurídica. Ambas podem ser repressivas e preventivas. A Polícia Administrativa age de acordo com as normas administrativas e a Judiciária em consonância com as normas processuais penais.[61]

Pelo sistema constitucional atual, em relação às atividades policiais, não se pode mais aceitar a divisão em polícia administrativa e judiciária. Ganhou força e importância a função de polícia de segurança pública, destinada à preservação da ordem pública e da incolumidade das pessoas e do patrimônio, com as finalidades de prevenção, repressão, investigação, vigilância de fronteiras e polícia judiciária (art. 144, da Constituição Federal). A função de polícia de investigação criminal desligou-se da noção de polícia judiciária.

A divisão das funções é artificial porque o que determina a atividade específica é a maneira de agir da autoridade no exercício do poder de polícia.[62]

2. POLÍCIA DE SEGURANÇA PÚBLICA

As funções policiais enquadram-se em novo perfil constitucional, podendo ser denominadas de "polícia de segurança pública". A fun-

---

58. Rocha, *op. cit.*, mesma página.
59. José Frederico Marques, *Tratado de Direito Processual Penal*, v. I, p. 186-187; Rocha, *op. cit.*, p. 7.
60. Frederico Marques, *op. cit.*, p. 187-188; Magalhães Noronha, *Curso de Direito Processual Penal*, p. 17.
61. Bandeira de Mello, *op. cit.*, p. 401.
62. Themístocles Brandão Cavalcanti, *op. cit.*, p. 11; Rocha, *op. cit.*, p. 8.

ção de polícia de segurança pública compreende as atividades policiais de prevenção, repressão, investigação, vigilância de fronteiras e polícia judiciária, com objetivo de preservação da ordem pública e da incolumidade das pessoas e do patrimônio (art. 144, da Constituição Federal). Polícia de segurança pública é o gênero; polícia de prevenção, repressão, investigação, vigilância de fronteiras e polícia judiciária são as suas espécies.[63]

A Constituição Federal traça as funções e destinações das polícias, no art. 144. O regramento constitucional trata do exercício da Segurança Pública pelos órgãos policiais estatais. Todos os órgãos policiais típicos (polícia federal, polícia rodoviária federal, polícia ferroviária federal, polícias civis, polícias militares e corpos de bombeiros), além da guarda municipal, são usados e destinam-se ao cumprimento do dever estatal de prestar os serviços de segurança pública, sem prejuízo do exercício do "direito e responsabilidade de todos" retratado na possibilidade de participação do povo.

O dispositivo referido trata com maior amplitude da polícia federal, prevendo como sua destinação quatro funções: (1) a apuração de infrações penais contra a ordem política e social ou em detrimento de bens, serviços e interesses da União ou de suas entidades autárquicas e empresas públicas, assim como outras infrações cuja prática tenha repercussão interestadual ou internacional e exija repressão uniforme, segundo se dispuser em lei; (2) prevenir e reprimir o tráfico ilícito de entorpecentes, o contrabando e o descaminho, sem prejuízo de ação fazendária ou de outros órgãos públicos; (3) exercer as funções de polícia marítima, aérea, portuária e de fronteiras; e (4) exercer, com exclusividade, as funções de polícia judiciária da União (art. 144, § 1º, I a IV, CF).

Três instituições policiais constitucionais (polícia federal e as polícias civis e militares) possuem finalidades de apuração de infrações penais e exercício de funções de polícia judiciária (art. 144, § 1º, I e IV e § 4º) e cinco (polícias federal, rodoviária e ferroviária federais, militar e guarda municipal) destinam-se à prevenção de crimes ou policiamento ostensivo (§ 1º, II e III, §§ 2º, 3º, 5º e 8º).

A própria Carta Magna estabeleceu as funções da polícia para a segurança pública: investigação, prevenção, repressão, cooperação e vigilância de fronteiras.

---

63. A respeito da polícia e segurança pública vide Valter Foleto Santin, "A participação do Ministério Público e do cidadão na política de Segurança Pública"; *Controle judicial da segurança pública*, Revista dos Tribunais, 2004.

As funções da polícia de segurança pública podem ser divididas em polícia preventiva, polícia repressiva, polícia de investigação criminal, polícia de fronteiras e polícia judiciária.

As funções de polícia preventiva e polícia repressiva são atividades exercidas pelos órgãos policiais e destinadas a evitar e prevenir o cometimento de crimes ou para imediata repressão e prisão em flagrante dos infratores das normas penais. Estas funções podem ser chamadas de segurança pública em sentido estrito. As atividades são previstas no art. 144, §§ 1º, II, 2º, 3º, 5º e 8º, da Constituição Federal.

A função de polícia de investigação criminal relaciona-se à apuração de infrações penais, através de inquérito policial, termo circunstanciado e outros procedimentos policiais, para possibilitar elementos e fontes de prova para a movimentação da ação penal pelo Ministério Público. Esta função policial é prevista no art. 144, §§ 1º, I e 4º, da Constituição Federal.

A função de polícia judiciária refere-se à cooperação e auxílio da polícia às atividades judiciárias e do Ministério Público, no cumprimento de mandados e requisições, e realização de diligências processuais (art. 13, I a III, do CPP). Esta função policial é prevista no art. 144, §§ 1º, IV, e 4º, da Constituição Federal.

A função de polícia de fronteiras relaciona-se à atividade de vigilância de fronteiras marítimas, aéreas, portuárias e terrestres, para fiscalizar a entrada e saída de veículos, pessoas e mercadorias. Esta função policial é prevista no art. 144, § 1º, III, da Constituição Federal.

As instituições policiais previstas na Constituição Federal são a polícia federal, polícia ferroviária federal, polícia rodoviária federal, polícias civis e polícias militares, corpos de bombeiros e guardas municipais. As funções chamadas de "polícias" não expressam na realidade a existência de instituições chamadas por "polícia de segurança pública", "polícia preventiva", "polícia repressiva", "polícia de investigação criminal", "polícia de fronteiras" e "polícia judiciária". Os atos de prevenção, repressão, investigação, cooperação e vigilância de fronteiras são funções das polícias constitucionais e destinados ao cumprimento do dever de segurança pública, sem correspondência com instituições policiais com esses nomes.

Na atualidade, a polícia tem desempenhado também atividades relativas ao bem-estar do indivíduo e da sociedade, preenchendo espaço vazio da incipiente e deficiente assistência social. São exemplos, o transporte de doentes, mulheres grávidas e crianças desamparadas.

Uma outra função de polícia implícita seria a polícia de vigilância penitenciária ou polícia penitenciária, destinada à manutenção da ordem carcerária e a permanência dos detentos nos presídios para cumprimento das penas aplicadas. O art. 144, CF, não contempla expressamente esta função, mas ela decorre do sistema policial e de segurança pública, em que a execução da sanção é algo essencial e interfere no resultado das demais atividades e funções, na efetivação do direito de punir do Estado, retratado na execução da pena (Lei nº 7.210/1984). O art. 5º, da Constituição Federal, prevê a pessoalidade da pena ou da intranscendência da pena, não passando da pessoa do condenado (XLV), a individualização da pena, com a definição de acordo com o crime e a pessoa do réu, dentre as penas privativas de liberdade, restritivas de direito e multa (XLVI, letras "a" a "e"), a impossibilidade de penas de morte, de caráter perpétuo, de trabalhos forçados, de banimento e cruéis (XLVII, letras "a" a "e"), em estabelecimento adequado (XLVIII) e com respeito à integridade física e moral dos presos (XLIX).[64] Porém, em sentido diverso, o E. STF entendeu incompatível a vigilância penitenciária ou polícia penitenciária com o conceito de segurança pública do art. 144 da CF (ADIn 236, Rel. Ministro Octavio Gallotti, *DJ* 1º.6.2001).

3. POLÍCIA DE INVESTIGAÇÃO CRIMINAL E POLÍCIA JUDICIÁRIA

A doutrina tradicional tende a englobar as funções de investigação criminal, cooperação e auxílio ao Judiciário e ao Ministério Público dentro da noção do exercício de polícia judiciária.[65]

Entretanto, pelo sistema constitucional atual, as funções de investigação e cooperação são distintas, uma (investigação) caracteriza o trabalho de polícia de investigação criminal e a outra (cooperação), o trabalho de polícia judiciária. Dessa forma, o trabalho de investigação não se inclui mais dentro da noção funcional de polícia judiciária no sistema brasileiro; apenas a cooperação e auxílio ao Judiciário e ao Ministério Público. Investigação criminal não é trabalho de polícia judiciária!

A Constituição Federal foi clara em separar as funções, tanto em relação à polícia federal (art. 144, § 1º, I e IV) quanto às polícias civis e militares (art. 144, § 4º). As funções da polícia federal de investigar crimes e de polícia judiciária estão em dois incisos diferentes (I e IV), indicando que se tratam de duas funções diferentes, duas finalidades diversas: uma de investigação e a outra de cooperação. Em relação

---

64. Valter Foleto Santin, *Controle judicial da segurança pública*, p. 105.

65. Frederico Marques, *Tratado...*, p. 187; Magalhães Noronha, *op. cit.*, p. 17-21.

às polícias estaduais (civis e militares), o constituinte programou que lhes incumbem as funções de polícia judiciária e a apuração de infrações penais (§ 4º), evidenciando que se tratam de duas atividades policiais ("funções" está no plural) diferentes (de polícia judiciária e de apuração de infrações penais) e com duas finalidades diversas (cooperação e investigação).

Todas as polícias têm a obrigação constitucional de prestar serviços de segurança pública, para a preservação da ordem pública e da incolumidade das pessoas e do patrimônio (art. 144, *caput*), vale dizer funções de polícia de segurança, para a prevenção e repressão aos crimes. Nesse trabalho, há as polícias ostensivas e não ostensivas. As polícias ostensivas são as polícias rodoviária e ferroviária federais e as militares (art. 144, §§ 2º, 3º e 5º), com trabalho especial de prevenção e repressão de crimes; mostram-se, normalmente fardados os seus componentes. As polícias não ostensivas são a polícia federal e as polícias civis (art. 144, §§ 1º e 4º, CF), que têm campo de atuação mais amplo: prevenção, repressão, investigação e cooperação judiciária.

Na função de investigação podem atuar as polícias com destinação específica e os órgãos policiais com destinação geral. Com destinação específica de investigação há as polícias federal, civis e militares (art. 144, § 1º, I e § 4º, CF). Com destinação geral figuram as demais polícias, os corpos de bombeiros e as guardas municipais.

A nomenclatura "polícia judiciária" tem origem francesa influenciada pelo *Code d´Instruction Criminelle*, quando a polícia judiciária abrangia órgãos policiais, do Ministério Público e o Juiz de Instrução.[66] Atualmente, ainda persiste o uso do termo na França, disseminado mundo afora. A "police judiciaire", que no idioma italiano expressase como "polizia giudiziaria", tem sentido relacionado à ligação da polícia com o Ministério Público francês e o Ministério Público italiano, os quais dirigem os trabalhos de investigação preliminar e a própria polícia judiciária (arts. 12 e 41, Código de Processo Penal Francês; art. 327, do Código de Processo Penal Italiano). Na França e na Itália o Ministério Público compõe a Magistratura, mas é independente e autônomo. A sua relação funcional com a polícia é mais preponderante e acentuada que a relação com o juiz. O mais adequado para o momento histórico seria o uso do termo "Polícia do Ministério Público", com os seus equivalentes em francês e italiano, e não "polícia judiciária", para aqueles sistemas.

---

66. Frederico Marques, *op. cit.*, p. 198.

O sistema português emprega o termo "órgãos de polícia criminal" para se referir aos entes policiais que exercem a função investigatória, os quais atuam sob a direta orientação do Ministério Público e na sua dependência funcional (art. 263, do Código de Processo Penal Português), porque o Ministério Público é encarregado atualmente da direção do inquérito (art. 53, II, *b*, CPPP). A terminologia portuguesa (órgãos de polícia criminal) é muito mais adequada que a tradicional "polícia judiciária", para expressar os entes ou atividades policiais de investigação e cooperação.

No Brasil, o termo polícia judiciária era utilizado adequadamente no Império, em virtude de que a função de investigação e apuração dos crimes preliminarmente competia a um juiz: juiz de paz ou juiz de direito.[67] Atualmente, a palavra "polícia judiciária" é tecnicamente inadequada para o sistema brasileiro, em que o Ministério Público não compõe a estrutura do Judiciário e não dirige a investigação preliminar nem a polícia. Nem o juiz dirige a polícia nem a investigação. De qualquer modo, no nosso sistema a função de "polícia judiciária" (art. 144, § 1º, IV e 4º, da Constituição Federal) há de ser interpretada como a atividade policial de auxílio às autoridades judiciais e do Ministério Público, no cumprimento de mandado e requisições; não mais pressupõe a investigação de crime, agora inserida na função de investigação criminal para apuração de infrações penais (art. 144, § 1º, I e 4º), espécie nova de função do gênero polícia de segurança pública.

Nesta obra prefere-se o uso da expressão "polícia de investigação criminal", para expressar a função de apuração de infrações penais pela polícia. Poderia também ser utilizado o termo "polícia de apuração penal" ou "polícia de apuração de infrações penais". O termo "polícia judiciária" restringe-se ao trabalho de cooperação policial no auxílio às atividades judiciárias e do Ministério Público, concernentes ao cumprimento de mandados e requisições.

4. FUNÇÃO DE POLÍCIA JUDICIÁRIA

O constituinte encarregou a polícia federal (crimes federais) e as polícias civis (crimes estaduais) e militares (delitos militares) do exercício da função de polícia judiciária. Quais são as atividades relacionadas ao exercício da função de polícia judiciária?

---

67. João Mendes de Almeida Júnior, *O Processo Criminal Brasileiro*, p.162 e ss.

A função de polícia judiciária é exercida para auxiliar o Judiciário e o Ministério Público, tendo em vista que essas instituições não possuem corpo policial próprio para desempenhar a execução de atividades técnico-criminais e de coerção legal, que exijam servidores especializados em segurança pública, no cumprimento de mandados e requisições de informações e diligências, previstas no art. 13, I a III, do Código de Processo Penal. Estas hipóteses legais são exemplificativas, não exaustivas. Tais atividades policiais podem ser na execução de mandados de condução coercitiva, prisão cautelar e por condenação, busca e apreensão de documentos e objetos, quebra de sigilo de comunicações, localização de pessoas e realização de outras diligências necessárias, antes, durante ou depois da ação penal. Essas atividades são de auxílio, de cooperação, de ajuda; são complementares, auxiliares, subsidiárias.

Apesar de no exercício da função de polícia judiciária as polícias poderem ser encarregadas do cumprimento de mandados e requisições judiciais e do Ministério Público, nada impede que o Judiciário e o órgão da acusação promovam essas atividades por servidores próprios ou até mesmo usem outros órgãos públicos, policiais ou não, valendo-se de mecanismo inerente ao poder de requisição.

A interpretação de qualquer dispositivo legal ou constitucional não pode ser feita isoladamente, mas sim em consonância com o ordenamento constitucional ou legal correspondente. A interpretação sistemática deve levar em consideração as demais normas do sistema, para harmonizar as suas normas, superar antinomias aparentes e completar as eventuais lacunas, para um posicionamento adequado e fornecimento de condições de decidibilidade, com base na certeza e segurança.[68]

5. PRINCÍPIO DA UNIVERSALIZAÇÃO DA INVESTIGAÇÃO CRIMINAL

A polícia não é o único ente estatal autorizado a proceder à investigação criminal; não há exclusividade. O princípio é da universalização da investigação, em consonância com a democracia participativa, a maior transparência dos atos administrativos, a ampliação dos órgãos habilitados a investigar e a facilitação e ampliação de acesso ao Judiciário, princípios decorrentes do sistema constitucional atual. O

---

68. Vide Tercio Sampaio Ferraz Júnior, *Introdução ao Estudo do Direito: Técnica, Decisão, Dominação*, 2ª ed., São Paulo: Atlas, 1994, *passim*.

reconhecimento do monopólio investigatório da polícia não se coaduna com o sistema constitucional vigente, que prevê o poder investigatório das comissões parlamentares de inquérito (art. 58, § 3º, Constituição Federal), o exercício da ação penal e o poder de investigar do Ministério Público (art. 129, I, III e VI, CF), o direito do povo de participar dos serviços de segurança pública (art. 144, *caput*, CF), função na qual a investigação criminal se inclui (art. 144, § 1º, I e § 4º, CF), o acesso ao Judiciário (art. 5º, XXXV, CF) e o princípio da igualdade (art. 5º, *caput* e I, CF).

O art. 144 previu a incumbência da polícia federal e das polícias civis de exercício das funções de apuração de crimes e de polícia judiciária. Estabeleceu a destinação da polícia federal de "exercer, com exclusividade, as funções de polícia judiciária da União" (art. 144, § 1º, I, CF). O constituinte não usou o termo "exclusividade" no tocante à polícia civil (§ 4º).

Nos delitos de competência estadual, é atribuição da polícia civil a investigação dos crimes comuns e da polícia militar os crimes militares (art. 144, § 4º, CF). A polícia estadual não ostenta a "exclusividade" na função de polícia judiciária (auxílio, cooperação, colaboração com o Judiciário e o Ministério Público). Também não possui exclusividade na apuração de crimes estaduais. É mais fácil a rejeição ao pretendido monopólio investigatório policial, com a permissão do exercício da função investigatória por outros entes públicos, especialmente o Ministério Público, órgão legitimado para tanto.[69]

No tocante aos delitos federais, uma interpretação apressada e inadequada do art. 144, § 1º, IV, da Carta Magna, poderia indicar que somente a polícia federal estaria autorizada a investigar os crimes federais, com exclusão de qualquer outra instituição, em virtude da destinação de "exercer, com exclusividade, as funções de polícia judiciária da União". Essa não pode ser a interpretação adequada. Não há exclusividade investigatória, mas sim universalização da investigação. É bem verdade que o constituinte previu que a polícia federal teria exclusividade no trabalho de polícia judiciária (art. 144, § 1º, IV), mas não da apuração de infrações penais (I), porque não mencionou termo ou expressão equivalente algum.

Inicialmente, as investigações criminais objetivam fornecer elementos mínimos para o desencadeamento da ação penal. O Ministério Público tem legitimidade para iniciar a ação penal pública e a vítima para a ação penal privada exclusiva e privada subsidiária da ação pú-

---

69. Júlio Fabbrini Mirabete, *Processo Penal*, Atlas, São Paulo, 1994, 4ª ed., p. 77.

blica. A polícia não possui o direito de movimentar a jurisdição penal por meio da ação penal.

Saliente-se que nem o próprio exercício da ação penal é exclusivo do Estado, através do Ministério Público, tendo em vista a possibilidade do exercício pela vítima (pessoa física ou jurídica) da ação penal privada (art. 129, I e 5º, LIX, CF), por crimes de interesse particular, e da ação penal privada subsidiária, por inércia do órgão de acusação oficial nos crimes de ação pública (art. 5º, LIX, CF). Até outros entes estatais de defesa do consumidor ou entidades associativas são autorizados a exercer a ação penal subsidiária por crimes de ação pública contra as relações de consumo (art. 80, do Código de Defesa do Consumidor), quebrando a "privatividade" da ação penal do Ministério Público (art. 129, I, CF). Se não há "privatividade" ou "exclusividade" no exercício de poder de maior relevância, a ação penal, inerente à soberania estatal, não é razoável que haja no poder estatal de menor relevância, a investigação criminal, especialmente porque a fase de investigação é facultativa para o exercício da ação penal e acesso ao Judiciário se a acusação possuir elementos suficientes da autoria e materialidade do crime para embasar a denúncia penal (arts. 39, § 5º e 40, do CPP). A Constituição Federal não condiciona o exercício da ação penal à realização de investigação policial.

A movimentação da jurisdição é direito constitucional. O cidadão tem direito constitucional ao acesso à justiça (art. 5º, XXXV, CF). O princípio é previsto como direito fundamental do cidadão, mas extensível a todos os litigantes, privados ou públicos, porque atinentes ao exercício da jurisdição. É um componente do Estado Democrático de Direito, para decisão sobre ameaça ou lesão de direito.

Depois, o constituinte foi claro ao instituir poderes de investigação parlamentar. As comissões parlamentares de inquérito (da Câmara dos Deputados e do Senado, separadas ou conjuntas) possuem poderes investigatórios próprios das autoridades judiciais e outros regimentais, para a apuração de fato determinado e por prazo certo, com remessa do material ao Ministério Público para a promoção da responsabilidade civil ou criminal dos infratores (art. 58, § 3º, CF). A interpretação adequada dos "poderes investigatórios próprios das autoridades judiciais" por parte das comissões parlamentares de inquérito deve ser no sentido da possibilidade de utilização dos mecanismos que a autoridade judicial possui na investigação criminal (poder de quebra de sigilo bancário, fiscal e telefônico e autorização para busca domiciliar e apreensão de objetos e documentos). A coerção para o comparecimento perante a comissão (condução coercitiva) é instru-

O MINISTÉRIO PÚBLICO NA INVESTIGAÇÃO CRIMINAL
A POLÍCIA: FUNÇÕES E CONTROLE

mento utilizado não apenas pelo juiz, mas também pela polícia e pelo Ministério Público, no emprego do poder de polícia. A prisão temporária ou preventiva cabe apenas ao juiz de direito ou tribunal. As comissões exercem atividades investigatórias de caráter administrativo, em postura similar à autoridade policial, mas com poderes judiciais relativamente à superação das restrições constitucionais decorrentes das garantias individuais do cidadão. Para fixação da postura do membro da comissão é como se o parlamentar fosse um "delegado de polícia-juiz criminal". Pode investigar como o delegado de polícia trabalha e conceder medidas cautelares (quebra de sigilo bancário, fiscal e telefônico e busca e apreensão em residências) da competência do juiz. O E. STF confirmou o poder investigatório da CPI para fatos determinados relacionados com as atribuições congressuais, podendo ouvir indiciados, notificar as pessoas para comparecimento, inquirir testemunhas, notificando-as para comparecimento, requisitar documentos e autorizar busca e apreensão, mas não decretar a prisão preventiva, a qual "extravasa claramente os limites legais" (HC 71.039, Pleno, Rel. Ministro Paulo Brossard, v.u., j. em 4.7.1994, *DJ* de 6.12.1996, p. 48.708, *Ementário*, vol. 1.853-02, p. 278, Caso César de La Cruz Mendoza Arrieta/CPI INSS).

Acresça-se que o Senado Federal tem poderes de processar e julgar o Presidente e o Vice-Presidente da República, os Ministros do Supremo Tribunal Federal, o Procurador-Geral da República e o Advogado-Geral da União nos crimes de responsabilidade (art. 52, I e II, CF). Também com referência aos Ministros de Estado nos crimes da mesma natureza conexos com os praticados pelo Presidente e Vice-Presidente da República (art. 52, I, CF). É evidente o poder de investigação parlamentar para esclarecimento dos fatos e desencadeamento do processo e julgamento. Nesses crimes, as investigações são elaboradas pela Câmara dos Deputados, que recebe a denúncia (notícia-crime) de qualquer cidadão, com ou sem documentos (arts. 14 e 16, da Lei nº 1.079, de 1950), e processa-a, com diligência e tomada do depoimento das testemunhas, em contraditório (art. 22), e depois de votado e aprovado o parecer será considerada decretada a acusação pela Câmara dos Deputados (art. 23, §§ 1º e 2º) e encaminhada ao Senado, para o julgamento pelos senadores, presidido pelo Presidente do Supremo Tribunal Federal (arts. 24 e seguintes, da Lei nº 1.079). O processo de *impeachment* foi utilizado em 1992 no país[70] no Caso

---

70. Sobre o *impeachment* do ex-Presidente Collor, vide sucintamente Eduardo Bueno, "O início do fim" e "O impeachment", História do Brasil, Publifolha, *Folha da Manhã*, São Paulo, 1997, 2º ed., p. 284.

Collor/PC Farias, provocando a renúncia e a suspensão dos direitos políticos do ex-Presidente da República Fernando Collor de Mello.

Em relação ao Ministério Público, a Constituição Federal previu a sua função de promover privativamente a ação penal (art. 129, I), instaurar o inquérito civil e promover a ação civil pública (III), expedir notificações nos procedimentos administrativos de sua competência, requisitando informações e documentos para instruí-los (VI), requisitar diligências investigatórias e a instauração de inquérito policial (VII-I) e exercer outras funções que lhe forem conferidas, desde que compatíveis com sua finalidade (IX), dispositivos que evidenciam a possibilidade de empreender todo o tipo de investigação (administrativa, civil ou criminal). O poder de investigação do Ministério Público é para facilitar e estimular o acesso à Justiça.[72]

A atribuição da Polícia Federal não chega a ponto de impedir o trabalho investigatório do Ministério Público Federal, titular da ação penal por crimes federais, e de outros órgãos públicos (o Senado, as comissões parlamentares de inquérito, o Judiciário e autoridades administrativas).[73] Se o Ministério Público não pudesse investigar crimes em relação a indiciados sem foro especial pela aplicação da "exclusividade" de polícia judiciária e pela função constitucional da polícia na apuração de crimes, também não poderia investigar os delitos dos seus membros. O mesmo raciocínio seria aplicável aos crimes praticados por juízes, o que inviabilizaria a investigação por órgão judicial. Também vedaria a apuração dos fatos pela Câmara dos Deputados e Senado Federal, nos crimes de responsabilidade imputados ao Presidente da República, Vice-Presidente, Ministros do Supremo Tribunal Federal e outras autoridades federais especiais. Da mesma forma em relação às comissões parlamentares de inquérito.

A universalização da investigação foi reconhecida em hipótese originária de representação por crime eleitoral enviada pelo juiz ao órgão do Ministério Público, o qual "por não dispor de elementos suficientes, realizou a inquirição das testemunhas na sala da promotoria" para a ação penal, sendo considerada a inexistência de irregularidade jurídica (TSE, RHC/SP 54, Acórdão nº 4985, Rel. Raphael de Barros Monteiro, j. em 18.5.1972, *BEL* vol. 250, tomo 1, p. 558, www.tse.gov.br).

---

72. Vide Valter Foleto Santin, "A Investigação criminal e o Acesso à Justiça", *Revista Jurídica da UNIRONDON*, v. 1, p. 51-70; *RT* 792/464-476.

73. Sobre o assunto, vide Capítulo I, Seção III.

O reconhecimento do monopólio investigatório da polícia fere o princípio da igualdade (art. 5º, *caput* e I, CF), tendo em vista que a polícia é dependente do Executivo, o qual pode exercer direta influência sobre o trabalho de investigação e impedir a apuração de crimes de pessoas influentes social ou politicamente.

A necessidade de universalização da investigação foi marcada pela investigação de suposto esquema de venda de informações privilegiadas no Banco Central, com destaques para as operações cambiais com os bancos FonteCindam e Marka, envolvendo o seu ex-Presidente, Francisco Lopes, investigado inicialmente pelo Ministério Público Federal, o qual obteve autorização judicial da 6ª Vara Federal do Rio de Janeiro para busca e apreensão de documentos na casa do averiguado. Houve a apreensão de valiosos elementos de prova, inclusive um importante "bilhete", emitido por Sérgio Bragança, endereçado à esposa de Francisco Lopes, seu ex-sócio na Macrométrica, contendo declaração de que Lopes "tem sob minha custódia" US$ 1,675 milhão, depositado em uma conta bancária de Bragança no exterior.[74]

A Polícia Federal participou da busca e apreensão, por requisição do Ministério Público, mas os membros da equipe não tinham conhecimento dos termos da autorização judicial nem quem seria a pessoa investigada. O ex-Presidente da República Fernando Henrique Cardoso, que se encontrava em Portugal, considerou a atividade do Ministério Público Federal como uma "volta do arbítrio"[75] e o Ministro da Justiça Renan Calheiros também criticou a diligência do Ministério Público, afirmando que a "iniciativa do Ministério Público representa uma 'quebra do estado de direito'", seriam "ilegais as apreensões e bens", e que "orientou a Polícia Federal a não mais auxiliar as iniciativas do Ministério Público para apreender bens".[76] Depois, Renan Calheiros alterou um pouco a sua postura,[77] dizendo que determinara à Polícia Federal a abertura de um inquérito, para esclarecer o pagamento de propinas a servidores do Banco Central.

---

74. Gilse Guedes, "Procuradoria pede quebra do sigilo de documentos", *O Estado de S. Paulo*, 19.4.1999, caderno A, p. 4; *Folha de S. Paulo*, 22.4.1999, caderno 1, p. 4, 6, 7 e 8; Consuelo Dieguez, Esdras Paiva, Expedito Filho, Felipe Patury e Roberta Paixão, "O círculo está se fechando" e "Dinheiro fora do imposto de renda", *Revista Veja*, nº 1.595, ed. de 28.4.1999, p. 36.

75. *Revista Veja*, referida, p. 9 e 36-43.

76. Hugo Marques, "Renan avisa CPI que considera iniciativa da Procuradoria ilegal", *O Estado de S. Paulo*, 17.4.1999, caderno A, p. 4.

77. Renan Calheiros, "É preciso dissipar a névoa", *Folha de S. Paulo*, 22.4.1999, caderno 1, p. 3.

É perfeitamente fácil concluir que se o Ministério Público não tivesse tomado iniciativa das investigações nem pedido autorização judicial para a diligência de busca e apreensão de documentos, cuidando de não divulgar qual seria a diligência e qual domicílio objetivado, certamente nenhuma operação similar teria sido empreendida em relação ao ex-Presidente do Banco Central, pelo que se percebe das reações do ex-Presidente da República Fernando Henrique e do ex-Ministro Calheiros, inicialmente contrários e descontentes com o trabalho do Ministério Público, e não haveria "névoa a ser dissipada" (suposta intenção de Renan Calheiros).[78]

Na doutrina, Hugo Nigro Mazzilli[79] e Marcellus Polastri de Lima[80] não aceitam a exclusividade da investigação pela polícia.

Ela Wiecko V. de Castilho, Subprocuradora-Geral da República, entende que sobre a "exclusividade da função de Polícia Judiciária da União pela Polícia Federal, não é possível inferir a existência de monopólio da investigação, mas tão somente que a Polícia Estadual não pode apurar crimes de competência da Justiça Federal". Pela ausência do advérbio exclusivamente na regra relativa à Polícia Estadual, "no que tange aos crimes de competência estadual, resulta que a Polícia Federal pode apurar também crimes de competência estadual".[81] Tal posição não atentou para a existência de duas funções policiais diferentes (uma, de polícia judiciária, e outra, de investigação criminal), que por si só já resolveria a questão, porque a "exclusividade" é de função de polícia judiciária (auxílio, colaboração com o Judiciário e Ministério Público) e não a atividade de investigação para apuração de infrações penais.

O termo "exclusividade" no máximo poderia ser interpretado em relação ao trabalho de outros órgãos policiais, sem impedir o trabalho investigatório do Ministério Público Federal, titular da ação penal por crimes federais, e de outros órgãos públicos, porque a própria Carta Magna previu a atribuição de outros órgãos para a investigação: o Senado, as comissões parlamentares de inquérito e o Ministério Público. Outros entes estatais também exercem trabalhos investigatórios (Judiciário e outras autoridades administrativas).

---

78. Artigo citado.

79. *Manual do Promotor de Justiça*, São Paulo, Saraiva, 1991, p. 179; "As investigações do Ministério Público", *O Estado de S. Paulo*, 3.5.1999, p. A2.

80. *Ministério Público e Persecução Criminal*, Lumen Juris, Rio de Janeiro, 1997, p. 54-56.

81. "Investigação criminal pelo Ministério Público", *Boletim dos Procuradores da República*, nº 11, p. 3, ano 1, março 99.

6. INEXISTÊNCIA DE EXCLUSIVIDADE DE INVESTIGAÇÃO CRIMINAL

Em complementação ao princípio da universalização da investigação por outros órgãos públicos, cabe analisar se a polícia federal e as polícias civis possuem exclusividade em relação às outras polícias. O problema da exclusividade da investigação tem relação com o monopólio das atividades de uma polícia em relação à outra e relativamente a outros órgãos públicos e privados. A possibilidade de todas as polícias investigarem retira o monopólio pretendido pela polícia federal e polícias civis.

A polícia federal é encarregada de investigar os crimes federais. Será que há exclusividade nessa função ou outras polícias e órgãos podem investigar e qual deve ser a interpretação da disposição constitucional que prevê a destinação da polícia federal de "exercer, com exclusividade, as funções de polícia judiciária da União" (art. 144, § 1º, IV, CF)?

A possibilidade de outros entes investigarem decorre do princípio da universalização da investigação. Não há "reserva de mercado" investigatório à polícia federal, tendo em vista a existência da privatividade da ação penal pelo Ministério Público, o exercício de atos de investigação criminal por comissões parlamentares de inquérito e outros entes públicos, o acesso à justiça, o poder de investigação das polícias e a integração de todas as polícias no sistema de segurança pública.

A destinação específica da polícia federal e das polícias civis na apuração de crimes e exercício de polícia judiciária não quer dizer que as demais polícias não possam investigar, porque o objetivo estatal é o exercício da segurança pública, que pressupõe a preservação da ordem pública e da incolumidade das pessoas e do patrimônio (art. 144, *caput*, CF).

No trabalho ostensivo é ínsita e visível a atividade de investigação para a detecção da preparação ou início da execução de crime e para a sua imediata repressão, que se encaixa no exercício de atividade de apuração de crimes.

As atividades de prevenção, repressão e investigação são interligadas e a busca do interesse público e da sociedade exige que todas as polícias exerçam as três funções, em concurso de atividades. Não tem sentido lógico e jurídico impedir que todas as polícias civis ou militares exerçam estas funções; a posição restritiva afrontaria a finalidade de prestação de segurança pública integral pelo Estado (art. 144, *caput*, CF) e de forma eficiente (art. 37, *caput*, CF). O interesse social sobrepõe-se ao interesse corporativo de algumas das polícias de monopolizarem determinadas atividades.

O que faz um policial rodoviário quando vistoria ou fiscaliza um veículo na estrada e os documentos do motorista? O que faz um policial ferroviário quando acompanha os movimentos e ações de usuários das estações e ferrovias e detecta o cometimento de crime? O que faz um policial militar quando vistoria um veículo e o seu motorista, aborda um suspeito ou depara-se com uma ocorrência em andamento e toma as medidas para evitar o crime ou prender em flagrante o suspeito? Será que esses policiais não podem lavrar documentos dessas ocorrências, apreender objetos, contatar testemunhas e colher informes, dialogar com o suspeito ou autor da infração? Será que devem ficar inertes, de braços cruzados e deixar que as testemunhas deixem o local e os elementos de provas sejam alterados ou destruídos? Será que a passividade e omissão das polícias não especializadas em investigação coadunam-se com o objetivo de preservação da ordem pública, da incolumidade das pessoas e do patrimônio e de permitir o exercício da ação penal? Por que a Constituição Federal daria exclusividade para as polícias federal e civis na apuração de infrações penais?

A leitura da Constituição Federal deve ser lógica e razoável na busca do pleno exercício da segurança pública. É evidente que a preservação da ordem pública implica na rápida apuração preliminar dos fatos, colheita de fontes de prova, apreensão de documentos e prisão dos infratores das leis penais. São os atos de primeira intervenção, através de medidas cautelares e de polícia.[82] Depois disso, o trabalho de continuidade das investigações até pode ser feito pelas polícias com destinação específica, sem prejuízo da conjugação de trabalho e cooperação entre as polícias, federais, estaduais ou municipais.

A "reserva de mercado" entre as polícias não se coaduna com o espírito do constituinte de buscar a plena segurança pública, mesmo porque até os cidadãos têm direito e responsabilidade na comple-

---

82. Em Portugal, os órgãos de polícia criminal exercem uma atividade subordinada de coadjuvação das autoridades jurídicas, mas lhes são reconhecidos os atos de primeira intervenção, por razões práticas e jurídicas (José Manuel Damião da Cunha, *op. cit.*, p. 16). Os atos de primeira intervenção da polícia são normais e adequados em todos os países.

mentação dos serviços de segurança pública, incluídos os atos de investigação criminal, pelo que se percebe do dispositivo constitucional (art. 144, *caput*, CF). Se até o cidadão possui direito de participação nos trabalhos de segurança pública, com muito mais razão os órgãos policiais constitucionais encarregados da segurança pública ostentam o direito de exercer a função de investigação criminal para o perfeito cumprimento do dever estatal, seja da esfera federal ou das suas unidades federativas.

No máximo, a polícia federal e as polícias civis podem ter preferência na atividade de investigação em relação ao trabalho de outros órgãos policiais federais e estaduais. Nada impede que a polícia federal investigue crime estadual da atribuição da polícia estadual ou vice-versa e os elementos de prova sejam perfeitamente aproveitados para a ação penal, sem qualquer vício ou nulidade, especialmente pelos princípios da dispensabilidade do inquérito policial para a emissão de denúncia e da universalização das investigações. Não há alguma razão lógica e prática para justificar a rejeição de informações investigatórias promovidas por órgãos policiais de diferentes esferas no desempenho de suas atribuições públicas.

O E. STJ confirmou a possibilidade de investigação de crime ocorrido em outra circunscrição ou esfera, em vários julgamentos.

No HC 9958/GO, decidiu que "não há impedimento que a autoridade policial de determinada unidade federativa promova investigações, mediante instauração de inquérito, acerca de fatos ocorridos em outra circunscrição, mas que tenham repercutido naquela de sua competência" (STJ, 6ª T., Rel. Ministro Fernando Gonçalves, j. em 16.9.1999, *DJ* 4.10.1999, p. 115). Em sentido semelhante: STJ, HC 12443/SC, Rel. Gilson Dipp, j. em 5.9.2000, *DJ* 2.9.2002 p. 206.

No HC 9797/PE, na apuração de tráfico de drogas, em que o auto de prisão em flagrante foi lavrado por delegado de polícia federal, assentou que a "Carta Magna explicita que a repressão ao tráfico de drogas realizado pela autoridade federal será realizada 'sem o prejuízo' da atuação de outros órgãos públicos." (STJ, 5ª T., Rel. Ministro José Arnaldo da Fonseca, j. em 2.9.1999, *DJ* 4.10.1999, p. 69).

No HC 9704/GO, em que os fatos foram rotulados inicialmente como configuradores de crime contra o sistema financeiro nacional, de alçada federal, em desfavor da Caixa Econômica do Estado de Goiás quando esta não mais era instituição financeira, depois foi reconhecida a competência da Justiça Estadual, com a anulação da denúncia, do seu recebimento e dos atos posteriores, mas "mantidos os atos investigatórios anteriores" (STJ, 5ª T., Rel. Ministro Edson Vidigal, j. em 10.8.1999, *DJ* 11.10.1999, p. 78).

Ademais, em regra, o vício do inquérito não afeta a ação penal e não há impedimento para a utilização do material de investigação na formação da *opinio delicti.* Neste sentido: "O inquérito policial constitui peça informativa, que serve de base para a propositura da ação penal, motivo pelo qual a eventual existência de vício na fase inquisitorial não tem o condão de, por si só, invalidar o feito já instaurado" (STJ, RHC 19669/SP, Relator(a) Gilson Dipp, 5ª Turma, j. em 19.9.2006, *DJ* 16.10.2006 p. 388). Ou, "Eventuais vícios formais concernentes ao inquérito policial não têm o condão de infirmar a validade jurídica do subseqüente processo penal condenatório" (STF, HC 73271/SP, 1ª Turma, Relator Celso de Mello, j. em 19.3.1996, *DJ* 4.10.1996, p. 37100, *Ementário* vol. 1844-01, p. 60). Eventual vício na fase pré-processual "não macula a ação penal", que pode ser proposta sem inquérito policial (HC 10725/PB, Rel. Gilson Dipp, j. em 3.2.2000).

Por outro lado, as provas obtidas por meios ilícitos e inconstitucionais podem ser inutilizadas, inviabilizando o seu uso já na fase de inquérito policial, pelo princípio da inadmissibilidade de prova ilícita, pois o constituinte considera que são inadmissíveis, no processo, as provas obtidas por meios ilícitos (art. 5º, LVI, CF).

Na situação de divergência entre as polícias sobre a atribuição para a investigação, incumbe ao órgão policial prejudicado em suas funções investigatórias avocar o procedimento investigatório policial dirigido pela autoridade policial sem atribuição específica, com base na regra constitucional, recorrendo se for necessário até mesmo ao Judiciário, para garantia do exercício da sua atividade regular, a preservação da sua "reserva de mercado" ou "quase-monopólio".

A "exclusividade" refere-se ao trabalho de polícia judiciária (art. 144, § 1º, IV, da Carta Magna) e não à função de investigação criminal (art. 144, §§ 1º, I e 4º). A palavra "exclusividade" deve ter o sentido de "preferência" no exercício do trabalho de polícia judiciária (cooperação, auxílio, colaboração no cumprimento de mandados, requisições e diligências antes, durante ou depois do processo), jamais de impedir a atuação de outros órgãos públicos, policiais ou extrapoliciais. Outra interpretação impediria qualquer auxílio, colaboração ou investigação criminal por outro órgão público (Judiciário, Ministério Público, Senado, Câmara e autoridades administrativas), promovendo a ditadura da polícia e o inadequado monopólio policial na apuração de crimes.

Seção III
CONTROLE EXTERNO DA POLÍCIA

1. CONTROLE INTERNO E EXTERNO DA POLÍCIA

Todos os órgãos públicos devem possuir controles para maior e melhor vigilância, fiscalização, segurança, regularidade, eficiência e qualidade dos serviços públicos, para acompanhamento da correção e lisura do comportamento dos servidores públicos, em prol do interesse da sociedade. Controle significa ato de vigilância, verificação administrativa, fiscalização, inspeção, supervisão e exame minucioso exercido sobre as atividades de pessoas, órgãos e departamentos.[83]

O controle sobre alguma instituição, órgão, função ou atividade pode ser interno ou externo. Controle interno é a fiscalização exercida dentro do próprio órgão, pelas autoridades superiores hierarquicamente. Controle externo é a vigilância exercida por outro órgão público e pela sociedade. O Ministério Público e o Judiciário exercem controle externo das atividades policiais, dentro da noção da teoria dos freios e contrapesos das instituições estatais; também a sociedade exerce o controle externo da polícia.[84]

A polícia necessita de maior atenção e controle de outros órgãos públicos e da sociedade, porque é uma das instituições estatais mais poderosas e suas múltiplas atividades afetam diretamente a vida em sociedade, constituindo-se o braço armado do Estado em confronto com o cidadão e sua liberdade.[85]

O controle externo normalmente é encarado pela instituição controlada e seus membros como uma diminuição institucional, uma expressão de desconfiança, um procedimento de suspeita. Não se trata propriamente de diminuição da instituição nem de desconfiança ou suspeita.

---

83. Hugo Nigro Mazzilli, *O Ministério Público na Constituição de 1988*, Saraiva, p. 117-118; Aurélio Buarque de Holanda Ferreira, *Dicionário Aurélio Eletrônico*.

84. Sobre instrumentos de controle de qualidade e eficiência do serviço de segurança pública vide Valter Foleto Santin, *Controle judicial da segurança pública: eficiência do serviço na prevenção e repressão ao crime*, Revista dos Tribunais, 2004, *passim*.

85. Walter Paulo Sabella considera a polícia "um dos segmentos mais poderosos da administração pública, um organismo hipertrofiado", com "absoluta independência na apuração de crimes" ("Atividade policial: controle externo pelo Ministério Público", *Justitia*, v. 154, p. 10).

Ao contrário, o controle externo deve ser encarado como um reconhecimento do especial valor institucional da entidade e do seu poder social, e principalmente um estímulo ao cumprimento dos princípios da legalidade, moralidade, impessoalidade, eficiência e igualdade para a melhoria dos trabalhos, e até um fortalecimento institucional, porque favorece o aumento da liberdade da polícia de negar-se a atender aos eventuais "pedidos" e "jeitinhos" de pessoas poderosas política ou economicamente, livrando os seus membros dos riscos funcionais e políticos do desatendimento de pretensões ilegais e imorais.

2. CONTROLE EXTERNO DA POLÍCIA

2.1. Controle externo da polícia pelo Judiciário

O Judiciário exerce rotineiro poder de controle sobre as atividades policiais de apuração de crimes e de polícia judiciária, através dos Juízos das Corregedorias da Polícia Judiciária e pelos juízes criminais, nas visitas e inspeções de livros e documentos e das unidades policiais e prisionais, na tramitação dos inquéritos policiais, na concessão de prazos para a continuidade das investigações e nos autos de prisão em flagrante.

O controle do Judiciário tem características administrativas e judiciais.

O controle de cunho administrativo pode gerar discussões sobre a sua legitimidade e constitucionalidade porque o constituinte previu o exercício do controle externo da polícia pelo Ministério Público. Esta previsão constitucional, sem o equivalente em relação ao Judiciário, pode dar margem a interpretação contrária à atuação do Judiciário nessa área. Anteriormente, defendemos na dissertação de mestrado que seria inadequado o controle da polícia pelo Judiciário. Depois de melhor reflexão sobre o assunto, a posição foi alterada, para considerar regular a intervenção do Judiciário sobre a polícia.

Inicialmente, as atividades de controle do Judiciário sobre a polícia são adequadas, porque constituem uma salutar multiplicação de controle sobre as atividades policiais, ao lado do controle externo do Ministério Público e da sociedade. A atribuição do Ministério Público de controle das atividades policiais não exclui nem impede o controle do

Judiciário, porque incide a concorrência de atribuições entre os órgãos públicos, que melhor atende ao interesse público e da sociedade.

A Constituição Federal atribuiu ao Poder Judiciário o exercício de correição sobre os juízos, secretarias e serviços auxiliares (art. 96, I, b), e sobre as atividades de notários, oficiais de registro e de seus prepostos (art. 236, § 1º). Não tratou da incumbência de controle externo da atividade policial pelo Judiciário, pois conferiu o encargo ao Ministério Público (art. 129, VII).

A Constituição do Estado de São Paulo, em seu art. 77, dispõe que: *"Compete, ademais, ao Tribunal de Justiça, por seus órgãos específicos, exercer controle sobre atos e serviços auxiliares da Justiça, abrangidos os notariais e os de registro"*.

No Estado de São Paulo, as correições judiciais na Polícia Judiciária, através das Corregedorias da Polícia Judiciária, têm como fonte o Decreto-Lei nº 4.786/1930. O art. 13, § 5º, do referido decreto-lei prevê que *"Serão comunicados ao governador os erros, abusos ou omissões dos funcionários policiais e administrativos, apurados na visita"*. O art. 186 do Regimento Interno do Tribunal de Justiça de São Paulo disciplina que *"Todos os serviços judiciários estão sujeitos a correição, nos termos da legislação em vigor"*.

As funções policiais dentro das atividades de polícia judiciária no cumprimento de mandados e requisições judiciais (art. 13, do Código de Processo Penal) podem ser enquadradas como serviços auxiliares da Justiça, juntamente com as atividades desempenhadas por serventuários e funcionários da Justiça (art. 274, CPP), e também por peritos e intérpretes, oficiais ou não, sujeitos à disciplina judiciária (arts. 275 e 281, do CPP) e obrigados a aceitarem a nomeação e desempenharem o encargo, sob pena de multa, salvo escusa justificável (art. 277, CPP). Na realização de diligências e cumprimento de mandados e requisições antes, durante ou depois da ação penal a polícia inegavelmente colabora, auxilia, coopera com o Judiciário.

O Juízo da Corregedoria da Polícia Judiciária e dos Presídios quando toma conhecimento de alguma infração praticada por policial inicia um procedimento investigatório, para apuração dos fatos, sem prejuízo das providências adotadas pela autoridade policial através do inquérito policial. Estas informações produzidas pelo Juízo podem ser aproveitadas para instruir ação penal ou processo administrativo. É uma forma de controle externo da polícia pelo Judiciário.

Durante a tramitação do inquérito policial, a autoridade policial envia o procedimento relatado ao juiz competente (art. 10, § 1º, CPP) e solicita ao juiz a devolução dos autos e prazo para outras diligências (art. 10, § 3º, CPP), situação que caracteriza inegável controle judicial sobre a polícia.

A comunicação imediata da prisão de qualquer pessoa ao juiz competente (art. 5º, LXII, da Constituição Federal) tem característica de controle judicial e não administrativo, para garantia do cidadão, a fim de possibilitar o imediato relaxamento da prisão ilegal pela autoridade judiciária (art. 5º, LXV) ou a concessão da liberdade provisória, com ou sem fiança (LXVI). Trata-se de uma medida cautelar constitucional, em que o Estado-Administração impulsiona compulsoriamente o Estado-Juiz, por meio da remessa de cópia do auto de prisão em flagrante (art. 307, do Código de Processo Penal), para obter decisão judicial sobre a legalidade ou ilegalidade da prisão do cidadão e se cabível liberdade provisória (art. 310, do CPP). A providência viabiliza a atuação do Judiciário na apreciação de lesão ou ameaça a direito do cidadão (art. 5º, XXXV, CF), exercida pela autoridade competente (LIII), mediante o devido processo legal (LIV), assegurados o contraditório e ampla defesa (LV), com a obrigatoriedade de fundamentação da decisão, sob pena de nulidade (art. 93, IX, da CF), sujeitando-se a decisão a recurso à instância judicial superior (recurso em sentido estrito, art. 581, V, CPP), por parte do Ministério Público ou do indiciado.

2.2. Controle da polícia pela sociedade

A sociedade pode efetuar controle sobre a polícia, pelo direito de recebimento de informações de parentes presos e direito de petição.

A comunicação da prisão à família ou à pessoa por ele indicada (art. 5º, LXII, CF) tem característica de controle externo da polícia pela sociedade, atendendo à publicidade do ato administrativo e permitindo que os familiares e qualquer cidadão tomem alguma providência para reparar eventual abuso ou excesso de poder e ilegalidade, inclusive por meio do *habeas corpus* (art. 5º, LXVIII, CF).

O controle popular também é feito pelo direito de petição e representação às autoridades policiais superiores ou ao Ministério Público sobre abusos e irregularidades administrativas.

A população conta também com a Ouvidoria de Polícia, órgão que está sendo implantado no país inteiro, o qual recebe reclamações e representações do povo contra os abusos policiais e encaminha os expedientes aos órgãos administrativos e ao Ministério Público para providências.

2.3. Controle da polícia pelo Ministério Público

O controle externo da atividade policial é considerado como uma das funções institucionais do Ministério Público, por força de mandamento constitucional, porque o legislador constituinte de 1988 expressamente previu como função institucional do Ministério Público exercer o controle externo da atividade policial (art. 129, VII, Carta Magna), instituto inexistente no regime constitucional anterior.

O legislador infraconstitucional também elencou o controle externo da atividade policial como função institucional do Ministério Público Federal (art. 38, IV, Lei Complementar Federal nº 75, de 1993) e do Distrito Federal e Território (art. 150, IV, LC Federal nº 75/1993).

Por outro lado, a Lei Federal nº 8.625, de 1993, que traçou as normas gerais do Ministério Público dos Estados não tratou propriamente da função institucional de exercício do controle externo, restando para normatização pelas leis complementares estaduais, mas previu instrumentos para o seu exercício (fiscalização dos estabelecimentos prisionais: art. 25, VI; instauração e instrução de procedimentos administrativos genéricos: art. 26; livre trânsito em delegacias, acesso amplo a inquéritos e presos).

O Ministério Público foi incumbido constitucionalmente de exercer o controle externo da atividade policial. A incumbência constitucional é coerente com o perfil institucional do Ministério Público, desenhado na Carta Magna, que lhe conferiu a promoção privativa da ação penal pública (art. 129, I), o zelo pelo efetivo respeito dos Poderes Públicos e dos serviços de relevância pública aos direitos assegurados na Constituição, promovendo as medidas necessárias à sua garantia (inciso II), a promoção do inquérito civil e a ação civil pública, para a proteção do patrimônio público e social, do meio ambiente e de outros interesses difusos e coletivos (inciso III), a instrução de procedimentos administrativos, com requisição de informações e documentos (IV), a requisição de diligências investigatórias e a instauração de inquérito policial (VIII) e outras funções compatíveis com sua finalidade (IX), na defesa da ordem jurídica, do regime democrático e dos interesses sociais e individuais indisponíveis (art. 127, *caput*, da Constituição Federal).

Não é demais lembrar que são invioláveis os direitos à vida e à segurança (art. 5º, *caput*, Constituição Federal), sendo que a segurança pública é dever do Estado, direito e responsabilidade de todos (povo), exercida pelas polícias federais, civis e militares para a preservação da ordem pública e da incolumidade das pessoas e do patrimônio (art. 144, CF), para a prevenção, repressão, investigação e cooperação. Indicou o constituinte a necessidade de eficiência das atividades dos órgãos de segurança pública (§ 7º).

Inegavelmente, a polícia é instituição poderosa, representante da força estatal, e encarregada da investigação criminal, que se mostrava totalmente independente e não sujeita a controle externo adequado.

Além disso, o Ministério Público é talhado para exercer o controle externo da polícia, porque o trabalho policial tem ligação direta com a sua função de exercer a ação penal pública (art. 129, I, da Constituição Federal). Se a atividade policial não funcionar adequadamente, há prejuízo para a atuação do Ministério Público, por dificuldades de acesso à Justiça (art. 5º, XXXV, CF).

Walter Paulo Sabella entende que a inserção do poder de controle do Ministério Público sobre a polícia no texto constitucional decorreu da falta de comunicação entre as instituições, do elevado poder da polícia, da falta de controle do Ministério Público sobre o fato criminoso e da absoluta independência policial na apuração de crimes.[86]

3. FINALIDADES DO CONTROLE EXTERNO DA POLÍCIA PELO MINISTÉRIO PÚBLICO

O legislador infraconstitucional especificou amplamente as finalidades do controle externo. A Lei Complementar Federal nº 75, de 1993, que regulamenta o Ministério Público Federal, previu o controle externo da atividade policial. O art. 3º menciona a finalidade do controle. Dispôs o referido art. 3º, que "O Ministério Público da União exercerá o controle externo da atividade policial tendo em vista: a) o respeito aos fundamentos do Estado Democrático de Direito, aos objetivos fundamentais da República Federativa do Brasil, aos princípios informadores das relações internacionais, bem como aos direitos assegurados na Constituição Federal e na lei; b) a preservação da ordem pública, da incolumidade das pessoas e do patrimônio público; c) a prevenção e a correção de ilegalidade ou de abuso de poder; d) a indisponibilidade da persecução penal; e) a competência dos órgãos incumbidos da segurança pública".

---

86. *Op. cit.*, mesma página.

A doutrina ainda é escassa sobre o controle externo e suas finalidades, principalmente depois da edição de normas infraconstitucionais, dentre elas sobre o Ministério Público da União, estatuto que descreve amplamente as finalidades.

A normatização do controle externo da polícia pelo Ministério Público atende a um anseio da doutrina, em direção à eficiência e respeitabilidade do trabalho policial.

O saudoso Roberto Lyra, na década de 1930, constatou o interesse do Ministério Público na eficiência e respeitabilidade do trabalho policial. Ele afirmava: "A eficiência e a respeitabilidade do trabalho policial, que constitui a base da ação da Justiça, interessa ao Ministério Público, como fiscal, também, das autoridades investigadoras, como órgão da ação penal, como responsável pela segurança, pela regularidade, pela justiça da repressão. No trato com as autoridades policiais, cumpre ao Promotor Público, além do respeito devido às prerrogativas daqueles colaboradores e não subordinados, pugnar pelo prestígio que advém da sua correção".[87] A visão de Lyra era mais direcionada à investigação policial, apenas uma das facetas do controle externo das atividades policiais pelo Ministério Público.

Hugo Nigro Mazzilli salienta que o constituinte de 1988 intentou criar um sistema de vigilância e verificação administrativa, teleologicamente dirigido à melhor coleta dos elementos de convicção que se destinam a formar a *opinio delictis* do promotor de justiça, fim último do próprio inquérito policial.[88]

Numa tentativa de sistematização doutrinária, propõe-se a divisão das finalidades de controle do Ministério Público sobre a polícia em cinco espécies: 1) respeito à democracia e princípios constitucionais; 2) segurança pública; 3) correcional; 4) indisponibilidade da ação penal; 5) preservação de competência dos órgãos da segurança pública.[89]

A primeira finalidade (respeito à democracia e princípios constitucionais) tem ligação direta com a estrutura do sistema constitucional, porque visa a vigilância sobre as atividades policiais, para verificação de atuação e funcionamento de acordo com "o respeito aos funda-

---

87. *Teoria e Prática da Promotoria Pública*, Porto Alegre, Sérgio Fabris, 1989, p. 121.

88. *O Ministério Público na Constituição de 1988*, p. 118. Também: *Regime...*, p. 173. A posição de Mazzilli seria uma visão parcial e não mais resiste ao confronto com o art. 3º, da Lei Complementar Federal nº 75/1993.

89. A divisão das finalidades de controle foi por mim seguida em outra obra (*Controle Judicial da Segurança Pública*, Revista dos Tribunais, 2004) e aqui reiterada, com pequena alteração de redação.

mentos do Estado Democrático de Direito, aos objetivos fundamentais da República Federativa do Brasil, aos princípios informadores das relações internacionais, bem como aos direitos assegurados na Constituição Federal e na lei" (art. 3º, "a", da Lei Complementar Federal nº 75/1993). O controle pretende constatar o atendimento aos fundamentos democráticos e republicanos e aos direitos e garantias constitucionais, finalidade que se insere dentro da noção do Ministério Público como defensor dos valores democráticos e constitucionais.

A segunda finalidade (segurança pública) relaciona-se ao respeito pelo sistema constitucional de segurança pública, para fiscalização sobre o cumprimento do dever estatal de "preservação da ordem pública, da incolumidade das pessoas e do patrimônio público" (art. 3º, "b", da Lei Complementar Federal nº 75/1993) por parte dos seus órgãos policiais, em termos semelhantes ao texto constante do art. 144, *caput*, CF. Esta finalidade insere-se dentro da noção de defensor da segurança pública do cidadão.

A terceira finalidade (correcional) diz respeito ao interesse social de "prevenção e correção de ilegalidade ou de abuso de poder" (art. 3º, "c", da Lei Complementar Federal nº 75/1993). O objetivo é dar condições ao Ministério Público de empregar mecanismos administrativos ou judiciais, preventivos ou corretivos, para se contrapor às ilegalidades e abuso de poder. Na prevenção, visa-se evitar ilegalidade ou abuso de poder; na correção, busca-se reparar as ilegalidades ou abuso de poder, seja pela simples correção ou até mesmo pelas medidas para a punição administrativa ou judicial do policial de comportamento ilegal ou abusivo. Esta finalidade insere-se dentro da noção de Ministério Público reparador de ilegalidades.

A quarta finalidade (indisponibilidade da ação penal) diz respeito ao interesse social de "indisponibilidade da persecução penal" (art. 3º, "d", da Lei Complementar Federal nº 75/1993) exercida pelo Ministério Público, como parcela da soberania estatal. Nas atividades policiais podem ocorrer comportamentos omissivos ou comissivos, suficientes para interferir ou dificultar o exercício da ação penal pelo Ministério Público. O objetivo do controle é dar condições ao Ministério Público de utilizar mecanismos administrativos ou judiciais preventivos ou corretivos para preservação do seu direito de exercer a ação penal. Na prevenção, visa-se evitar ações e omissões; na correção, busca-se reparar as ações e omissões que interfiram diretamente sobre os elementos de prova e prejudiquem a ação penal. Assim, o controle destina-se à fiscalização do trabalho policial, para a melhoria do trabalho investigatório e para evitar ou minorar eventuais omissöes, abusos e irregularidades nos registros de ocorrências policiais, na movimentação de inquéritos policiais e na atividade de investigação. Esta finalidade insere-se dentro da noção de Ministério Público encarregado do exercício privativo da ação penal pública.

A quinta finalidade (competência dos órgãos da segurança pública) diz respeito ao interesse social de respeito da "competência dos órgãos incumbidos da segurança pública" (art. 3º, "e" da Lei Complementar Federal nº 75/1993), no sentido de que os órgãos policiais exerçam efetivamente as suas atribuições constitucionais e legais para realização de serviços de segurança pública (prevenção, repressão, investigação, cooperação e vigilância de fronteiras), sem omissão, e não possam ser impedidos arbitrariamente do exercício de suas funções por gestões políticas, ilegais, imorais e contrárias ao interesse público e da sociedade. Esta finalidade insere-se na noção de Ministério Público defensor das instituições de segurança pública.

Como se vê, a finalidade do controle externo é aumentar a possibilidade de vigilância das atividades policiais, por um órgão estatal alheio à estrutura policial e encarregado da ação penal e da defesa dos interesses sociais e individuais indisponíveis. O rol de finalidades do controle externo é amplo, a começar pelo modo de estruturação policial, em direção ao respeito à democracia e princípios constitucionais, ao exercício dos serviços para concretização do objetivo da atividade de segurança pública, ao atendimento da legalidade, da indisponibilidade da ação penal e até mesmo em defesa das próprias instituições policiais na preservação de competência dos órgãos da segurança pública. Não é apenas sobre a atuação policial na investigação criminal.

Na atividade de controle, o Ministério Público pode verificar e fiscalizar as notícias-crime, os instrumentos de registro de ocorrências, as providências adotadas, o andamento de investigações, a tramitação de inquéritos e procedimentos e o cumprimento de requisições do órgão de acusação, que se inserem nas funções policiais de investigação e de cooperação com autoridades do Ministério Público e judiciárias. As atividades de prevenção, repressão e que afetem ao direito do cidadão de receber efetivamente os serviços de segurança pública podem ser submetidas a controle externo do Ministério Público. Também é possível o controle das atividades policiais por fiscalização da detenção de presos e execução de pena de condenados.

Dentre as finalidades de controle merece especial atenção a participação do Ministério Público na área de prevenção de delitos. A atividade é incipiente, porque a atuação do órgão na área criminal concentra-se na movimentação da ação penal, na fase posterior ao cometimento do delito, para a aplicação de sanção penal pelo Judiciário. A estrutura e organização do Ministério Público na área criminal estão moldadas para o fato consumado, em virtude do exercício da sua função corresponder principalmente à análise da investigação criminal e realização de acusação criminal no processo de apuração e julgamento do crime, por fato ocorrido e com conseqüências já operadas na sociedade.

Entretanto, a situação da segurança pública brasileira está exigindo uma alteração de rumo institucional, diante da necessidade social cada vez maior de que o Ministério Público volte as suas atenções e os seus esforços institucionais para a melhoria da área de segurança pública, um dos serviços mais importantes para a vida em sociedade de forma civilizada e normal. Essencial a participação do Ministério Público brasileiro na fixação da política de segurança pública, com a apresentação de propostas e sugestões, tomando parte das discussões dos planos, metas e estratégias, tendo em vista que a sociedade exige que o seu órgão de acusação participe dessas ações, atualmente restritas ao Executivo, que não tem se desincumbido adequadamente do trabalho de planejamento e execução das medidas necessárias, para a prevenção e repressão ao crime.[90]

O controle externo da polícia pelo Ministério Público destina-se à fiscalização do trabalho policial, para a melhoria do trabalho investigatório e para evitar ou minorar eventuais omissões, abusos e irregularidades nos registros de ocorrências policiais, na movimentação de inquéritos policiais e na atividade de investigação.

4. LIMITES E INSTRUMENTOS DE CONTROLE DA POLÍCIA PELO MINISTÉRIO PÚBLICO

O constituinte previu o poder de controle do Ministério Público sobre a atividade policial, remetendo a disposição para regulamentação por lei complementar (art. 129, VII, CF).

---

90. A linha de raciocínio e os argumentos sobre a participação do Ministério Público foram por mim desenvolvidos anteriormente. Vide Valter Foleto Santin, *Legitimidade do Ministério Público no Processo Penal*, XXV Seminário Jurídico dos Grupos de Estudos, APMP, 1997, p. 2-17, e www.apmp.com.br, departamento de estudos institucionais, artigos: *A participação do Ministério Público e do cidadão na política de segurança pública*, 13º Congresso Nacional do Ministério Público, v. 1, tomo I, p. 1-8. Posteriormente, o tema foi retomado em obra sobre segurança pública e eficiência dos serviços (*Controle Judicial da Segurança Pública*, Revista dos Tribunais, 2004).

Em princípio, não previu limites nem restringiu a possibilidade de controle externo, porque a "atividade policial" é ampla, pelo exercício funcional da polícia na prevenção, repressão, investigação e cooperação com autoridades judiciárias e do Ministério Público. O legislador infraconstitucional não está adstrito a nenhum limite constitucional, podendo estabelecer o controle sobre todas ou algumas das funções da atividade policial, principalmente porque as funções policiais de prevenção, repressão, investigação e cooperação dizem respeito diretamente às funções do Ministério Público de exercer a ação penal (art. 129, I, CF), zelar pelo efetivo respeito dos Poderes Públicos e dos serviços de relevância pública aos direitos constitucionais (serviços de prevenção e segurança pública, arts. 129, II e 144, CF), promovendo as medidas necessárias à sua garantia, especialmente o inquérito civil e a ação civil pública, por se constituir interesse difuso ou coletivo o cumprimento das atividades policiais de segurança pública, para a preservação da ordem pública e da incolumidade das pessoas e do patrimônio (art. 144, CF).

A referida norma constitucional (art. 129, VII, CF) é considerada programática, mas de efeitos imediatos, impedientes e revocatórios. Impedientes para impedir a edição de norma nova que impeça ou inviabilize o exercício do controle externo da atividade policial. Revocatórios para tornar revogadas as normas existentes que atentem contra o controle externo da atividade policial pelo Ministério Público.

O controle do Ministério Público pode ser exercido por verificação e fiscalização das notícias-crimes, instrumentos de registro de ocorrências, providências adotadas, andamento de investigações, tramitação de inquéritos e procedimentos e cumprimento de requisições do Ministério Público, que se inserem nas funções de investigação e de cooperação com autoridades do Ministério Público e judiciárias. As atividades de prevenção, repressão e que afetem ao direito do cidadão de receber efetivamente os serviços de segurança pública podem ser submetidas a controle externo do Ministério Público. Também é possível o controle das atividades policiais por fiscalização da detenção de presos e execução de pena de condenados.

Não configura poder disciplinar do Ministério Público sobre a polícia o trabalho de controle externo. Em caso de detecção de falhas disciplinares, no trabalho de correição, o membro do Ministério Público deverá representar à autoridade policial superior, para as providências relativas à apuração das faltas e sanções administrativas (arts. 26 e 27, da Lei nº 8.625/1993).

No art. 9º, Lei Complementar Federal nº 75/1993, previu-se os meios e instrumentos para exercício do controle externo da atividade policial. Prevê o art. 9º que "O Ministério Público da União exercerá o controle externo da atividade policial por meio de medidas judiciais e extrajudiciais, podendo: I – ter livre ingresso em estabelecimentos policiais ou prisionais; II – ter acesso a quaisquer documentos relativos à atividade-fim policial; III – representar à autoridade competente pela adoção de providências para sanar a omissão indevida, ou para prevenir ou corrigir ilegalidade ou abuso de poder; IV – requisitar à autoridade competente a instauração de inquérito policial sobre a omissão ou fato ilícito ocorrido no exercício da atividade policial; V – promover a ação penal por abuso de poder."

Também foi previsto o recebimento pelo Ministério Público de comunicação imediata da prisão de qualquer pessoa (art. 10, da Lei Complementar Federal nº 75/1993) como instrumento de controle. Prevê o art. 10 que "A prisão de qualquer pessoa, por parte de autoridade federal ou do Distrito Federal e Territórios, deverá ser comunicada imediatamente ao Ministério Público competente, com indicação do lugar onde se encontra o preso e cópia dos documentos comprobatórios da legalidade da prisão."

Os instrumentos de controle também podem ser utilizados pelo Ministério Público dos Estados, pela aplicação subsidiária da referida Lei Complementar Federal (art. 80, da Lei Federal nº 8.625/1993).

Atualmente, o controle externo da polícia é feito de forma incipiente, na maior parte do país. Praticamente cinge-se à fiscalização dos inquéritos policiais, durante a sua tramitação, pelos pedidos de prazo e por requisições ou requerimentos de diligências[91] e visitas mensais aos presídios, para entrevistas e contatos com os presos.[92] São mais raras as requisições de inquéritos policiais, quando há representação diretamente ao Ministério Público ou conhecimento pela imprensa de fatos delituosos.

No Estado de São Paulo, em 1996, o Colégio Superior do Ministério Público editou o Ato nº 98/1996 (*DOE* de 30.9.1996), disciplinando o trabalho do membro do Ministério Público nas visitas às delegacias

---

91. O Ministério Público tem poder de requisição das diligências, mas na prática costuma "requerer" ao Juiz a devolução do inquérito policial à delegacia, para a realização de diligências imprescindíveis, para melhor esclarecimento dos fatos e completar os elementos para possibilitar a formação da *opinio delicti*.

92. O art. 97, da Constituição do Estado de São Paulo, prevê a incumbência do Ministério Público de fiscalizar os estabelecimentos prisionais.

de polícia e às carceragens. Também foi editado o Ato nº 119/1997 (*DOE* de 13.5.1997), de idêntico teor, sobre as visitas às repartições policiais militares. O Ato Normativo 324-PGJ/CGMP/CSMP, de 29.8.2003, criou o GECEP – Grupo Especial de Controle Externo da Atividade Policial, no âmbito das Promotorias Criminais Centrais da Capital de São Paulo. O Ato Normativo 409-PGJ/CPJ, de 4.10.2005, estabeleceu normas para o exercício do controle externo da atividade de polícia judiciária pelo Ministério Público, no Estado de São Paulo. Vide: *www.mp.sp.gov.br*, administração superior, procuradoria geral, atos.

A jurisprudência tem considerado legítimo o exame de livros policiais pelo Ministério Público: "É legítimo o exame de livros da Polícia Judiciária pelo Ministério Público. 'Ministério Público. Exame de livros de registros de atividades da Polícia Judiciária. Admissibilidade. Aplicabilidade do art. 129, VII, da CF e do Ato nº 98/1996, do Órgão Especial do Colégio de Procuradores. Hipótese de relação de coordenação que decorre da atividade correicional. Inocorrência de controle interno. Recurso não provido. Da função de auxílio nasce a relação de coordenação e a decorrente função correicional extraordinária (a ordinária é realizada pela própria Administração, ou seja, deriva do poder hierárquico). Em síntese, a atividade de examinar livros de registros de atos e Polícia Judiciária é legítima, equivocando-se a autoridade policial em confundi-la com controle interno.'." (TJSP, RSE nº 238.929-3/1, São Paulo, 6ª CCrim., Rel. Des. Fanganiello Maierovitch, j. 16.10.1997, v.u.)", *in Boletim IBCrim* nº 64, Jurisprudência, março/1998, p. 241.

5. CONTROLE JUDICIAL NA TRAMITAÇÃO DO INQUÉRITO POLICIAL

O Judiciário exerce controle sobre a tramitação de inquérito policial e outros procedimentos de investigação, incumbindo à autoridade policial o encaminhamento dos autos a Juízo depois de encerradas as investigações ou para concessão de prazo (art. 10, §§ 1º e 3º, do Código de Processo Penal).

A constitucionalidade do art. 10, do CPP, está sendo questionada pela doutrina, após o advento da Constituição Federal de 1988, sob o argumento da implantação do processo acusatório impedir a atuação do juiz nessa fase, exceto para decidir medidas cautelares relativas à restrição de direito individual constitucional (liberdade, inviolabilidade de domicílio e do sigilo telefônico, bancário e fiscal).

Márcio Luís Chila Freyesleben entende inconstitucional o art. 10, §§ 1º e 3º, do Código de Processo Penal, porque o "Ministério Público é o destinatário final de toda a prova colhida pela polícia judiciária". O seu entendimento de inconstitucionalidade tem relação com a execução pelo juiz de verdadeiro controle externo da atividade policial, em atividade administrativa, antes de a ação penal ser desencadeada, afrontando ao direito de controle conferido constitucionalmente ao Ministério Público sobre as atividades policiais (art. 129, VII, CF) e ao exercício da ação penal (art. 129, I, CF), que pressupõe o recebimento dos autos investigatórios para corroborarem a movimentação da máquina judiciária, sem prévia restrição ou análise do juízo, o qual deve aguardar o pedido cabível, feito apenas pelo órgão acusador, legitimado constitucionalmente.[93] Melhor refletindo sobre o assunto, não me parece útil e adequada a posição de considerar inconstitucional o dispositivo referido, o qual obviamente pode ser melhorado.

O mecanismo tem as suas vantagens ao permitir que o juiz fiscalize a legalidade do desenvolvimento das investigações policiais e o eventual ferimento a direito constitucional do indiciado, permitindo-lhe a emissão de decisão eficiente para evitar o prosseguimento da lesão a garantia constitucional. Por exemplo, se na tramitação do inquérito o juiz constatar que a polícia esteja fazendo interceptação telefônica sem autorização ou fora das hipóteses legais ou decididas judicialmente, poderá determinar a sua paralisação. Em sentido semelhante, se a polícia estiver tentando a quebra do sigilo bancário ou fiscal, sem autorização judicial, ou se utilizada medida restritiva da liberdade sem ordem judicial.

O controle do inquérito policial pelo juiz destina-se também a permitir a fiscalização judicial da ação penal. No nosso sistema o juiz não pode determinar que o Ministério Público exerça a ação penal, mas pode em determinadas situações encaminhar os autos ao Procurador-Geral de Justiça para as providências cabíveis, em caso de omissão do membro do Ministério Público ou hipótese de arquivamento indireto ou até mesmo alertar sobre a proximidade da prescrição da pretensão punitiva estatal, em utilização analógica do art. 28, CPP. O crime é uma lesão a direito da vítima e da sociedade, o que legitimaria a atuação do Judiciário (art. 5º, XXXV, CF).

O tema do controle externo é polêmico. A imprensa, o parlamento e a sociedade discutiam e exigiam algum controle externo do Judiciário e do Ministério Público, anseio concretizado com a criação e insta-

---

93. Vide Márcio Luiz Chila Freyesleben, *O Ministério Público e a Polícia Judiciária: Controle Externo da Atividade Policial*, Del Rey, Belo Horizonte, 2ª ed., 1993, p. 107.

lação do Conselho Nacional de Justiça (art. 103-B, da Constituição Federal) e do Conselho Nacional do Ministério Público (art. 130-A, da CF). A tramitação judicial do inquérito policial pode ser interpretada como uma forma de controle externo da polícia e do Ministério Público pelo Judiciário, pelo sistema já vigente. De outra banda, o Ministério Público efetua o controle externo do Judiciário pela via recursal.

Sem aprofundar no tema do controle externo, é inegável que os controles recíprocos dos entes públicos são interessantes do ponto de vista da melhoria dos serviços públicos e da busca da eficiência das atividades estatais, devendo ser estimulados e aprimorados, em benefício da sociedade.

6. ENCAMINHAMENTO DOS AUTOS DIRETAMENTE AO MINISTÉRIO PÚBLICO

O ideal seria que os autos do inquérito policial fossem encaminhados diretamente ao Ministério Público,[94] mesmo que passassem pelo cartório judicial, independentemente de qualquer despacho judicial nesse sentido. A passagem dos autos pelo juiz antes da manifestação do Ministério Público é inócua, porque o oferecimento da denúncia é atribuição do Ministério Público. É mera forma de retardamento da tramitação do inquérito, possibilitando influência sobre a imparcialidade do juiz a tomada de conhecimento prévio dos fatos constantes do inquérito policial antes da denúncia ou de qualquer pedido ou medida cautelar, situação que deveria ser evitada.

Por outro lado, por coerência com os argumentos já expendidos a respeito do controle da legalidade e externo por parte do juiz das atividades policiais e eventuais omissões do Ministério Público em relação ao exercício da ação penal, a tramitação do inquérito policial deveria ser feita diretamente entre a polícia e o Ministério Público, passando pelo cartório judicial, o qual encaminharia ao juiz somente nas hipóteses de representação policial ou requerimento do Ministério Público para as medidas cautelares que exigissem decisão judicial e nas hipóteses de antevisão de ferimento de alguma garantia constitu-

---

94. Houve veto presidencial ao dispositivo que previa o encaminhamento direto dos autos ao Ministério Público e o direito do órgão conceder prazo para diligências faltantes (art. 25, X e XI, da Lei Federal nº 8.625/1993). Mesmo assim, essa providência é preconizada (Chila Freyesleben, *op. cit.*, p. 110; Denise Neves Abade, "A consagração do sistema acusatório com o afastamento do Juiz do inquérito policial", *Boletim IBCCRIM* nº 55, p. 12, junho/1997, São Paulo).

cional (liberdade, inviolabilidade do domicílio e sigilo telefônico, bancário e fiscal) ou proximidade de prescrição. Esta sistemática seria positiva porque manteria o controle pelo juiz, o qual atuaria somente se houvesse necessidade e não de forma burocrática como na concessão de prazo.

Evidentemente, na tramitação do inquérito policial, ao receber os autos, o membro do Ministério Público também efetua um controle da legalidade das atividades policiais e tem obrigação legal e institucional de pedir a cessação do ferimento de algum direito constitucional violado indevidamente e sem as formalidades legais e constitucionais próprias, movimentando a jurisdição.

Para comparação, o recebimento direto dos autos pelo Ministério Público é realizado na área da Infância e Juventude, na apuração de atos infracionais de adolescentes. Os papéis e documentos encaminhados pela polícia são registrados e enviados pelo cartório judicial diretamente ao promotor de Justiça (art. 179, *caput*, da Lei nº 8.069/1990, Estatuto da Criança e do Adolescente), independentemente de despacho do juiz, modelo que poderia ser utilizado na área criminal, em aprimoramento do sistema atual. Dispõe o referido *caput* do art. 179: "Apresentado o adolescente, o representante do Ministério Público, no mesmo dia e à vista do auto de apreensão, boletim de ocorrência ou relatório policial, devidamente autuados pelo cartório judicial e com informação sobre os antecedentes do adolescente, procederá imediata e informalmente à sua oitiva, e, em sendo possível, de seus pais ou responsável, vítima e testemunhas".

Não se mostra adequada a retirada total do Judiciário da tramitação do inquérito policial e de outros procedimentos de investigação, porque seria diminuída a fiscalização sobre as atividades policiais e do Ministério Público, inclusive sobre a obrigatoriedade da ação penal, em prejuízo da sociedade. Os controles institucionais são benéficos e atendem ao interesse público.

Ademais, seria necessária a criação de estrutura material e pessoal no Ministério Público em número semelhante ao Judiciário, na esfera penal, com graves repercussões orçamentárias e inchaço administrativo da instituição, o que poderia comprometer a sua eficiência. O ideal é que o Ministério Público aumente a sua atuação na investigação criminal em fases que melhorem a sua eficiência e contato com a informação criminal, mas não com mero peso burocrático inútil e de graves reflexos institucionais negativos.

CAPÍTULO III
SISTEMAS PROCESSUAIS PENAIS

Seção I
CLASSIFICAÇÃO E CARACTERÍSTICAS DOS SISTEMAS PROCESSUAIS

1. CLASSIFICAÇÃO DOS SISTEMAS PROCESSUAIS

Desde os povos antigos a civilização conheceu três tipos de sistemas processuais: o acusatório, o inquisitório e o misto.

O sistema acusatório surgiu na Grécia, República romana, nos povos germânicos e na Inglaterra, por meio da acusação privada, passando a partir do século XII, na Europa, ao sistema inquisitivo, e, posteriormente, ao sistema misto (França, no tempo de Napoleão), com um progressivo retorno do processo acusatório nos nossos dias, reestruturado e adaptado ao Estado de Direito.[95]

Atualmente, os sistemas processuais podem ser classificados em três espécies: 1) sistema misto clássico; 2) o sistema misto com juizado de instrução contraditório; 3) sistema acusatório sem juizado de instrução.

---

95. José Frederico Marques, *Tratado de Direito Processual Penal*, Saraiva, São Paulo, 1980, v. I, p. 80-87.

Segundo essa classificação, o sistema misto clássico é caracterizado pelo juizado de instrução, sistema inquisitório e debate público e oral; o sistema misto com juizado de instrução contraditório, por juizados de instrução, banhados pelo contraditório, seguindo-se o debate público e oral; e, o sistema acusatório sem juizado de instrução, todo público e oral, com a supressão dos juizados de instrução, substituídos por investigações preliminares destinadas exclusivamente à formação do convencimento do Ministério Público, conduzidas por este ou pela polícia.[96]

2. SISTEMA MISTO CLÁSSICO

Do sistema misto clássico, constituído por juizado de instrução inquisitório e debate público e oral, são exemplos França e Bélgica, na Europa; e Argentina (sistema federal), Uruguai (código vigente), Colômbia e México, nas Américas.

A polícia e o Ministério Público fazem uma investigação prévia (chamado processo verbal: França e Bélgica) e depois encaminham os dados ao Juizado de Instrução, para o procedimento de instrução (França e Bélgica).

A investigação (instrução provisória) é realizada por meio do Juizado de Instrução, conduzida por um juiz de direito em trabalho de cunho administrativo e jurisdicional.

Nos sistemas mexicano e colombiano há um certo "Juizado de Instrução" dirigido pelo Ministério Público, que acumula poderes investigatórios e alguns jurisdicionais.

Não há contraditório no Juizado de Instrução.

No processo judicial, há separação de funções. O Ministério Público acusa, o advogado defende e o juiz (diverso do juiz instrutor) julga, sendo oral e pública a fase de debates e julgamento.

---

96. Ada Pellegrini Grinover, "A instrução processual penal em Ibero-América", *in O Processo em Evolução*, Forense Universitária, Rio de Janeiro, p. 243 ss.; "Influência do Código de Processo Penal Modelo para Ibero-América na legislação Latino-Americana. Convergências e dissonâncias com os sistemas italiano e brasileiro", *Revista Brasileira de Ciências Criminais*, nº 01, Revista dos Tribunais, SP, janeiro-março/1993, p. 41-63.

3. SISTEMA MISTO COM JUIZADO DE INSTRUÇÃO CONTRADITÓRIO

O sistema misto com juizado de instrução contraditório (juizado de instrução, banhado pelo contraditório, seguindo-se o debate público e oral), é adotado atualmente na Espanha, Peru e Argentina (código federal).[97]

O modelo adota o processo bifásico: uma fase dedicada ao juizado de instrução e outra ao juízo.

A etapa de instrução é precedida de uma fase de investigação prévia, necessária no Peru, no projeto de El Salvador e no Brasil (júri) e eventual na Espanha e no Uruguai. No Peru, a investigação é conduzida pelo Ministério Público, auxiliado pela polícia. Nos demais países, pela polícia.

As investigações criminais (instrução propriamente dita) são realizadas por meio de Juizado de Instrução, conduzido por um juiz. Excepcionalmente a instrução é conduzida pelo Ministério Público.[98]

O contraditório pleno na fase anterior ao juízo ou julgamento é adotado em regra, mas comporta exceções. Na Espanha, há atos que podem ser acompanhados apenas pelo Ministério Público e diligências sigilosas, declaradas pelo juiz.

A fase de juízo ou julgamento, conduzida por um juiz monocrático ou um tribunal colegiado, é pública e regida pelos princípios da concentração, da imediação e da identidade física do juiz. A oralidade é plena na maioria dos países, com alguns atos escritos no Uruguai e no Brasil (júri), prosseguindo depois o processo por audiências. Vige integralmente o contraditório, a ampla defesa, o devido processo legal e outros princípios constitucionais aplicáveis ao processo penal.

As funções de acusar, defender e julgar são visivelmente distintas e atribuídas a órgãos diversos (Ministério Público, defensor e juiz).

---

97. Ada Pellegrini Grinover, "A instrução...", p. 246-249. Ela considera enquadrado nesse sistema o procedimento de instrução preparatória do Júri brasileiro. Registra a tramitação de processo legislativo nesse sentido em El Salvador (projeto) e Uruguai (anteprojeto).

98. Na Espanha, o Ministério Público conduz as investigações nos procedimentos abreviados (art. 785-bis, LECRIM); na Argentina, também (Código Federal, art. 353-bis, introduzido pela Lei nº 24.826, de 1997). Não seria propriamente Juizado de Instrução, mas sim investigação prévia, porque em seguida é desencadeada a ação penal. Ada Grinover aceita a atuação do Ministério Público espanhol no juízo abreviado como componente do sistema acusatório sem juizado de instrução ("A instrução...", p. 250).

4. SISTEMA ACUSATÓRIO SEM JUIZADO DE INSTRUÇÃO

O sistema acusatório sem juizado de instrução (todo público e oral, com a supressão dos juizados de instrução, substituídos por investigações preliminares destinadas exclusivamente à formação do convencimento do Ministério Público, conduzidas por este ou pela polícia) é o mais moderno, idealmente melhor.[99]

O sistema acusatório sem juizado de instrução é empregado na Alemanha, em Portugal e na Itália, espalhando-se também pela América Latina, por influência do Código Modelo.

A fase de investigação prévia destina-se à colheita de elementos informativos para a formação do convencimento do acusador sobre o direito de acusar ou não.

Funciona um juiz de investigação criminal, com a função de autorizar as medidas cautelares requeridas pelo Ministério Público e presidir a colheita das provas antecipadas, em contraditório. Não para investigar.

O juiz de investigação criminal pode ou não ser o mesmo do julgamento. No Código-Modelo, na Guatemala e na Costa Rica (anteprojeto) são diferentes. No Brasil e em Portugal é o mesmo juiz.

As investigações são dirigidas geralmente pelo Ministério Público, com o auxílio da polícia judiciária (Código-Modelo, Portugal, Guatemala, anteprojeto da Costa Rica). No Brasil, em regra, são conduzidas pela polícia.

O contraditório é mitigado, sendo prevista a presença facultativa do defensor.

Normalmente, os elementos da fase investigatória não são admitidos como prova no processo. As exceções são as provas irrepetíveis (exame de corpo de delito), com contraditório no processo, e a produção antecipada de provas perante o juiz.

O processo tramita em contraditório pleno, por audiências públicas, regido em todos os países pelos princípios da imediação e concentração. A identidade física do juiz não é adotada no Brasil.

---

99. Ada Grinover, "A instrução...", p. 254.

Seção II
SISTEMA MISTO CLÁSSICO: FRANÇA, BÉLGICA, URUGUAI, COLÔMBIA E MÉXICO

1. FRANÇA

1.1. Noções gerais

A França é o berço do sistema acusatório misto e do Juizado de Instrução.

Ocorrido um crime, a polícia atende a ocorrência e comunica ao Ministério Público, encarregando-se do processo verbal, dirigido pelo *parquet*. Depois, a Procuradoria da República, por meio de ato de requisição, aciona o Juizado de Instrução, dirigido pelo Juiz de Instrução, nas hipóteses obrigatórias. Ao final da instrução, a pedido do Ministério Público, o Juiz de Instrução decide sobre o prosseguimento da acusação ou determina o arquivamento. Se for decisão de prosseguimento, a instrução é avaliada por uma Câmara de Acusação (*Chambre d'Accusation*). Posteriormente, o Ministério Público sustenta a acusação e o julgamento é realizado pelo Judiciário, por órgão julgador diverso do Juiz de Instrução.

Há separação das funções. A iniciativa da perseguição do crime cabe ao Ministério Público. A condução da instrução compete ao Juiz de Instrução. A sentença é dada por um juízo colegiado ou monocrático, dependendo da natureza do crime. Na execução da pena, participam o Ministério Público e o juiz de aplicação da pena.[100]

A Magistratura francesa é constituída por juízes (*magistrature assise* ou *magistrature de siège*) e pelo Ministério Público (*magistrature debout* ou *parquet*). As carreiras são fungíveis, sendo permitido ao magistrado ocupar a função judicante ou requerente, em determinado período.[101]

---

100. Mireille Delmas-Marty, Mario Chiavario *et alii*, *Procedure Penali D'Europa*, Cedam, Padova, 1998, p. 101.

101. Paulo Pinto de Carvalho, *Uma Incursão do Ministério Público à luz do Direito Comparado: França, Itália, Alemanha, América do Norte e União Soviética*. Ministério Público, Direito e Sociedade, Fabris, p. 82-89; Delmas-Marty, Mario Chiavario *et alii*, *op. cit.*, p. 101 e 351.

São três as fases procedimentais: investigação prévia (*enquête et poursuite*), instrução (*instruction préparatoire*) e de juízo (*jugement*).[102]

1.2. Polícia francesa

Todas as polícias têm ocupações administrativo-preventivas e judiciárias. A polícia judiciária é encarregada de constatar as infrações penais, juntar as provas e buscar seus autores. Outros agentes administrativos também são encarregados de constatação de certas infrações penais. Podem até representar o Ministério Público nos crimes florestais e de caça e pesca, perante os tribunais.[103]

Cabe ao Ministério Público a direção da tarefa de constatação de delitos (art. 12, Código de Processo Penal Francês), devendo a polícia agir sob suas instruções. A Polícia tem a obrigação de avisar ao Ministério Público, imediatamente, sobre as notícias de infrações do seu conhecimento (art. 40, CPPF).

Quando em atividades de polícia judiciária, os policiais estarão automaticamente ligados à ordem do Ministério Público (arts. 12 e 38, CPPF). Os oficiais da polícia judiciária podem decretar a prisão temporária do investigado (*Garde à vue*, art. 63), avisando ao Ministério Público sem demora.

1.3. Ministério Público francês

O Ministério Público moderno é encarado pela maioria como instituição de origem francesa,[104] pelo formato institucional atual, provavelmente pelos reflexos mundiais da Revolução Francesa.

No Século XIV, há menção ao Ministério Público em *ordonnance* francesa, para a defesa judicial dos interesses do soberano (*gens du roi*).[105] A ordenança foi baixada por Felipe, o Belo, em 25 de março de 1302, mas a instituição já exercia as suas funções.[106] Era a forma que o rei usava para intervir nos tribunais.[107]

---

102. Delmas-Marty, Mario Chiavario *et alii*, *op. cit.*, p. 103.
103. Delmas-Marty, Mario Chiavario *et alii*, *op. cit.*, p. 95.
104. José Geraldo Rodrigues de Alckmin, "A instituição do Ministério Público", *Justitia* nº 80, São Paulo, 1973, p. 15.
105. Cintra, Dinamarco e Grinover, *Teoria Geral do Processo*, p. 211.
106. Ary Florêncio Guimarães, com base em Garraud, *op. cit.*, p. 61.
107. Benedicto de Campos, *op. cit.*, p. 12.

O MINISTÉRIO PÚBLICO NA INVESTIGAÇÃO CRIMINAL

SISTEMAS PROCESSUAIS PENAIS

As origens precisas registram que na França, nos séculos XVIII e XIX, existiam os comissários do rei, incumbidos de zelar pela lei, ouvidos na acusação, com previsão nas Constituições Francesas de 1791 e 1793, sem contudo serem acusadores públicos. Os comissários do rei comunicavam ao tribunal de cassação os atos dos juízes que ultrapassavam os limites de seu poder. Em razão da desconfiança da Revolução no Poder Judiciário, o Ministério Público foi instituído como um verdadeiro fiscal do novo que fora estabelecido.[108] O art. 63, da Constituição Francesa de 1799, unificou as funções, prevendo que a função de acusador público passava a ser do comissário do governo.[109]

A Revolução Francesa influiu imensamente em muitas áreas, nos campos políticos, sociais e jurídicos, com reflexos diretos sobre o Ministério Público que hoje conhecemos. A instituição ganhou novo impulso, com ampliação das suas atribuições.

O Ministério Público francês representa o Executivo e a sociedade. A instituição é conhecida por *parquet*, como recordação da época em que "*les gens du roi*" se sentavam abaixo do estrado ocupado pelos juízes.

O Ministério Público dirige a polícia judiciária (art. 12, Código de Processo Penal Francês)[110] e os trabalhos de investigação preliminar (art. 41, CPPF). O Código de Instrução Criminal de 1808 já colocara a polícia judiciária sob a autoridade do Procurador-Geral, na qualidade de corpo auxiliar do Ministério Público.[111]

O Ministério Público centraliza as informações fornecidas pela polícia. A polícia deve transmitir suas constatações, relatórios e processos verbais (art. 19, CPPF). Quando o membro do Ministério Público estiver no local do crime ele assume os trabalhos e todos o auxiliam (art. 68, CPPF).[112] Ele pode operar com equipe diversa daquela presente. Nos casos de rotina, ausente do local, a polícia procede aos trabalhos (art. 68, III), mas suas orientações devem ser seguidas. Os

---

108. Joaquim Cabral Netto, *O Ministério Público na Europa Latina*, Imprensa Oficial, Belo Horizonte, 1974, p. 20-21.

109. Octacílio, *op. cit.*, p. 6, e Cabral Netto, *op. cit.*, mesmas páginas.

110. "Art. 12. La police judiciaire est exercée, sous la direction du procureur de la République, par les officiers, fonctionnaires et agents désignés au présent titre."

111. Waldir Rolim, "Supervisão da Investigação pelo Ministério Público no Direito Comparado", *Revista Forense*, v. 302, p. 4, nota de rodapé 2.

112. "Art. 68. L'arrivée du procureur de la République sur les lieux dessaisit l'officier de police judiciaire. Le procureur de la République accomplit alors tous actes de police judiciaire prévus au présent chapitre. Il peut aussi prescrire à tous officiers de police judiciaire de poursuivre les opérations."

oficiais da polícia para promoção devem ter nota favorável do Ministério Público.

A instrução em sentido largo (*enquête*) é do domínio do Ministério Público. A *enquête préliminaire* é elaborada pela polícia judiciária, sob as instruções do Procurador da República (art. 75, CPPF).

O Ministério Público pode decretar a prisão temporária (*Garde à vue*) do investigado, pelo prazo de 24 horas, prorrogável por igual prazo (arts. 63 e 77, CPPF).

No exercício do seu labor, o Ministério Público francês atua sob o princípio da oportunidade, recebe as notícias-crimes, aprecia sobre o seguimento e comunica ao noticiante e à vítima o arquivamento (art. 40, 1ª parte, CPPF).[113] Realiza verdadeira política criminal, podendo promover a ação penal pública ou arquivar administrativamente o *dossier*. Pode negar seguimento às infrações de pequena importância ou se primário o indiciado, por desinteresse da vítima ou falta de prejuízo à ordem pública, em consonância com as circunstâncias políticas ou sociais. O arquivamento pode ser revisto a todo tempo e intentada a ação penal.[114]

1.4. Juizado de Instrução

O Juizado de Instrução é conduzido por um juiz, com o objetivo de recolher as provas do delito, descobrir a autoria ou verificar o fundamento da acusação contra uma pessoa determinada,[115] procedendo a todos os atos investigatórios para a manifestação da verdade (art. 81, alínea I, CPPF).

A instrução preparatória é obrigatória para os crimes e facultativa para os delitos e contravenções (art. 79, CPPF).

Para iniciar a instrução o juiz de instrução necessita de requisição (*réquisitoire*) introdutória do Ministério Público (*procureur de la République*), conforme art. 80, CPPF.

O juiz de instrução investiga favorável e desfavoravelmente, exercendo funções investigatórias e jurisdicionais, com poderes de investi-

---

113. "Art. 40. Le procureur de la République reçoit les plaintes et les dénonciations et apprécie la suite à leur donner. Il avise le plaignant du classement de l´affaire ainsi que la victime lorsque celle-ci est identifiée."
114. Paulo Pinto de Carvalho, *op. cit.*, p. 86-87.
115. Delmas-Marty, Mario Chiavario *et alii*, *op. cit.*, p. 108.

gação e coerção, respectivamente. O juiz de instrução colhe as provas da instrução pessoalmente ou delega o encargo à polícia, por meio de comissão rogatória (art. 151, Código de Processo Penal Francês).[116]

O juiz de instrução pode decretar a prisão preventiva durante a fase de instrução, sob o crivo do contraditório e de forma fundamentada (arts. 144 e 145, CPPF). Também o tribunal superior (arts. 207, 396 e 397, CPPF).

Encerradas as investigações, a pedido do Ministério Público (art. 175, CPPF), o juiz de instrução decide (*ordonnance de règlement*) sobre o prosseguimento da requisição definitiva do Ministério Público, podendo determinar o arquivamento se não constituir crime, se a autoria é desconhecida ou se os elementos incriminatórios são insuficientes (art. 177, CPPF), ou encaminhar ao tribunal por contravenção ou delito (arts. 178 e 179, CPPF), ou remeter os autos ao Procurador-Geral no caso de crime (art. 181, CPPF).

2. BÉLGICA

2.1. Noções gerais

As diversas funções (investigação, ação penal e juízo) são confiadas a órgãos diferentes. O processo verbal, antecedente à instrução, é conduzido pela polícia e pelo Ministério Público. A função investigatória é essencialmente no âmbito de competência do juiz de instrução, sob o controle das instâncias instrutórias (*chambre du conseil* e *chambre des mises en accusation*). O exercício da ação penal cabe ao Ministério Público. A função de julgamento (*jugement*) compete aos órgãos jurisdicionais, exceto o júri (*cour d´assise*),[117] sendo o órgão julgador diverso do juiz instrutor.

Ao final do trabalho de instrução, o juiz de instrução transmite o procedimento ao Ministério Público, que o devolve com o pedido. Depois, é encaminhado à câmara do conselho (*chambre du conseil*), composta por três juízes (art. 127, 2ª parte, Código de Processo Penal Belga), os quais analisam se há crime e provas para o prosseguimento (art. 128, CPPB).

---

116. Delmas-Marty, Mario Chiavario *et alii, op. cit.,* p. 108-109 e 119.

117. Delmas-Marty, Mario Chiavario *et alii, op. cit.,* p. 45.

2.2. Ministério Público belga

O Ministério Público belga tem a incumbência de representar a sociedade, defender os seus direitos e ser agente do progresso da ciência penal, influenciando no processo legislativo, para a evolução da organização social sob o império da lei,[118] especialmente encarregado da missão principal de exercício da investigação inicial e da ação pública por delitos (art. 22, do Código de Processo Penal Belga, o *Code d'Instruction Criminelle*, de 1878).[119] Para o exercício da ação penal pública recolhe as informações e provas necessárias através da polícia e dos oficiais da polícia (art. 51, CPPB), sendo que na fase da investigação preliminar (*information*) a jurisprudência reconhece ao Ministério Público o poder de recolher todos os elementos necessários ao exercício da ação penal.[120]

O Ministério Público deve ter conhecimento imediato de todas as infrações ocorridas, por comunicado dos oficiais de polícia (arts. 53 e 54) e por informes de todos funcionários, autoridades e oficiais públicos, diante da obrigação de comunicar-lhe os delitos e crimes e transmitir-lhe todas as informações, processos verbais e atos relativos aos fatos (art. 29, 1ª parte, CPPB), dependendo os agentes fiscais de autorização superior (art. 29, 2ª parte). O Ministério Público também recebe queixas e notícias-crimes do povo (art. 30, CPPB).

O Procurador do Rei, ciente de uma infração, pode proceder ou fazer proceder a todos os atos de informação ou de instrução relevantes de suas atribuições, se ele estimar que as circunstâncias graves e urgentes o requeiram.[121] O Procurador colhe todos os elementos para servir de manifestação à verdade dos fatos, inclusive ouvindo o indiciado (*inculpé*, inculpado), conforme prevê o art. 35, CPPB. A busca domiciliar também pode ser feita pelo membro do Ministério Público (art. 36, CPPB).

---

118. Waldir Rolim, *op. cit.*, p. 13-16, e Fauzi Hassan Chouke, *Garantias*, p. 44.
119. Art. 22: "Les procureurs du Roi sont chargés de la recherche et de la poursuite de tous les délits dont la connaissance appartient aux tribunaux correctionnels ou aux cours d'assises". Vide Les Codes Belges, Extraits du Tome II, *Droit Pénal et Procédure Pénale*, Recueil de Textes pour Étudiants, Bruylant, Bruxelles, 1993.
120. Mireille Delmas-Marty, Mario Chiavario *et alii, Procedure Penali D'Europa*, Cedam, Padova, 1998, p. 45.
121. Art. 23, 2ª parte: "Le procureur du Roi, saisi d'une infraction dans les limites de cette compétence, peut procéder ou faire procéder hors de son arrondissement à tous actes d'information ou d'instruction relevant de ses attributions, s'il estime que des circontances graves et urgentes le requièrent".

O MINISTÉRIO PÚBLICO NA INVESTIGAÇÃO CRIMINAL

SISTEMAS PROCESSUAIS PENAIS

EDIPRO

Nos casos de flagrante delito por fato com pena criminal, o Procurador do Rei dirige-se imediatamente ao local, para armar os processos verbais necessários à constatação do corpo de delito, seu estado, as condições do local e para receber as declarações das pessoas que estejam presentes ou tenham informações a dar (art. 32, 1ª parte, CPPB), comunicando ao Juiz de Instrução (art. 32, 2ª parte, CPPB). No caso de flagrante, o juiz de instrução pode praticar os atos atribuídos ao procurador do rei, agindo nessa qualidade (art. 59, CPPB).

Em seguida, o Procurador encaminha o procedimento investigatório e procede a requisição ao juiz de instrução (arts. 53 e 54, CPPB).

Se suficientes os elementos, após o juizado de instrução e a aceitação pela *chambre du conseil*, os autos são remetidos pelo Procurador do Rei (art. 133, CPPB) ao Procurador-Geral para proceder à acusação, *mise en accusation* (arts. 137 e seguintes, CPPB).

O Ministério Público examina se constitui infração e orienta os trabalhos para a ação pública. O Ministério Público dispõe livremente da ação penal pública, utilizando-se do princípio da oportunidade. Se preferir, não dá prosseguimento. O princípio da oportunidade não tem previsão legal, mas decorre de norma consuetudinária.[122]

O Ministério Público fiscaliza os oficiais da polícia. O Procurador-Geral fiscaliza todos os oficiais da polícia judiciária, inclusive o juiz de instrução (art. 279, CPPB), podendo adverti-los em caso de negligência no trabalho (art. 280, CPPB).

2.3. Juizado de Instrução belga

Os juízes de instrução belgas têm plenos poderes em matéria de crimes e delitos e dispõem de poderes coercitivos. Eles agem como oficiais da polícia judiciária quando recebem notícias de crimes e recolhem as provas e os elementos úteis para estabelecer a culpabilidade do réu. Também como juízes ao avaliar os atos contidos no fascículo e tomar uma decisão.

O juiz de instrução, logo que receber os autos e peças de flagrante delito, deve examinar o procedimento, podendo refazer os atos que parecerem incompletos (art. 60, CPPB). Fora dos casos de flagrante, o juiz de instrução não pratica nenhum ato de instrução sem comunicação ao Procurador do Rei. Este providencia as requisições que entender convenientes (art. 61, CPPB).

---

122. Delmas-Marty, Mario Chiavario *et alii*, *op. cit.*, p. 59.

A instrução tem caráter unilateral, podendo o juiz instrutor conduzir as investigações livremente. Não é obrigado a atender aos pedidos do Ministério Público e do acusado. Deve motivar os indeferimentos de pedidos do Ministério Público, o qual pode apelar à *chambre des mises en accusation*. O acusado, a parte civil e terceiros não têm direito de interposição de apelação contra as decisões do juiz de instrução. A fase de instrução penal não é contraditória.[123]

3. URUGUAI

3.1. Noções gerais

O processo penal uruguaio, disciplinado pelo Código de Processo Penal de 1980, é dividido nas seguintes etapas: instrução (presumário e sumário) e juízo (debate).

A instrução é escrita e secreta; pode ser antecedida por investigação prévia, feita pela polícia.[124]

A fase do presumário é criticada severamente por Milton Cairoli Martínez, Ministro da Suprema Corte de Justiça uruguaia, por se constituir uma espécie de procedimento de averiguação, inquisitivo e interminável.[125]

O sumário é dirigido por um juiz, sem separação entre as funções de acusar, defender e julgar, havendo apenas o inquirente e o inquirido.[126]

Não há contraditório no presumário, sendo que no sumário o investigado pode requerer a produção de provas, mas se o tribunal deferir não tem direito de intervir na sua produção. O advogado pode tomar conhecimento dos atos praticados e exercer um certo controle na fase do sumário.[127]

As medidas cautelares (prisão, busca e apreensão, seqüestro, interceptações telefônicas, etc.) são decididas pela própria autoridade investigante, com recursos aos tribunais superiores.[128]

---

123. Delmas-Marty, Mario Chiavario *et alii*, *op. cit.*, p. 50-51.
124. Ada Grinover, "A instrução...", p. 244-245; Milton Cairoli Martinez, *op. cit.*, p. 212, nota 1.
125. "Algunos lineamientos acerca del Proceso Penal", *in Derecho Penal – Derecho Procesal Penal*, Abeledo-Perrot, Buenos Aires, 1997, p. 211-212.
126. Ada Grinover, *op. cit.*, p. 244-245.
127. Ada Grinover, *op. cit.*, p. 245.
128. Ada Grinover, *op. cit.*, p. 245.

3.2. Tendência de modelo acusatório

O Ministro da Suprema Corte de Justiça uruguaia Cairoli Martínez propõe a reforma processual uruguaia, para a adoção do modelo acusatório, juízo oral, princípio de proteção das vítimas, medidas alternativas, sujeição da ação civil à penal, fórmulas alternativas de solução de conflitos e princípio da oportunidade.[129]

Na adoção de sistema acusatório, propõe que a investigação seja conferida ao Ministério Público, adotando a nomenclatura de procedimento (*procedimiento*) ou etapa de investigação prévia (*etapa de investigación previa*), com prazo limitado para evitar a eternização. Se infrutíferas as investigações para a incriminação, o procedimento deve ser arquivado ou sobrestado, a pedido do fiscal (promotor), deferido pelo juiz.[130]

Observa Cairoli Martínez que no sistema acusatório puro o Ministério Público é encarregado de investigar e o juiz tem a tarefa de autorizar ou decidir, mas nunca investigar. Os promotores (fiscais) têm a responsabilidade da investigação e os juízes somente a de vigiar e controlar a investigação. A etapa deve ser pública.[131]

Na alteração, segundo Martínez, a vítima – sem proteção no sistema uruguaio atual – deve ter oportunidade de intervir nas investigações e no processo, paralelamente ao Ministério Público.

Em relação ao princípio da oportunidade, entende que deva ser amplo, sem restrições, para evitar processos criminais, enfatizando que a maioria dos projetos de reforma estabelece que, após a finalização das diligências preliminares, o promotor (fiscal) poderá renunciar ao exercício da ação penal, quando reparados os danos econômicos do delito, o imputado for primário e a vítima manifestar desinteresse no prosseguimento do processo, quando se tratarem de delitos que causarem pequenos danos e aconselhem razões de política criminal ou nas hipóteses de delitos culposos, quando o imputado já sofreu os reflexos do delito, com efeitos maiores que aqueles que derivariam da imposição de uma pena, passados 4 anos dos fatos e não resultar pena de prisão.[132]

---

129. *Op. cit.*, p. 213-217.

130. Cairoli Martínez, *op. cit.*, p. 213.

131. *Op. cit.*, p. 213.

132. *Op. cit.*, p. 217.

4. COLÔMBIA

4.1. Noções gerais

O Código de Processo Penal Colombiano, *Código de Procedimiento Penal*, foi instituído pelo Decreto nº 2.700, da Presidência da República, em 1991.

O Código de Processo Penal prevê especialmente as medidas de proteção da vítima e testemunhas pela Fiscalia (art. 11), a titularidade da ação penal pela Fiscalia (art. 24), o acesso da vítima ou ofendido às informações sobre os fatos (art. 28), as representações para início da ação penal (art. 29), a preclusão da investigação pelo fiscal e cessação do procedimento pelo juiz (art. 36), a sentença antecipada, a pedido do indiciado durante o inquérito (art. 37), a audiência especial para acordo (art. 37A), a conciliação durante a investigação no crime de ação pública condicionada à representação (art. 38), a preclusão da instrução ou cessação do procedimento, por indenização integral (art. 39), a ação civil no processo penal ou processo civil (art. 43), a atribuição nacional da Fiscalia (art. 79), o impedimento e a suspeição do fiscal e do membro do Ministério Público (art. 112), a atuação do defensor (arts. 138 e 139), da defensoria pública e sua submissão ao defensor do povo (art. 140), o impedimento de o Fiscal comunicar-se com o acusado/indiciado sem a presença do defensor (art. 145), a constituição da parte civil (art. 149), a participação do terceiro, com direito econômico afetado (art. 150), o conteúdo da sentença (art. 180), a possibilidade do testemunho não identificado, com aposição da impressão digital no depoimento (art. 293), a transmissão da propriedade dos bens, instrumentos e objetos dos crimes dolosos para a Fiscalia (art. 338), inclusive decorrentes de enriquecimento ilícito, prejuízo ao patrimônio público e originário de droga (art. 340), e a eventual transferência para a Procuradoria-Geral da Nação (Ministério Público) (art. 338), a previsão do benefício por colaboração eficaz, proposto pelo Fiscal, com a concordância da Procuradoria-Geral da Nação (Ministério Público) (art. 369A), as situações de flagrante (art. 370), a prisão em flagrante (art. 371), as medidas de *aseguramiento* (preventiva) (art. 385), seus requisitos (art. 388), a *comminación* (art. 390), a formalização da detenção preventiva (art. 398), o controle da legalidade das medidas de *aseguramiento* (art. 414A) e o processo de *habeas corpus* (art. 430).

O processo penal colombiano é dividido nas seguintes etapas: instrução (sumário) e juízo (debate).

A instrução é secreta e escrita. O sumário é dirigido pelo Ministério Público, sem separação entre as funções de acusar, defender e julgar. O contraditório é limitado no sumário.[133] A vítima e o ofendido têm acesso às informações sobre os fatos (art. 28).

4.2. Fiscalia Geral da Nação e Ministério Público

Na Colômbia,[134] há duas instituições que exercem as funções de Ministério Público nos moldes brasileiros: a Fiscalia Geral da Nação e o Ministério Público. Ambas instituições têm previsão constitucional.

As disposições constitucionais sobre a *Fiscalía General de la Nación* estão incluídas no Capítulo 6 do Título VIII destinado ao Poder Judiciário (*De la Rama Judicial*), com regramentos nos arts. 249 a 253, da Constituição Política. A Fiscalia possui autonomia administrativa e orçamentária (*presupuestal*). É dirigida pelo Fiscal Geral da Nação.

Por seu lado, a instituição chamada Ministério Público é órgão de controle e fiscal da lei, figurando na Carta Magna em título autônomo, denominado "De los Organismos de Control" (Título X), Capítulo 2, juntamente com a "Contraloría General de la República". O Ministério Público é dirigido pelo "Procurador General de la Nación" (arts. 257 e 276, Carta Magna).

Em regra, a investigação criminal e a acusação são incumbências constitucionais da Fiscalia Geral da Nação. Mas há exceções: crimes de membros da Força Pública, atuação do Ministério Público e da Controladoria Geral da República. Não é atribuição da Fiscalia em relação aos crimes praticados por membros da Força Pública. O Ministério Público colombiano, principalmente com funções de fiscal da lei e de direitos coletivos, também pode exercer atividades de polícia judiciária e propor as ações cabíveis. Também a Controladoria Geral da República (*Contraloría General de la República*), que exerce o controle fiscal e da gestão da Administração e dos particulares ou entidades que usem fundos e bens da Nação (art. 267, Carta Magna), tem direito de promover investigações penais ou disciplinares contra quem causar prejuízo ao patrimônio do Estado (art. 268, nº 8, da

---

133. Ada Grinover, "A instrução...", p. 244-245.

134. Sobre a Colômbia, a Constituição e a legislação vide Rama Judicial, "Constitución Política de Colombia, Organización de la Rama Judicial, Fiscalía General de la Nación", *internet*: www.ramajudicial.gov.co; www.presidencia.gov.br

Constituição Colombiana), elementos com valor probatório ante a Fiscalia Geral da Nação e o juiz competente (art. 271).

4.2.1. Funções da Fiscalia Geral da Nação

Incumbe à Fiscalia Geral da Nação investigar os delitos e acusar os infratores ante os Juízos e Tribunais, exceto os delitos cometidos por membros da Força Pública (*Fuerza Pública*) (art. 250, Constituição Federal) e também pela atuação do Ministério Público (art. 270) e da Controladoria (art. 268.8).

Deve a Fiscalia assegurar o comparecimento (*la comparencia*) dos infratores da lei penal, adotando as medidas de asseguramento (*asseguramiento*). Tomar medidas efetivas para o restabelecimento do direito e indenização dos prejuízos ocasionados pelo delito (art. 250, 1). Qualificar (*calificar*) e declarar precluídas (encerradas) as investigações (nº 2). Dirigir e coordenar as funções de polícia judicial (Policía Nacional e demais organismos legais) (nº 3). Velar pela proteção das vítimas, testemunhas e intervenientes nos processos (nº 4) e cumprir as demais funções legais (nº 5).

A Fiscalia é obrigada a investigar os fatos, seja favorável ou desfavoravelmente ao imputado, respeitando seus direitos fundamentais e as suas garantias processuais (art. 250, CF).

São funções especiais do Fiscal Geral da Nação a investigação e acusação dos altos funcionários que gozem de foro constitucional (art. 251, 1, CF), nomear e remover os funcionários do órgão (2), participar do desenho da política do Estado em matéria criminal e apresentar projetos de lei a respeito (3), outorgar atribuições transitórias a entes públicos que possam cumprir funções de polícia judicial, sob sua responsabilidade e dependência (4) e submeter ao Governo informações sobre as investigações em andamento, quando necessário para a preservação da ordem pública (5).

4.2.2. Funções do Ministério Público

A instituição tem as funções (art. 277, CF) de vigiar o cumprimento da Constituição, leis, decisões judiciais e atos administrativos (1), proteger os direitos humanos e assegurar sua efetividade, com auxílio do Defensor do Povo (*Defensor del Pueblo*) (2), defender os interesses da sociedade (3), defender os interesses coletivos, em especial o meio ambiente (4), velar pelo exercício diligente e eficiente das funções administrativas (5), exercer vigilância superior da conduta oficial de quem desempenhe função pública, inclusive as eleições populares; exercer o poder disciplinar; investigar e impor as sanções legais (6); intervir em processos judiciais ou administrativos, quando seja necessário em defesa da ordem jurídica, do patrimônio público ou dos direitos e garantias fundamentais (7); prestar contas anualmente da sua gestão (8); exigir dos funcionários públicos e particulares a informação que considere necessária (9) e outras funções que determine a lei (10).

O Ministério Público também tem atribuições de Polícia Judiciária e poderá interpor as ações que considere necessárias (art. 270, 2ª parte).

5. MÉXICO

5.1. Noções gerais

A instrução prévia é realizada pela polícia, dirigida pelo Ministério Público na investigação (art. 8º, da Lei Orgânica da Procuradoria-Geral da República e art. 3º, Código Federal de Processo Penal). A polícia atua sob a autoridade e ordens do Ministério Público, devendo praticar as diligências investigatórias necessárias de acordo com as instruções da Procuradoria (*Procuraduría*).

A instrução é escrita e secreta ou a publicidade é restrita às partes e aos procuradores. Vige apenas o princípio da imediação. O sumário é dirigido pelo Ministério Público, sem separação entre as funções de acusar, defender e julgar. O contraditório é limitado no sumário ao interrogatório, sendo "fortemente limitado" o direito de defesa. Para as medidas cautelares há um juiz. Os direitos e garantias constitucionais são limitados, porque o sumário submete-se ao poder discricionário do Ministério Público, com possibilidade de recursos. A etapa de juízo é desenvolvida perante juiz monocrático, com forma escrita, publicidade ampla, imediação do juiz. As provas colhidas no sumário podem ser aproveitadas na formação do convencimento do julgador.[135]

5.2. Ministério Público mexicano

No México, há o Ministério Público Federal (*Procuraduría General de la República*) e o Estadual (*Procuraduría General de Justicia*), em

---

135. Ada Grinover, "A instrução...", p. 244-246.

conformidade com o sistema federativo. A instituição está inserida no Poder Executivo. O art. 1º, da *Ley Orgánica de la Procuraduría General de la República* menciona que a PGR está "ubicada en el ámbito del Poder Ejecutivo Federal". Por outro lado, as disposições constitucionais sobre o Ministério Público estão inseridas no Título Terceiro, Capítulo IV, destinado ao "Poder Judicial", prevendo-se que a lei organizará o Ministério Público da Federação, presidido pelo Procurador-Geral da República, nomeado pelo Executivo, com ratificação do Senado (art. 102, Constituição Política dos Estados Unidos Mexicanos).[136]

O Ministério Público é encarregado de velar e tutelar os direitos fundamentais constantes da Carta Magna, vigiar o Estado de Direito e o cumprimento das regras constitucionais. Desenvolve a investigação e a persecução penal dos delitos,[137] atividade rotulada como garantia individual do cidadão (art. 21, da Carta Magna).[138]

A Procuradoria-Geral da República é órgão essencial do Sistema Federal de Justiça e representante dos indivíduos, da sociedade e do Estado, promove e vigia o cumprimento da ordem constitucional e procura justiça no âmbito de sua atribuição. Participa das ações de prevenção do delito, para garantir a segurança pública.

A Procuradoria-Geral da República (Ministério Público Federal) tem atribuição para funcionar nos delitos federais, que afetam a todos os mexicanos e ao país (por exemplo, delitos contra a saúde, porte ilegal de armas de fogo, delitos federais eleitorais, danos ao patrimônio arqueológico, artístico e histórico, ataques aos meios de comunicação e violação de correspondência). As atribuições do Ministério Público Federal Mexicano estão previstas na *Ley Orgánica de la Procuraduría General de la República* e no *Reglamento de la Ley Orgánica de la Procuraduría General de la República,* diplomas legais editados pelo Presidente da República, Ernesto Zedillo Ponce de León.[139]

O encargo da perseguição dos crimes federais (art. 2º, V, Lei Orgânica, a *Ley Orgánica de la Procuraduría General de la República*) compreende a averiguação prévia, o exercício da ação penal (*ante los órganos jurisdicionales*) e a tutela dos direitos da vítima e ofendi-

---

136. Procuraduría General de La República, internet, www.pgr.gob.mx

137. Procuraduría, item Misión, www.pgr.gob.mx

138. Art. 21, *caput*, Capítulo I, "de Las Garantias Individuales", Título Primeiro, da Constituição Mexicana: "La imposición de las penas es propia y exclusiva de la autoridad judicial. La investigación y persecución de los delitos incumbe al Ministerio Público, el cual se auxiliara con una policía que estará bajo su autoridad y mando inmediato..." (outros sites, legislación, www.pgr.gob.mx).

139. Procuraduría, www.pgr.gob.mx

O MINISTÉRIO PÚBLICO NA INVESTIGAÇÃO CRIMINAL

SISTEMAS PROCESSUAIS PENAIS

do, conforme art. 8º, I, II e III, da Lei Orgânica. O trabalho de averiguação prévia (art. 8º, I) consiste no recebimento de notícias de ações e omissões delituosas (art. 8º, I, letra "a") e na investigação dos crimes, com ajuda dos auxiliares diretos (polícia judiciária federal e estadual, agentes do Ministério Público estadual e outros funcionários públicos, art. 19, I e II, Lei Orgânica) e outras autoridades federais e estaduais, conveniadas para a colaboração (art. 8º, I, letra "b").

Na esfera do Ministério Público dos Estados inclui-se o combate aos crimes comuns, que afetam diretamente a uma pessoa ou grupo de pessoas: roubo, violações, lesões, homicídio, dano em propriedade alheia e corrupção de menores.[140]

A Procuradoria pode decretar a prisão dos indiciados (art. 16, da Constituição Política dos Estados Unidos Mexicanos e art. 8º, I, "d", Lei Orgânica) e conceder liberdade provisória (art. 20, da Constituição Mexicana e art. 8º, I, "g", Lei Orgânica).

A ação penal pelos delitos federais (art. 8º, II, "a") será exercida ante os órgãos jurisdicionais, com requerimento de medidas judiciais e outras providências processuais ("b" a "g").

Em matéria de atenção à vítima e ao ofendido por algum delito, o Ministério Público deverá proporcionar assessoria jurídica e propiciar condições para a sua eficaz coadjuvação nos processos penais (art. 8º, III, "a", Lei Orgânica), promover que se garanta e haja efetiva reparação dos danos e prejuízos (letra "b") e combinar ações com as instituições de assistência médica e social, públicas ou privadas, para a proteção da saúde da vítima (letra "c" e art. 20, último parágrafo, da Constituição Federal).

Na participação do Sistema Nacional de Segurança Pública (art. 2º, VII, Lei Orgânica), as atribuições da Procuradoria compreendem: a promoção e celebração de acordos para participar na integração, funcionamento e desenvolvimento do Sistema Nacional de Segurança Pública, com as autoridades competentes (art. 10, I, Lei Orgânica); a participação nas instâncias e serviços de segurança pública (II); a participação nas ações, intercâmbio e sistematização de informações (III); o estabelecimento de programas sobre organização, funcionamento, ingresso, promoção e exoneração dos integrantes da Polícia Judiciária Federal, com o objetivo de atuação voltada para os princípios da legalidade, eficiência, profissionalismo e honradez (IV).

---

140. "Procuraduría, Prevención del Delito y Servicios a la Comunidad, como actuar ante la comisión de un delito?", Las Procuradurías, www.pgr.gob.mx

Seção III
SISTEMA MISTO COM JUIZADO DE INSTRUÇÃO CONTRADITÓRIO: ESPANHA, ARGENTINA E PERU

1. ESPANHA

1.1. Noções gerais

A Espanha adota o sistema acusatório misto com Juizado de Instrução e exercício do contraditório.

O Código de Processo Penal (*Ley de Enjuiciamento Criminal, LECRIM*) é de 1882, com as alterações posteriores.

A regra é a fase de instrução conduzida por um juiz, ligado ao Juizado de Instrução. Por outro lado, ganha espaço a atuação do Ministério Público na fase prévia à ação penal, a começar pelo juízo abreviado, em que as investigações são dirigidas pelo Ministério Público (art. 785-bis, LECRIM).

1.2. Fase de instrução

O Ministério Público (Ministério Fiscal) funciona principalmente como fiscal da lei (inspeção) na apuração dos fatos na instrução pelo Juizado de Instrução (art. 306, LECRIM), exercendo a acusação na fase de juízo (arts. 105, 108 e 271, LECRIM). No procedimento abreviado, o Ministério Público dirige as investigações.

O Ministério Fiscal e as partes poderão propor diligências ao juiz de instrução no sumário, com recurso do indeferimento (art. 311, LECRIM), consagrando o direito de petição de diligências sumariais.[141] As diligências poderão novamente ser pleiteadas na instrução (art. 627, LECRIM) ou no juízo oral (art. 314, LECRIM).

As diligências do sumário são secretas em regra, sendo passíveis de multa as partes pela divulgação e crime de responsabilidade ao funcionário público (art. 301). O segredo pode ser estendido às partes (art. 302, § 2º, LECRIM), sem afetar ao Ministério Fiscal, que não é parte interessada e sim um órgão constitucional do Estado, integrado

---

141. José María Paz Rubio *et alii*, *Ley de Enjuiciamiento Criminal y Ley del Jurado*, Colex, Madrid, 7ª ed., 1995, p. 225.

ao Poder Judiciário, com autonomia funcional (art. 124, Constituição Espanhola e arts. 1º e 2º, EOMF aprovado pela Lei nº 50/1981).[142]

As partes poderão tomar conhecimento das autuações e intervir em todas as diligências do procedimento (art. 302, LECRIM), constituindo aspectos do processo acusatório no sumário.[143]

O processado e as demais partes recebem intimação do final do sumário, para comparecimento ao tribunal, no prazo de 10 dias, ou ao Supremo, em 15 dias (art. 623, LECRIM), dependendo da hipótese delituosa.

Após o término do sumário (arts. 622 e seguintes, LECRIM), serão verificadas a presença das hipóteses de arquivamento (*sobreseimiento*, arts. 634 e 645, LECRIM), livre ou provisório, total ou parcial (art. 634) ou viabilizada oportunidade para a qualificação (*calificación*), a peça de acusação, escrita, sobre os fatos delituosos, em cinco dias, a ser elaborada pelo Ministério Público ou pelo acusador privado (art. 649, LECRIM), com os requisitos previstos no art. 650, LECRIM, e indicação das provas e rol de testemunhas e de peritos (art. 655, LECRIM), iniciando a fase do juízo oral.

1.3. Fase de juízo

A fase de juízo é desenvolvida perante juiz monocrático ou tribunal colegiado, dependendo do caso. Vigem os princípios da publicidade, oralidade, concentração, imediação e identidade física do juiz. Para a formação do convencimento do julgador são aproveitáveis as provas produzidas na etapa de juízo e as provas produzidas antecipadamente em incidente probatório. Também é possível a leitura de diligências sumariais.[144]

2. ARGENTINA

2.1. Códigos Nacional e Provinciais

Na Argentina, há os códigos de processos penais nacional e provinciais.

---

142. José Maria *et alii*, *op. cit.*, p. 214.

143. José Maria *et alii*, *op. cit.*, p. 213.

144. Ada Grinover, "A instrução...", p. 245-246.

O Código Nacional de 1991 prevê o juizado de instrução, conduzido pelo juiz instrutor. É o juiz quem investiga o fato delituoso, podendo delegar ao Ministério Público a atividade investigatória (art. 196).[145] Este sistema seria o misto com instrução contraditória, em processo bifásico (juizado de instrução e juízo) e com distinção das funções do juiz, da acusação e da defesa, atribuídas a órgãos diferentes.[146]

A juíza argentina Rita Mill de Pereyra critica a condução "inquisitiva" das investigações, por parte do juiz instrutor, rotulando-o de "dictador", porque as suas decisões nessa fase às vezes são irrecorríveis, as partes pouco intervêm e os ditames do Ministério Público carecem geralmente de um caráter vinculante.[147]

Por outro lado, os códigos provinciais de Tucumã, Córdoba e Santiago del Estero criaram uma etapa investigatória, conduzida pelo Ministério Público, sem juizado de instrução.[148] A doutrina anunciava também as reformas processuais penais em Buenos Aires e Santa Fé.[149]

Em Buenos Aires, a reforma concretizou-se com a normatização da ampliação das funções do Ministério Público (*Ministerio Público Fiscal*). Pela reforma processual penal provincial,[150] o Ministério Público, além do exercício da ação penal, passou a dirigir a polícia em função judicial e a praticar a investigação penal preparatória (art. 56, do *Código Procesal Penal de la Provincia de Buenos Aires*).[151] A investigação penal preparatória, a atuação do Ministério Público e a participação da polícia foram disciplinadas pelos arts. 266 e seguintes do Código provincial.

---

145. Rita Mill de Pereyra, "Juicio oral: nuevo rol de los sujetos procesales", in *Derecho Penal – Derecho Procesal Penal*, Abeledo-Perrot, Buenos Aires, 1997, p. 292.

146. Ada Pellegrini Grinover, "A instrução...", p. 246.

147. *Op. cit.*, p. 292.

148. Ada Pellegrini Grinover, "Influência", *RBCC* 1/41; Fauzi Hassan Chouke, *Garantias*, p. 106-107.

149. Carlos Alberto Chiara Díaz, "Nuevo sistema de enjuiciamiento penal en la Provincia de Buenos Aires", in *Derecho Penal, Derecho Procesal Penal*, p. 235-237; Rita Mill de Pereyra, *op. cit.*, p. 295.

150. O Código Processual Penal da Província de Buenos Aires foi instituído pela Lei nº 11.922, sancionada em 18.12.1996, modificada pelas Leis nº 12.059, sancionada em 11.12.1997, nº 12.278 e nº 12.405 (vide *Código Procesal Penal de la Provincia de Buenos Aires*, Buenos Aires, Ediciones Del País, 2000).

151. Dispõe o art. 56, *caput*: "*Art. 56. Funciones, Facultades y Poderes. El Ministerio Público Fiscal promoverá y ejercerá la acción penal, en la forma establecida por la ley, dirigirá a la Policía en función judicial y practicará la investigación penal preparatoria.* (...)"

2.2. O Ministério Público e a investigação

Os constituintes argentinos de 1994 consagraram a autonomia funcional e financeira do Ministério Público, que é considerado órgão independente, dirigido pelo Procurador-Geral da Nação, e com função de promover a atuação da justiça, em defesa da legalidade e dos interesses gerais da sociedade.[152]

A tendência argentina é a transferência da investigação prévia ao Ministério Público, com a supressão do juizado de instrução, na busca de adoção do processo acusatório.[153]

A Suprema Corte Argentina acentuou a tendência ao modelo acusatório, ao absolver o acusado (Francisco Tarifeño), em um caso regido por um código provincial com "juicio oral", o qual tinha sido condenado na instância inferior, contra o pedido de absolvição do Ministério Público. A Corte enfatizou que a garantia consagrada no art. 18, da Constituição Nacional, em matéria criminal, exige a observância das formas substanciais do juízo, relativas à acusação, defesa, prova e sentença.[154]

Rita de Pereyra vê a observação da Corte Suprema e a incorporação do art. 120 à Constituição Nacional como uma inclinação a repotencializar a missão do Ministério Público, como representante dos interesses gerais da sociedade e com isso uma marcada tendência orientada ao delineamento de um sistema acusatório puro. No mesmo sentido, foram as conclusões do "Congreso Nacional de Derecho Procesal", em Santa Fé, Argentina, em 1995.[155]

O Ministério Público deverá dirigir a investigação preliminar, com a colaboração da polícia. O juiz supervisionará a etapa preliminar, resguardando as garantias individuais e controlando o respeito ao princípio da legalidade por parte do Ministério Público.[156]

---

152. Rita Mill de Pereyra, *op. cit.*, p. 297

153. Rita Mill de Pereyra, *op. cit.*, mesma página.

154. A Corte concluiu que "no han sido respetadas esas formas cuando se ha dictado sentencia condenatoria sin que hubiere mediado acusación." Ressaltou que "dispuesta la elevación a juicio, durante el debate, el fiscal había solicitado la libre absolución del imputado y com ello impedía al tribunal dictar sentencia condenatoria en su contra". (*Op. cit.*, mesma página).

155. *Op. cit.*, mesma página.

156. Rita Mill de Pereyra, *op. cit.*, p. 300.

Nessa linha, o art. 196, do atual Código de Processo Penal da Nação já previa a possibilidade do juiz de instrução delegar ao agente fiscal (promotor) a direção da investigação nos delitos de ação pública.[157]

Um novo passo foi dado na direção da concretização da tendência de conferir ao Ministério Público as investigações prévias, ao ser introduzido no estatuto processual penal federal o art. 353bis, pela Lei nº 24.826, de 1997 (BO 19.6.1997), que previu a instrução sumária conduzida pelo Ministério Público no caso de prisão em flagrante e entendimento inicial do juiz sobre a desnecessidade da prisão preventiva (alínea 1). O promotor de justiça (agente fiscal) deve comunicar ao imputado o fato delituoso e quais as provas incriminatórias existentes e recomendar a utilização de defensor (alínea 2). O imputado pode apresentar manifestação escrita sobre os fatos e indicar provas úteis (alínea 3). A investigação tem o prazo de 15 dias (alínea 4). O imputado pode solicitar ao juiz ser ouvido em "declaración indagatória", hipótese em que a instrução é regida pelas normas comuns (alínea 5). Depois de reunidos os elementos probatórios, o promotor dá vista ao querelante, se houver (art. 353ter., alínea 1), tramitando o juízo pelas regras do Livro III ou pelas regras do juízo abreviado (alínea 2).

Também ganha apoio a utilização pelo Ministério Público da discricionariedade da ação penal, na seleção do caso mediante a regra da oportunidade.[158]

3. PERU

3.1. Noções gerais

O Peru filia-se ao modelo acusatório misto com Juizado de Instrução e contraditório.[159] O Código de Processo Penal entrou em vigor em 1994. O processo peruano contém três fases: investigação prévia, instrução e juízo.

A fase investigatória prévia é dirigida pelo Ministério Público, ajudado pela polícia. A instrução é conduzida por juiz, no Juizado de Instrução. A instrução é escrita e sigilosa. Aplicam-se os princípios da

---

157. Rita Mill de Pereyra, *op. cit.*, p. 292. Ela informa que o Projeto do Código Processual Penal da Nação de 1986, feito por Julio Maier, previa as investigações preliminares a cargo do Ministério Público (p. 295).

158. Rita Mill de Pereyra, *op. cit.*, p. 298 e 300.

159. Vide Ada Pellegrini Grinover, "A instrução...", p. 246-249.

concentração, imediação e identidade física do juiz. O contraditório é limitado a certos atos. O direito de defesa é observado. As medidas cautelares (pessoais e reais) são da competência do juiz de instrução, submetidas a recursos ordinários ou por *habeas corpus*. Os direitos e garantais constitucionais são observados e submetidos ao controle de tribunais superiores.

A etapa de juízo é realizada perante um tribunal colegiado, aplicando-se os princípios da publicidade, concentração, imediação e identidade física do juiz. As provas lícitas da instrução ingressam na fase de juízo e podem fundamentar o livre convencimento do tribunal, sendo submetidas ao contraditório.

As funções de acusar, defender e julgar são conferidas a órgãos diferentes.

3.2. Ministério Público peruano

O Ministério Público do Peru é um organismo autônomo do Estado, presidido pelo *Fiscal de la Nación*, e tem como funções principais, de acordo com o art. 159, da Constituição Política: 1) promover de ofício ou a pedido da parte a ação judicial em defesa da legalidade e dos interesses públicos tutelados pelo direito; 2) velar pela independência dos órgãos jurisdicionais e pela correta administração da Justiça; 3) representar a sociedade nos processos judiciais; 4) conduzir desde o início a investigação do delito, sendo obrigada a Polícia Nacional a cumprir as ordens do Ministério Público no âmbito de sua função; 5) exercer a ação penal, de ofício ou por representação da vítima; 6) emitir ditames prévios às decisões judiciais, nos casos legais; 7) exercer iniciativa para a formação das leis; comunicar o Congresso ou ao Presidente da República dos vazios ou defeitos da legislação.

O art. 1º, da *Ley Orgánica del Ministerio Público*, Decreto Legislativo nº 052, define que "*o Ministério Público é o organismo autônomo do Estado, que tem como funções principais a defesa da legalidade, dos direitos do cidadão e dos interesses públicos, a representação da sociedade em Juízo, para os efeitos de defender a família, os menores e incapazes e o interesse social, assim como para velar pela moralidade pública; a persecução do delito e a reparação civil. Também velará pela prevenção do delito dentro das limitações que resultam da presente lei e pela independência dos órgãos judiciais e a correta administração da justiça e as demais que assinalam a Constituição Política do Peru e o ordenamento jurídico da nação*".

A *Fiscalía* é quem conduz as investigações criminais preliminares e a polícia está obrigada a atender às suas ordens para a realização do trabalho, por mandamento constitucional (art. 159, 4).

Como se vê, o Ministério Público tem amplos poderes e atribuições no sistema jurídico peruano. O seu domínio é total na ação penal, em atuação que começa com a formação da lei, passa pela prevenção do delito, atinge a investigação prévia e alcança a persecução penal em juízo e a reparação civil do dano.[160]

Seção IV
SISTEMA ACUSATÓRIO SEM JUIZADO DE INSTRUÇÃO: ITÁLIA, PORTUGAL, ALEMANHA, INGLATERRA, ESTADOS UNIDOS DA AMÉRICA E PARAGUAI

1. ITÁLIA

1.1. Noções gerais

Na Itália, o Código de Processo Penal de 1988 reformulou o sistema processual, com a eliminação do Juizado de Instrução.

O Ministério Público (*pubblico ministero*) é encarregado das investigações preliminares, com auxílio da polícia. Foi criada a figura do juiz para as investigações preliminares (*giudice per le indagini preliminari*), encarregado de controlar as atividades inquirentes da etapa prévia, analisar as medidas cautelares e apreciar o pedido de arquivamento ou a denúncia criminal (*richiesta di rinvio a giudizio*), em audiência preliminar (arts. 416 e seguintes, CPPI). Se recebida a denúncia e iniciada a ação penal, o julgamento é efetuado por órgão jurisdicional diverso.

A magistratura italiana é composta por magistratura requerente (*requirente*, Ministério Público) e magistratura judicante (*giudicante*, juízes).[161]

---

160. Sobre o Ministério Público – Fiscalía de la Nación, do Peru, vide Internet, www.mpfn.gob.pe

161. Mireille Delmas-Marty, Mario Chiavario *et alii*, *Procedure Penali D'Europa*, Cedam, Padova, 1998, p. 430.

1.2. O Ministério Público dirige as investigações preliminares

O Ministério Público exerce três espécies de atividades: investigação, persecução penal e execução.[162]

Na fase preliminar, o Ministério Público dirige as investigações preliminares (*indagini preliminari*) e dispõe diretamente da polícia judiciária (art. 327, CPPI).[163]

O Procurador-Geral da República é o chefe da polícia judiciária. O Ministério Público é o titular da ação.

1.3. A polícia comunica o crime ao Ministério Público

A polícia é obrigada a comunicar sem demora e por escrito ao Ministério Público os elementos essenciais do fato, indicando as fontes de prova e as atividades completas, com a entrega da respectiva documentação (art. 347, CPPI).

O Ministério Público italiano completa pessoalmente cada atividade de investigação e pode se valer da polícia judiciária para o cumprimento de atividades de investigação e de outros atos especificadamente delegados (art. 370.1, CPPI).

Mesmo depois de iniciada a atribuição investigatória do Ministério Público pela comunicação do fato delituoso a polícia pode continuar a investigar subsidiariamente os fatos e assegurar as novas fontes de prova, encaminhando prontamente os novos dados ao Ministério Público (art. 377, 3, CPPI). A situação constitui uma co-investigação, uma investigação paralela, "*una vera e propria indagine parallela*", como salienta Vittorio Chiusano.[164]

---

162. "Inquirente, di persecuzione processuale e di realizzacione dei resultati ottenuti" (Paulo Pinto de Carvalho, *op. cit.*, p. 90).

163. "Art. 327. Direzione delle indagini preliminari. – 1. Il pubblico ministero dirige le indagini e dispone direttamente della polizia giudiziaria.". Vide *Codici Penale e di Procedura Penale*, Nicola Cipriani, Maggioli Editore, Rimini, 2ª ristampa, 1995.

164. "Pubblico Ministero e Polizia Giudiziaria nel processo di parti", in *Il pubblico ministero oggi*, 18º Convegno de Studio "Enrico de Nicola", Milano, Giuffrè, 1994, p. 163. Vide também as intervenções de Ubaldo Nannucci e Glauco Giostra, *op. cit.*, p. 169-178 e 179-190.

1.4. Avocação das *indagini preliminari*

A avocação motivada das investigações preliminares (*indagini preliminari*) é possível, pelo Procurador-Geral junto à Corte de Apelação, em caso de impedimento ou suspeição do procurador encarregado do caso, falta de sua substituição tempestiva, omissão da substituição pela chefia e reunião de investigações conexas ou divergências de procuradores nos casos de crimes graves ou falta de efetiva coordenação entre vários procuradores investigantes em investigações conexas (art. 372, do Código de Processo Penal Italiano). São considerados crimes graves para justificar a avocação os seguintes: associação para terrorismo e inversão da ordem democrática (*associazioni con finalità di terrorismo e di eversione dell'ordine democratico*, art. 270-bis, do Código Penal Italiano), terrorismo (*attentato per finalità terroristiche o di eversione*, art. 280, CPI), devastação ou saque (*devastazione, saccheggio o strage*, art. 285, CPI), guerra civil (*guerra civile*, art. 286, CPI), seqüestro para terrorismo e inversão da ordem democrática (*sequestro di persona a scopo di terrorismo o di eversione*, art. 289-bis, CPI), associação para conspiração política (*cospirazione politica mediante associazione*, art. 305, CPI), bando armado para crimes contra o Estado (*banda armata: formazione e partecipazione*, art. 306, CPI), quadrilha ou bando (*associazione per delinquere*, art. 416, CPI) e atentado público com o fim de matar (*strage*, art. 422, do CPI).

1.5. Prazo para conclusão das investigações

O Ministério Público tem prazo determinado para a conclusão da *indagini preliminari* e exercício da ação penal, com o oferecimento de denúncia, lá chamada de *richiesta di rinvio a giudizio*. O prazo previsto é de 6 meses, contado da data da inscrição do nome do indiciado no registro de notícias de crime (indiciamento) ou de 1 ano, nos delitos previstos no art. 416 do Código Penal (associação criminosa), nas hipóteses de prisão em flagrante obrigatória (arts. 405 e 407, CPPI). A duração máxima é de 1 ano e 18 meses, respectivamente (art. 407, CPPI).

2. PORTUGAL

2.1. Noções gerais

O Código de Processo Penal português foi instituído pelo Decreto-Lei nº 78/1987.

O Ministério Público é encarregado da fase de investigação prévia e da dedução da ação penal. A polícia é sua auxiliar na fase preliminar.

O juiz de investigação criminal tem a função de autorizar as medidas cautelares requeridas pelo Ministério Público e presidir a colheita das provas antecipadas, em contraditório. É o mesmo juiz do julgamento.

O contraditório na fase preliminar é mitigado, sendo prevista a presença facultativa do defensor.

Normalmente, os elementos da fase investigatória não são admitidos como prova no processo. As exceções são as provas irrepetíveis (exame de corpo de delito), com contraditório no processo, e a produção antecipada de provas perante o juiz.[165]

2.2. Ministério Público português

Portugal exerceu domínio colonial sobre o Brasil e as origens históricas do Ministério Público são comuns.

A própria instituição do Ministério Público é referida como de origem lusitana[166] ou à influência francesa em Portugal.[167] De qualquer modo, segundo posição da Procuradoria-Geral da República de Portugal, o Ministério Público português sofreu influência das vicissitudes do poder político e do fluir da Casa da Suplicação ou Casa do Cível, resultante das *"necessidades da justiça e da preparação de uma época"*, de forma que as coincidências dos movimentos de idéias seriam atribuídas a uma *"evolução paralela de instituições"*.[168]

Em 1289, quando Rei D. Afonso III, num diploma, aparece a figura do Procurador-do-Rei, cargo permanente, destinado a chamar à Casa do Rei (Tribunal de Relação) as pessoas que com ele tinham pleitos.[169]

No Regulamento da Casa de Suplicação, durante o reinado de Dom João I (1385/1422), são definidos as qualidades, as aptidões e os deveres dos procuradores-do-Rei. No Livro das Leis e Posturas são encontradas algumas disposições sobre a sua intervenção nas

---

165. Ada Grinover, "A instrução...", p. 251.
166. Hugo Mazzilli, *Manual*..., p. 3; José Damião Cogan, *op. cit.*, p. 82.
167. Benedicto de Campos, *op. cit.*, p. 14.
168. "Evolução do Ministério Público", item Monarquia-Evolução, htm em www.pgr.pt.
169. José Henrique Pierangelli, *Processo Penal: Evolução Histórica e Fontes Legislativas*, Jalovi, 1983, p. 187; Joaquim Cabral Netto, *op. cit.*, p. 53; Damião Cogan, p. 82.

118 VALTER FOLETO SANTIN
EDIPRO   SISTEMAS PROCESSUAIS PENAIS

causas penais e as atribuições dos procuradores de justiça da Casa da Suplicação.[170]

As Ordenações Afonsinas, de 1446 ou 1447, dispunham sobre o procurador da justiça no título VIII, do livro I, nos seguintes termos: *"E veja, e procure bem todos os feitos da Justiça, e das Viúvas, e dos Orphãos, e miseráveis pessoas, que aa Nossa Corte vierem"*.[171]

Em 1514, encontram-se normas em relação aos procuradores-do-Rei, no Alvará de 28 de março.[172]

As Ordenações Manuelinas, de 1521, nos seus Títulos XI e XII, do Livro 1, compendiaram e sintetizaram as obrigações do Procurador-dos-Feitos e Promotor-de-Justiça da Casa da Suplicação. Há registro da existência de promotores de justiça da Casa do Civil e nos Juízos das outras terras do Reino, que seriam os escrivães do feito.[173] Nesse diploma, o promotor tem funções bem acentuadas no crime, mas sem participação na apuração dos delitos.[174]

Nas Ordenações Filipinas, de 1603, ficou estabelecido que na ausência de promotor, o Tabelião ou o Escrivão do feito faria o libelo e arrolaria as testemunhas (título XV, 6).[175] Havia na Casa da Suplicação um procurador dos feitos da coroa, um procurador dos feitos da fazenda, um promotor de justiça e um solicitador da justiça, e, na Casa do Cível da Relação do Porto, um promotor da justiça e um solicitador da justiça.[176]

Atualmente, o Ministério Público português é incumbido da direção do inquérito e da acusação em Juízo.

2.3. A direção do inquérito pelo Ministério Público

O Ministério Público é encarregado atualmente da direção do inquérito (art. 53, II, b, CPPP), assistido pelos órgãos de polícia criminal, que atuam sob a direta orientação do Ministério Público e na sua dependência funcional (art. 263, CPPP). O Ministério Público pode

---

170. Cabral Netto, *op. cit.*, mesma página; *Evolução do Ministério Público*, *op. cit.*
171. *Evolução do Ministério Público*, *op. cit.*
172. Cabral Netto, *op. cit.*, mesma página.
173. Cabral Netto, *op. cit.*, mesma página. Também Arthur Cogan, "O Ministério Público no inquérito policial", *Justitia* nº 74, APMP, São Paulo, 1971, p. 83.
174. Arthur Cogan, *op. cit.*, mesma página.
175. Arthur Cogan, *op. cit.*, mesma página.
176. *Evolução do Ministério Público*, *op. cit.*

O MINISTÉRIO PÚBLICO NA INVESTIGAÇÃO CRIMINAL
SISTEMAS PROCESSUAIS PENAIS

conferir aos órgãos da polícia o encargo de proceder a quaisquer diligências e investigações relativas ao inquérito (art. 270, CPPP).[177]

A investigação preliminar visa averiguar a existência do crime, determinar os seus agentes e a sua responsabilidade e descobrir elementos informativos para o exercício da acusação (arts. 262 e 263, do CPPP).[178] A polícia auxilia o Ministério Público nas investigações.

3. ALEMANHA

3.1. Noções gerais

Em regra, o sistema processual alemão possui três fases (procedimento ordinário): preparatória, intermediária e de juízo. A fase preparatória (*das Vorverfahren*) é destinada à investigação e incriminação. A intermediária[179] é utilizada para o controle jurisdicional sobre o exercício da ação penal e decisão de abertura da fase de juízo. A fase de juízo, prevê o debate e o julgamento sobre a culpa e a pena.[180]

A investigação criminal é dirigida pelo Ministério Público, com o auxílio da polícia.

Funciona na fase preliminar, o juiz das investigações (*Ermittlungsrichter*), com trabalho circunscrito ao controle da legalidade das medidas coercitivas (*Zwangsmassnahmen*) efetuadas pelo Ministério Público e polícia. Ao autorizar uma medida coercitiva (§ 162 StPO), o juiz procede ao controle implícito da oportunidade.[181]

Nessa fase, ao indiciado são reconhecidos os direitos de ser ouvido (art. 103, 1, GG), ao silêncio (§ 136, I; § 163, IV, StPO) e assistên-

---

177. Alberto Esteves Remédio, "Sobre o Inquérito e o Projecto de Código de Processo Penal", *Revista do Ministério Público*, Cadernos, nº 2, Sindicato dos Magistrados do Ministério Público, Editorial Minerva, Lisboa, 1988, p. 105-113. Vide também: Antonio Bernardo Colaço, "O Ministério Público e as Polícias no Quadro do Futuro Código de Processo Penal", p. 115-123 e Alberto Augusto Andrade de Oliveira e João Manuel da Silva Miguel, "O inquérito e instrução no projecto do Código de Processo Penal", p. 77-103, mesma obra; José Manuel Damião da Cunha, *O Ministério Público e os Órgãos de Polícia Criminal no Novo Código de Processo Penal*, Porto, 1993, p. 120-130.

178. José Manuel Damião da Cunha, *op. cit.*, p. 105.

179. No procedimento acelerado (*das beschleunigte Verfahren*) há a passagem direta da fase investigatória para o julgamento (§§ 212 a 212b, StPO). Vide Mireille Delmas-Marty, Mario Chiavario *et alii*, *Procedure Penali d'Europa*, Cedam, Padova, 1998, p. 176.

180. Delmas-Marty, Mario Chiavario *et alii*, *op. cit.*, p. 176-177.

181. Delmas-Marty, Mario Chiavario *et alii*, *op. cit.*, p. 177-178.

cia de advogado (§ 137 StPO). São aplicáveis os princípios da presunção de inocência, proporcionalidade das medidas coercitivas e respeito à dignidade humana do indiciado.[182]

3.2. Ministério Público e direção da investigação criminal

Na Alemanha, o Ministério Público tem a direção e o controle da investigação criminal.[183] Possui grande desenvoltura e autonomia no seu trabalho de persecução penal.[184]

O Ministério Público tem poderes de investigação autônoma e pode baixar instruções, a serem cumpridas pela polícia. Normalmente, não exerce nenhuma atividade investigatória. Aceita os resultados da investigação policial. Entretanto, o Ministério Público pode elucidar diretamente qualquer infração, tarefa exercida nos casos mais importantes, no domínio da criminalidade capital ou da criminalidade do mundo dos negócios (crimes financeiros) ou quando presentes interesses comunitários e choque na opinião pública (homicídio, terrorismo, colarinho branco).[185]

O Ministério Público alemão exerce a direção e fiscalização da polícia de investigação criminal. É o responsável pela exatidão em matéria de direito e fundo da investigação. Os esclarecimentos de fundo são providenciados pelos auxiliares do Ministério Público (art. 152, GVG) e pelos agentes de polícia (arts. 163 e 127, II, Código de Processo Penal) e por outras autoridades, em entreajuda administrativa. O Ministério Público tem possibilidade de encarregar funcionário auxiliar de uma missão determinada.[186]

3.3. Relação hierárquica entre Ministério Público e agentes policiais

Os agentes policiais não são subordinados ao Ministério Público, mas na qualidade de polícia de investigação estão ligados às instruções e às ordens materiais do Ministério Público (art. 161, II, do

---

182. Delmas-Marty, Mario Chiavario *et alii, op. cit.*, p. 178.

183. Paulo Pinto de Carvalho, *op. cit.*, p. 96, e, Waldir Rolim, *op. cit.*, p. 10.

184. Paulo Pinto de Carvalho iguala a sua desenvoltura e autonomia ao promotor americano (*op. cit.*, p. 96). Delmas-Marty, Mario Chiavario e outros salientam que o Ministério Público é forte, mas dependente em relação ao poder político, ao Executivo, com interferência do Ministro da Justiça (*op. cit.*, p. 14 e 165).

185. Waldir Rolim, *op. cit.*, p. 10-13.

186. Waldir Rolim, *op. cit.*, mesmas páginas.

Código de Processo Penal Alemão). A obediência às instruções do Ministério Público precede ou prefere àquelas dos seus superiores hierárquicos.[187]

O Ministério Público e a polícia são os dois órgãos de perseguição penal. O Ministério Público fiscaliza a polícia, para o regular trabalho de apuração dos fatos, colheita de elementos de prova e a legalidade dos métodos de investigação.

3.4. Discricionariedade da ação penal

O Ministério Público exercita a discricionariedade formal, derivada da lei, mas a real transcende em muito a definida na lei, até mesmo em relação aos crimes em que prevalece o princípio da legalidade. No exercício do seu trabalho, manda arquivar os procedimentos, em medida de caráter administrativo.[188]

Na verdade, o Ministério Público possui um leque de soluções para enfrentar a criminalidade, no exercício de verdadeira política criminal, utilizando-se do princípio da oportunidade, com renúncia ao princípio da legalidade. Pode arquivar, por descriminalização pura e simples (por exemplo, casos de crimes sexuais) e nas hipóteses de injunções e regras de conduta (art. 139, "a").[189]

O art. 153, do Código Penal Processual Alemão (StPO), permite ao Ministério Público o arquivamento por delito (*Vergehen*) de pequena delinqüência, nos casos de delitos com conseqüências leves, pela análise da pena (quando não há mínimo previsto) e na hipótese de falta de interesse público na perseguição penal.[190] O Ministério Público pode interromper o exercício da ação penal, com o consentimento prévio do juiz, nos casos de crimes praticados no exterior (§ 154b StPO) e leves (§ 153e, I, StPO). Também nos delitos de atentado à segurança do Estado (§ 153e, I StPO), por meio do Procurador-Geral Federal e por consenso expresso do Tribunal Regional Superior.[191]

O Ministério Público pode utilizar o processo de ordem penal nas hipóteses de suficiência e adequação da multa (art. 407). A acusação requer e o juiz condena por ordem penal, pelo rito sumário e sem

---

187. Waldir Rolim, *op. cit.*, mesmas páginas.

188. Paulo Pinto de Carvalho, p. 96.

189. Waldir Rolim, *op. cit.*, mesmas páginas.

190. Waldir Rolim, *op. cit.*, mesmas páginas; Delmas-Marty, Mario Chiavario *et alii*, p. 203-204.

191. Delmas-Marty, Mario Chiavario *et alii*, *op. cit.*, p. 205.

contraditório. Se o réu aceitar, a decisão torna-se definitiva. Se o réu recusar a condenação por ordem penal, o processo terá andamento normal.[192]

O juiz também tem poder discricionário de determinar o arquivamento de fatos delituosos leves (§ 383, II StPO), sujeito à impugnação pelo Ministério Público ou pela vítima.[193]

Depois de promovida a ação penal, o Ministério Público pode propor ao tribunal a interrupção do procedimento (§§ 153, II e 153c, II StPO) em matéria de pequena delinqüência (com consenso do acusado) e por atentado à segurança do Estado (§ 153e, II, StPO).[194]

4. INGLATERRA

4.1. Noções gerais

Na teoria, a Inglaterra possui sistema processual penal de iniciativa privada, em virtude da possibilidade da ação penal ser ajuizada por atuação da vítima ou de qualquer cidadão. Na prática, a atividade acusatória particular é rara, sendo normalmente exercitada a ação penal pela polícia.[195] O Ministério Público exerce atividade posterior ao início da ação penal, de controle, podendo assumir a função acusatória ou impedir o seu prosseguimento. Os juízes podem ser profissionais ou não profissionais (laicos). São profissionais os *High Court judges*, os *circuit judges*, os *recorders* e os *assistant recorders*.[196]

O processo desenvolve-se em três fases: preparatória, intermediária e de juízo.[197]

A fase preparatória engloba as investigações e os atos iniciais de impulso, por parte da polícia. A continuação ou supressão do procedimento é verificada pelo Ministério Público (*Crown Prosecution Service*). A fase é comum às três categorias de crimes (*indictable offences, summary offences, either way offences*).

---

192. Waldir Rolim, *op. cit.*, mesmas páginas.
193. Delmas-Marty, Mario Chiavario *et alii*, *op. cit.*, p. 205.
194. Delmas-Marty, Mario Chiavario *et alii*, *op. cit.*, mesma página.
195. Delmas-Marty, Mario Chiavario *et alii*, p. 218.
196. Mireille Delmas-Marty, Mario Chiavario *et alii*, *Procedure Penali D'Europa*, Cedam, Padova, 1998, p. 216.
197. Delmas-Marty, Mario Chiavario *et alii*, p. 229.

O MINISTÉRIO PÚBLICO NA INVESTIGAÇÃO CRIMINAL

A etapa intermediária (*committal proceedings*) destina-se a decidir sobre a remessa a juízo, perante a *Crown Court*, quando o crime é de natureza grave ou mista.

No momento do juízo (*trial*), há duas possibilidades de órgãos judiciais: *Magistrates' Court* ou *Crown Court*. A primeira Corte (*Magistrates' Court*) julga os crimes leves (*summary offences*) ou mistos (se o acusado escolher); a segunda (*Crown Court*), procede ao julgamento dos crimes mistos ou graves, por meio do Júri. Há variação de procedimentos dependendo da declaração de culpa pelo acusado, sendo que nos crimes graves ou mistos se o acusado declarar-se culpado é desnecessário o julgamento popular (júri)[198].

O acusado tem direito à informação sobre os motivos da sua prisão e da acusação se a polícia decide promover a ação penal. A consulta do procedimento na fase policial é excepcional. O preso tem direito de ser assistido por um defensor (seção 58, PACE e § 6 [1] Code C), que pode presenciar o seu interrogatório (§ 6 [8] Code C PACE), mas é passível de impedimento se afetar o bom desenvolvimento do ato (§ 6 [9] Code C PACE). O direito de conversar com o defensor pode ser permitido depois de 36 horas (crimes graves) ou 48 horas (crimes de terrorismo), conforme a seção 42 PACE, se houver risco que o advogado contate com as testemunhas ou os cúmplices do acusado. Em caso de urgência, a polícia pode interrogar o acusado na ausência do defensor (§ 6 [6] Code C PACE). O preso tem direito a um intérprete, não podendo ser interrogado na sua ausência (§ 13 [2], *Code of Practice*).[199]

4.2. Polícia inglesa

A polícia tem importante função no sistema de persecução penal inglês, funcionando na fase preparatória no recolhimento da prova e na iniciação da ação penal. Exerce o princípio da oportunidade, porque a polícia pode optar pelo arquivamento ou pela incriminação.[200]

4.3. Ministério Público inglês

A instituição do Ministério Público, denominada *Crown Prosecution Service* (Serviço de Persecução da Coroa), foi criada em 1985. É dirigido pelo *Director of Public Prosecutions*, nomeado pelo *Attorney*

---

198. Delmas-Marty, Mario Chiavario *et alii*, p. 229, 235-238.

199. Delmas-Marty, Mario Chiavario *et alii*, p. 249-250.

200. Delmas-Marty, Mario Chiavario *et alii*, p. 218.

General. As funções dos membros do *Crown Prosecution Service* podem ser exercidas por advogados, da categoria dos *barristers* ou dos *solicitors*. [201]

O *Attorney General* promove e superintende a ação penal nos procedimentos relativos a delitos de gravidade e complexidade excepcional. São da sua esfera de atribuição os procedimentos por crimes que ameaçam a segurança do Estado. A perseguição de certos crimes (terrorismo, por exemplo) depende do seu prévio consentimento.

As funções do *Director of Public Prosecutions* foram criadas em 1879 e redefinidos os seus poderes em 1985, com o surgimento do escritório do *Crown Prosecution Service* (Ministério Público). Ele é o chefe do Ministério Público (seção 1, "a", *Prosecution of Offences Act* 1985).

O *Director* tem a incumbência de cuidar dos procedimentos iniciados pela polícia (seção 3 [2] "a", POA 1985) e o poder de bloquear os procedimentos iniciados pela polícia, pessoas privadas e outros órgãos com possibilidade de agirem penalmente, como o *Customs and Excise*. O *Director* tem a faculdade de encaminhar ele próprio o procedimento (seção 3 [2] "b", *Prosecution Ofences Act* 1988a). Todas as prerrogativas podem ser exercitadas por todos os procuradores, que ajam em seu nome (seção 1(6), POA).

O Ministério Público inglês é incipiente e com atribuições restritas no processo penal, em virtude da maciça intervenção da polícia, outros órgãos públicos e da iniciativa privada. É frágil e dependente do poder político. [202]

4.4. Fase preparatória

A investigação é exclusiva da polícia, com intervenções do juiz para controle e autorizações. O *Crown Prosecution Service* (Ministério Público) não possui poderes investigatórios.

Na fase preparatória, conduzida pela polícia, intervém o juiz de paz (*justice of peace*), normalmente magistrado não profissional, o qual tem a função de controlar determinados atos da polícia e expedir mandados de busca, apreensão e arresto. [203]

---

201. Delmas-Marty, Mario Chiavario *et alii*, p. 217-218. Trata-se de advogados, que são contratados para a acusação perante os tribunais. Os procuradores da Crown não atuam em todas as causas, perante as Cortes.
202. Delmas-Marty, Mario Chiavario *et alii*, p. 14.
203. Delmas-Marty, Mario Chiavario *et alii*, p. 222.

4.5. Ação penal

A ação penal pode ser iniciada pela vítima, qualquer cidadão, pela polícia e outros órgãos administrativos (funcionários administrativos do *Customs and Excise,* do *Inland Revenu Department of Social Security* e do *Serious Fraud Office*).

O Ministério Público tem poderes para prosseguir na ação iniciada ou bloqueá-la, controlando a ação penal, de forma discricionária, em consonância com a pertinência da prova recolhida durante a investigação (*evidential suficiency*) ou por aferição do interesse público (*public interest*)[204], quer tenha sido iniciada pela polícia, vítima, cidadão ou órgãos públicos (*Customs and Excise* e *Inland Revenu Department of Social Security*), exceto com referência aos servidores do *Serious Fraud Office*, que possuem maior independência.[205]

5. ESTADOS UNIDOS DA AMÉRICA

5.1. Noções gerais

O processo americano é composto por duas fases: preparatória e julgamento.

A preparatória é destinada à investigação criminal, para permitir elementos para o julgamento. Ela é elaborada pela polícia e pelo Ministério Público.

Para as medidas cautelares de prisão, busca (*search*) e apreensão (*seize* ou *seizure*) há necessidade de autorização judicial (*warrant*), em consonância com a razoabilidade e a causa provável (*probable cause*), sob pena de consideração como prova ilícita e a sua exclusão do julgamento, por aplicação da cláusula *exclusionary rule*.[206]

A fase de julgamento é marcada pela publicidade, contraditoriedade, ampla defesa, concentração e imediação. As provas são todas produzidas perante o juiz ou júri, podendo ser introduzidos elementos probatórios anteriores e submetidos ao contraditório.

---

204. Delmas-Marty, Mario Chiavario *et alii*, p. 220-226 e 232.
205. Delmas-Marty, Mario Chiavario *et alii*, p. 218 e 220.
206. M. Deganello, A. Gasparini, M. Mollo e G. Rossetto, *Il Processo Penale Statunitense – Soggeti ed atti*, G. Giappichelli Editore, Torino, 1994, p. 4-12.

5.2. Ministério Público americano

Nos EUA, as atribuições de Ministério Público são exercidas nas esferas federal, estadual, regional e municipal.[207]

Na esfera federal, há a figura do *United States Attorney General*, nomeado pelo Presidente da República após aprovação do Senado.[208] Ele é o chefe do Ministério da Justiça (*Department of Justice*), órgão do Poder Executivo.[209]

Em cada sede das 94 Cortes Distritais Federais há um escritório do órgão, dirigido por um *US Attorney*, membro do Departamento de Justiça e subordinado ao *US Attorney General*, mas com razoável independência.[210] A nomeação ocorre pelo mesmo sistema do *United States Attorney General*.[211] O *US Attorney* nomeia os seus assistentes, denominados *Assistants US Attorney*. O *US Attorney* e seus *Assistants* atuam nas esferas penal e civil, para o cumprimento das leis federais.

No campo penal, os promotores federais perseguem os crimes financeiros, combatem o crime organizado, a corrupção oficial e o tráfico de entorpecentes. No âmbito civil, procuram o cumprimento da lei antitruste, sobre direitos civis, a proteção ambiental e do consumidor. Também fazem a defesa judicial dos interesses do Governo Federal e de órgãos públicos federais.[212]

Estão subordinados ao Ministério Público Federal americano o Departamento de Repressão às Drogas (*Drug Enforcement Administration*), o Birô de Presídios e o FBI.[213]

---

207. John Anthony Simon, "Considerações sobre o Ministério Público Americano", *RT* 640/8, 1989; Antonio Augusto Mello de Camargo Ferraz, "Anotações sobre os Ministérios Públicos Brasileiro e Americano – 1988", *in Ministério Público e Afirmação da Cidadania*, 1997, ed. pelo autor, São Paulo, p. 44-51; também *in Justitia* 144/48; Luís Roberto Proença, "Participação do Ministério Público no Processo Civil nos Estados Unidos da América", *in Ministério Público – Instituição e Processo*; Antonio Augusto de Mello Camargo Ferraz – coordenador, IEDC, Atlas, São Paulo, 1997, p. 213-214.

208. Simon; p. 8; Camargo Ferraz, *Ministério Público e Afirmação da Cidadania*, p. 44-45.

209. Simon; Proença, *op. cit.*, p. 214 e 215.

210. Simon; Proença, *op. cit.*, p. 214.

211. Camargo Ferraz, *op. cit.*, p. 44; Proença, *op. cit.*, mesma página.

212. Camargo Ferraz, *op. cit.*, p. 45; Proença, *op. cit.*, mesma página.

213. Proença, *op. cit.*, mesma página.

O MINISTÉRIO PÚBLICO NA INVESTIGAÇÃO CRIMINAL 127

SISTEMAS PROCESSUAIS PENAIS EDIPRO

Nos Estados federados, a instituição é dirigida pelo *Attorney General of the State* ou *State Attorney General*.[214] O cargo é político, com eleição pelo voto popular, para mandato de 4 anos.[215]

As atribuições são variáveis em cada Estado. Normalmente, na área civil, desempenha o trabalho de defesa do meio ambiente, direitos do consumidor, dos portadores de deficiência, idosos e patrocina a defesa do governo e órgãos estaduais.[216] Também atua no controle da atuação contenciosa do Estado e colaboração no aprimoramento legislativo, participando de comissões de criação ou reforma legislativa.[217]

No campo penal, combate os crimes estaduais e funciona em conjunto com o Ministério Público dos Condados, dando-lhe o apoio necessário. Os assistentes, chamados de *Assistants Attorney General*, são escolhidos e nomeados livremente pelo *Attorney General of the State*.[218]

No âmbito regional, há o Condado (*County*), que compreende a área territorial de alguns municípios, semelhante a uma circunscrição judiciária brasileira ou comarca.[219] Em cada Condado é eleito o membro do Ministério Público, chamado de *State Attorney* ou *District Attorney*, também pelo voto popular, para um mandato de 4 anos. As atribuições são exercidas na área criminal,[220] em relação aos crimes estaduais (homicídio, estupro, roubo, furto, tráfico e uso de entorpecente).[221]

No município, há o *Corporation Counsel*, que exerce atribuições de advocacia dos interesses dos entes municipais, nomeado livremente pelo prefeito, sem mandato fixo. Ele contrata os seus auxiliares (*Assistant Corporation Counsels*).[222]

---

214. Camargo Ferraz usa a primeira nomenclatura (*op. cit.*, p. 45) e Proença, a segunda (*op. cit.*, p. 215).

215. Camargo Ferraz, *op. cit.*, p. 45; Proença, *op. cit.*, p. 215. Proença registra que atualmente em 43 Estados os procuradores gerais são eleitos pela população, em 6 Estados e 5 Territórios são nomeados pelo Governador, com a anuência do Legislativo, um Estado nomeado diretamente pelo Legislativo e no Estado do Tennessee, nomeado pelo Judiciário.

216. Camargo Ferraz, *op. cit.*, mesma página.

217. Proença, *op. cit.*, p. 216.

218. Camargo Ferraz, *op. cit.*, mesma página; Proença, *op. cit.*, p. 216.

219. Camargo Ferraz refere-se à circunscrição e o americano Simon menciona que o condado teria proximidade com a nossa noção de comarca (*op. cit.*).

220. Camargo Ferraz, *op. cit.*, mesma página.

221. Simon, *op. cit.*, p. 8; Proença, *op. cit.*, p. 217.

222. Simon, *op. cit.*, p. 8; Camargo Ferraz, *op. cit.*, mesma página.

5.2.1. Finalidade Institucional do Ministério Público

O Ministério Público norte-americano tem como finalidade institucional a defesa do interesse público, para a proteção dos *"bens e valores essenciais à boa qualidade de vida em sociedade"*, segundo observa Antonio Augusto Mello de Camargo Ferraz. Ele entende que o Ministério Público norte-americano e o brasileiro têm em comum a defesa do interesse público, compreendendo neste os interesses difusos e os interesses sociais e individuais indisponíveis.[223]

Os promotores não atuam nos processos de divórcio, falência e acidente do trabalho, que são considerados de esfera privada e por não vislumbrarem *interesse público*.[224]

A noção de *interesse público* que justifique a atuação do Ministério Público americano é ampla e determinada pelo próprio Procurador-Geral (a maior partes das Cortes americanas entende dessa maneira), em consonância com as regras do sistema de *Common Law* e para a defesa do povo, sem possibilidade da lei restringir este poder.[225]

Eles não consideram importante a distinção entre os interesses da sociedade, coletividade e do ente estatal. A fiscalização da população impede que os Procuradores-Gerais, eleitos pelo voto popular, *"transformem-se em cegos defensores do Executivo, contra os interesses sociais"*, como acredita Camargo Ferraz.[226]

O *prosecutor* é bastante ativo no seu trabalho de combate ao crime.

5.2.2. Atuação na investigação criminal e discricionariedade

Na investigação criminal, o promotor americano orienta e participa ativamente da elaboração dos trabalhos da fase antecedente à ação penal.[227] O promotor tem amplos poderes de investigar os atos criminosos dos particulares, inclusive condutas governamentais nocivas de âmbito administrativo.[228]

---

223. *Op. cit.*, p. 45-46.
224. Camargo Ferraz, *op. cit.*, p. 46.
225. Nesse sentido as decisões das Cortes de Apelação de Kentucky e Corte da Flórida (Lynne M. Ross, apud Proença, *op. cit.*, p. 218-219). Também é a posição de John Simon, embasado em julgamento do Supremo Tribunal do Estado de Illinois (*op. cit.*, p. 9).
226. *Op. cit.*, mesma página.
227. Camargo Ferraz, *op. cit.*, p. 50.
228. Proença, *op. cit.*, p. 216.

O MINISTÉRIO PÚBLICO NA INVESTIGAÇÃO CRIMINAL

SISTEMAS PROCESSUAIS PENAIS

Em relação à ação penal, o Ministério Público estadunidense tem enormes poderes, porque não vigoram os princípios da obrigatoriedade e da indesistibilidade ou irrenunciabilidade. O poder discricionário, *prosecutorial discretion,* permite a realização de barganha (acordo) com a defesa (*plea bargaining*) e a retirada total ou parcial da acusação, inclusive para beneficiar um réu que coopere para a inculpação de criminosos mais importantes[229] ou ao menos aos institutos de *diversion,* acordos para a suspensão do processo, mediante condições (boa conduta, submissão a tratamento de reabilitação psicosocial ou sanitário).[230] Paulo Pinto de Carvalho atribui a discricionariedade do Ministério Público americano ao individualismo do seu povo e principalmente ao espírito pragmático que informa boa parte da cultura americana, decorrente da recepção das teorias de Spencer e Comte. O sistema do *common law,* segundo Paulo Pinto de Carvalho, adotaria um "cômodo pragmatismo", voltado para conciliar as expectativas populares da justiça efetiva, de acordo com a realidade criminogênica e com os recursos postos a serviço da máquina judiciária.[231]

Pela amplitude dos seus poderes, a discricionariedade da sua atuação e a conotação política da sua função, o promotor americano procura solucionar rapidamente os casos menos importantes, negociando e barganhando, para permitir o gasto do seu tempo com as causas mais importantes e de maior repercussão social. Nos casos mais relevantes e de maior interesse, ele trava verdadeira *"batalha",* em favor do povo que o elegeu, sucumbindo então ao *"fenômeno da espetacularidade, aos princípios idiossincráticos próprios da sua nação, a singularidade da sua filosofia na qual o pragmatismo se mescla com o gigantismo e o absurdo",* como alfineta Paulo Pinto de Carvalho.[232]

O poder amplo do Ministério Público americano foi bem retratado em recente caso envolvendo o Presidente da República americano, Bill Clinton, por alegados desvios administrativos e principalmente por desvios sexuais, em "relações impróprias", em parceria com a estagiária da Casa Branca Monica Lewinski. O caso tomou proporções mundiais, retratado e comentado em todos os meios de comunicação, mostrando as peripécias presidenciais e a atuação do Promotor independente[233] Kenneth Starr.

---

229. Camargo Ferraz, *op. cit.,* p. 48, nota 50; M. Deganello *et alii, op. cit.,* p. 29.

230. Deganello *et alii, op. cit.,* mesma página.

231. *Op. cit.,* p. 102-103.

232. *Op. cit.,* p. 104.

233. O promotor independente é nomeado por uma Corte Federal, para investigação de fatos e casos determinados.

6. PARAGUAI

6.1. Noções gerais

O Paraguai possui moderna legislação processual penal. O *Código Procesal Penal* foi instituído pela Lei nº 1.286, de julho de 1998, em vigor pleno desde 1º de março de 2000, após prorrogação da *vacatio legis*. Em 9 de julho de 1999 entrou em vigência a lei de transição.

A legislação adota o sistema acusatório sem juizado de instrução, com clara separação das funções de acusar, julgar e defender. O Ministério Público é incumbido da investigação, auxiliado pela polícia. O juiz controla a legalidade das investigações e processa as medidas cautelares.

Inicialmente, são necessárias algumas observações sobre as nomenclaturas processuais paraguaias em confronto com os institutos brasileiros, para evitar confusão de conceitos e institutos. A nossa notícia-crime, *notitia criminis*, comunicação do fato criminoso, é chamada pelos paraguaios de "*denúncia*" e sempre que usada tal terminologia em relação ao Paraguai deverá ser interpretada como "notícia-crime". O nosso indiciamento seria a "*acta de imputación*". A nossa "queixa-crime", na ação penal privada ou ação penal privada subsidiária, é a "querela" paraguaia. A nossa denúncia, peça inicial acusatória, firmada pelo Ministério Público, é a "*acusación*" paraguaia, para "*apertura a juicio*". O "*cuaderno de investigación*" assemelha-se ao nosso inquérito policial ou procedimento investigatório do Ministério Público. O Promotor é mencionado como "fiscal" e o Procurador de Justiça como "*Fiscal General*".

6.2. Intervenção preliminar da Polícia Nacional

A Polícia Nacional está incumbida da intervenção policial preliminar e a realização das diligências preliminares. Os funcionários e agentes da Polícia Nacional que tenham notícia de um fato punível de ação pública informarão dentro de 6 horas da primeira intervenção ao Ministério Público e ao juiz (art. 296, *caput*, Código de Processo Penal Paraguaio). Sob a direção e controle do fiscal encarregado da investigação, os agentes da Polícia praticarão as diligências preliminares para reunir ou assegurar com urgência os elementos de con-

O MINISTÉRIO PÚBLICO NA INVESTIGAÇÃO CRIMINAL 131

vicção e evitar a fuga ou ocultação dos suspeitos (art. 296, § 1º, CPPPa) e da mesma forma quando o Ministério Público encomenda uma investigação prévia (art. 296, § 2º, CPPPa). As diligências preliminares deverão ser concluídas e remetidas ao Ministério Público no prazo de 5 dias (art. 300, *caput*, CPPPa).

6.3. Investigações pelo Ministério Público e controle judicial

O Ministério Público é encarregado de dirigir a investigação e promover a ação penal pública, realizando todos os atos necessários (art. 52, *caput*, do Código de Processo Penal), com auxílio da Polícia Nacional (arts. 279, 2ª parte, e 315, *caput*, CPPPa). A Polícia Judicial está prevista, mas ainda não existe.

A etapa preparatória terá por objeto comprovar, mediante as diligências destinadas ao descobrimento da verdade, a existência de fato delituoso, individualizar os autores, coletar os elementos probatórios que permitam fundar a acusação do Ministério Público ou do querelante e a defesa do imputado e verificar as condições pessoais, antecedentes e estado psíquico do imputado (art. 279, *caput*, CPPPa).

O *parquet* poderá praticar todas as diligências e atos da etapa preparatória que não necessitem de autorização judicial nem tenham conteúdo jurisdicional. Poderá exigir informação de qualquer funcionário público (art. 316, CPPPa).

O Ministério Público permitirá a presença das partes nos atos que pratique, velando para que a participação não obstrua o desenvolvimento das atividades (art. 317, CPPPa). Qualquer das partes poderá propor diligências em qualquer momento da investigação, realizando-as o Ministério Público se pertinentes e úteis. Se não as realizar, deverá motivar (art. 318, CPPPa).

Os promotores (fiscais) não poderão realizar atos propriamente jurisdicionais e os juízes não poderão realizar atos de investigação que comprometam sua imparcialidade, salvo exceções expressas no Código (art. 282, § 2º, CPPPa).

Os atos de investigação do Ministério Público e da Polícia Nacional serão sempre controlados judicialmente (art. 282, *caput*, CPPPa).

Os juízes penais realizarão a antecipação jurisdicional de prova, resolverão os incidentes, exceção e demais petições das partes, outorgarão autorizações e em geral controlarão o cumprimento de todos os princípios e garantias estabelecidos na Constituição, no Direito Internacional vigente e no Código (art. 282, § 1º, CPPPa).

6.4. Requerimento do Ministério Público ao juiz penal

Recebidas as diligências da intervenção policial ou realizadas as primeiras investigações e segundo o curso das mesmas, o Ministério Público (fiscal) formulará o seu requerimento ante o juiz penal ou o juiz de paz, conforme o caso (art. 301, *caput*, CPPPa). O promotor de justiça poderá requerer (art. 301, parágafo único, CPPPa): 1) a desconsideração, "*desestimación*", da notícia-crime (*denúncia*), querela ou das autuações policiais, nas condições do art. 305 do Código; 2) a aplicação de critérios de oportunidade que permitam prescindir da persecução penal, conforme os pressupostos do art. 19; 3) a suspensão condicional do processo (art. 21); 4) a realização de um procedimento abreviado (art. 420); 5) audiência de conciliação (art. 311); 6) a notificação da ata de imputação (em que contém o indiciamento).

Quando existam suficientes elementos de suspeita sobre a existência do fato e a participação do imputado, o agente fiscal (promotor) informará ao juiz penal competente, por meio da ata de imputação (*acta de imputación*), conforme determina o art. 302, CPPPa), peça que deverá: 1) identificar o imputado ou individualizá-lo corretamente se não puder ser identificado; 2) descrever sucintamente os fatos que se lhe imputam; e 3) indicar o tempo que estima necessário para formular a acusação, dentro do prazo máximo estabelecido para a etapa preparatória. A ata de imputação não trata ainda do início da ação penal, mas uma espécie de indiciamento, com a comunicação às partes e o início processual dos seus deveres e ônus.

O juiz penal ao tomar conhecimento da ata de imputação terá por iniciado o procedimento, realizando os registros pertinentes e notificando a vítima e o imputado. Na notificação será indicada a data exata em que o fiscal deverá apresentar a acusação, dentro do prazo máximo previsto para a etapa preparatória ou considerando um prazo maior de acordo com a natureza do fato (art. 303, *caput*, CPPPa). Nessa ocasião, se o Ministério Público utilizar o princípio da oportunidade, o juiz decidirá sobre extinção da ação penal ou suspensão do processo (art. 307, CPPPa).

Concluída a etapa preparatória e proporcionada a investigação fundamento sério para o "*enjuiciamiento público del imputado*", processamento público do imputado, na data fixada pelo juiz, o Ministério Público apresentará a "*acusación*", peça acusatória, requerendo a "*apertura a juicio*" (art. 347, *caput*, CPPPa). O Ministério Público poderá não acusar na falta de fundamento para tanto ou insuficiência dos elementos para a condenação (art. 315, parágrafo único, CPPPa).

A decisão do juiz que admite a acusação do Ministério Público e do querelante para início do procedimento a juízo oral e público chama-se "auto de apertura a juicio", recebendo a peça acusatória, ato motivado contendo a admissão da acusação, com descrição precisa do fato objeto do juízo, dos acusados e outras providências (art. 363, CPPPa).

Seção V
SISTEMA PROCESSUAL BRASILEIRO E O MODELO IDEAL

1. SISTEMA ADOTADO

Qual o sistema processual adotado no Brasil? Misto Clássico, Misto com juizado de instrução contraditório ou acusatório sem juizado de instrução?

No Brasil, adotou-se principalmente o sistema acusatório sem juizado de instrução, mas há alguns procedimentos com características do modelo misto com juizado de instrução contraditório.

Em regra, as tarefas de acusar, defender e julgar são exercidas por pessoas diferentes. O Ministério Público acusa (art. 129, I, Constituição Federal), o advogado defende (art. 5º, LXIII e art. 133, CF) e o juiz julga (art. 5º, XXXV, CF). A diversidade de funções é uma característica do modelo acusatório.

2. ALGUNS SINAIS DO JUIZADO DE INSTRUÇÃO

No Brasil não há propriamente a figura do Juizado de Instrução. Entretanto, há uma dose de exercício do sistema do Juizado de Instrução em alguns procedimentos de investigação prévia, em que a separação das funções é um pouco tênue, porque o juiz ultrapassa a função judicante, enveredando pela investigação prévia do fato, antes da iniciação do processo ou do exercício do direito de ação, mesmo cautelar.

O juiz investiga previamente na apuração de delitos de organização criminosa (art. 3º, da Lei nº 9.034/1995) e crimes eleitorais (art. 356, § 1º, da Lei nº 4.737/1965, Código Eleitoral) e depois é o próprio juiz quem vai instruir e julgar a ação penal. O juiz também atua na apuração de infrações de policiais, através do Juízo de Corregedoria da Polícia Judiciária e Presídios (sindicâncias).[234] Os crimes falimentares eram investigados pelo juiz em inquérito judicial (arts. 103 e seguintes, da Lei de Falências, Decreto-Lei nº 7.661/1945), mas a nova lei falimentar (Lei nº 11.102/2005) não mais prevê a atuação judicial na apuração preliminar dos fatos.

3. INVESTIGAÇÃO CRIMINAL BRASILEIRA

Na fase antecedente à ação penal, o Brasil tem sistema de participação do Ministério Público na investigação criminal de forma peculiar, porque todo o trabalho é desenvolvido pela polícia, com pouquíssima influência do Ministério Público na colheita dos elementos probatórios, o qual normalmente restringe-se a requisitar inquérito e diligências e acompanhar as investigações, sendo raras as investigações diretamente. Essa sistemática é bem diferente da maioria dos países, pelo que se denota da análise dos sistemas europeus, americanos e asiáticos, em relação aos sistemas processuais (sistema misto clássico, o sistema misto com juizado de instrução contraditório e o sistema acusatório sem juizado de instrução). O sistema de investigação policial é adotado na Inglaterra, porque o Ministério Público é frágil e dependente e a polícia, muito poderosa, é encarregada de investigar e até de iniciar a ação penal.[235]

4. SISTEMA PROCESSUAL IDEAL: O MODELO ACUSATÓRIO

O sistema acusatório possui as características mais próximas do modelo ideal. Segundo Ada Pellegrini Grinover, é o *"idealmente melhor"*, modelo já adotado na Alemanha, em Portugal e na Itália, em disseminação na América Latina, por influência do Código Modelo.[236]

---

234. Sobre a atuação do juiz na investigação vide Capítulo V, Seção IV e sobre o controle externo da polícia pelo Judiciário, vide Capítulo II, Seção III.

235. Vide os Capítulos III, VI e VII.

236. Sobre as características do sistema acusatório e a sua consideração como ideal vide Ada Pellegrini Grinover, "A Instrução...", p. 250 e ss.; "Influência do Código de Processo Penal Modelo para Ibero-América na legislação Latino-Americana – Convergências e Dissonâncias com os sistemas italiano e brasileiro", *Revista Brasileira de Ciências Criminais* nº 01, Revista dos Tribunais, São Paulo, janeiro-março/1993, p. 41-63.

O modelo é caracterizado pela preservação de todas as garantias constitucionais; o processo é verdadeiramente público e oral, em todas as suas fases, desenvolvido em audiências, marcado pela concentração, imediação e pela identidade física do juiz ou tribunal do mérito, buscando a efetividade e eficiência do processo, através da maior celeridade e colheita única das provas, evitando a duplicidade de captação probatória.

Antecede ao processo uma fase de investigação prévia, de cunho administrativo, dirigida pelo Ministério Público, auxiliado pela polícia judiciária, com objetivo exclusivo de proporcionar a formação do convencimento do Ministério Público, a sua *opinio delicti*, para a promoção da sua acusação ou arquivamento do caso.

Na fase investigatória prévia, apenas o Juiz é competente para os provimentos cautelares, reais ou pessoais, e para a produção antecipada de provas urgentes, permitindo o contraditório pleno.

Nessa mesma linha, o promotor de justiça paulista Fauzi Hassan Chouke salienta que no transcurso da etapa investigatória, um modelo acusatório mais próximo do ideal repudia a possibilidade da intromissão de outro órgão que não o legitimado ativo para a sua condução e valoração, cabendo ao titular da ação decidir o que investigará. A polícia judiciária, auxiliar direta do Ministério Público, funcionaria sob a vigilância do *parquet*, desempenhando este o controle externo da atividade policial. A entrada em cena de um julgador nessa etapa quebraria a repartição de papéis preconizada na trilogia acusatória. O juiz atua num papel garantidor, em incidentes jurisdicionalizados dentro da investigação, nos moldes das legislações da Itália, de Portugal, da Alemanha e do Código-Modelo.[237]

---

237. *Garantias Constitucionais na Investigação Criminal*, Revista dos Tribunais, São Paulo, 1995, p. 52-53.

Capítulo IV
Procedimento
Administrativo e Processos
Judicial e Administrativo

Seção I
PROCEDIMENTO E PROCESSOS E AS CARACTERÍSTICAS DAS INVESTIGAÇÕES

1. IMPORTÂNCIA DAS CARACTERÍSTICAS JURÍDICAS DA INVESTIGAÇÃO CRIMINAL

A definição das características jurídico-processuais do inquérito policial e demais procedimentos investigatórios é importante para a aplicação das normas constitucionais relativas à participação dos interessados no desenvolvimento das fases da investigação, tendo em vista que o constituinte determinou o exercício dos princípios da ampla defesa e do contraditório nos processos judiciais e administrativos (art. 5º, LV, da Carta Magna), além da submissão ao devido processo legal (LIV).

Cabe indagar: as investigações criminais são processos judiciais, processos ou procedimentos administrativos?

2. INVESTIGAÇÃO CRIMINAL COMO PROCESSO ADMINISTRATIVO

Todo processo possui um procedimento para determinar a ordem da sucessão dos atos, encadeados uns aos outros, destinados à decisão final, em que é obrigatório o exercício do contraditório pelas partes. No processo, a atuação estatal desemboca em algum provimento final, que necessita do desenvolvimento dos atos em procedimento, com a participação dos interessados e a oportunidade de exercício do contraditório, para compatibilização com o Estado de Direito e a sua legitimação.[238]

Em regra, o desempenho da função estatal de investigação criminal não se enquadra nas hipóteses para a sua configuração como processo administrativo, porque ainda não há controvérsia ou conflito de interesses entre o Estado-Administração e o indiciado, em virtude da não iniciação da ação penal. Não há "litigantes" nem "acusados", requisitos preconizados na garantia constitucional para a obrigatoriedade do contraditório e ampla defesa (art. 5º, LV, CF). O conflito de interesses, a condição de "litigantes" ou acusados são incertos, potenciais, podem ou não se concretizar.

Dentro da noção de ampliação do conceito de "litigantes" ou mesmo "acusados" constantes do texto constitucional poderia ser vislumbrado um conflito de interesses na investigação criminal depois do indiciamento, momento em que estão presentes indícios de autoria e materialidade do delito e quando o Estado passa a ameaçar o direito de liberdade do indiciado, gerando o interesse na manutenção do seu *status libertatis*.

Mas o que falta para a consideração como processo administrativo nessa hipótese é a ausência de decisão administrativa final. Não será aplicada sanção ou penalidade nem ocorrerá limitação, restrição ou perda de direito na atuação administrativa.[239]

O relatório final do inquérito ou outro procedimento investigatório apenas resumirá os elementos colhidos, sem emissão de juízo de valor, com o seu encaminhamento a juízo, para análise do Ministério Público sobre a propositura ou não da ação penal, que se intentada será submetida ao crivo do Judiciário, tanto para o seu recebimento

---

238. Cândido R. Dinamarco, *A Instrumentalidade do Processo*, Revista dos Tribunais, São Paulo, 2ª ed., rev. e atual., 1990, p. 187.

239. Vide sobre processo administrativo, Hely Lopes Meirelles, *Direito administrativo brasileiro*, 2ª ed., Revista dos Tribunais, 1982, p. 656-676; Odete Medauar, *A Processualidade no Direito Administrativo*, Revista dos Tribunais, *passim*.

como para o seu processamento e julgamento final como processo judicial.

Note-se que para a restrição ou limitação de algum direito constitucional (liberdade, inviolabilidade de domicílio e sigilos) será necessária a utilização de medida ou ação cautelar, com acesso ao Judiciário e caracterização de processo judicial, com aplicação dos princípios constitucionais do contraditório, da ampla defesa, do devido processo legal e outros direitos e garantias fundamentais.

3. INVESTIGAÇÃO CRIMINAL COMO PROCESSO JUDICIAL

O inquérito policial e demais procedimentos investigatórios em regra não podem ser considerados processos judiciais, porque não são conduzidos por autoridade judiciária no exercício de função jurisdicional nem em relação jurídica processual marcada por ônus, direitos e obrigações das partes. Não há exercício do contraditório, da ampla defesa e demais garantias constitucionais.

Por outro lado, assumem as categorias de processos judiciais as medidas e ações cautelares relacionadas à restrição de um direito individual protegido constitucionalmente (liberdade, inviolabilidade da casa e sigilo das comunicações telefônicas) ou pela legislação infraconstitucional (sigilo bancário ou fiscal) ou à produção antecipada de provas (inquirição de testemunhas sob o crivo do contraditório), atividades processuais necessárias durante as investigações criminais.

Inegavelmente, são considerados processos judiciais a comunicação da prisão em flagrante delito, os pedidos de prisão preventiva e temporária, de busca e apreensão, de quebra de sigilo bancário, fiscal e de comunicação. O contraditório e a ampla defesa são exercitáveis antes ou depois da situação geradora de restrição ao direito de liberdade, inviolabilidade da casa e de sigilo de comunicações telefônicas, fiscal e bancário.

O direito à liberdade pode ser restringido por prisão em flagrante delito ou por ordem escrita e fundamentada de autoridade judiciária competente (art. 5º, LXI, Constituição Federal). A prisão em flagrante submete-se a requisitos e procedimento para a sua formalização (auto de prisão em flagrante), em inquérito policial. A remessa do auto de prisão em flagrante a Juízo tem a natureza jurídica de movimentação anômala da jurisdição, situação que evidencia a formação de processo judicial cautelar, com possibilidade de exercício de ampla defesa e de contraditório, para obtenção da liberdade pelo preso. A decretação da prisão pelo juiz ocorre em procedimentos de prisão temporária (Lei nº 7.960, de 21 de dezembro de 1989) ou prisão preventiva (arts. 311 e seguintes, do CPP), considerados processos judiciais.

O direito à inviolabilidade da casa é protegido pelo art. 5º, XI, da Carta Magna, que prevê que "a casa é asilo inviolável do indivíduo, ninguém nela podendo penetrar sem consentimento do morador, salvo em caso de flagrante delito ou desastre, para prestar socorro, ou, durante o dia, por determinação judicial".

O sigilo das comunicações telefônicas tem respaldo constitucional no art. 5º, XII, que prevê que "é inviolável o sigilo da correspondência e das comunicações telegráficas, de dados e das comunicações telefônicas, salvo, no último caso, por ordem judicial, nas hipóteses e na forma que a lei estabelecer para fins de investigação criminal ou instrução processual penal".

Os sigilos bancário e fiscal têm respaldo na legislação infraconstitucional.

O sigilo bancário está regulado atualmente pela Lei Complementar Federal nº 105, de 10 de janeiro de 2001, que dispõe sobre o sigilo das operações das instituições financeiras. O seu art. 13 revogou expressamente o art. 38, da Lei nº 4.595/1964, que previa a quebra do sigilo bancário mediante requisição judicial (§ 1º) e em atendimento de requisição do Legislativo (§§ 3º a 5º). A LC nº 105 prevê sanção penal pela quebra ilícita de sigilo bancário (art. 10). A nova legislação previu várias hipóteses que não constituem violação do dever de sigilo, por instituições financeiras (art. 1º, § 3º, I a VI), dentre as quais é prevista "a comunicação, às autoridades competentes, da prática de ilícitos penais ou administrativos, abrangendo o fornecimento de informações sobre operações que envolvam recursos provenientes de qualquer prática criminosa" (IV).

O § 4º do art. 1º da LC nº 105 prevê a possibilidade de decretação da quebra de sigilo, quando necessária para apuração de ilícito, em qualquer fase do inquérito ou do processo judicial, referindo-se especialmente aos crimes de terrorismo, tráfico de drogas, contrabando ou tráfico de armas e munições, extorsão mediante seqüestro, contra o sistema financeiro nacional, contra a Administração Pública, contra a ordem tributária e a previdência social, lavagem de dinheiro e praticado por organização criminosa (I a IX). Estas hipóteses de crimes são meramente exemplificativas, não taxativas, sendo possível a quebra de sigilo em outros crimes graves ou se houver necessidade da medida para a prova dos fatos.

A referida LC nº 105 tratou da atividade bancária e de autoridades tributárias na quebra de sigilo, mas não restringiu expressamente o poder de requisição do Ministério Público, oriundo também de lei complementar (LC nº 75/1993). Os dois diplomas legais são leis especiais, de mesmo nível hierárquico. As legislações devem ser compatibilizadas e aplicadas, inexistindo antinomia entre os diplomas legais.

Nessa linha, o art. 8º, §§ 1º e 2º, da Lei Complementar Federal nº 75/1993 (Lei Orgânica do Ministério Público da União), aplicável subsidiariamente ao Ministério Público dos Estados (art. 80, Lei nº 8.625/1993), prevê que nenhuma autoridade poderá opor exceção pelo sigilo, sob qualquer pretexto, ao fornecimento de qualquer informação ao Ministério Público, que importa em autorizar ao órgão do Ministério Público o direito de requisitar todas informações (bancárias, fiscais e eleitorais).

O poder de requisição bancária era contestado anteriormente, na vigência do art. 38, da Lei nº 4.595/1964, sob o argumento de que dependeria de lei complementar para a regulamentação do sistema financeiro, esquecendo-se os defensores da restrição que a LC nº 75/1993 é lei complementar, superando o entrave constitucional (art. 192, *caput*, CF).

O E. Supremo Tribunal Federal reconheceu o poder de requisição do Ministério Público de informações bancárias quando se tratar de recursos públicos (MS 21.729-4/DF, *Informativo do STF* nº 8, www.stf.gov.br).[240]

As informações fiscais do contribuinte são sigilosas, sendo vedado ao fisco divulgá-las. A quebra do sigilo em regra procede-se também por ordem judicial. A possibilidade de o Ministério Público requisitar os informes fiscais sofre idêntico combate, sendo semelhantes os argumentos favoráveis.

O Ministério Público fica incumbido da preservação do sigilo bancário e fiscal.

A produção antecipada de provas, *ad perpetuam rei memoriam*, para inquirição de testemunhas sob o crivo do contraditório, neces-

---

240. Nas demais hipóteses o entendimento é no sentido da submissão da requisição do Ministério Público ao crivo judicial (STF e STJ). Favoráveis ao poder de requisição do Ministério Público: Hugo Mazzilli, *O Inquérito Civil*, Saraiva, São Paulo, 1999, p. 184-187; Nelson Nery Júnior e Rosa Maria Andrade Nery, nota ao art. 8º, da LACP, *Código de Processo Civil Comentado*, Revista dos Tribunais, São Paulo, 3ª ed., 1997.

sária durante a fase de investigação criminal, reveste-se da característica de processo judicial. É obrigatória a sua judicialização e apreciação pelo juiz, sujeitando-se aos princípios constitucionais do contraditório, da ampla defesa e outros aplicáveis ao processo, atuais ou diferidos. Em termos operacionais, pelas peculiaridades da área penal, as medidas cautelares são pleiteadas normalmente nos próprios autos do inquérito policial (prisão preventiva ou temporária, busca e apreensão domiciliar, arresto, seqüestro) sem a formação propriamente de processo cautelar autônomo nem a exigência do art. 801, do Código de Processo Civil, para o pedido, que não se constitui propriamente em "petição inicial", sendo o contraditório realizado posteriormente. Por outro lado, em relação à produção antecipada de provas para a oitiva de testemunha a forma adequada é o desencadeamento de ação cautelar autônoma, iniciada por petição inicial, diretamente no Juízo criminal, independentemente do processamento do inquérito policial.

Remanesce a consideração do inquérito policial ou outro procedimento investigatório prévio à ação penal como procedimento administrativo, analisado adiante.

4. INVESTIGAÇÃO CRIMINAL COMO PROCEDIMENTO ADMINISTRATIVO

A palavra "procedimento" é plurívoca, com vários significados: rito, processo ou procedimento em sentido estrito.

Pode ser visto procedimento como rito, forma do desenvolvimento do processo, para atendimento do devido processo legal. Sucessão de atos encadeados direcionados à decisão final.

O termo "procedimento administrativo" também é utilizado como sinônimo de processo administrativo. Anteriormente, o seu uso destinava-se a diferenciar a processualidade administrativa do processo judicial, para cuja área era específico o termo "processo". Vencida a restrição de nomenclatura, o termo processo pode ser empregado para o processo judicial e administrativo. O termo "processo administrativo" é mais adequado e consonante com a nomenclatura constitucional (art. 5º, LV, CF).[241] Entretanto, muitos ainda utilizam o termo

---

241. Utilizam o termo: Odete Medauar, *op. cit.*; Ada Pellegrini Grinover, *op. cit.*; Maria Sylvia Zanella Di Pietro, *Direito Administrativo*, p. 344-354; José Cretella Júnior, *Direito Administrativo Brasileiro*, Forense, Rio, 1987, v. II, p. 261 e ss.

"procedimento administrativo",[242] quando se trata de situação de processo administrativo, com o emprego dos princípios do contraditório, da ampla defesa e do devido processo legal, inclusive os dois termos (processo e procedimento) indistintamente.[243]

Outro significado é a caracterização do procedimento administrativo como atuação administrativa sem a presença e obrigatoriedade dos princípios do contraditório, da ampla defesa e do devido processo legal.

Hugo Nigro Mazzilli entende que o inquérito civil tem natureza jurídica de procedimento e não de processo administrativo, porque não há acusação nem aplicação de sanções nem limitações, restrição ou perda de direitos; inexiste decisão sobre interesses. O inquérito civil serve para colheita de elementos ou informações para formação de convicção do órgão do Ministério Público sobre a propositura ou não de ação civil pública. A opção sobre a propositura não constitui decisão processual, afirmando Mazzilli que "a *decisão* do membro do Ministério Público de propor ou não a ação civil pública com base no inquérito civil não pode ser equiparada a uma *decisão do processo administrativo*, porque é antes mera deliberação *interna corporis*, que só tem consequências no âmbito do próprio Ministério Público e sequer condiciona a ação dos co-legitimados; isso é muito diverso do que ocorre na decisão de um processo administrativo *stricto sensu*, como o processo disciplinar, tributário ou fiscal, cuja decisão importa consequências jurídicas para os administrados porque gera direitos". Entende inaplicável o contraditório.[244]

No presente trabalho o termo "procedimento administrativo" é utilizado no sentido de "procedimento administrativo investigatório", caracterizado pela atuação administrativa, fora das hipóteses obrigatórias do processo administrativo, em que não ocorrerá decisão

---

242. Na doutrina: Álvaro Lazzarini, "Do Procedimento Administrativo", *RDA* 212:71-87, Rio de Janeiro, abr./jun. 1998; Dinorá Adelaide Musetti Grotti, "Devido processo legal e o procedimento administrativo", *Revista Trimestral de Direito Público*, nº 18, p. 34 e ss.; Monica Martins Toscano, "O ato administrativo e seus requisitos procedimentais", *Revista Trimestral de Direito Público*, nº 18, p. 210 e ss.; Lúcia Valle Figueiredo, *Curso de Direito Administrativo*, Malheiros, São Paulo, 1994, p. 280-289; Celso Antônio Bandeira de Mello, *Curso de Direito Administrativo*, 5ª ed., Malheiros, p. 243-264.

243. STJ: MS 5.431/DF, Min. Milton Luiz Pereira, *DJ* 17.5.1999, p. 117; REsp 88.041/SP, Min. Anselmo Santiago, *DJ* 12.4.1999, p. 199; REep 125.406/RS, Min. Edson Vidigal, *DJ* 1º.3.1999, p. 356; MS 5.013, Min. Adhemar Maciel, *DJ* 25.5.1998, p. 4; ROMS 6.456, Min. Félix Fischer, *DJ* 15.12.1997, p. 66.465.

244. *O Inquérito Civil: Investigações do Ministério Público, Compromissos de Ajustamento e Audiências Públicas*, Saraiva, São Paulo, 1999, p. 48-49.

ou provimento administrativo no seu final, sem a presença de acusados ou litigantes e inexigível o contraditório, ampla defesa e devido processo legal.

Os procedimentos administrativos investigatórios são informativos, para a pesquisa do crime, colheita de dados e fornecimento de elementos para a apreciação do Ministério Público. Não se trata de processo administrativo, porque ainda não há acusado, litigante ou conflito de interesses nem há imposição de sanção ou decisão sobre um direito do investigado.

Segundo José Frederico Marques o inquérito seria "simples procedimento", de caráter nitidamente administrativo, observando que no inquérito policial o Estado exerce "um dos poucos poderes de autodefesa" na repressão ao crime. A polícia investiga para o Estado ingressar em Juízo, não para resolver uma lide, dando a cada um o que é seu.[245] Magalhães Noronha refere-se à natureza administrativa do inquérito.[246]

O E. Supremo Tribunal Federal tem considerado constituir o inquérito policial "mero procedimento administrativo, de caráter investigatório, destinado a subsidiar a atuação do Ministério Público" (Ministro Celso de Mello). Diz a ementa: "...O inquérito policial constitui mero procedimento administrativo, de caráter investigatório, destinado a subsidiar a atuação do Ministério Público. Trata-se de peça informativa cujos elementos instrutórios – precipuamente destinados ao órgão da acusação pública – habilitá-lo-ão ao instaurar a *persecutio criminis in judicio...*" (RECR 136.239/SP, Relator Ministro Celso de Mello, 1ª T., j. em 7.4.1992, *DJ* 14.8.1992, p. 12.227, *Ementário* 1.670-02/391, *RTJ* 143-01/306). A posição do E. STJ é semelhante: RHC 15469/PR, Relator(a) Ministro Félix Fischer, 5ª T., j. em 8.6.2004, *DJ* 2.8.2004, p. 423; *RSTJ* 186/524, v.u.); HC 55100/RJ, Relator Ministro Arnaldo Esteves Lima, 5ª T., j. em 9.5.2006, *DJ* 29.5.2006 p. 283 LEXSTJ vol. 202 p. 367, v.u.[247]

Não é todo procedimento que pode ser considerado processo, judicial ou administrativo. Se faltar o contraditório, não é processo, mas simples procedimento. O contraditório é elemento essencial da processualização e da legitimidade do provimento administrativo.

---

245. *Tratado de Direito Processual Penal*, Saraiva, São Paulo, 1980, v. I, p. 189-190.

246. *Curso de Direito Processual Penal*, Saraiva, São Paulo, 1990, 20ª ed., p. 22.

247. Vide Capítulo I, Seção III.

Enfatiza Cândido R. Dinamarco que "Nem todo procedimento é processo, mesmo tratando-se de procedimento estatal e ainda que de algum modo possa envolver interesses de pessoas. O critério para a conceituação é a presença do contraditório. Por outro lado, a exigência do contraditório constitui conseqüência de tratar-se de procedimentos celebrados, em preparação a algum provimento, qualquer que seja a natureza deste; provimento é ato de poder, imperativo por natureza e destinação, donde a necessária legitimação mediante o procedimento participativo." Ele menciona que a ordem social e política toleram procedimentos sem contraditório quando o exercício do poder estatal não se transforma em decisões que interfiram na esfera jurídica das pessoas. O inquérito policial é o exemplo marcante: não há contraditório e nem provimento algum. [248]

O inquérito policial termina sem provimento da autoridade policial. O seu ato final é o relatório da autoridade policial resumindo os elementos colhidos, para facilitar a compreensão e localização dos atos investigatórios pelo Ministério Público no trabalho de formação do seu convencimento sobre a iniciação ou não da ação penal. Não há sanção ou decisão sobre o direito do investigado, que continua na mesma situação. A sua posição será modificada com o oferecimento da denúncia pelo Ministério Público e o seu recebimento pelo Judiciário.

O trabalho do Ministério Público na análise dos elementos investigatórios colhidos, na formação positiva ou negativa da *opinio delicti*, em consonância com as hipóteses legais, não tem propriamente natureza jurídica de decisão, apesar da carga valorativa na apreciação e na opção legal, porque em caso de pedido de arquivamento ou oferecimento de denúncia a pretensão será submetida à apreciação judicial. Se recebida a denúncia, será iniciado o processo judicial, em que obrigatoriamente será proporcionado ao acusado o pleno desempenho e participação nos atos processuais inerentes ao contraditório, ampla defesa e demais garantias constitucionais e processuais. Na hipótese de arquivamento, a decisão final é do juiz, condicionada ao pedido do Ministério Público,[249] mesmo se discordante o juiz e ratificado o pedido pela Procuradoria-Geral de Justiça (art. 28, CPP).

---

248. A *Instrumentalidade do Processo*, Revista dos Tribunais, São Paulo, 2ª ed. rev. e atual., 1990, p. 187-188.

249. Inegavelmente, o arquivamento do inquérito policial é favorável ao indiciado e não há plausível interesse de reclamação do beneficiado pela eventual falta de intensa participação nas investigações. O que pode ocorrer é o descontentamento da vítima...

5. SINDICÂNCIA E INQUÉRITO ADMINISTRATIVO

A sindicância é meio de apuração sumária, prévia ao processo administrativo. Nessa qualidade não são exigíveis a ampla defesa, o contraditório e o devido processo legal.

Por outro lado, o inquérito administrativo é utilizado como sinônimo de processo administrativo punitivo e a sindicância pode levar à aplicação de penalidade.

Quando o inquérito administrativo e a sindicância possibilitarem a aplicação de penalidade deverão ser encarados como processos administrativos, com a obrigatoriedade de ampla defesa, contraditório e devido processo legal. Inegavelmente aparecerão as figuras dos "litigantes". Há uso do termo "inquérito administrativo" para situações que caracterizam o processo administrativo: para o processo administrativo disciplinar (STJ, MS 5.229/DF, Min. Fernando Gonçalves, DJ 3.11.1998, p. 11; ROMS 6.330/PE, Min. José Dantas, DJ 9.9.1996, p. 32.377; ROMS 2.371/SP, Min. José Dantas, DJ 27.6.1994, p. 16.990 e RSTJ 69/154; ROMS 128/SP, Min. Hélio Mosimann, DJ 15.3.1993, p. 3.799); para a intervenção federal em escola universitária, por força do art. 48, da Lei nº 5.540/1968 (STJ, MS 4.527/DF, Min. José de Jesus Filho, DJ 11.5.1998, p. 2; MS 4.896/DF, Min. Humberto Gomes de Barros, DJ 1º.12.1997, p. 62.657); acumulação de cargos e suspensão de vencimentos (STJ, ROMS 502/RJ, Min. Pedro Acioli, DJ 18.2.1991, p. 1.022).

Mauro Roberto Gomes de Mattos defende com razão o exercício da ampla defesa (art. 145, da Lei nº 8.112/1990) em sindicância administrativa de funcionário federal, tendo em vista que na própria sindicância prévia ao processo administrativo podem ser aplicadas sanções administrativas (advertência ou suspensão de até 30 dias) ou arquivado, conforme art. 145, da Lei nº 8.112/1990.[250]

Sobre o inquérito administrativo perante a Comissão de Valores Mobiliários, Ada Pellegrini Grinover anota que nessa fase já "há litigantes, no sentido de titulares de interesses em conflito", porque "não há nenhuma separação formal entre 'inquérito' e 'processo'. Tudo corre nos mesmos autos, servindo os elementos probatórios colhidos no inquérito, tanto quanto os contidos no processo, para a formação do convencimento do julgador".[251]

---

250. "Direito de defesa em sindicância", RDA 211:179-192, Rio de Janeiro, jan./mar., 1998.

251. Do Direito de Defesa em Inquérito Administrativo, p. 85-87.

Note-se que nessas hipóteses de investigação administrativa prévia há conseqüências legais, porque o inquérito administrativo da CVM fornece elementos para a decisão final do processo administrativo e na sindicância há aplicação de advertência ou suspensão ao funcionário público, o que caracteriza a figura de litigante ao investigado ou sindicado e o seu direito de exercício do contraditório, da ampla defesa e do devido processo legal.

É diferente do inquérito policial ou outro procedimento investigativo que não prevê nenhuma sanção administrativa ou penal ao seu final, tudo dependendo de decisão judicial posterior, sujeito aos rigores do processo judicial.

Ada Grinover incumbe-se de separar o inquérito administrativo da CVM com o inquérito policial, ao enfatizar: "Não se pode equiparar o 'inquérito' da Resolução nº 454/1977 ao inquérito policial, prévio à instauração da ação penal condenatória. E isto porque as provas colhidas no inquérito da CVM podem embasar a formação do convencimento da autoridade administrativa, o que não ocorre no Juízo penal, em que a denúncia é uma mera hipótese, a ser provada pelo órgão da acusação, na instrução processual penal".[252]

Seção II
PROCESSO ADMINISTRATIVO E GARANTIAS CONSTITUCIONAIS

1. PROCESSO ADMINISTRATIVO E ESTADO DEMOCRÁTICO DE DIREITO

O processo administrativo vem ganhando destaque especial no cenário institucional, sendo visto como componente do Estado de Direito e do Estado Democrático de Direito.

O Estado de Direito é considerado como Estado constitucional, em que o poder estatal é limitado por uma Constituição escrita e rígida ou regido pela lei. O Estado Democrático de Direito é visto como o sistema jurídico regido por leis que não violem os princípios fundamentais da

---

252. *Op. cit.*, mesma página.

148   VALTER FOLETO SANTIN

EDIPRO   PROCEDIMENTO ADMINISTRATIVO E PROCESSOS JUDICIAL E ADMINISTRATIVO

democracia,[253] dentre eles, a soberania, a cidadania, a dignidade da pessoa humana, os valores sociais do trabalho e da livre iniciativa e o pluralismo político (art. 1º, I a V, Constituição Federal).

Karl Larenz entende que os princípios do Estado de Direito, em sentido estrito, relacionam-se ao respeito à dignidade do homem, aos direitos humanos, aos princípios comunitários (participação, igualdade, proporcionalidade e nivelação social). No Estado de Direito deve-se impedir de maneira especial que aqueles que exercem o poder estatal o usem de modo diverso ao imposto pelo direito. O mando de uns impõe deveres de obediência a outros, formando estruturas de dominação. O Estado de Direito, no sentido filosófico, é aquele em que as leis dominam, não os homens.[254]

A análise do Estado de Direito implica em vários postulados (limitação do poder pelo direito, legalidade, igualdade, garantia dos direitos fundamentais e busca da Justiça e da paz jurídica),[255] com reflexos no processo administrativo.

A limitação do poder pelo direito vincula-se ao processo administrativo. Atuação administrativa submetida a parâmetros, conferindo aos administrados posições jurídicas a serem respeitadas.

Em face da legalidade, a atuação processualizada não é livre. O processo administrativo representa uma das garantias do princípio da legalidade, porque significa atuação parametrada da autoridade administrativa, em contraposição à atuação livre, suscetível de arbítrio. A processualidade, mesmo com alguma parcela de discricionariedade na fase processual, possibilita o direcionamento às verdadeiras finalidades da atuação. O processo administrativo estende a legalidade, ensejando uma "nova legalidade", entre o cidadão e a Administração, com um padrão de coerência sistemática, segundo as linhas do Estado de Direito.[256]

Pela igualdade, todos os sujeitos possuem idênticas oportunidades de apresentar argumentos, provas e pontos de vista.

Como garantia dos direitos fundamentais, a atuação parametrada reduz o arbítrio. O contraditório e a ampla defesa fornecem condições para reconhecimento de direitos na esfera administrativa.

---

253. Manoel Gonçalves Ferreira Filho, *Comentários à Constituição Brasileira de 1988*, v. 1, arts. 1º a 43, Saraiva, São Paulo, 1990, p. 18.

254. *Derecho Justo*, Civitas, Madrid, 1993, Capítulo VI, p. 151-189.

255. Karl Larenz, *op. cit.*, mesmas páginas; Odete Medauar, *A Processualidade no Direito Administrativo*, Revista dos Tribunais, São Paulo, 1993, p. 86-87.

256. Odete Medauar, *op. cit.*, p. 87-88.

A busca da Justiça e a paz jurídica apresentam-se pela circunstância de que a cooperação do interessado aumenta a possibilidade de decisão justa, um meio para evitar decisões ilegais e iníquas.

Além disso, o Estado de Direito exige a limitação e controle do poder, irretroatividade das leis, vinculação ao direito de todos os órgãos do Estado, a amplitude da tutela jurídica e princípios processuais a serem seguidos, dentre eles o exercício do contraditório no processo, segundo analisa Karl Larenz.[257]

O Brasil é um Estado Democrático de Direito (art. 1º, CF). A democracia significa também um modo de exercício do poder, presente no processo administrativo.

Odete Medauar observa que a colaboração ou participação dos sujeitos no processo administrativo exerce influência no teor da decisão final, proporcionando condições para que a Administração aproxime-se dos administrados. Os vários argumentos e interpretações expressam o pluralismo, característico da democracia. Amplia-se a possibilidade de controle da administração (também ligado à democracia).[258]

2. PROCESSO ADMINISTRATIVO, ACUSADOS E LITIGANTES

A Constituição Federal de 1988 acompanhou a tendência mundial de processualização da atividade administrativa ou jurisdicionalização do processo ou da atividade administrativa, inserindo preceito expresso e direto para o processo administrativo em geral, com o exercício do contraditório e da ampla defesa (art. 5º, LV). A utilização de processo na licitação (art. 37, XXI) e na apuração de falta disciplinar (art. 41, § 1º) tem regras constitucionais específicas, reforçando a determinação constitucional de processualização. O emprego do devido processo legal (art. 5º, LV, CF) relaciona-se a todo processo, judicial ou administrativo.[259]

Ao insculpir que aos litigantes, em processo judicial ou administrativo, e aos acusados em geral são assegurados o contraditório e a ampla defesa, com os meios e recursos a ela inerentes (art. 5º, LV, CF), o constituinte estabeleceu exigência expressa para a edição de

---

257. *Op. cit.*, p. 151-189.

258. Odete Medauar, *op. cit.*, p. 86-87.

259. Odete Medauar, *op. cit.*, p. 71; Ada Pellegrini Grinover, "Garantias do contraditório e ampla defesa", *Jornal do Advogado*, Seção de São Paulo, nº 175, 11/1990, p. 9.

ato administrativo, mediante processo, onde existem direitos, faculdades e ônus para a Administração e administrados.

No dizer de Odete Medauar, ao prever o contraditório, a *"Constituição está formulando exigência expressa de que a edição de ato administrativo, naquelas situações, se efetue mediante desenvolvimento de relação jurídica processual, quer dizer, mediante processo, no qual posições jurídicas correspondentes a direitos, faculdades, ônus existem tanto para a Administração como para administrados".*[260]

O constituinte não especificou em que consiste a palavra "litigantes". O termo "litigante" relaciona-se a litígio, que é questão judicial, pleito, demanda, pendência, disputa, contenda.[261] A sua visão inicial seria relacionada ao processo judicial. Mas o constituinte ampliou o seu enfoque para o campo administrativo. A Constituição não restringe a expressão "litigantes". Como deve ser interpretada?

Ada Grinover entende que em processo administrativo há de ser entendida em sentido mais amplo possível. Salienta que o litigante surge em razão de uma controvérsia, de um conflito de interesses. Haverá litigantes sempre que houver um conflito de interesses, sempre que houver uma controvérsia.[262]

Grinover acrescenta: "Não é preciso que o conflito seja qualificado pela pretensão resistida, pois neste caso surgirão a lide e o processo jurisdicional. Basta que os partícipes do processo administrativo anteponham face a face, numa posição contraposta. Litígio equivale a controvérsia, a contenda, e não a lide. Pode haver litigantes – e os há – sem acusação alguma, em qualquer lide". Ada Grinover menciona o conflito de interesses entre o menor e o seu responsável legal. Observa também que "nos processos administrativos punitivos (externos e disciplinares), mesmo antes da acusação, surgindo o conflito de interesses, as garantias do contraditório e da ampla defesa serão imediatamente aplicáveis".[263]

Odete Medauar menciona que as correntes doutrinárias contemporâneas, sobre os litigantes em processo administrativo, adotam a idéia de multiplicidade de interesses, de diversidade de ponto de vis-

---

260. *Op. cit.*, p. 75.

261. Aurélio Buarque de Hollanda Ferreira, *Novo Dicionário Aurélio*, Nova Fronteira, p. 845.

262. Ada Pellegrini Grinover, "Garantias...", mesma página. Ela apregoa com razão a existência de possível conflito de interesse no processo envolvendo menores (menor e responsável, sevícias), com necessidade do contraditório e ampla defesa.

263. *Do Direito de Defesa em Inquérito Administrativo*, p. 85.

ta, de pluralismo no panorama da atuação administrativa.[264] Aponta que há exigência de processo administrativo quando dois ou mais administrados apresentam-se em posição de controvérsia entre si, perante uma decisão a ser tomada pela administração (licitações, concursos públicos, licenciamento ambiental) ou entre administrados (particulares ou servidores) e a Administração (licenças em geral, recursos administrativos em geral, reexame de lançamento, no processo administrativo tributário).[265]

Por seu lado, o vocábulo "acusados" designa pessoas físicas ou jurídicas, com determinadas condutas passíveis de punição, por parte da Administração dentro do seu poder disciplinar sobre os servidores e terceiros, como alunos de escolas públicas ou quem pode ser submetido a sanções do poder de polícia, inclusive por infração de trânsito. Também se verifica a presença de "acusados" nas atuações disciplinares por parte das entidades e ordens profissionais.[266]

Odete Medauar entende que as hipóteses de processualidades não são exaurientes, porque a Constituição impõe a processualidade para cada caso de controvérsia, conflito de interesses e situações de acusados ante a Administração, reforçando-se a tendência a reconhecer maior amplitude para o esquema processual na Administração, em face da consolidação prática e jurisprudencial dos preceitos e princípios constitucionais.[267]

Para a caracterização do processo administrativo entende-se deva haver controvérsia e conflito de interesses ante a Administração, como nas licitações, concursos públicos, concursos de acesso ou promoção, licenciamentos de atividades e exercício de direitos, licenciamento ambiental, registro de marcas e patentes, isenção condicionada de tributos, prestação de contas, lançamento tributário, consulta fiscal, recursos administrativos, reclamações, e em situações nas quais se atribuem às pessoas condutas ou atividades suscetíveis de sanções, na condição de acusados, em processos sancionadores ou punitivos, tais quais processos disciplinares sobre servidores e alunos de estabelecimentos públicos, sanções decorrentes do poder de polícia, da administração fiscal, aplicação de penalidades a particulares que celebram contratos com a Administração.[268]

---

264. *Op. cit.*, p. 77-78.
265. *Op. cit.*, p. 78.
266. *Op. cit.*, mesma página.
267. Odete Medauar, *op. cit.*, p. 78-79.
268. Odete Medauar, *op. cit.*, p. 132.

3. NOÇÕES SOBRE CONTRADITÓRIO E AMPLA DEFESA NO PROCESSO

O contraditório e a ampla defesa são princípios interligados, com conceitos e definições muito próximos e aspectos peculiares que compõem os dois institutos.

Ada Grinover salienta que é do "contraditório que brota a própria defesa" e o "conhecimento, ínsito no contraditório, é pressuposto para o exercício da defesa", mas é a "defesa que garante o contraditório, conquanto nele se manifeste". Ela enfatiza: "Defesa, pois, que garante o contraditório, e que por ele se manifesta e é garantida: porque a defesa, que o garante, se faz possível graças a um de seus momentos constitutivos – a informação – e vive e se exprime por intermédio de seu segundo momento – a reação. Eis a íntima relação e interação da defesa e do contraditório".[269]

Tucci & Cruz e Tucci expressam que a defesa só poderá efetivar-se em sua plenitude com o estabelecimento da participação ativa e contraditória dos sujeitos parciais em todos os atos e termos do processo.[270]

Segundo Karl Larenz o princípio do contraditório é uma das condições fundamentais de um processo justo, ajustado aos princípios do Estado de Direito. O juiz deve ouvir as partes e dar-lhes oportunidades de manifestações das suas posições, permitindo o desempenho do direito de audiência.

O contraditório pode ser considerado pelos seus aspectos estrito e amplo. No aspecto estrito, considera-se a oportunidade a cada parte para explicar sua perspectiva da situação jurídica e de direito, devendo o juiz colocar-se em situação de adquirir o quadro mais completo possível e de fundamentar sua decisão. O juiz não pode abandonar as informações das partes e se forem incompletas deve utilizar o seu direito de indagação. No sentido amplo, cada parte se insere como um fator que colabora em sua configuração. Paralelo com o princípio da participação.[271]

O direito de audiência converteu-se em um direito fundamental processual da parte, válido em qualquer tipo de processo. Deve reger também na atuação da Administração e como princípio moral fora da esfera do direito.

---

269. *Novas Tendências do Direito Processual*, Forense Universitária, Rio, 1990, p. 4-6.
270. *Constituição de 1988 e Processo: Regramentos e Garantias Constitucionais do Processo*, Saraiva, São Paulo, 1989, p. 60.
271. *Derecho Justo, op. cit.*, p. 186-189.

O MINISTÉRIO PÚBLICO NA INVESTIGAÇÃO CRIMINAL 153

PROCEDIMENTO ADMINISTRATIVO E PROCESSOS JUDICIAL E ADMINISTRATIVO EDIPRO

Ada Grinover vislumbra o contraditório no sentido de se poder tecnicamente contradizer a posição contrária, por advogado.[272]

Odete Medauar vê o contraditório como a faculdade de manifestar o próprio ponto de vista ou argumentos diante de fatos, documentos ou posições alheias, propiciando ao sujeito a ciência de dados, fatos, argumentos e documentos.[273] No dizer de Dinamarco, configura-se pela informação necessária e reação possível.[274]

Na ótica de Manoel Gonçalves Ferreira Filho, para o processo judicial, o contraditório significa a possibilidade das partes apresentarem as suas razões e provas, em cada passo do processo, em igualdade de condições.[275]

Antonio Magalhães Gomes Filho, também na visão do processo judicial, enfatiza o contraditório como meio para a garantia da imparcialidade do juiz, opção de civilidade, legitimação da decisão e contribuição para a busca da verdade dos fatos.[276]

O contraditório possui dois momentos: informação e possibilidade de reação.[277] Por outro lado, a ampla defesa engloba a autodefesa e a defesa técnica.[278]

Odete Medauar considera a autodefesa como a possibilidade do sujeito, pessoalmente, realizar as condutas e providências para evitar prejuízos ou sanções.[279] Ada Grinover salienta que a autodefesa expressa-se no direito de audiência, de ser ouvido, e estar presente na produção de provas.[280]

A autodefesa compõe-se de dois aspectos: o direito de audiência e o direito de presença. O direito de audiência caracteriza-se pela atuação do acusado para influenciar na formação do convencimento do juiz, valendo-se do interrogatório. O direito de presença[281] representa a

---

272. Ada Pellegrini Grinover, "Garantias...", p. 9.

273. Odete Medauar, *op. cit.*, p. 96.

274. Cândido Rangel Dinamarco, *Fundamentos do Processo Civil*, Revista dos Tribunais, São Paulo, 2ª ed., 1987, p. 93.

275. *Comentários à Constituição Brasileira de 1988*, Saraiva, São Paulo, 1990, v. I, p. 68.

276. *Direito à Prova no Processo Penal*, Revista dos Tribunas, 1997, p. 135-139.

277. Ada Grinover, "Garantias...", p. 9; Antonio Magalhães Gomes Filho, *Direito à Prova no Processo Penal*, Revista dos Tribunais, São Paulo, 1997, p. 137-139.

278. Ada Pellegrini Grinover, "Garantias...", p. 9.

279. Odete Medauar, *op. cit.*, p. 117.

280. Ada Pellegrini Grinover, "Garantias...", p. 9.

281. Ada Grinover, "Defesa, contraditório, igualdade e *par condicio* na ótica do processo de estrutura cooperatória", *Novas Tendências do Direito Processual*, Forense, Rio de Janeiro, 1990, p. 9-10.

oportunidade do acusado posicionar-se perante as alegações e provas produzidas, garantindo-lhe a imediação com o juiz e com as provas. Defesa técnica é a atuação do advogado investido do poder de representação dos interesses de pessoas em conflito.[283] Na defesa penal, a defesa técnica é indisponível, vista como garantia da paridade de armas, indispensável ao efetivo contraditório e à imparcialidade do juiz.[284]

4. CONTRADITÓRIO NO PROCESSO ADMINISTRATIVO

A noção de contraditório que vinha associada ao processo jurisdicional, atualmente é aplicável também ao processo administrativo, porque o contraditório não é exclusivo do processo jurisdicional.[285] A própria Constituição Federal exige a observância do contraditório e ampla defesa no processo judicial ou administrativos (art. 5º, LV).

Ao analisar a função administrativa e o processo, Feliciano Benvenuti entende possível a participação do interessado, principal ou não, para a tutela do seu interesse, observando que a colaboração é processo, garantia de justiça da decisão, bem máximo de cada administração pública junto a cada cidadão. A colaboração do cidadão à função administrativa é o reconhecimento da sua responsabilidade individual e da dignidade na sociedade.[286]

Na visualização do contraditório no processo administrativo (sem relação triangular, juiz e partes), processo não jurisdicional, Elio Fazzalari observa que se realiza entre particulares ou entre o particular e um órgão administrativo. A Administração é colocada em posição igual à do particular. A participação dos sujeitos realiza o jogo de ações, reações e controles recíprocos, em que consistem as garantias do contraditório. Ele confirma a possibilidade e legitimidade teórica de emprego do módulo de processo fora do campo da jurisdição, acrescentando que o processo jurisdicional representa a mais elevada forma de garantia que o ordenamento possa conceder.[287]

---

283. Ada Pellegrini Grinover, "Garantias...", p. 9; Odete Medauar, *op. cit.*, p. 117.

284. Ada Pellegrini Grinover, "Defesa...", p. 9.

285. Odete Medauar, *op. cit.*, p. 98; Karl Larenz, *Derecho Justo*, p. 188; Elio Fazzalari, "Processo (teoria generale)", *Novo Digesto Italiano*, v. 12, 1966, p. 1.074.

286. "Funzione amministrativa, procedimento, processo", *Rivista Trimestrale di Diritto Pubblico*, tomo I, 1952, p. 137-145.

287. *Op. cit.*, mesma página.

Se a administração não estiver no mesmo plano de direitos, ônus, ações e reações em relação ao sujeito, inexistirá o contraditório.[288]

O contraditório pode ser visto como instrumento para a finalidade de informação, instrução, preservação da impessoalidade e transparência administrativa.

A informação dada ao sujeito permite-lhe reagir e colaborar na fixação do conteúdo do ato.[289] A reação pode ocorrer por meio da apresentação de outros fatos, dados, documentos e argumentos.[290]

A finalidade instrutória relaciona-se ao ângulo técnico, no objetivo da busca da verdade, conhecimento mais preciso dos fatos e coleta de informações para a decisão correta.

Em relação à impessoalidade, o contraditório preserva a igualdade de oportunidade aos sujeitos no fornecimento de alegações e provas.

A atividade processual contraditória amplia a transparência administrativa, pela diminuição dos segredos estatais, na busca da democracia administrativa.

O contraditório desdobra-se nos princípios da informação geral, da ouvida dos sujeitos e da motivação.[291]

a) Princípio da informação geral. Os sujeitos têm o direito de obter conhecimento adequado dos fatos, dados, documentos e provas do processo. A informação decorre da aplicação do princípio constitucional da publicidade.[292] Nos EUA,[293] Inglaterra[294] e Itália[295] há semelhante obrigação de publicidade.

---

288. Odete Medauar, *op. cit.*, p. 98-99.

289. Odete Medauar, *op. cit.*, p. 102.

290. Odete Medauar, *op. cit.*, p. 96.

291. Odete Medauar, *op. cit.*, p. 103-111.

292. Princípio da publicidade é um dos princípios básicos da Administração Pública (art. 37, *caput*, CF). Tem indicação específica na licitação, licenciamento ambiental (Constituição do Estado de São Paulo de 1989), EIA/RIMA, prévia publicidade, audiências públicas (Odete Medauar, *op. cit.*, p. 104-105).

293. EUA: *Due Process* a informação sobre todas as circunstâncias, para que as partes interessadas possam apresentar suas objeções. Lei de processo administrativo de 1946 determina que as pessoas tituladas ao contraditório, perante uma *agency*, deverão ser informadas a tempo, sobre o horário, local e a natureza do tema a ser debatido. (Odete Medauar, *op. cit.*, p. 105).

294. Inglaterra: *Common Law Rules of Fair Procedures* (regras legais dos procedimentos justos). *Natural Justice* (Justiça Natural). *Right to be Heard* (contraditório). *Prior Notice (*notícia prévia), (Odete Medauar, *op. cit.*, p. 105).

295. Itália: Lei de 1990 (art. 8º) obriga a administração a dar notícia da abertura do processo, mediante comunicação pessoal ou publicidade (Odete Medauar, *op. cit.*, p. 106).

156 VALTER FOLETO SANTIN
EDIPRO PROCEDIMENTO ADMINISTRATIVO E PROCESSOS JUDICIAL E ADMINISTRATIVO

b) Ouvida dos sujeitos ou audiência das partes. Trata-se da possibilidade de manifestar o próprio ponto de vista e propor provas. É a oportunidade de reagir ante a informação.

c) Motivação. Com a motivação vê-se a influência dos argumentos ou provas na decisão. A motivação reforça a transparência administrativa e o respeito à legalidade.

A Constituição Federal não previu expressamente a obrigação de motivação para a decisão administrativa,[296] restringindo-a aos tribunais (art. 93, X), mas pela aplicação do princípio do contraditório (inciso LV, art. 5º, CF) impõe-se a motivação também na esfera administrativa.

5. AMPLA DEFESA NO PROCESSO ADMINISTRATIVO

O direito de defesa ou garantia de defesa expressa o princípio de que ninguém pode ser condenado sem ser ouvido (*Inauditus nemo damnari potest*), indispensável para a segurança individual (ângulo subjetivo) e para o Estado de Direito, porque o poder público se sujeita à lei e à observância dos direitos fundamentais. O conhecimento completo dos fatos possibilita decisões administrativas justas (ângulo objetivo). A ampla defesa é uma evolução do simples direito de defesa.[297]

O constituinte de 1988 referiu-se à "ampla defesa, com os meios e recursos a ela inerentes" (art. 5º, LV), indicando maior amplitude do direito de defesa, a ser interpretada como a "possibilidade de rebater acusações, alegações, argumentos, interpretações de fatos, interpretações jurídicas, para evitar sanções ou prejuízos".[298]

A ampla defesa é caracterizada por ser prévia, englobando a defesa técnica, a autodefesa e o direito de recurso.[299]

O caráter prévio da defesa é evidente, porque deve anteceder à decisão administrativa. Se fosse posterior seria inócuo e não teria influência na decisão, exceto para eventual modificação.

O direito de interpor recurso administrativo independe de previsão legal, decorrendo do direito de petição, consonante com a ampla defesa.

A autodefesa e a defesa técnica foram abordadas no item 4.

---

296. A Constituição de São Paulo de 1989 determina a motivação (art. 111).
297. Odete Medauar, *op. cit.*, p. 111-112.
298. Odete Medauar, *op. cit.*, p. 112.
299. Odete Medauar, *op. cit.*, p. 115-120.

6. DEVIDO PROCESSO LEGAL NO PROCESSO ADMINISTRATIVO

Na atuação processual, exige-se o devido processo legal, porque o constituinte insculpiu o direito de que "ninguém será privado da liberdade ou de seus bens sem o devido processo legal" (art. 5º, LIV, CF).

A cláusula tem origem remota na Magna Carta de 1215 (art. 39), cuja expressão *law of the land* (lei do país) foi substituída por *due processo of law* (1354), o devido processo legal, mais difundida.[300]

Nos EUA, a cláusula foi consagrada pela Emenda V (1791) e depois pela Emenda XIV (1868), em relação aos Estados-membros. Num primeiro momento, a exigência era de processo regular e ordenado. Depois, a Suprema Corte americana considerou como garantia de legalidade na atuação dos poderes estatais, inclusive processo legislativo e de conteúdo justo, razoável e constitucional nas leis, com forte matiz substancial. Em meados do século XIX, firmou-se como anteparo ao *police power*, poder de polícia, com a sua limitação por lei de direitos e liberdades individuais, sobretudo na esfera estadual.[301]

Atualmente, nos EUA, a cláusula do devido processo legal é vista sob a ótica de *substantive due process*, ligada aos direitos fundamentais nas leis e atos estatais em geral. Sob a ótica do *procedural due process*, relativamente ao modo de agir e mecanismos do governo, obriga o ente estatal a fornecer ao cidadão um padrão de justiça mínimo, que pressupõe o direito de informação e de audiência antes da decisão.[302]

A cláusula vinculou-se originariamente ao processo penal, como fonte do contraditório e da defesa, sendo depois estendida ao processo civil[303] e mais amplamente, numa idéia de acusação, ao processo administrativo (Pontes de Miranda).[304]

---

300. Odete Medauar, *op. cit.*, p. 79; Carlos Roberto de Siqueira Castro, *O Devido Processo Legal e a Razoabilidade das Leis na Nova Constituição do Brasil*, Forense, 1989, 2ª ed., p. 9; Antonio Roberto Sampaio Dória, *Direito Constitucional Tributário e "Due Process of Law"*, Forense, 1986, 2ª ed., p. 11.

301. Odete Medauar, *op. cit.*, p. 80.

302. Odete Medauar, *op. cit.*, mesma página.

303. Ada Pellegrini Grinover, "Garantias...".

304. Pontes de Miranda considerou que essas garantias se aplicariam a qualquer procedimento, mesmo administrativo, onde houvesse acusado e possibilidade de pena (processo administrativo disciplinar ou tributário) (*Comentários à Constituição de 1967*, v. 5, p. 222-223); Ada Pellegrini Grinover, "Garantias...", p. 82.

A doutrina atual continua a entender aplicável o devido processo legal à atividade administrativa.[305]

O argumento principal é de que o art. 5º, inciso LIV, da CF, tem sentido amplo. No campo administrativo, o devido processo legal, além da possibilidade de privação de liberdade e bens, abrange as hipóteses de controvérsia ou conflito de interesses e de existência de acusados.

Sob o ângulo dos sujeitos, o devido processo legal significa o conjunto de garantias propiciadas para tutela de posições jurídicas ante a Administração, e, em relação ao poder público, a obrigatoriedade de atuação por processo em determinadas situações. A combinação dos LIV e LV (art. 5º, CF) resulta no processo administrativo, com possibilidade de defesa aos sujeitos, produção de provas, argumentos e influir na formação do ato final.[306]

O devido processo legal desdobra-se no contraditório e ampla defesa, já analisados.

Seção III
PROCEDIMENTO ADMINISTRATIVO INVESTIGATÓRIO E DIREITOS CONSTITUCIONAIS

1. PUBLICIDADE E SIGILO DO PROCEDIMENTO INVESTIGATÓRIO

A atuação administrativa é marcada pela publicidade, um dos princípios básicos da Administração Pública (art. 37, *caput*, CF), constituindo direito fundamental do cidadão receber dos órgãos públicos as informações de seu interesse particular ou de interesse coletivo ou geral, no prazo legal, sob pena de responsabilidade (art. 5º, XXXIII, CF).

Nessa ótica, a publicidade dos atos e informações públicos é a regra geral. O sigilo das informações e dos atos administrativos é a exceção, aplicável quando "imprescindível à segurança da sociedade e do Estado" (art. 5º, XXXIII, CF). Dessa forma, o inquérito policial e outros procedimentos investigatórios são públicos, com acesso de todos aos atos e informes.

---

305. Ada Pellegrini Grinover, "Garantias..."; Carlos Roberto Siqueira Castro, *op. cit.*, p. 319-368; Odete Medauar, *op. cit.*, p. 81-82.

306. Odete Medauar, *op. cit.*, p. 83.

O MINISTÉRIO PÚBLICO NA INVESTIGAÇÃO CRIMINAL

PROCEDIMENTO ADMINISTRATIVO E PROCESSOS JUDICIAL E ADMINISTRATIVO — EDIPRO

Entretanto, o acesso amplo poderá ser restringido para a preservação da segurança da sociedade e do Estado, tomando a investigação criminal o caráter sigiloso. A lei processual prevê o sigilo quando necessário à elucidação do fato ou exigido pelo interesse da sociedade (art. 20, *caput*, CPP). O sigilo também é possível para a preservação da intimidade, vida privada, honra e imagem das pessoas (art. 5º, X, CF).

A autoridade investigante para manter o procedimento investigatório em sigilo deverá decidir a respeito, justificando os motivos para a restrição do princípio da publicidade, baseando-se em hipótese que caracterize ameaça à segurança da sociedade e do Estado (art. 5º, XXXIII, CF). A decisão administrativa que decretar o sigilo poderá ser questionada judicialmente, por meio de mandado de segurança e até mesmo por *habeas corpus*, dependendo das conseqüências decorrentes da falta de acesso às informações e a sua repercussão no âmbito da liberdade de ir e vir do cidadão.

O sigilo poderá ser oposto ao suspeito ou indiciado, porque o conhecimento do teor do procedimento e do andamento das investigações criminais poderá inviabilizar a descoberta da autoria e materialidade do delito, hipótese de ameaça à segurança da sociedade e do Estado, com interesse na apuração do fato e no julgamento do delito.[307]

Entende-se que as investigações policiais sigilosas não violam o art. 5º, LX, e a Lei nº 8.906/1994, em relação ao advogado, quanto não atingirem o direito subjetivo do investigado (RMS 12516/PR, Relator(a) Ministra Eliana Calmon, 2ª T., j. em 20.8.2002, *DJ* 27.9.2004 p. 282; *RDR* 34/300, m.v.) ou não há direito líquido e certo do advogado de ter acesso irrestrito a autos de procedimento administrativo de investigação sob sigilo, por preponderância do interesse público, sendo inaplicáveis a ampla defesa e o contraditório (RMS 16674/RS, Relator(a) Ministro Gilson Dipp, 5ª T., j. em 3.3.2005, *DJ* 28.3.2005, p. 291; *RDDP* 26/227, v.u.; HC 38219/SP, Relator(a) Ministro Gilson Dipp, 5ª T., j. em 15.3.2005, *DJ* 4.4.2005, p. 330, v.u.).

Entretanto, o E. Supremo Tribunal Federal abrandou o sigilo do inquérito policial, anotando que o indiciado é titular de direitos e o advogado possui prerrogativa de acesso aos autos do inquérito policial, mesmo o sigiloso, pois a oponobilidade "esvaziaria uma garantia cons-

---

307. Na Itália, nas *indagini preliminari* a regra é o sigilo (art. 329, 1, CPPI), podendo o Ministério Público consentir motivadamente com a publicação de alguns atos ou de partes deles (art. 329, 2). Há possibilidade de participação da defesa em alguns atos (arts. 364 e seguintes, CPPI).

160 VALTER FOLETO SANTIN
EDIPRO PROCEDIMENTO ADMINISTRATIVO E PROCESSOS JUDICIAL E ADMINISTRATIVO

titucional do indiciado (CF, art. 5º, LXIII), que lhe assegura, quando preso, e pelo menos lhe faculta, quando solto, a assistência técnica do advogado". Observou-se que o direito de acesso tem por "objeto as informações já introduzidas nos autos do inquérito, não as relativas à decretação e às vicissitudes da execução de diligências em curso (cf. Lei nº 9.296/1996, atinente às interceptações telefônicas, de possível extensão a outras diligências)", pois a autoridade policial dispõe de "meios legítimos para obviar inconvenientes que o conhecimento pelo indiciado e seu defensor dos autos do inquérito policial possa acarretar à eficácia do procedimento investigatório". (HC 87827/RJ, Relator(a) Ministro Sepúlveda Pertence, j. em 25.4.2006, 1ª T., *DJ* 23.6.2006, pp. 0053, *Ementário* 2238-02/214, v.u.). A inoponibilidade de sigilo ao advogado, com acesso amplo aos elementos documentados, foi reiterada no HC 88190/RJ, Relator(a) Ministro Cezar Peluso, j. em 29.8.2006, 2ª T., *DJ* 6.10.2006, pp. 00067, *Ementário* 2250-03/643.

O Ministério Público, destinatário das investigações criminais, não poderá ter a sua atuação restringida pelo sigilo, porque é representante do Estado e da sociedade para a completa persecução penal, por deter a privatividade da ação penal (art. 129, I, CF). É implícito o poder de inexigibilidade de sigilo em relação ao Ministério Público, detentor do mecanismo constitucional de requisição de informações e documentos para instrução de procedimentos administrativos (art. 129, VI, CF).

A jurisprudência considera abuso de poder a ocultação e o não fornecimento de informações e documentos ao Ministério Público, em conduta impeditiva da ação ministerial e da justiça, confirmando a competência do Ministério Público para a requisição de informações e documentos de quaisquer órgãos da Administração, de natureza constitucional e que visa ao interesse público, mesmo sob sigilo (STJ, MS 5370/DF, 1ª Seção, Relator Ministro Demócrito Reinaldo, j. em 12.11.1997, *DJ* 15.12.1997, p. 66185). Observou-se que "somente em relação às autoridades judiciárias e ao Ministério Público é que inexiste sigilo" (RMS 12516/PR, Relator(a) Ministra Eliana Calmon).

2. PROCEDIMENTO ADMINISTRATIVO INVESTIGATÓRIO, CONTRADITÓRIO E AMPLA DEFESA

A natureza jurídica de procedimento administrativo inquisitório restringe em princípio o exercício dos princípios do contraditório e da ampla defesa. Nessa etapa, não há processo, apenas um procedimento administrativo investigatório. Ainda não vige a obrigatoriedade

O MINISTÉRIO PÚBLICO NA INVESTIGAÇÃO CRIMINAL
PROCEDIMENTO ADMINISTRATIVO E PROCESSOS JUDICIAL E ADMINISTRATIVO

de submissão aos princípios constitucionais previstos no art. 5º, LV, da Constituição Federal, garantias dos acusados nos processos judiciais e administrativos.

As dúvidas sobre a participação da defesa nas investigações criminais preliminares, os limites adequados e o exercício do contraditório e da ampla defesa são marcantes e ainda não estão pacificados na doutrina, com posições divergentes de eminentes juristas.

São favoráveis ao direito de defesa no inquérito policial: Joaquim Canuto Mendes de Almeida,[308] Rogério Lauria Tucci e José Rogério Cruz e Tucci.[309] Contrários ao exercício da defesa no inquérito: José Frederico Marques,[310] Hélio Tornaghi,[311] Magalhães Noronha.[312]

Frederico Marques criticava duramente a instrução contraditória e a pretensão de advogados criminalistas junto à Secretaria da Segurança Pública de "participação física do advogado do indiciado" no inquérito, entendendo que afrontaria o estatuto processual penal, especialmente o sigilo previsto no art. 20, com a adoção da publicidade.[313]

José Damião Pinheiro Machado Cogan é contrário ao contraditório na fase preliminar, asseverando que o "Estatuto menciona tão só a autorização para exame dos autos, não cogitando, jamais, em autorizar, a presença do causídico ao ato procedimental".[314]

Adilson Mehmeri não aceita o contraditório, mas sim a atuação de defensor no requerimento de diligências, a sua presença nas diligências, na lavratura do auto de prisão em flagrante e interrogatório de réu menor de 21 anos e o direito de apresentar quesitos periciais.[315]

Marcellus Polastri de Lima entende que não há contraditório, típico da fase judicial. Quando não for caso de sigilo, pode ser permitido o acompanhamento da colheita da prova pelo advogado, sem interfe-

---

308. "O direito de defesa no inquérito policial", *RT* nº 271, p. 31-38.

309. *Devido Processo Legal e Tutela Jurisdicional*, Revista dos Tribunais, SP, 1993, p. 26.

310. "Tratado...", p. 189-190; "A investigação policial. O inquérito policial e a instrução criminal contraditória – Interpretação do art. 141, § 25, da Constituição Federal", (refere-se à CF de 1946) *RT* nº 271, p. 20-30; *Estudos de Direito Processual Penal*, Forense, Rio de Janeiro, 1ª ed., 1960, p. 95-97.

311. *Curso de Processo Penal*, Saraiva, São Paulo, 1988, 5ª ed., v. I, p. 30-31.

312. *Curso de Direito Processual Penal*, p. 22.

313. *Estudos de Direito Processual Penal*, Forense, Rio de Janeiro, 1ª ed., 1960, p. 95-97.

314. "O sigilo no inquérito policial", *Justitia* nº 132, MP, São Paulo, ano 47, 1985, p. 82-86.

315. *Inquérito Policial (Dinâmica)*, p. 451-459.

rência na sua produção. O art. 14, do CPP, permite o pedido de diligências pelo indiciado, sem caracterizar contraditório. O mandamento constitucional de assistência de advogado não significa "ingerência na colheita probatória ou direito ao contraditório na fase investigatória". O advogado tem acesso aos atos formais e provas realizadas, mas "não sendo assegurada ao advogado a presença no ato da colheita probatória ou o contraditório em fase de investigação".[316]

Fauzi Hassan Chouke entende que pela natureza e finalidade da investigação criminal não comporta contraditório na etapa de preparação da ação penal, de caráter administrativo, porque não há acusado nem litígio nessa fase. Propõe a utilização dos autos investigatórios apenas para a admissão da acusação, não o seu encarte na ação penal, e a jurisdicionalização dos incidentes e medidas na investigação que objetivam a quebra de algum valor constitucionalmente consagrado, como a intimidade e a inviolabilidade do domicílio e das comunicações.[317]

Por outro lado, a jurisprudência é pacífica e segura em relação à inexigência do contraditório e ampla defesa no inquérito policial e outros procedimentos investigatórios estatais.

O E. Supremo Tribunal Federal tem entendido que "a investigação policial – que tem no inquérito o instrumento de sua concretização – não se processa, em função de sua própria natureza, sob o crivo do contraditório, eis que é somente em juízo que se torna plenamente exigível o dever estatal de observância ao postulado da bilateralidade e da instrução criminal contraditória" (RECR 136.239/SP, Relator Ministro Celso de Mello, *DJ* 14.8.1992, p. 12.227, *Ementário*, vol. 1.670-02, p. 391, *RTJ* 143-01/306)[318] ou no que "respeita ao inquérito policial, não estando a ação penal ainda instaurada, não há invocar o princípio do contraditório a legitimar o procedimento penal" (HC 71.438-RJ, Relator Ministro Néri da Silveira, 2ª T., j. em 7.6.1994, *DJ* 6.6.1997, p. 24.868, *Ementário*, vol. 1.872-04, p. 663).

Sobre a ampla defesa, tem-se entendido que "a prerrogativa inafastável da ampla defesa traduz elemento essencial e exclusivo da persecução penal em juízo" (STF, Rel. Celso de Mello, HC 69.372/SP. Precedente: RE 136.239/SP).

---

316. *Ministério Público e Persecução Criminal*, Lumen Juris, Rio de Janeiro, 1997, p. 78-81.
317. *Garantias Constitucionais na Investigação Criminal*, Revista dos Tribunais, São Paulo, 1995, p. 186-187.
318. No mesmo sentido: HC 69.372/SP, Rel. Celso de Mello, 1ª T., j. em 22.9.1992, *DJ* 7.5.1993, p. 8.328, *Ementário*, v. 1.702-03, p. 386.

A Suprema Corte considerou a "inaplicabilidade da garantia constitucional do contraditório e da ampla defesa ao inquérito policial, que não é processo, porque não destinado a decidir litígio algum, ainda que na esfera administrativa; existência, não obstante, de direitos fundamentais do indiciado no curso do inquérito, entre os quais o de fazer-se assistir por advogado, o de não se incriminar e o de manterse em silêncio" (HC 87827/RJ, Relator(a): Ministro Sepúlveda Pertence, j. em 25.4.2006, 1ª T., *DJ* 23.6.2006, pp. 00053, *Ementário* 2238-02/214, v.u.).

O E. Superior Tribunal de Justiça segue a mesma linha, decidindo que não cabe o contraditório no inquérito policial, mas apenas na ação penal (RHC 3.923, Min. Pedro Acioli; RHC 3.893, Min. Edson Vidigal; RHC 2.360, Min. José Dantas), por ser o inquérito peça informativa (RHC 1.875 e 1.492, Min. Edson Vidigal; RHC 1.703, Min. José Dantas), inclusive dispensável (RHC 1.393, Min. Assis Toledo).

Os princípios do contraditório e da ampla defesa são inaplicáveis por se tratar de procedimento administrativo inquisitorial (STJ, HC 55100/RJ, Relator(a) Ministro Arnaldo Esteves Lima, 5ª T., j. em 9.5.2006, *DJ* 29.5.2006, p. 283; *LEXSTJ* 202/367, v.u.). Vide: RMS 16674/RS, Relator(a) Ministro Gilson Dipp, j. em 3.3.2005, v.u.; HC 38219/SP, Relator(a) Ministro Gilson Dipp, j. em 15.3.2005, v.u.).

O contraditório pleno não é utilizado nas legislações estrangeiras, por análise da Itália, Bélgica, Espanha, Inglaterra, EUA e Paraguai.[319]

Na Itália, os defensores podem assistir ao interrogatório do indiciado, à acareação (*confronto*), à inspeção (*ispezione*, art. 364, 1, CPPI) e à busca e apreensão (*perquisizione o seqüestro*) (art. 365, CPPI). Os atos que os defensores têm direito de assistir são depositados na secretaria do Ministério Público (art. 366, CPPI), sendo facultada a apresentação de memoriais e pedidos escritos ao Ministério Público (art. 37, CPPI) e participação em algumas diligências. O imputado não pode participar da inspeção ("...e delle ispezioni a cui non deve partecipare la persona sottoposta alle indagini", art. 364, 3, CPPI). Os atos de "perquisizione" são previstos nos arts. 247 a 251, CPPI, cabíveis nos casos de ocultação do corpo de delito e objetos relacionados ao crime, por decisão motivada (art. 247, CPPI), podendo ocorrer na própria pessoa (art. 249, CPPI), em qualquer local (art. 250, CPPI) e em domicílio (art. 251, CPPI), com a conseqüente apreensão (seqüestro, art. 252, CPPI), regulada nos arts. 253/265, CPPI.

---

319. Vide o Capítulo III. Também Fauzi Hassan Chouke, *op. cit.*, p. 98-108.

Na Bélgica, o imputado não tem acesso aos autos nem às investigações. A primeira fase é secreta, mas a comunicação é recomendada para a situação do preso pela Corte Européia de Direitos Humanos (Sentença de 30 de março de 1989, Lamy x Bélgica). O Juiz instrutor deve informar o acusado preso dos fatos imputados e do direito de nomear advogado. No término da instrução, o fascículo é depositado na secretaria e possibilitada a consulta do dossiê pelo acusado e seu defensor.

Na Espanha, o investigado pode propor diligências, que dependerão do deferimento do juiz instrutor (art. 311, LECRIM).

Na Inglaterra, o contraditório é restrito na fase preparatória, a começar pela consulta do procedimento policial. O acusado tem direito de ser assistido por um defensor, que pode presenciar o interrogatório, atuação que pode ser impedida se afetar o desenvolvimento do ato.

Nos EUA, não há contraditório pleno na fase investigatória, mas há a necessidade da judicialização das buscas domiciliares e interceptação telefônica.

No Paraguai (novo código), há previsão de participação das partes nos atos de investigação do Ministério Público e possibilidade de proposição de diligências (arts. 317 e 318, CPPPa).

O Código-Modelo não prevê o contraditório na fase da investigação preliminar.

Apesar disso, o art. 7º, da Resolução nº 13, de 2.10.2006, do Conselho Nacional do Ministério Público prevê a notificação do autor do fato investigado para apresentação facultativa de informações e o acompanhamento da apuração dos fatos por advogado. Diz o dispositivo: *"Art. 7º. O autor do fato investigado será notificado a apresentar, querendo, as informações que considerar adequadas, facultado o acompanhamento por advogado."*.

3. CONTRADITÓRIO E AMPLA DEFESA DE INDICIADO PRESO E NAS MEDIDAS CAUTELARES

Se porventura o indiciado estiver preso em flagrante ou por prisão temporária ou preventiva, é aceitável a assunção da condição de "litigante" ou "acusado" – numa acepção ampla, porque processualmente ainda não seria acusado, mas sim indiciado – com a possibilidade de início do exercício do contraditório e ampla defesa, no mínimo em relação às medidas restritivas do seu direito de liberdade.

Note-se que com a remessa do auto de prisão em flagrante pela autoridade que formalizou o ato restritivo da liberdade ao juiz competente, comunicando-lhe a prisão, há uma processualização, por uma judicialização anômala (ainda não há o exercício do direito de ação), obrigando o juiz a analisar a situação da prisão e detecção da sua regularidade formal e legalidade, permitindo o relaxamento da prisão ilegal ou concessão de liberdade provisória, de ofício ou a pedido da defesa ou do próprio Ministério Público, em atendimento às garantias constitucionais (art. 5º, LXII, LXV e LXVI, CF).

Da mesma forma, no pedido de decretação de prisão temporária ou preventiva ocorre a formação de processo judicial, de natureza cautelar, por submissão da restrição do direito de liberdade ao crivo judicial. O preso e a defesa podem insurgir-se para a sua revogação, seja por pedidos ao próprio Juízo ou recursos ao Tribunal, inclusive pelo remédio heróico do *habeas corpus* (art. 5º, LXVIII, CF). Há inegável exercício do contraditório e da ampla defesa, sendo possível requerimento e produção de provas adequadas aos processos respectivos.

Nas ações cautelares de produção antecipada de provas, o processo é judicial, sendo exercidas todas as garantias constitucionais e processuais, especialmente o contraditório e a ampla defesa. Assim também nas medidas cautelares limitativas da liberdade ou dos bens (prisão cautelar, arresto, seqüestro).

4. CONSEQÜÊNCIAS DA FALTA DE CONTRADITÓRIO NA INVESTIGAÇÃO CRIMINAL

A falta de contraditório na investigação criminal provocará a fragilização dos elementos colhidos para a formação do convencimento do juiz. O seu aproveitamento será reduzido e insuficiente para embasar a acusação, dependendo de provas colhidas em Juízo.

Em contrapartida à falta de exercício do contraditório no inquérito policial, o E. STF reconhece a ausência de justa causa para a condenação fundada exclusivamente no inquérito, por força do princípio constitucional do contraditório. Em v. acórdão do E. STF assentou-se: "Prova. Princípio constitucional do contraditório. Condenação fundada exclusivamente no inquérito. Falta de justa causa para a condenação. É corolário inevitável da garantia da contraditoriedade da instrução criminal que a condenação não se pode fundar exclusivamente nos elementos informativos do inquérito policial, sequer ratificados no curso do processo, sobretudo, quando as investigações policiais não logramram fornecer nem a prova material do crime e da autoria e tudo se baseia em provas orais, desmentidas em Juízo" (HC 67.917/RJ, 1ª T., Rel. Min. Sepúlveda Pertence, j. em 17.4.1990, *DJ* 5.3.1993, p. 2.897, *Ementário*, 1.694-02/320).

Entretanto, o "princípio do contraditório (art. 5º, LV, da Constituição) não impõe ao Juízo desprezo absoluto às provas do inquérito, exigindo-se apenas que as mesmas sejam de alguma forma corroboradas em Juízo, na presença da acusação e da defesa" (STF, RECR 190.702/CE, Min. Moreira Alves, 1ª T., v.u., j. em 4.8.1995, *DJ* 18.8.1995, p. 25.026, *Ementário* 1.796-29/6.008.), sendo que o "dogma derivado do princípio do contraditório de que a força dos elementos informativos colhidos no inquérito policial se esgota com a formulação da denúncia tem exceções inafastáveis nas provas", começando do exame de corpo de delito, que são "irrepetíveis na instrução do processo", devendo "observar com rigor as formalidades legais tendentes a emprestar-lhe maior segurança, sob pena de completa desqualificação de sua idoneidade probatória" (STF, HC 74.751/RJ, Rel. Min. Sepúlveda Pertence, 1ª T., j. em 4.11.1997, *DJ* 3.4.1998, p. 3, *Ementário*, vol. 1.905-03, p. 405).

CAPÍTULO V
A VÍTIMA, A DEFESA, O JUIZ E A SOCIEDADE NA INVESTIGAÇÃO CRIMINAL

Seção I
O PAPEL DA VÍTIMA E DO CIDADÃO NO PROCESSO PENAL

1. NOÇÕES GERAIS

Nos primórdios, a vítima tinha papel importante na persecução penal, tendo em vista que a ação era de cunho privado, incumbindo ao ofendido ou a qualquer cidadão a iniciativa do processo, com direito à investigação, à produção das provas e à acusação. São exemplos marcantes o processo penal em Atenas, Esparta e Roma (República e Monarquia).[320]

O Código de Processo Criminal brasileiro de 1832 previa a acusação privada, por qualquer cidadão (art. 74).

---

320. Vide Capítulo I, Seção I.

Atualmente, o sistema nacional admite a iniciativa privada, nas ações privada e privada subsidiária.

O constituinte, na Carta Magna, sinalizou no sentido da participação da vítima e do cidadão, ao prever a ação penal privada subsidiária (art. 5º, LIX), ao considerar a segurança como direito social (art. 6º), prever a função policial de apuração de crimes (art. 144, § 1º e § 4º), fixar a segurança pública como obrigação estatal, mas direito e responsabilidade de todos (art. 144, *caput*), princípio que estimula a participação popular na prestação de serviços de segurança pública, função geral que inclui a prevenção, a repressão e a investigação de crimes (art. 144), em consonância com o Estado Democrático de Direito, os fundamentos da cidadania e dignidade da pessoa humana (art. 1º, II e III) e os objetivos da República Federativa do Brasil de construir uma sociedade livre, justa e solidária (art. 3º, I).

2. O PAPEL DA VÍTIMA NO BRASIL

O sistema processual penal brasileiro permite a iniciativa do processo pelo Ministério Público, pela vítima ou entes de defesa do consumidor, dependendo da natureza dos delitos (de ação privada ou pública).

A vítima tem direito de propor ação penal nos crimes de ação privada e pública. Nos delitos privados, pode propor a queixa-crime contra o querelado (art. 30, CPP) e nos crimes de ação pública, é possível interpor ação penal privada subsidiária (art. 5º, LIX, CF, e art. 29, CPP).

Para embasamento da queixa-crime e da ação privada subsidiária são necessários elementos mínimos para corroborarem a incriminação, nos mesmos moldes dos crimes de ação pública impulsionados pela denúncia do Ministério Público, normalmente fornecidos pelo inquérito policial (art. 12, CPP) ou termo circunstanciado (art. 69, Lei nº 9.099/1995). Também é possível que a base para a peça acusatória seja por peças de informação (arts. 27, 28, 46 § 1º, e 47, CPP) ou diligências prévias no Juízo Criminal (art. 44, CPP), confirmando o legislador processual a possibilidade de colheita de elementos por vários instrumentos, além do tradicional inquérito policial.

Os elementos investigatórios podem ser colhidos pela polícia, em inquérito policial, ou pela própria vítima, em investigação particular.

A vítima pode auxiliar a polícia ou colher diretamente os dados sobre os fatos delituosos.

No trabalho de auxiliar, a vítima pode fornecer à autoridade policial ou ao Ministério Público documentos, informações e elementos de convicção, para instruir o inquérito policial (art. 5º, § 1º, CPP) ou a representação (art. 27, CPP), inclusive requerendo diligências policiais (art. 14, CPP). Ela tem direito de coadjuvar os trabalhos e que os seus informes sejam analisados pelos órgãos de persecução penal e acompanhem os autos da investigação.

Em relação à investigação diretamente pela vítima, não se vê nenhum empecilho ou impedimento de que o ofendido faça diligências e produza elementos informativos, através de perícia particular, documentos e declarações privadas de testemunhas dos fatos, para corroborar o delito, tudo anexando à representação ou à peça acusatória (queixa-crime). Essa atividade complementa o trabalho de investigação estatal.

É evidente que não disporá a vítima do poder de polícia nem da estrutura estatal, vedada a possibilidade de coerção para obtenção dos dados probatórios, contando apenas com os seus esforços pessoais e a colaboração espontânea de testemunhas e outros interessados, para apuração de crimes de ação privada e de ação pública.

Na hipótese de crime de ação privada (contra os costumes, contra a honra, contra a propriedade industrial, dano, etc.) é visível o interesse e o direito da vítima investigar por meios próprios, porque a acusação é sua incumbência e possui interesse em produzir elementos de provas mais robustos para alicerçar a sua atuação no processo e melhorar as chances de sucesso da ação penal.

Nos delitos de iniciativa pública, legítima é a vontade da vítima de melhorar a qualidade dos informes sobre os fatos e até mesmo produzir elementos suficientes para o desencadeamento da ação penal pelo Ministério Público.

Como exemplo, podem ser vislumbrados casos de furto, apropriação indébita e outros crimes contra o patrimônio, sofridos por um banco, praticado por seu funcionário, em que a instituição financeira disponha de prova documental sobre o ilícito, produza perícia contábil e grafotécnica necessária e ouça clientes e funcionários sobre os fatos, formando um conjunto de elementos para acompanhamento da representação, muitas vezes suficiente para a formação da *opinio delicti* do Ministério Público.[321] É viável que uma empresa, vítima de

---

321. Frederico Marques aceita esse tipo de investigação pelo banco (*Tratado de Direito Processual Penal*, p. 183).

seu funcionário, possa amealhar elementos de provas, documental, pericial e declarações de testemunhas, para encaminhar ao Ministério Público na representação e que possam ser suficientes para desencadeamento da ação penal. O sistema permite que a vítima ou o cidadão represente diretamente ao Ministério Público noticiando a prática criminosa e que este ofereça a denúncia criminal se suficientes os elementos, sendo razoável que possa o interessado (vítima ou cidadão) efetuar prévias investigações sobre os fatos, inclusive para evitar incorrer em delito por acusação falsa ou infundada.

A vítima – outrora esquecida – tende a ser prestigiada no campo do processo penal. Essa tendência acentuou-se na Lei nº 9.099/1995 que aumentou o leque de delitos de ação pública condicionada à representação, ao incluir nesse rol as lesões culposas e dolosas leves (art. 88). Na audiência preliminar (art. 72), orientada pelos critérios da oralidade, informalidade, economia processual e celeridade (art. 62), a vítima poderá fornecer subsídios fáticos e probatórios para auxiliar na formação da *opinio delicti* pelo Ministério Público.

Para o aperfeiçoamento da participação da vítima, Antonio Scarance Fernandes propõe seja a vítima informada sobre a instauração e encerramento do inquérito, o andamento das investigações e receba proteção estatal nos crimes graves. Sugere a restrição de notícias sobre crimes graves e dados das vítimas.[322]

3. O PAPEL DA VÍTIMA NO EXTERIOR

A valorização da vítima é uma tendência mundial, refletindo o reconhecimento aos direitos da pessoa mais prejudicada pelo crime.

Na Itália, a vítima tem possibilidade de prestar informações e indicar elementos probatórios na fase preliminar (*indagini preliminari*), conforme faculta o art. 90, do Código de Processo Penal Italiano, consistente em nomear defensor (art. 101, CPPI), participar de perícia e constatação em pessoas, coisas ou lugares sujeitos a alterações (art. 360, CPPI), apresentar informações e requerimentos (art. 367, CPPI), pedir ao Ministério Público para promover ação cautelar de produção antecipada de prova, incidente probatório (art. 394, CPPI), participar da respectiva audiência (arts. 398 e 401, CPPI), ser avisada do pedido de arquivamento (art. 408, CPPI) e da formulação da acusação

---

322. *O Papel da Vítima no Processo Criminal*, Malheiros, São Paulo, 1995, p. 81-83.

penal (*la richiesta di rinvio a giudizio,* art. 419, CPPI), solicitar ao Procurador-Geral a avocação dos autos investigatórios (art. 413, CPPI), participar de audiência de tentativa de conciliação antes da finalização das *indagini preliminari* (art. 564, CPPI). Os mesmos direitos têm os entes e associações de defesa de lesados por crimes (art. 91, CPPI), se a vítima permitir (art. 92, CPPI).

No México, a vítima tem direito de coadjuvar o Ministério Público (art. 20, da Constituição Federal). Em matéria de atenção à vítima e ao ofendido por algum delito, o Ministério Público deve proporcionar assessoria jurídica e propiciar condições para a sua eficaz coadjuvação nos processos penais (art. 8º, III, "a", Lei Orgânica da Procuradoria-Geral da República), promover a efetiva reparação dos danos e prejuízos (letra "b") e combinar ações com as instituições assistenciais, para a proteção da saúde da vítima (letra "c" e art. 20, último parágrafo, da Constituição Federal).

Na Colômbia, o Código de Processo Penal prevê especialmente as medidas de proteção da vítima e testemunhas pela Fiscalía (art. 11) e o acesso da vítima ou ofendido às informações sobre os fatos (art. 28).

A tendência de participação da vítima está se concretizando mundialmente.

Na legislação processual paraguaia foi prevista a participação das partes, especialmente a vítima. No Paraguai, o Ministério Público deve permitir a presença das partes nos atos que pratique na apuração de crimes de ação pública (art. 317, Código de Processo Penal Paraguaio) e o requerimento de diligências pelas partes em qualquer momento da investigação, realizando-as se pertinentes e úteis, motivando em caso negativo (art. 318, CPPPa). Nos delitos de ação penal privada, o querelante tem total autonomia para precisar os fatos da acusação particular, sua qualificação jurídica e para oferecer prova (art. 349, CPPPa).

Na Argentina, tem sido desenvolvida a participação da vítima no processo penal, por propostas de alterações legislativas, para proteção do direito de atuação (*derecho a la actuacción*), direito à informação (*derecho a la información*), direito à assistência (*derecho a la asistencia*), direito de reintegração dos efeitos e cessação de situações antijurídicas (*derecho al reintegro de efectos y al cese de situaciones antijuridicas causadas por el delito*), direito de recorrer (*derecho a recurrir equiparado a otros intervenientes*), direito de reclamação pela demora das investigações (*derecho a reclamar por demora en las actuaciones*) e direito de prosseguimento do processo (*dere-*

172 VALTER FOLETO SANTIN
EDIPRO A VÍTIMA, A DEFESA, O JUIZ E A SOCIEDADE NA INVESTIGAÇÃO CRIMINAL

cho a que continúe el proceso, com la revisión de la desestimación de la denuncia, del archivo o del sobreseimiento).[323]

4. O PAPEL DO CIDADÃO

Prevê o art. 27, do CPP, que qualquer pessoa do povo poderá provocar a iniciativa do Ministério Público, nos casos de ação pública, fornecendo-lhe informações escritas sobre o fato e a autoria, com indicação de tempo, o lugar e os elementos de convicção. Evidentemente, poderá produzir documentos particulares e elementos de prova para corroborar a notícia-crime, de forma similar à vítima.

A participação do cidadão no campo do processo penal é importante para a melhoria da qualidade da Justiça Criminal. O Estado terá ao seu lado o povo no difícil trabalho investigatório e persecutório, com maiores chances de eficiência no combate ao crime e punição dos delinqüentes.

A doutrina tem despertado para a conveniência da participação popular na investigação criminal e no processo penal, começando pela notícia dos fatos criminosos, o fornecimento de informações de nomes de testemunhas, o levantamento de provas periciais e até indicações de ordem técnica, além do encargo de servir como testemunha.[324]

No atual quadro constitucional, em que a segurança pública é dever do Estado e direito e responsabilidade de todos (art. 144, *caput*, Carta Magna), não se pode vedar a investigação particular, seja pela vítima ou por qualquer cidadão, porque a vedação constitui forma de impedimento do exercício do direito e do cumprimento da responsabilidade de todos nos serviços de segurança pública. A investigação para apuração de infrações penais constitui uma das atividades de segurança pública, pela inserção da função investigatória no capítulo da Segurança Pública.

Não constitui delito de usurpação de função pública a atividade de investigação particular, por parte da vítima, do cidadão ou até de in-

---

323. Pedro J. Bertolino, "La situación de la víctima del delito en el Proceso Penal de la Argentina", *in La Víctima en el Proceso Penal*, p. 61-63. Sobre a Argentina, vide Capítulo IV, Seção II.

324. Antonio Scarance Fernandes, "Necessidade da participação popular para a efetividade da Justiça Criminal", *in Participação e Processo*, Revista dos Tribunais, São Paulo, 1988, p. 346-359.

vestigador particular contratado, sendo lícito o trabalho de detetive particular, que se submete à legislação própria para a atividade profissional de prestação de serviço de investigação (Lei nº 3.099, de 24 de fevereiro de 1957).[325] Pode caracterizar o delito de usurpação de função pública se o particular identificar-se como policial ou agir como se fosse servidor público. Exemplos de desvio e usurpação podem ser o cumprimento por particular de mandado e requisições endereçadas aos organismos públicos (busca e apreensão, prisão temporária e preventiva, interceptação telefônica, quebra de sigilo bancário e fiscal), funções públicas.

O investigador particular, a vítima e o cidadão não detêm poder de polícia e têm as suas atividades restritas às condições de entes privados. Evidentemente, o investigador particular não poderá invocar a condição de servidor público. Deve agir na condição de particular e obter a colaboração espontânea de terceiros na colheita de dados e documentos, sem direito ao exercício de coerção, respeitando as garantias constitucionais do investigado, sob pena de sanção penal.

Na participação popular do cidadão, os organismos policiais devem cuidar para que a atividade particular não afete o trabalho normal da polícia. A experiência demonstra que podem ocorrer excessos e desvios nesse relacionamento, em que os conhecidos "gansos" (os informantes, no jargão policial) passam a agir como se policiais fossem, participando de operações policiais e obtendo vantagens pessoais ilícitas, em desvirtuamento do intuito do legislador de parceria desinteressada do Estado com o cidadão. Nessa hipótese, pode ocorrer a tipificação do delito de usurpação de função pública. Os gansos podem servir de intermediário entre os policiais e criminosos para a obtenção de vantagens indevidas por funcionários públicos (corrupção e extorsão), situação a ser reprimida penalmente.

Seção II
A DEFESA NA INVESTIGAÇÃO CRIMINAL

1. A DEFESA NA INVESTIGAÇÃO CRIMINAL

A principal atuação nas investigações criminais é por parte da polícia, em procedimento inquisitório, unilateral, secreto e escrito, levan-

---

325. Arthur Cogan entende que o detetive particular pratica o delito de usurpação de função pública ("Investigação particular", *Justitia*, nº 130, 3º trimestre de 1985).

174 VALTER FOLETO SANTIN

A VÍTIMA, A DEFESA, O JUIZ E A SOCIEDADE NA INVESTIGAÇÃO CRIMINAL

do-se em consideração que a polícia procede à colheita de elementos para a apuração da autoria e materialidade.

As atividades da vítima, do cidadão e da defesa nas investigações prévias encontram alguma resistência, tendo em vista as restrições decorrentes da sua unilateralidade e corriqueiro sigilo, apesar da regra ser a publicidade, e o segredo, a exceção. A atuação do indiciado e defesa é mais rejeitada pela doutrina e jurisprudência.

A defesa pode participar da investigação criminal? Qual o papel da defesa nessa fase?

As divergências doutrinárias são enormes, mas a jurisprudência restringe o direito de defesa e o contraditório na fase antecedente da ação penal.[326]

As investigações criminais não devem ser consideradas processo judicial nem processo administrativo, não havendo nelas a figura de "litigantes" ou "acusados", por ausência de conflito de interesses, de relação jurídica processual e do início da ação penal. A fase é considerada como procedimento administrativo, de cunho inquisitório.

Inexiste a exigência e aplicação dos princípios do contraditório e da ampla defesa na fase das investigações criminais, essenciais nos processos judiciais e administrativos, por força do art. 5º, LV, da Carta Magna. Nessa etapa, não há processo, apenas um procedimento administrativo não sujeito ao contraditório, ampla defesa e devido processo legal.

No nosso sistema processual, os testemunhos colhidos no inquérito policial ou outro procedimento investigatório são repetidos em Juízo, para permitir o contato direto do julgador com a prova e a sua submissão ao princípio do contraditório e da ampla defesa. As provas periciais são irrepetíveis, em regra.

2. DIREITO DE INFORMAÇÃO DA DEFESA E SIGILO

O direito de informação é um direito individual do cidadão (art. 5º, XXXIII, CF), devendo o órgão público prestar as informações de interesse particular ou coletivo em geral no prazo legal, com ressalva em caso de imprescindibilidade do sigilo à segurança da sociedade e do Estado. É uma garantia a mais do cidadão, no caso o indiciado, de ter acesso às informações do inquérito policial ou outro procedimento

---

326. Sobre o assunto, vide Capítulo IV.

investigatório, exceto se necessário o sigilo na hipótese, por conter informação que abale a segurança da sociedade e do Estado.

Por outro lado, pode ser negado ao indiciado a notícia ou o conhecimento atual de uma diligência policial que exija segredo (escuta telefônica, outra modalidade de interceptação ou busca e apreensão de objeto) sem ferimento ao direito constitucional, por incluir-se na ressalva do direito de informação e na situação de possibilidade de sigilo constitucional de informações que abalem a segurança da sociedade e do Estado.

Se bem que a regra constitucional seja a publicidade, em alguns casos poderá ocorrer o sigilo, para preservação do segredo de algumas providências e diligências imprescindíveis, podendo a autoridade policial assegurar o sigilo do inquérito (art. 20, CPP), tornando inacessível à defesa até o pleno atingimento do seu objetivo investigatório. A decisão de sigilo deve ser motivada.

3. CONTRADITÓRIO MITIGADO

Inicialmente, é bom destacar ser inadequada a possibilidade de completo contraditório na investigação policial, com ampla participação do indiciado ou suspeito, sob pena de fracasso ou demora das investigações criminais, principalmente pelo provável tumulto com a interferência do indiciado e a sua defesa, e a transformação indevida da fase de investigação criminal em outro processo, com conseqüências desastrosas para a atividade de persecução penal.[327]

Inegavelmente, a investigação preliminar é de cunho inquisitório e normalmente sigiloso (apesar da regra da publicidade), especialmente para permitir ao Estado-Administração munir-se de elementos para a opção destinada ao exercício da ação penal, através do órgão do Ministério Público, o mais rapidamente possível, em consonância com os modernos ditames do processo acusatório e permitir que a acusação seja submetida ao Estado-Juiz e exercidos os princípios constitucionais do contraditório, ampla defesa e devido processo legal.

---

327. José Frederico Marques considera desaconselhável uma investigação contraditória, que "não se deve tolerar" e que seria "verdadeira aberração", pois inutilizaria todo o esforço investigatório que a polícia deve realizar para a preparação da ação penal (*Tratado...*, p. 191-192). E. Magalhães Noronha refere a natureza administrativa do inquérito (*Curso de Direito Processual Penal*, Saraiva, São Paulo, 1990, 20ª ed., p. 22).

Não é racional alongar e burocratizar a fase processual antecedente à ação penal, cujos dados probatórios possuem relativa e diminuta importância na decisão judicial da causa penal, quase todos repetidos perante o Juízo. O bom senso recomenda que a fase investigatória seja breve e desde logo se inicie o processo judicial, para permitir a atividade acusatória e defensiva, na propositura da acusação pelo órgão acusador, conhecimento dos seus termos pela defesa, a iniciação da proposição e colheita de provas e argumentos das partes, destinados à formação do convencimento do juiz, com o livre exercício do contraditório, ampla defesa e atendimento do devido processo legal.

Sem pretender ser incoerente com as posições anteriores, é indispensável que o preso ou o indiciado tenha algum direito de participação nas investigações antecedentes à ação penal, numa espécie de *"contraditório mitigado, parcial ou incompleto"*.

Ao mesmo tempo em que o constituinte estabeleceu o direito do Ministério Público exercer a ação penal, instruir procedimento administrativo e requisitar diligências investigatórias (art. 129, I, VI e VIII, da Constituição Federal) e à polícia de investigar os crimes (art. 144, CF) em contrapartida previu direitos e garantias ao preso (comunicação da sua prisão ao juiz e à família do preso ou à pessoa por ele indicada, ser informado dos seus direitos, direito ao silêncio, assistência da família, de advogado, conhecimento e identificação dos responsáveis por sua prisão ou por seu interrogatório policial, relaxamento da prisão ilegal, liberdade provisória e *habeas corpus*, conforme art. 5º, LXII, LXIII, LXIV, LXV, LXVI e LXVIII, CF) e aos acusados em geral, no emprego do contraditório e da ampla defesa (art. 5º, LV, CF).

Não se pode esquecer que o constituinte insculpiu como direito individual do cidadão o acesso ao Judiciário para apreciação de lesão ou ameaça a direito (art. 5º, XXXV, CF), o processamento e o julgamento pela autoridade competente (art. 5º, LIII, CF) e o devido processo legal (art. 5º, LIV, CF), que pressupõe atividade judicial, pelo juiz natural, competente para a colheita das provas e a decisão do processo penal.

A Convenção Interamericana de Direitos Humanos (Pacto de San José, da Costa Rica) reconheceu direitos humanos de várias categorias, denominados como direitos civis e políticos (arts. 3º a 25) e econômicos, sociais e culturais (art. 26), a seguir elencados: 1) Direito ao reconhecimento da personalidade jurídica (art. 3º); 2) Direito à vida (art. 4º); 3) Direito à integridade pessoal (art. 5º); 4) Proibição de escravidão e da servidão (art. 6º); 5) Direito à liberdade pessoal (art. 7º); 6) Garantias judiciais (art. 8º); 7) Princípio da legalidade e da irretroatividade da lei penal (art. 9º); 8) Direito à indenização em face de condenação por erro judiciário (art. 10); 9) Proteção da honra e da dignidade (art. 11); 10) Liberdade de consciência e de religião (art. 12); 11) Liberdade de pensamento e de expressão (art. 13); 12) Direito de retificação ou resposta (art. 14); 13) Direito de reunião (art. 15); 14) Liberdade de associação (art. 16); 15) Proteção da família (art. 17); 16) Direito ao nome (art. 18); 17) Direitos da criança (art. 19); 18) Direito à nacionalidade (art. 20); 19) Direito à propriedade privada (art. 21); 20) Direito de circulação e de residência (art. 22); 21) Direitos políticos (art. 23); 22) Igualdade perante a lei (art. 24); 23) Proteção através de juízes ou tribunais contra atos que violem os seus direitos fundamentais (art. 25), e, 24) Desenvolvimento progressivo (art. 26).[328]

Alguém que se vê envolvido num fato criminoso tem direito à rápida definição da acusação, por se tratarem de direitos humanos, para garantia da liberdade pessoal, consistentes na rápida informação da acusação formulada contra a pessoa presa (art. 7º, 1º, § 4º, da Convenção).

Também deve ser assegurado à pessoa presa o direito de condução à presença do juiz ou autoridade autorizada legalmente a exercer funções judiciais e ser julgada em prazo razoável (art. 7º, § 5º, da Convenção) e a obtenção de decisão judicial sobre a legalidade da sua prisão (§ 6º), com a observância das garantias judiciais, retratadas no direito da pessoa ser ouvida com as devidas garantias e dentro de um prazo razoável, por um juiz ou tribunal competente, independente e imparcial, na apuração de qualquer acusação penal formulada contra ou para determinação dos seus direitos ou obrigação de natureza civil, trabalhista, fiscal ou de qualquer outra natureza (art. 8º, § 1º). O princípio da duração razoável e célere do processo judicial ou administrativo foi implantado no nosso sistema constitucional (art. 5º, LXXVII, CF).

Para a decisão da acusação penal, há proteções especiais, consistentes na necessidade de assistência de tradutor/intérprete, comunicação prévia da acusação, concessão de tempo e meios adequados para a defesa, assistência de defensor de sua escolha ou proporcionado pelo Estado, direito de inquirir testemunhas/perito no tribunal, não depor contra si e recorrer da sentença para a instância superior (art. 8º, § 2º, da Convenção).

---

328. O Pacto está em pleno vigor no Brasil desde 1992 (Decreto Legislativo nº 27, de 26.5.1992 e Decreto nº 678, de 6.11.1992). Sucintamente sobre direitos humanos, vide Valter Foleto Santin, "Comissão Interamericana de Direitos Humanos: legitimação e competência", *APMP Revista*, nº 21, São Paulo, agosto de 1998, p. 31-37.

178 VALTER FOLETO SANTIN
EDIPRO A VÍTIMA, A DEFESA, O JUIZ E A SOCIEDADE NA INVESTIGAÇÃO CRIMINAL

Em determinadas situações é aceitável e recomendável a concessão de direito ao indiciado de adotar comportamentos defensivos e probatórios, para o esclarecimento dos fatos, na fase das investigações criminais, antes do momento processual próprio (na ação penal).

Para o réu preso, deve ser mais flexível a possibilidade de aplicação do contraditório na fase preliminar, abrandando-se o entendimento jurisprudencial sobre sua inexigibilidade.

4. PRESO E ASSISTÊNCIA DE ADVOGADO

O preso deve ser informado dos seus direitos constitucionais, especialmente de permanecer calado, assegurando-lhe a assistência da família e de advogado (art. 5º, LXIII, CF).

A assistência de advogado ao preso representa a garantia para a sua melhor proteção na situação de encarceramento, permitindo a utilização de mecanismos jurídicos para a preservação da sua liberdade, através de pedidos de relaxamento da prisão ilegal, liberdade provisória e *habeas corpus*. Nessa situação, o seu direito à liberdade já foi afetado, situação justificadora da assistência jurídica imediata, inclusive para acompanhamento da lavratura do auto de prisão em flagrante, em que é obrigatória a participação do advogado no ato, sob pena de nulidade.

Para a regular prisão em flagrante há necessidade da presença de indícios de autoria e materialidade.

O advogado participa da lavratura do auto de prisão em flagrante, mas a sua atuação é fiscalizatória e não contraditória, porque não pode interferir nos trabalhos da autoridade policial nem reperguntar ou produzir provas e alegações, podendo evidentemente intervir para obstar ou reparar falha, abuso ou excesso de poder na colheita dos elementos investigatórios.

O defensor pode verificar a fidelidade da transcrição dos depoimentos fornecidos pelas testemunhas e declarações da vítima, reclamando caso haja distorção entre as palavras ditas e consignadas no respectivo termo, zelar pela advertência da autoridade policial ao preso sobre o seu direito de permanecer calado e de que ele não seja constrangido física ou moralmente a confessar o delito. A reclamação verbal ou escrita perante qualquer juízo, tribunal ou autoridade contra a inobservância de preceito de lei, regulamento ou regimento é direito do advogado (art. 7º, Lei nº 8.906, de 1994, EOAB).

A falta de assistência do advogado pode causar vício do auto de prisão em flagrante, por desatendimento de preceito constitucional, com o conseqüente relaxamento da prisão.[329]

5. PARTICIPAÇÃO DA DEFESA NA INVESTIGAÇÃO CRIMINAL

A participação da defesa na investigação criminal é limitada, sendo possível o acompanhamento dos atos de investigação e uma atuação ativa.

A própria lei processual penal abrandou o sistema inquisitório do inquérito policial, permitindo ao indiciado "requerer qualquer diligência", mas condicionou a sua realização ao "juízo da autoridade" investigante, segundo prevê o art. 14, do Código de Processo Penal. O sigilo é exceção, porque a publicidade é um dos norteamentos da Administração Pública.

A norma permite ao indiciado o pedido de diligências, indicando a possibilidade da sua participação. O deferimento ou indeferimento do requerimento de diligência cabe à autoridade investigante, ao seu "juízo". Isso não significa que a autoridade possa decidir abusiva e arbitrariamente, se defere ou indefere o requerimento, sendo obrigada a fundamentar, inclusive para conhecimento e expressão de eventuais abusos e ferimentos aos princípios constitucionais inerentes à Administração Pública (legalidade, impessoalidade, moralidade, publicidade e eficiência, conforme art. 37, *caput*, da Carta Magna), sujeitando-se à correção administrativa ou judicial.

A diligência requerida pelo indiciado e indeferida pela autoridade policial pode ser realizada por provimento de recurso administrativo, se a autoridade policial superior reformar a decisão do delegado de polícia e determinar a realização da diligência (art. 5º, § 2º, CPP, por analogia), ou por requisição do Ministério Público (art. 129, VIII, CF; art. 13, II, CPP) ou por ordem judicial, em pedido de medida cautelar, ação cautelar, *habeas corpus* e mandado de segurança, dependendo da situação e dos seus reflexos no direito de liberdade.

Não me parece haver restrição ao acompanhamento do inquérito policial por parte da defesa. Na prática, a defesa já acompanha o andamento das investigações, participando da colheita de depoimen-

---

329. Gilson Sidney Amancio de Souza, "Prisão em flagrante – garantia constitucional de assistência da família e de advogado", *RT* nº 678, abril/1992, p. 277-279.

180

VALTER FOLETO SANTIN
A VÍTIMA, A DEFESA, O JUIZ E A SOCIEDADE NA INVESTIGAÇÃO CRIMINAL

tos, do interrogatório do indiciado, perícias e outros atos, inclusive extraindo cópias dos atos processuais.

A propósito, o Estatuto da OAB permite ao advogado o ingresso nas salas e dependências de audiências, repartições cartorárias, judiciais, delegacias e prisões (art. 7º, VI, "a", Lei nº 8.906, de 1994), a cópia de peças e a tomada de apontamentos de autos de flagrante e de inquérito (art. 7º, XIV, EOAB), evidentemente em situação em que não haja necessidade de sigilo, para a defesa da intimidade ou exigência do interesse social, hipóteses de restrição da publicidade dos atos processuais (art. 5º, LX, da Carta Magna)

De modo geral, a participação da defesa nessa fase é passiva, sem interferência no andamento dos trabalhos de investigação feitos pela autoridade policial,[330] num mero acompanhamento como espectador, para dificultar o cometimento de irregularidades e ilegalidades. Rogério Lauria Tucci e José Rogério Cruz e Tucci criticam a participação do advogado como mero espectador, entendendo que a assistência de advogado é concebida como assistência técnica, na acepção jurídica do termo, de atuação profissional de advogado, efetiva, balizada na "contraditoriedade indispositiva", ínsita no processo penal na integralidade da *persecutio criminis*, com o exercício da defesa técnica ampla.[331]

Se não houver prejuízo às investigações e ao rápido desfecho da apuração, a autoridade policial pode permitir a atuação ativa da defesa, numa participação efetiva, com o acompanhamento regular dos trabalhos e até mesmo com a realização de reperguntas às testemunhas ouvidas pela autoridade policial, elaboração de quesitos periciais e pedidos de esclarecimentos e críticas aos trabalhos, em verdadeiro contraditório.[332]

Como outro lado da moeda, essa ativa participação e exercício da ampla defesa e do contraditório na fase investigatória pela defesa possibilitariam a maior e mais forte utilização judicial desses elemen-

---

330. Inadmissível que a interferência da defesa seja excessivamente ativa, ativíssima, a ponto de ser concedido ao advogado o poder de ditar ao escrivão o interrogatório do investigado ou o depoimento de testemunha na eventual ausência ou omissão da autoridade policial. Essas distorções podem se concretizar na realidade, mas merecem combate constante.

331. *Devido Processo Legal e Tutela Jurisdicional*, Revista dos Tribunais, SP, 1993, p. 26.

332. O delegado de polícia paulista Wagner Adilson Tonini, ao propor a criação de defensorias públicas junto às delegacias, noticia a existência na prática de "contraditório informal" no inquérito, permitido por algumas autoridades policiais em certos casos ("Defensorias e contraditório informal nos procedimentos iniciais de polícia judiciária", *Boletim IBCCrim* nº 61, dezembro/1997, p. 16).

tos para o julgamento da ação penal e um aumento da credibilidade desses dados para a formação do livre convencimento do juiz. A defesa não poderia alegar racionalmente a falta de exercício dos princípios constitucionais do contraditório e da ampla defesa...

É bom que se destaque que o direito de participação da defesa deve ser limitado aos atos processuais em que o seu conhecimento não inviabilize o ato investigatório nem torne inócua a medida. Por exemplo, se a defesa tivesse conhecimento prévio de escuta telefônica ou outra interceptação de comunicação do indiciado certamente a medida seria malsucedida, porque nada seria captado de útil para a investigação. Se a defesa soubesse antecipadamente da busca e apreensão de material delituoso na casa do indiciado ou outro lugar poderia providenciar a retirada dos objetos ou a mudança de local, tornando inócua a providência.

A participação da defesa na investigação criminal (procedimento inquisitório) não pode ser considerada um direito absoluto e obrigatório, porque não incluída no direito individual do acusado que determina o contraditório e ampla defesa no processo judicial ou administrativo (art. 5º, LV, CF), mas mera faculdade – dependente de deferimento da autoridade investigante –, exercitável por empenho próprio da defesa e sem os rigores e vícios típicos dos atos processuais judiciais que exigem a efetiva participação da defesa, sob pena de nulidade. Com ou sem a participação da defesa, os atos de investigação seguem normalmente.

Portanto, o procedimento de investigação deve ser inquisitivo e sigiloso quando necessário para o atingimento da finalidade do procedimento, sendo facultativo o exercício da defesa.

Não se pode esquecer que a excessiva participação da defesa pode transformar o inquérito ou procedimento investigatório num verdadeiro processo, com graves conseqüências na sua tramitação, especialmente a lentidão. Incumbe à autoridade policial disciplinar legal e regularmente a atuação defensiva na investigação criminal individual, indeferindo pedido desnecessário e protelatório.

Nos crimes de menor potencial ofensivo (Lei nº 9.099/1995), em que há uma concentração das investigações, em atenção aos princípios da oralidade, informalidade e celeridade, a vítima e autor dos fatos têm oportunidade de participarem ativamente, fornecendo as suas versões sobre os fatos e testemunhas à autoridade policial, por ocasião da lavratura do termo circunstanciado e posteriormente na audiência preliminar, perante o Juiz e representante do Ministério Público, em momento antecedente à ação penal.

6. CONTRADITÓRIO E AMPLA DEFESA NAS MEDIDAS E AÇÕES CAUTELARES

Na fase antecedente à ação penal podem ser necessárias medidas cautelares e ações cautelares para provimentos que interfiram nos direitos individuais do indiciado. As buscas e apreensões domiciliares e as prisões temporárias e preventivas são determinadas apenas pelo juiz e as colheitas de provas *ad perpertuam rei memoriam* realizam-se em Juízo, com o exercício da ampla defesa e contraditório, atual ou diferido.

Há nessas situações um exercício do modelo acusatório, porque apenas o juiz é competente para os provimentos cautelares, reais ou pessoais, e para a produção antecipada de provas urgentes, permitindo o contraditório pleno.[333] O juiz atua num papel garantidor, em incidentes jurisdicionalizados dentro da investigação, nos moldes das legislações da Itália, de Portugal e da Alemanha, e do Código-Modelo.[334]

As provas periciais realizadas na investigação prévia normalmente são definitivas e utilizadas posteriormente pelo juiz para análise dos fatos delituosos como prova material.

A doutrina, capitaneada por Ada Pellegrini Grinover, Antonio Scarance Fernandes e Antonio Magalhães Gomes Filho, recomenda a participação das partes na realização da perícia durante a fase policial, com a apresentação de quesitos, para maior garantia da defesa, excluindo os casos de urgência ou de inexistência de suspeito.[335]

O exercício do contraditório é posterior, na fase da ação penal. Nada impede que o indiciado já na fase policial acompanhe os trabalhos periciais e forneça quesitos, em concomitante exercício do contraditório e da ampla defesa, para que na fase judicial sejam desnecessários novos esclarecimentos periciais. É até recomendável tal providência nas perícias, cuidando a autoridade investigante de evitar comportamentos inadequados da defesa para a postergação do término do procedimento de investigação.

---

333. Ada Grinover, *A Instrução Processual Penal em Ibero-América*, p. 254-255.

334. Fauzi Hassan Chouke, *Garantias Constitucionais na Investigação Criminal*, Revista dos Tribunais, São Paulo, 1995, p. 52.

335. *As nulidades no Processo Penal*, Malheiros, 3ª ed., p. 127-130.

Seção III
A IMPRENSA E OS MEIOS DE COMUNICAÇÃO NA INVESTIGAÇÃO CRIMINAL

1. A ATUAÇÃO DA IMPRENSA

A imprensa e os meios de comunicação rotineiramente elaboram matérias jornalísticas contendo informações sobre crimes, muitas vezes ainda desconhecidos das autoridades públicas.

Evidentemente, a imprensa (em sentido amplo) não é órgão público encarregado de trabalho investigatório. A função jornalística é um trabalho destinado à sociedade e deve ser considerado e aproveitado pelo Estado para a melhoria da persecução penal.

2. JORNALISMO INVESTIGATIVO

A atuação da imprensa em geral na investigação criminal provoca a necessidade de algumas indagações preocupantes. Quais são a importância, os limites e a possibilidade de aceitação das reportagens e matérias jornalísticas, radiofônicas e televisivas, para fins de desencadeamento da ação penal?

A importância do "jornalismo investigativo" é grande, tendo em vista que provoca o aumento das atenções da sociedade sobre os fatos e os seus desdobramentos, com o conseqüente crescimento do interesse das autoridades públicas em esclarecerem e apurarem os fatos, para verificação das infrações civis e penais, especialmente quando os fatos envolvam servidores públicos e agentes políticos, para as sanções políticas, administrativas, civis e criminais. A expressão jornalismo investigativo traduz todas as atividades dos meios de comunicação (jornal, revista, rádio e televisão).

Os jornais têm preocupação institucional com a divulgação de notícias sobre crimes e irregularidades, principalmente praticadas pelo setor público.

Nas instruções aos jornalistas sobre "denúncias", o manual de redação do jornal *O Estado de S. Paulo* anota que "Como intérprete do leitor, o Estado se sente no dever de publicar toda denúncia fundamentada que lhe chegue ao conhecimento. Aliás, o jornal considera essa uma de suas funções sociais mais importantes, por estar diretamente ligada à defesa da moral pública e do dinheiro do contribuinte."[336]

A própria característica do trabalho e comportamento normal do repórter, curioso e insatisfeito com os informes recebidos, ajuda na descoberta dos fatos.

Sobre o comportamento do repórter, anota Luiz Garcia: "O repórter é um curioso, movido permanentemente pelo desejo de saber o que acontece e de entender por que aconteceu. Se não for assim, está na profissão errada. E não basta querer saber: é preciso querer saber tudo, e ter a obstinação de saber certo. Essa mistura de curiosidade e insatisfação alimenta a tenacidade com que ele parte atrás das informações – e que muitas vezes se confunde com agressividade".[337]

A investigação jornalística, segundo Luiz Garcia, representa o "fruto de um trabalho exaustivo de levantamento e conferência de informações", sendo publicado "aquilo que o jornal, por seu trabalho de apuração, verificou ser verdadeiro e digno de publicação".[338]

A grande agilidade de locomoção dos jornalistas e amplo acesso às informações locais, nacionais ou internacionais, tornam o trabalho investigatório muito mais célere e eficiente, desvendando rapidamente os fatos.

O jornalista ou o próprio órgão de imprensa pode encaminhar ao Ministério Público as matérias jornalísticas e documentos comprobatórios, para permitir o eventual oferecimento de denúncia, tendo em vista que a *notitia criminis* e o *informativo delicti* são possíveis a "qualquer do povo" (art. 27, CPP).

A atuação da imprensa na descoberta de irregularidades do setor público é mundial, com inúmeros exemplos de efeitos positivos do trabalho.

Na década de 1970, os jornalistas do *Washington Post* iniciaram exaustivas investigações sobre o envolvimento da equipe do Presidente Nixon na invasão da sede do Comitê Nacional do Partido Democrata, para gravar as reuniões, atos que faziam parte da campanha para auxiliar a reeleição presidencial, culminando com a renúncia de Nixon, para evitar o *impeachment*. Vários funcionários e assesso-

---

336. Eduardo Martins, *O Estado de S. Paulo – Manual de Redação e Estilo*, São Paulo, 1990, p. 27.

337. *O Globo – Manual de Redação e Estilo*, Globo, São Paulo, 1992, 7ª ed., p. 11-12.

338. *Op. cit.*, p. 34.

O MINISTÉRIO PÚBLICO NA INVESTIGAÇÃO CRIMINAL   **185**
A VÍTIMA, A DEFESA, O JUIZ E A SOCIEDADE NA INVESTIGAÇÃO CRIMINAL   EDIPRO

res da Casa Branca foram processados e condenados no conhecido Caso Watergate.[339]

No Brasil, em 1992, as investigações da imprensa e meios de comunicação foram importantes para o desvendamento do Caso PC Farias, que culminou com o *impeachment* do ex-Presidente Collor.

A *Revista Veja*, em 1992, publicou uma importante entrevista com Pedro Collor, irmão do ex-Presidente Fernando Collor, com informações e documentos sobre as irregularidades envolvendo o extesoureiro de campanha, Paulo César de Farias, desencadeando uma CPI e a destituição do presidente no final de dezembro daquele ano. A matéria desbravadora foi seguida por outras, publicadas pela "grande imprensa brasileira".[340]

Em 1999, foi intenso o trabalho jornalístico na cobertura da Máfia dos Fiscais da Prefeitura de São Paulo e nas irregularidades ocorridas no Banco Central, envolvendo o ex-presidente Francisco Lopes. Todos os veículos de comunicação (jornais, revistas, rádios e emissoras de televisão) abordaram o assunto, ajudando as investigações, com entrevistas de testemunhas e suspeitos. Também sobre as irregularidades no Judiciário, que envolvem magistrados, com destaque para um ex-presidente de um Tribunal do Trabalho de São Paulo.[341]

A vantagem da cobertura jornalística e do trabalho investigatório da imprensa é o estímulo à colaboração popular, que se sente convidada a participar, surgindo inegavelmente outros fatos semelhantes.

É óbvio que as informações jornalísticas devem ser recebidas com reservas em alguns casos e situações, mas merecem maior credibilidade quando acompanhadas por documentos, fotos, filmagens e gravações.

---

339. Sobre o escândalo de Watergate, de forma sucinta, vide a *Nova Enciclopédia Ilustrada Folha*, Folha da Manhã, São Paulo, 1996, v. 2, p. 995.

340. Eduardo Bueno, "O início do fim" e "O impeachment", *in* História do Brasil, Publifolha, *Folha da Manhã*, São Paulo, 1997, 2ª ed., p. 284.

341. A matéria feita por Daniela Pinheiro e Maurício Lima (Dom Nicolau, Lau, Lau, Lau, Lau, *Revista Veja*, nº 1595, 28.4.1998, p. 44-46) é um excelente levantamento de dados, com fotos e informes, inclusive com entrevista do suspeito. A matéria contou com elementos já levantados por órgãos públicos, mas o que chamou a atenção é o estilo de retratação dos fatos e a sua documentação.

3. O SENSACIONALISMO DA IMPRENSA E VEÍCULOS DE COMUNICAÇÃO

O trabalho dos veículos de comunicação é normalmente positivo e ajuda a atividade de investigação.

Por outro lado, é visível que a imprensa (sentido amplo) às vezes exagera no seu trabalho, interpreta equivocada ou apressadamente os dados ou divulga as informações de forma deturpada. É o sensacionalismo da imprensa.

Esse comportamento desviado da função de informar da imprensa pode causar sérios danos à honra e à imagem das pessoas investigadas, conduzindo a opinião pública para um pré-julgamento inadequado, antes do processo. O procedimento desvirtuado afronta às regras da investigação jornalística, que determina a publicação de matéria verdadeira, depois de apuração do jornal.

Certamente, quando o veículo de comunicação for sério e idôneo terá cuidado na divulgação dos fatos que não tiverem elementos idôneos de comprovação.

Um péssimo exemplo de sensacionalismo jornalístico ocorreu em São Paulo, no caso da Escola Base, envolvendo a maioria dos veículos de comunicação, que publicaram por vários dias notícias jornalísticas indicando práticas de abusos sexuais por parte de professores e funcionários escolares em desfavor de menores, que depois se constatou serem inverídicas e fantasiosas, gerando condenações por danos morais do Estado de São Paulo e de veículos de comunicação.[342]

No caso da Escola Base, ao que consta, a imprensa não teve o cuidado de apurar convenientemente as informações que eram transmitidas pela polícia, principalmente por uma imprudente autoridade policial, ao que parece mais interessada em ser objeto das atenções da mídia do que investigar convenientemente os fatos, com condimentos es-

---

342. O Estado de São Paulo e o delegado de polícia foram condenados a indenizar por danos materiais e morais os sócios da Escola Base. Também foram condenados jornais (O Estado de S. Paulo, Folha de S. Paulo) e revista (IstoÉ). Há outras ações em andamento contra rádios e empresas de televisão. Vide sobre o assunto Regina Terraz, "Delegado do caso Escola Base vai para o Denarc", *O Estado de S. Paulo*, 4.12.1999, p. C3; Rogério Duarte Fernandes dos Passos, *Caso Escola Base: Desrespeito à ética do jornalismo e ao direito*, in http://conjur.estadao.com.br/static/text/41958,1; Fenando Porfírio, *Escola Base: Folha é condenada a pagar R$ 250 mil a donos da escola*, in http://conjur.estadao.com.br/static/text/37004,1.

O MINISTÉRIO PÚBLICO NA INVESTIGAÇÃO CRIMINAL

A VÍTIMA, A DEFESA, O JUIZ E A SOCIEDADE NA INVESTIGAÇÃO CRIMINAL

peciais que exigiam maior cuidado na apuração e principalmente na divulgação, sendo considerado um dos maiores erros da imprensa brasileira.

4. A GARANTIA DO SILÊNCIO DO ENTREVISTADO

O preso tem direito de permanecer calado (art. 5º, LXIII, CF e art. 186 do CPP). O direito ao silêncio é oponível ao Estado, que tem obrigação de respeitá-lo, sob pena de inconstitucionalidade e invalidação dessas informações, para efeitos de prova penal.

A pessoa presa deve ser protegida pelo Estado, para preservação da sua imagem e honra, por constituir o respeito à dignidade da pessoa humana um dos princípios fundamentais republicanos e do Estado Democrático de Direito (art. 1º, III, CF). Também é direito dos presos o respeito à integridade física e moral (art. 5º, XLIX), porque invioláveis a intimidade, a vida privada, a honra e a imagem das pessoas, com direito de indenização pelo dano material ou moral (art. 5º, X).

A autoridade policial não pode permitir a filmagem ou a entrevista de preso sem antes avisá-lo do seu direito ao silêncio e indagá-lo sobre a vontade de participar dos trabalhos jornalísticos. Se o preso não permitir, a autoridade policial deverá impedir fotografias, filmagens ou perguntas ao preso, sob pena de infração funcional, civil e penal.

O jornalista que invadir a privacidade do preso sem autorização também pode sofrer sanção civil e penal.

Caso o preso consinta em participar do trabalho jornalístico, a cautela recomenda que o jornalista capte formalmente o seu assentimento e a ciência sobre o direito ao silêncio.

Na hipótese de indiciado solto, a relação para a entrevista será entre o indiciado e o jornalista, sem intervenção da autoridade pública. Se o indiciado voluntariamente aceitar dar informações ao jornalista, assume as conseqüências. Nessa situação, em que o indiciado não se encontra na posição de submissão à autoridade pública, ele tem perfeitas condições de recusar participação na entrevista, não responder às perguntas ou responder parcialmente, sem constrangimento e coerção estatal, de forma indireta. O indiciado exercerá o seu direito de livre manifestação do pensamento (art. 5º, IV, CF) e ele próprio deverá invocar e preservar o seu direito ao silêncio.

Seção IV
O JUIZ NA INVESTIGAÇÃO CRIMINAL

1. FUNÇÃO DO JUIZ NO SISTEMA ACUSATÓRIO

A função do juiz no sistema acusatório é julgar as medidas e ações cautelares e a ação penal principal.

Exercido o direito de ação pelo Ministério Público, o juiz aprecia a procedência ou improcedência da acusação, absolvendo ou condenando o acusado. Nessa fase, o juiz pode e deve ser ativo, na colheita das provas, não deixando apenas que as partes exerçam o seu encargo, para facilitar a busca da verdade.

Há dois sistemas de participação processual: o *inquisitorial system* e o *adversarial system*. O *inquisitorial system* caracteriza-se pela preferencial atividade de determinação da marcha do processo e na produção das provas pelo juiz. O modelo *adversarial system* é caracterizado pela "predominância das partes na determinação da marcha do processo e na produção das provas" (Ada Pellegrini Grinover).

Segundo Ada Pellegrini Grinover o papel ativo do juiz no processo atende ao princípio publicista do processo, incumbindo-lhe estimular o *"contraditório, para que se torne efetivo e concreto"*, e *"suprir as deficiências dos litigantes, para superar as desigualdades e favorecer a par condicio"*. A aproximação do provimento jurisdicional à vontade do direito substancial permite a paz social. A função social do processo, dependente da efetividade, demanda o desenvolvimento de todos os esforços do juiz para alcançar o objetivo da manutenção da integridade do ordenamento jurídico.[343]

Esse comportamento positivo do juiz na iniciativa da produção das provas relaciona-se com o sistema denominado *"inquisitorial system"* (processo de desenvolvimento oficial), vigente no sistema continental europeu, em oposição ao *"adversarial system"* (processo que se desenvolve por disposição das partes), do direito anglo-saxão.

Os modelos denominados *"inquisitorial system"* e *"adversarial system"* dizem respeito à iniciativa de provas no processo judicial, em relação à preponderância da atuação do juiz e das partes, respectivamente. No "inquisitorial", o juiz é ativo; no "adversarial", o juiz é passivo, mero espectador da disputa das partes.

---

343. "A iniciativa instrutória do juiz no processo penal acusatório", *Revista do IBCRIM*, nº 27, p. 71-79.

Os dois métodos de desenvolvimento e impulso processual (*inquisitorial system* e *adversarial system*) encontram-se na mesma linha de comparação, mas não têm relação nem confrontação com o processo acusatório e o processo inquisitório. O "*inquisitorial system*" compara-se e diverge do "*adversarial*"; o processo acusatório diferencia-se e contrapõe-se ao processo inquisitório.

A propósito, o processo penal acusatório ou processo de partes caracteriza-se pela separação das funções de acusar, defender e julgar, atribuídas a órgãos diversos, enquanto o processo inquisitório é marcado pelo exercício dessas funções pelo mesmo órgão, sem a divisão de atividades.

Qual a função do juiz na fase antecedente à ação penal? Pode investigar ou não?

Na fase prévia à ação penal, o juiz tem a função de emitir os provimentos cautelares, reais ou pessoais, e de reger a produção antecipada de provas urgentes, observado o contraditório pleno[344].

Para adaptação ao modelo acusatório ideal, o julgador deve exercer a função de controle judicial das investigações e das medidas cautelares, não interferindo no trabalho do órgão da acusação, o qual decidirá o que investigar. A interferência do julgador fora das hipóteses necessárias nessa etapa quebraria a repartição de papéis preconizada na trilogia acusatória. Ao juiz é reservado um papel garantidor, em incidentes jurisdicionalizados dentro da investigação, nos moldes das legislações da Itália, Portugal e Alemanha e do Código-Modelo.[345]

2. AS INVESTIGAÇÕES JUDICIAIS

A investigação preliminar do juiz brasileiro é totalmente inadequada, constituindo péssima cópia do Juizado de Instrução francês, sistema em declínio. Portugal e a Itália utilizavam o Juizado de Instrução antes das alterações legislativas processuais de 1987 e 1988, respectivamente. A Argentina (Código Federal) e o Uruguai estão caminhando para a sua supressão.

As "investigações judiciais" por crimes eleitorais e crime organizado têm caráter administrativo e jurisdicional; não há mais previsão legal para crimes falimentares. O caráter administrativo relaciona-se à

---

344. Ada Grinover, "A instrução...", p. 254-255.

345. Fauzi Hassan Chouke, *Garantias Constitucionais na Investigação Criminal*, Revista dos Tribunais, São Paulo, 1995, p. 52-53.

atividade de investigação. A qualidade jurisdicional da atividade do juiz refere-se às decisões sobre os direitos constitucionais do cidadão (liberdade, sigilo e inviolabilidade do domicílio), porque o juiz investigante, verdadeiro "juiz de instrução" do modelo francês, pode investigar e determinar as medidas cautelares.

As investigações criminais para apuração de crimes praticados por juízes de direito e membros do Judiciário são de natureza administrativa e judiciária, porque conduzidas por juiz relator e que depois participa da instrução e do julgamento por órgão colegiado do Tribunal.

As investigações judiciais nos crimes falimentares realizavam-se através do inquérito judicial falimentar (art. 103 e seguintes, da Lei de Falências, Decreto-Lei nº 7.661, de 21.6.1945), diploma legal substituído pela Lei nº 11.101/2005.

Porém, a nova lei falimentar (Lei nº 11.101/2005), que trata da recuperação judicial, extrajudicial e da falência do empresário e da sociedade empresarial não mais prevê expressamente o procedimento de inquérito falimentar nem o rito de investigação prévia à ação penal falimentar.[346]

Na sistemática da Lei nº 11.101/2005, o Ministério Publico é intimado da sentença de decretação da falência ou de concessão da recuperação judicial e pode promover imediatamente a ação penal ou requisitar a abertura de inquérito policial (art. 187, *caput*) ou aguardar a apresentação do relatório, a exposição circunstanciada do administrador judicial (art. 187, § 1º c/c art. 186, da Lei nº 11.101). O prazo para denúncia é de 15 dias, para o réu solto, ou de 5 dias para o réu preso (art. 187, § 1º, das Lei nº 11.101, e art. 46, do Código de Processo Penal), observando que a prisão poderá ocorrer preventivamente, para garantia da ordem pública, da ordem econômica, por conveniência da instrução criminal, ou para assegurar a aplicação da lei penal, quando houver prova da existência do crime e indício suficiente de autoria (art. 312, do Código de Processo Penal). Em qualquer fase processual, o juiz deve cientificar o Ministério Públco sobre os indícios da prática de crime falimentar (art. 187, § 2º, da Lei nº 11.101/2005).

Anote-se que a Lei nº 11.101/2005, ao não mais prever o inquérito judicial falimentar, colocou a investigação criminal prévia à ação penal

---

346. Há entendimento sobre a possibilidade de inquérito judicial ou inquérito civil do Ministério Público. Vide sobre a forma de investigação no processo penal falencial o estudo de Arthur Migiliari Júnior, *Os crimes falenciais no direito intertemporal,* in http://www5.mp.sp.gov.br:8080/caocivel/boletim_itens/OS%20CRIMES%20FALE NCIAIS%20NO%20DIREITO%20INTERTEMPORAL.htm.

O MINISTÉRIO PÚBLICO NA INVESTIGAÇÃO CRIMINAL
A VÍTIMA, A DEFESA, O JUIZ E A SOCIEDADE NA INVESTIGAÇÃO CRIMINAL   EDIPRO

falimentar na mesma vala comum dos delitos em geral, com a observação de que o Ministério Público tomará conhecimento de eventual delito logo após a decisão da sentença de decretação da falência ou de recuperação judicial (art. 187, *caput*), numa forma similar à obrigatoriedade do juiz de encaminhar ao Ministério Público peças de informação de crimes que tomar conhecimento (art. 40, do CPP).

Ao tomar conhecimento de eventual crime, o Ministério Público poderá propor de imediato a ação penal, com as peças já existentes, ou requisitar inquérito policial (art. 187, *caput*, da Lei nº 11.101/2005). Obviamente, o Ministério Público poderá optar pela instauração de procedimento administrativo próprio para complementação de diligências e informações necessárias ao desencadeamento da ação penal, exatamente como proposto nesta obra.

A título de registro interessante sobre a sistemática de investigação falimentar outrora vigente (Decreto-Lei nº 7.661/1945), o E. STJ considerava que o "inquérito judicial é como o inquérito policial comum, peça meramente informativa, de natureza inquisitória" (REsp 102.712/RJ, 6ª T., Rel. Ministro Vicente Leal, v.u., *DJ* 23.6.1997, p. 29.202; RHC 6.285/SP, Ministro Vicente Leal, *DJ* 26.5.1997). O procedimento iniciava-se depois do relatório do síndico, perante o Juízo da Falência. Em regra, o juiz mandava intimar e comunicar o falido da instauração do procedimento, para no prazo de 5 dias, contestar as argüições (art. 106). O E. STJ já decidiu que o prazo para contestar do art. 106 "corre em cartório, independentemente de intimação pessoal" (RHC 6.285/SP, Min. Vicente Leal, *DJ* 26.5.1997). Era permitido o acompanhamento da colheita dos elementos probatórios relativos a crimes falimentares, facultado o exercício do contraditório e da ampla defesa, que não são obrigatórios na fase do inquérito judicial, prévio à ação penal. Entendia-se no mesmo molde do inquérito policial comum que "eventuais defeitos não consubstanciam nulidade capaz de invalidar a ação penal já instaurada" (REsp 102.712/RJ, 6ª T., Rel. Ministro Vicente Leal, v.u., *DJ* 23.6.1997, p. 29.202; RHC 6.285/SP, Ministro Vicente Leal, *DJ* 26.5.1997). O E. Tribunal de Justiça de São Paulo considerou a inexistência de nulidade no inquérito judicial falimentar: HC 439.355-3/7-00, 3ª Cam. Criminal, Rel. Segurado Braz, j. em 10.2.2004, m.v.; HC 452.491-3/2-00, 3ª Cam. Criminal, Rel. Segurado Braz, j. em 9.3.2004, m.v.; 474.245-3/1-00, 3ª Cam. Criminal, Rel. designado Segurado Braz, relator sorteado Luiz Pantaleão, j. em 21.06.2005, m.v.

No procedimento anterior (Decreto-Lei nº 7.661/1945), o juiz agia como verdadeiro "Juiz de Instrução" antes do início da ação penal, na "instrução provisória" sobre os fatos. O Ministério Público atuava como

192 VALTER FOLETO SANTIN
EDIPRO A VÍTIMA, A DEFESA, O JUIZ E A SOCIEDADE NA INVESTIGAÇÃO CRIMINAL

fiscal da lei, porque ainda não havia acusação, mas agia ativamente, com pedidos de diligências para a colheita de elementos que entendia necessários para a formação da futura *opinio deliciti.* A defesa podia acompanhar as investigações do juiz falimentar, propondo diligências, em contraditório.

De forma similar, em relação aos crimes eleitorais a norma determina a comunicação ao Juiz Eleitoral, por representação ou tomada de depoimento (art. 356, § 1º Lei nº 4.737, de 15.7.1966, Código Eleitoral). A Lei nº 9.034, de 3.5.1995, encarregou o juiz de realizar pessoalmente diligências sigilosas, na apuração de crimes praticados por organizações criminosas (art. 3º). O material da diligência pode não ser analisado pelas partes, ficando em poder do juiz. O juiz investiga, decreta as medidas cautelares e depois julga a ação penal. É a pior cópia do Juizado de Instrução.

3. INCONSTITUCIONALIDADE DO PODER INVESTIGATÓRIO DO JUIZ

As investigações judiciais por crimes eleitorais e crime organizado antes do início da ação penal ou de medida ou ação cautelar padecem de algumas falhas, que não se amoldam completamente ao sistema constitucional vigente, principalmente ao modelo acusatório, em virtude do magistrado concentrar em suas mãos os poderes de investigar e julgar, incompatíveis entre si e por ferirem a imparcialidade do julgador, indispensáveis para o devido processo legal.

O juiz não pode investigar na fase antecedente à ação penal, apenas garantir a proteção aos direitos constitucionais do investigado, que dependam de análise judicial nas hipóteses constitucionais e legais. A atuação pessoal quebra a imparcialidade e invade a atribuição da parte. O juiz não é parte, é imparcial e inerte, devendo aguardar o pedido da parte acusatória.

O papel do juiz nessa fase é como garantidor dos direitos constitucionais, incumbindo-lhe apreciar as ações e medidas cautelares e incidentes processuais. No processo, compete colher a prova e julgar o processo, sem interferir nas investigações preliminares, antecedentes à ação penal. O julgador somente deve dizer o direito quando chamado a fornecer prestação jurisdicional, em consonância com o processo acusatório.[347]

---

347. Sobre o sistema acusatório vide Capítulo III, Seção I.

O MINISTÉRIO PÚBLICO NA INVESTIGAÇÃO CRIMINAL   **193**
A VÍTIMA, A DEFESA, O JUIZ E A SOCIEDADE NA INVESTIGAÇÃO CRIMINAL   EDIPRO

A atuação investigatória preliminar do juiz no sistema criado pela Lei nº 9.034/1995 ou outro similar é inconstitucional, por afrontar o sistema acusatório e a titularidade da ação penal do Ministério Público (art. 129, I, CF) e não se enquadrar em hipótese de jurisdição para apreciação de lesão ou ameaça a direito (art. 5º, XXXV, CF). Também fere a isonomia processual (art. 5º, *caput*, CF), em razão da atuação do juiz em favor de uma parte (acusação), na busca de elementos probatórios em momento inadequado, contrariamente à exigência de inércia e imparcialidade do julgador. A atividade judicial apresenta-se desligada da atividade de julgamento público e por decisão fundamentada (art. 93, IX, CF), que pressupõe evidentemente a instauração de processo e litígio (art. 5º, LV, CF), conduzido pela autoridade competente (art. 5º, LIII, CF), em consonância com o devido processo legal (art. 5º, LIV, CF) e os princípios do contraditório e da ampla defesa (art. 5º, LV, CF).

A investigação judicial prevista na Lei nº 9.034/1995 é o sistema mais absurdo e dissonante do regime jurídico nacional e contraria a tendência internacional de colocação do Ministério Público na vanguarda das investigações e da colheita de elementos antecedentes à ação penal, pela adoção do modelo acusatório, idealmente melhor.

A investigação do juiz brasileiro é similar ao modelo do Juizado de Instrução francês, mas bem piorado, porque o próprio "investigador secreto" (juiz) é incumbido da proteção das garantias constitucionais do investigado e depois será o mesmo a decidir a ação penal. O juiz está incumbido de proteger, arriscado a violar o direito constitucional do indiciado e incumbido do julgamento. Numa comparação com uma partida de futebol em que há dois times (um do Estado e o outro do indiciado), o "juiz investigador secreto do crime organizado" encarna as funções de "árbitro" (na proteção constitucional dos direitos do indiciado, o "jogador adversário"), o próprio "jogador do time do Estado" que praticou a infração futebolística de "chutar a canela" (o investigador violador do direito constitucional, normalmente imputado a policiais ou ao próprio juiz-investigador) e ao final é quem vai decidir se o lance foi ou não gol (se a ação penal é procedente ou improcedente).

A distorção do modelo criado pela Lei nº 9.034/1995 merece crítica. Ada Pellegrini Grinover considera-o inconstitucional, por transformar o juiz brasileiro em inquisidor, encarregando-o de colher provas, em afronta ao modelo constitucional acusatório, de processo de partes, e por ferir a imparcialidade do juiz, garantia mais importante do devido processo legal.[348]

---

348. "Que juiz inquisidor é esse?", *Boletim IBCCRIM* nº 30, junho/1995, p. 1.

O E. STF considerou inconstitucionais apenas as expressões "fiscais" e "eleitorais" do art. 3º da Lei nº 9.034/1995 (ADIn 1.570-2-DF, Rel. Ministro Mauricio, j. em 12.4.2004, m.v., www.stf.gov.br), mantendo a atividade judicial na apuração prévia de atuação do crime organizado. A ADIn 1.517-DF foi extinta sem julgamento de mérito, por ilegitimidade ativa da ADEPOL.

As demais investigações judiciais (falimentares e eleitorais) sofrem os mesmos entraves e resistências relativos à constitucionalidade, apesar de menos radicais e afrontosos ao sistema.

4. A INVESTIGAÇÃO DE CRIMES PRATICADOS POR JUÍZES

A investigação de crimes praticados por juízes (art. 33, parágrafo único, da Lei Complementar nº 35, de 1979, Lei Orgânica da Magistratura) apresenta uma maior aceitabilidade, dentro do espírito da universalização da investigação criminal, inexistência de exclusividade da polícia na apuração de crimes e possibilidade de atuação de outras autoridades administrativas na investigação de delitos.

A averiguação e o julgamento de crimes cometidos por membros do Judiciário são realizados pelo próprio Tribunal, na sua composição Plenária (os mais antigos normalmente). O inquérito ou o procedimento de investigação é distribuído no Tribunal e sorteado o relator. O relator fica incumbido de proceder às investigações ou de encarregar a polícia para realização de diligências. Nessa fase, o relator exerce funções administrativa e judiciária. O Ministério Público fiscaliza e acompanha as investigações. Na fase da ação penal, a acusação é feita pelo Ministério Público e o julgamento é realizado por órgão colegiado do Tribunal, no exercício da função jurisdicional, incluído o relator. Há separação das funções de acusar e julgar, em consonância com o princípio acusatório.

A investigação prévia é conduzida pelo juiz relator, similar ao Juizado de Instrução, mas a distorção é menos acentuada porque o julgamento é por órgão colegiado. O mais adequado seria que o juiz relator da investigação fosse substituído na fase de julgamento ou não votasse na decisão final.

Capítulo VI
Ministério Público
Brasileiro

Seção I
ORIGEM, FUNÇÕES E ESTRUTURA

1. A ORIGEM E A LEGISLAÇÃO

O Brasil foi descoberto em 1500 e colonizado por Portugal. A origem do Ministério Público brasileiro é comum à instituição portuguesa, passando pelas mesmas fases (Ordenações Afonsinas de 1446 ou 1447, Manuelinas de 1521 e Filipinas de 1603).[349]

A legislação portuguesa aqui vigorou por longo período (417 anos), até depois da Independência (1822), na esfera civil, porque as Ordenações foram aplicadas até a entrada em vigor do Código Civil Brasileiro (1917), apesar da independência e separação política (1822). A continuidade da legislação lusa foi assegurada pelo Decreto de 20 de

---

349. Sobre a origem do Ministério Público português vide Capítulo III, Seção IV. Sobre as informações legislativas e históricas vide Cintra, Grinover e Dinamarco, *Teoria Geral do Processo*, p. 96; Arthur Cogan, O Ministério Público no inquérito policial, p. 84; Ary Florêncio Guimarães, *O Ministério Público no Mandado de Segurança*, p. 65, 73 e 87; Octacílio Paula Silva, *Ministério Público*, p. 7 e 8.

outubro de 1823, em tudo que não contrariasse a soberania e o regime brasileiro. Na área penal, a legislação portuguesa foi superada por diplomas legais nacionais editados logo após a Independência.

O Código de Processo Criminal do Império, de 1832, previu que a denúncia competia ao promotor de justiça ou a qualquer do povo (art. 74), cabendo ao denunciante solicitar a prisão e punição dos criminosos e promover a execução das sentenças e mandados judiciais (art. 37, § 2º). Essa seria a primeira norma brasileira sobre o Ministério Público, mas a figura do promotor de justiça é anterior, já prevista nas Ordenações.

Surgiu o Promotor Público, no Brasil, por criação da Lei nº 261, de 1841, regulamentada pelo Decreto nº 120, de 1842. Depois, pela Lei nº 2.033, de 1871 e Decreto nº 4.824, de 1871.

Na fase Republicana, o Ministério Público foi remodelado pela Lei Orgânica da Justiça Federal, Decreto nº 848, de 11 de outubro de 1890.

O verdadeiro estatuto do Ministério Público brasileiro foi retratado no Decreto nº 1.030, de 14 de novembro de 1890, de Campos Salles, que garantiu autonomia e estabilidade, e fixou racionalmente as suas atribuições. O seu art. 164 dispunha: "O Ministério Público é, perante as justiças constituídas, o advogado da lei, o fiscal de sua execução, o procurador dos interesses gerais do Distrito Federal e o promotor da ação pública contra todas as violações do direito".

A Constituição Política do Império do Brasil, promulgada em 25 de março de 1824, omitiu o tratamento do Ministério Público.

A Constituição Federal de 1891, na fase republicana, fez referência à escolha do Procurador-Geral da República, pelo Presidente da República, dentre os membros do Supremo Tribunal Federal (art. 58, § 2º).

Na Constituição de 1937 somente há referência ao Procurador-Geral da República como chefe do Ministério Público Federal (art. 99) e previsão do preenchimento das vagas dos tribunais superiores por um quinto de advogados ou membros do Ministério Público (art. 105).

A Constituição de 1946 previu a estabilidade dos seus membros e ingresso na carreira por concurso. O Procurador-Geral da República passou a ser de livre nomeação e demissão do Presidente da República, mediante aprovação do Senado Federal (art. 90, letra "a"). O Ministério Público constou em título especial, independente, separado dos poderes da República.

Na Constituição de 1967, o Ministério Público foi colocado no Capítulo do Poder Judiciário, com as mesmas prerrogativas dos juízes na aposentadoria. O ingresso na carreira passou a ser por concurso público de provas e títulos.

Na Emenda Constitucional nº 1, de 1969, a instituição foi inserida no Capítulo do Executivo. O constituinte reformador retirou dos seus membros as mesmas prerrogativas conferidas aos juízes (tempo para aposentadoria e vencimentos).

A Lei Complementar Federal nº 40, de 14.12.1981, estabelecia normas gerais a serem adotadas na organização do Ministério Público Estadual.

Na Constituição de 1988, diploma fundamental vigente, o Ministério Público conseguiu inúmeros avanços. Figura em título próprio, no Capítulo das Funções Essenciais à Justiça, ao lado dos advogados e defensores públicos. A instituição foi colocada em capítulo separado das normas sobre o Executivo, Legislativo e Judiciário, diferentemente dos sistemas anteriores (Judiciário, Constituição de 1967, e Executivo, Emenda Constitucional nº 1 de 1969).

A Constituição Federal desenhou a estrutura da instituição, nos arts. 127 a 130. No art. 127, o constituinte traçou as características institucionais, conceituando o Ministério Público. No art. 128, fixou a abrangência do Ministério Público, prevendo a nomeação do Procurador-Geral da República e dos Estados, as garantias e as vedações. No art. 129, previu as funções institucionais. No art. 130, abordou sobre os membros do Ministério Público junto aos Tribunais de Contas.

A Lei Complementar Federal nº 75, de 20 de maio de 1993, legisla sobre o Ministério Público da União.

A Lei Federal nº 8.625, de 12 de fevereiro de 1993, estatui regras gerais sobre o Ministério Público dos Estados.

Cada Estado-Membro possui a sua legislação estadual própria, regrando o Ministério Público Estadual. No Estado de São Paulo, há a Lei Complementar Estadual nº 734, de 26 de novembro de 1993. Nos demais Estados, há normas estaduais, respectivas. Dentre outros Estados-Membros, no Acre, é a Lei Complementar Estadual (LCE) nº 8, de 18 de julho de 1983; no Amazonas, a LCE nº 11, de 17 de dezembro de 1983; na Bahia, LCE nº 11, de 18 de janeiro de 1996; Espírito Santo, Lei Orgânica do Ministério Público Estadual de 28 de janeiro de 1997; Mato Grosso, LCE nº 27, de 19 de novembro de 1993; Mato Grosso do Sul, LCE nº 72, de 18 de janeiro de 1994; Minas Gerais, LCE nº 34, de 12 de setembro de 1994; Paraíba, LCE nº 19, de 10 de

198

janeiro de 1994; Rio Grande do Norte, LCE nº 141, de 9 de fevereiro de 1996; Rio Grande do Sul, Lei Estadual nº 7.669, de 17 de junho de 1982; Rondônia, LCE nº 093, de 3 de novembro de 1993; Roraima, LCE nº 3, de 7 de janeiro de 1994; Santa Catarina, LCE nº 17, de 5 de julho de 1982; Sergipe, LCE nº 2, de 12 de novembro de 1990.

A situação de liberdade de legislação infraconstitucional implica permitir alguma disparidade entre um Ministério Público e outro, em face das suas peculiaridades e localização geográfica, no tocante às funções e atribuições. As diferenças não podem ser em pontos e assuntos que colidam com as características, finalidades e princípios constitucionais e regras gerais da norma federal.

2. CONCEITO E FORMATO CONSTITUCIONAL

O próprio constituinte incumbiu-se de conceituar o Ministério Público, insculpindo que é instituição permanente, essencial à função jurisdicional do Estado, incumbindo-lhe a defesa da ordem jurídica, do regime democrático e dos interesses sociais e individuais indisponíveis (art. 127, Constituição Federal).

Desse conceito, interessante examinar cada um dos seus componentes.

2.1. Instituição permanente

Segundo J. Flóscolo da Nóbrega, as instituições decorrem dos padrões estáveis de comportamento, de exercício das atividades no meio social. Instituições econômicas, refere-se às atividades econômicas; instituições educativas, às atividades educacionais; instituições jurídicas, objetivam a segurança e a ordem social.[350]

A instituição possui dois elementos essenciais: um corpo de normas que organiza as atividades necessárias e um fim a realizar. Com tais características, temos a liberdade, o voto, o *habeas corpus*. A instituição pode limitar-se a esses elementos, mas quase sempre incorpora outros, como um grupo de pessoas encarregadas das atividades e um equipamento material utilizado pelas mesmas (utensílios, instrumentos, edifícios). Nessa categoria, temos o Estado, um hospital, um exército, um tribunal.[351]

---

350. *Introdução ao Direito*, Sugestões Literárias, São Paulo, 7ª ed., 1987, p. 66.
351. J. Flóscolo da Nóbrega, *op. cit.*, mesma página.

O Ministério Público é um órgão estatal, permanente, pelo qual o Estado manifesta a sua soberania, composto por um corpo de normas (estatutos) e um fim a realizar no meio social, destinado à defesa da ordem jurídica, do regime democrático e dos interesses sociais e individuais indisponíveis. É uma instituição jurídica fundamental, perene. Ela extrapola o indivíduo no tempo e no espaço, possui vida e disciplina próprias, forças e qualidades particulares e uma vocação especial de bem servir a própria sociedade.[352]

A instituição do Ministério Público possui ainda agentes (promotores e procuradores de justiça ou da república), funcionários auxiliares, prédios, utensílios, máquinas, computadores e outros equipamentos.

O Ministério Público é o defensor da sociedade, pois todo o seu trabalho destina-se à comunidade, constatável por suas atividades de promoção da ação penal contra os infratores da lei penal, que afrontarem a sociedade com os seus atos delituosos, de tutela dos hipossuficientes e de promoção de ação civil pública contra os causadores de danos coletivos ou difusos ou individuais homogêneos, inclusive o próprio Estado. É uma verdadeira instituição social (Sérgio de Andréa Ferreira) ou ministério social (Roberto Lyra).[353]

2.2. Função essencial

O constituinte considerou a instituição como essencial à função jurisdicional do Estado. Considerou o Ministério Público indispensável, necessário e importante[354] para o exercício da jurisdição.

O caráter essencial do órgão deve ser visto em consonância com a incumbência de defesa da ordem jurídica, do regime democrático e dos interesses sociais e individuais indisponíveis, para não dar errônea interpretação de que o Ministério Público deva funcionar em todas as causas que compõem a prestação da jurisdição estatal.

O Ministério Público não funciona em todas as ações que tramitam no Judiciário. Apenas o Procurador-Geral da República funciona em todas as ações e processos que tramitam perante o Supremo Tribunal Federal, tendo em vista mandamento constitucional específico

---

352. Hugo Nigro Mazzilli, *O Ministério Público na Constituição de 1988*, p. 47; Antonio Cláudio da Costa Machado, *A Intervenção do Ministério Público no Processo Civil Brasileiro*, Saraiva, p. 24-25.

353. Sérgio de Andréa Ferreira, *O Poder de Requisição do Ministério Público. Ministério Público, Direito e Sociedade*, Sérgio Fabris, Porto Alegre, 1986, p. 145, o qual cita a posição de Roberto Lyra (Ministério Público e ministério social).

354. *Dicionário Aurélio Eletrônico.*

(art. 103, § 1º, CF), justificável pela especial relevância das causas de competência do STF, guardião da Constituição (art. 102, *caput*) e conseqüentemente da ordem jurídica e do regime democrático, que são protegidos pelo Ministério Público (art. 127).[355]

A participação instrumental do Ministério Público, essencial ao exercício da jurisdição, representa o meio processual para aprimorar e legitimar a atuação do Judiciário nas causas em que são discutidos os direitos sociais e individuais indisponíveis, inclusive para preservar a imparcialidade do julgador, que deve ser neutro e inerte.[356]

2.3. Zelo pelo interesse público

A incumbência constitucional de defesa da ordem jurídica, do regime democrático e dos interesses sociais e individuais indisponíveis diz respeito ao zelo do interesse público.

Hugo Mazzilli critica a expressão "interesse público", por sua imprecisão, mas a prefere à enumeração falha de textos, que buscando cobrir todo o campo de atuação ministerial, elencam os interesses sociais, interesses indisponíveis do indivíduo e da coletividade, interesses coletivos, difusos, transindividuais, etc.[357]

Parece-me que a preferência de Mazzilli não é consonante com a própria multiplicidade de significados de "interesse público" e a necessidade de determinação e maior difusão dos interesses defendidos pelo Ministério Público (interesses sociais, indisponíveis, coletivos, difusos e transindividuais).

O "interesse público" a ser zelado pelo Ministério Público é o primário, interesse do bem geral, identificado como o interesse social (da sociedade ou da coletividade, designados como interesse coletivo e difuso). Não passível de confusão com o interesse público secundário, de interesse da administração.

Mazzilli menciona a compreensão de Renato Alessi sobre interesse público primário e secundário. Não podem ser confundidos o interesse do bem geral (público primário) com o interesse da administração (interesse público secundário, ou seja, o modo como os órgãos governamentais vêem o interesse público). O Ministério Público deve sempre zelar pelo interesse público primário.[358]

---

355. Hugo Nigro Mazzilli, *op. cit.*, p. 49, nota 1.

356. Antonio Cláudio, *op. cit.*, p. 73-77.

357. Mazzilli, *op. cit.*, p. 48.

358. *Op. cit.*, mesma página.

Para diferenciar o interesse público da Administração e da Sociedade, este defendido pelo Ministério Público, poderia ser denominado "interesse comunitário" ou "interesse social" ou "interesse público-social" ou "interesse da sociedade" ou "interesse da coletividade", nomenclaturas que melhor expressariam esse aspecto do interesse público.

Os interesses individuais homogêneos, de caráter disponível, pela dimensão de consumidores ou pessoas vitimizadas e do direito afetado ganham relevância na sociedade, tornando-se questão de "interesse social", a justificar a intervenção do Ministério Público em seu favor.

É perfeitamente constitucional a atividade do Ministério Público na defesa dos interesses ou direitos individuais homogêneos (art. 81, III c/c art. 82, do Código de Defesa do Consumidor, Lei Federal nº 8.078, de 11.9.1990). Apesar da disponibilidade do direito, o ponto crucial levado em consideração para a atuação é a defesa do "interesse social", finalidade da instituição (art. 127, *caput*, da Constituição Federal), destacada ao lado da natureza de regras de "ordem pública", em consonância com o intuito do legislador ao estabelecer normas de proteção e defesa do consumidor (art. 1º, da Lei nº 8.078/1990, Código de Defesa do Consumidor), concretizando os mandamentos constitucionais previstos no art. 5º, XXXI, 170, V, da Carta Magna, e art. 48, de suas Disposições Transitórias.

Há flagrante interesse público na atuação protetiva dos interesses individuais homogêneos de consumidores e das vítimas, inclusive fora do âmbito das relações de consumo, tendo em vista que o Título III (Da Defesa do Consumidor em Juízo, arts. 81 e seguintes), da Lei nº 8.078/1990, aplica-se à defesa dos direitos e interesses difusos, coletivos e individuais, no que for cabível, nos termos do art. 21, da Lei nº 7.347, de 1985 (Lei da Ação Civil Pública), acrescentado pelo art. 117, da referida Lei nº 8.078.

2.4. Defesa da ordem jurídica

O Ministério Público tem sua origem ligada ao trabalho de fiscal da lei, exatamente a defesa da ordem jurídica, que é uma das finalidades do Ministério Público brasileiro (art. 127, *caput*, da Carta Magna). Evidentemente, a ordem jurídica diz respeito a todo o ordenamento jurídico do país. A defesa da ordem jurídica tem amplo campo de atuação.

Em primeira análise, como instituição jurídica estatal, a defesa do ordenamento jurídico seria ampla. Entretanto, a atividade de defesa da ordem jurídica deve ser restrita e compatibilizada com os demais fins da instituição, defesa do regime democrático e dos interesses sociais e individuais indisponíveis (art. 127, Constituição Federal). O Ministério Público não funciona em todas as causas em que são discutidas normas legais e conseqüentemente a "ordem jurídica" vigente. Apenas o Procurador-Geral da República atua em todas as causas em tramitação no Supremo Tribunal Federal, mesmo que não possuam interesse social ou individual indisponível, mas em obediência a mandamento constitucional específico (art. 103, § 1º, Carta Magna), justificável pela relevância das causas apreciadas pelo guardião da Constituição (o STF, art. 102, *caput*).

Note-se que em relação aos demais aspectos da "ordem jurídica", a defesa administrativa e judicial do Estado-Administração e da Fazenda Pública é feita por outras instituições estatais (nas esferas tributária e civil, as procuradorias do Estado e dos Municípios, a procuradoria da fazenda nacional e a advocacia geral da União, conforme arts. 131 e 132, da Carta Magna). Até 1988, o Ministério Público da União fazia a defesa da União em ações civis e o Ministério Público dos Estados cobrava as dívidas ativas da União. A Constituição Federal (1988) eliminou essas atribuições estranhas ao novo perfil constitucional da instituição, ao vedar a representação judicial e a consultoria jurídica de entidades públicas (art. 129, IX), as quais ainda foram exercidas extraordinária e provisoriamente até a estruturação e regulamentação da Advocacia-Geral da União e da Procuradoria da Fazenda Nacional (art. 29, *caput*, §§ 1º, 2º e 5º, do Ato das Disposições Constitucionais Transitórias).

Mazzilli compreende essa destinação constitucional à luz dos demais dispositivos da Lei Maior que disciplinam a atividade do Ministério Público, especialmente a finalidade de defender os interesses sociais e individuais indisponíveis, enfatizando a vedação constitucional (art. 129, IX) de exercer outras funções incompatíveis com sua finalidade (exemplo: representação judicial e a consultoria jurídica de entidades públicas).[359]

2.5. Defesa do regime democrático

A defesa do regime democrático é uma das finalidades características do Ministério Público (art. 127, CF).

---

359. *Op. cit.*, p. 49.

O regime democrático é baseado na soberania popular, liberdade eleitoral, divisão de poderes e controle dos atos das autoridades públicas. É o regime originário da democracia. Aurélio Buarque de Hollanda Ferreira refere que democracia, do grego *demokratía*, significa governo do povo; soberania popular; democratismo. "Doutrina ou regime político baseado nos princípios da soberania popular e da distribuição eqüitativa do poder, ou seja, regime de governo que se caracteriza, em essência pela liberdade do ato eleitoral, pela divisão dos poderes e pelo controle da autoridade, *i.e.,* dos poderes de decisão e de execução".[360]

Segundo o professor Ataliba Nogueira, Estado democrático é o Estado em que o povo, pelo seu livre entendimento, toma decisões políticas ou decide as linhas diretivas das ações dos governantes.[361]

Expressa a liberdade democrática o poder do povo de iniciativa do processo legislativo, pela apresentação de projeto de lei, subscrito por no mínimo um por cento do eleitorado nacional, distribuído por cinco Estados, com não menos de três décimos por cento dos eleitores de cada um deles (art. 61, *caput* e § 2º, da CF) e de escolher os seus representantes, pelo sufrágio universal e pelo voto direto e secreto, com valor igual para todos, mediante plebiscito, referendo e iniciativa popular, exercendo a soberania popular (art. 14, *caput*, I, II e III, CF).

Mazzilli sugere, para tornar concreto o mandamento constitucional de defesa do regime democrático, a propositura de mandado de injunção, quando a falta de norma regulamentadora torne inviável o exercício dos direitos e liberdades constitucionais e das prerrogativas inerentes à nacionalidade, à soberania e à cidadania. Exemplifica a falta de regulamentação da participação popular nas decisões políticas, por plebiscito ou referendo ou iniciativa do processo legislativo (arts. 14 e 61, § 2º, CF). Deve intervir na fiscalização de todo o processo eleitoral, nas hipóteses de perda ou suspensão de direitos políticos e no zelo do livre funcionamento dos partidos políticos.[362]

2.6. Defesa dos interesses sociais

A defesa dos interesses sociais é uma das incumbências do Ministério Público (art. 127, CF). Dentro do conceito constitucional de "inte-

---

360. *Novo Dicionário Aurélio*, p. 430.
361. *Teoria Geral do Estado*, São Paulo, USP, 1966, p. 67; Mazzilli, *O Ministério Público na Constituição de 1988*, p. 50.
362. Mazzilli, *op. cit.*, p. 50-51.

resses sociais" devem ser incluídos os interesses difusos, coletivos e individuais homogêneos.

A proteção do patrimônio público, social, do meio ambiente e de outros interesses difusos e coletivos, através da promoção do inquérito civil e da ação civil pública, consta das funções institucionais do Ministério Público (art. 129, III, CF).

A defesa dos interesses individuais homogêneos não consta especificamente do texto constitucional, porque a modalidade de interesse social foi criada em 1990, pelo Código de Defesa do Consumidor, posterior à Constituição Federal de 1988. Entretanto, a sua defesa pode ser incluída na cláusula constitucional aberta que lhe permite "exercer outras funções", porque perfeitamente "compatível" com a finalidade institucional do Ministério Público, segundo assinala o inciso IX, do art. 129, da Constituição Federal, com a defesa dos interesses sociais e da ordem jurídica (art. 127, CF), especialmente porque a defesa do consumidor pelo Estado é garantia fundamental do cidadão (art. 5º, XXXII, CF), corporificada nas normas estabelecidas no Código de Defesa do Consumidor (Lei nº 8.078/1990), diploma que expressou claramente a vontade do legislador de defender e proteger o consumidor, por sua característica de "ordem pública" e "interesse social", conforme assinala o seu art. 1º.

Os interesses ou direitos difusos são entendidos pelo legislador como os transindividuais, de natureza indivisível, de que seja titular grupo, categoria ou classe de pessoas ligadas entre si ou com a parte contrária por uma relação jurídica base (art. 81, parágrafo único, I, Lei nº 8.078/1990). Inclui-se nessa categoria o ar que respiramos, o meio ambiente.

Os interesses ou direitos coletivos são entendidos pelo legislador como os transindividuais, de natureza indivisível, de que seja titular grupo, categoria ou classe de pessoas ligadas entre si ou com a parte contrária por uma relação jurídica base (art. 81, parágrafo único, II, Lei nº 8.078/1990). Por exemplo, os estudantes de uma escola em relação à qualidade do ensino.

Os interesses ou direitos homogêneos são entendidos pelo legislador como os decorrentes de origem comum (art. 81, parágrafo único, III, Lei nº 8.078/1990). São exemplos: os compradores de veículos de um determinado modelo; os estudantes de uma escola em relação às mensalidades (o STF, no RE 163.231 SP, Rel. Ministro Maurício Corrêa, j. em 26.2.1997, considerou de natureza coletiva, *Boletim Informativo do STF* nº 61, www.stf.gov.br);

O Ministério Público e os outros entes públicos e associativos têm legitimidade para a defesa coletiva dos interesses e direitos dos consumidores e das vítimas (arts. 81 e 82, Código de Defesa do Consumidor), sendo admissíveis todas as espécies de ações capazes de propiciar sua adequada e efetiva tutela (art. 83).

2.7. Defesa dos interesses individuais indisponíveis

Também a defesa dos interesses individuais indisponíveis incumbe ao Ministério Público (art. 127, *caput*, CF).

Os interesses individuais têm abrangência restrita ao particular, mas a sua importância é reconhecida especialmente no meio social quando sejam considerados indisponíveis, justificando a intervenção do Ministério Público.

A indisponibilidade diz respeito à impossibilidade do sujeito dispor do direito livremente. Por exemplo, é considerado indisponível o direito a alimentos, em relação a pessoa menor de idade, não podendo o seu representante renunciar, apenas deixar de exercer o direito (art. 1.707, CC 2002; art. 404, do CC 1916). São indisponíveis os direitos à vida, à saúde, à educação, à filiação, ao nome, à integridade física e mental, à liberdade, dentre mais.

A eventual disponibilidade do direito não impede a atuação do Ministério Público nas situações de direitos individuais homogêneos, por sua caracterização como "interesse social" e dentro do perfil constitucional assinalado para a instituição.

3. PRINCÍPIOS INSTITUCIONAIS

São princípios institucionais do Ministério Público a unidade, a indivisibilidade e a autonomia funcional e administrativa.

3.1. Unidade

O princípio da unidade relaciona-se à consideração do Ministério Público como ente único, independentemente da diversidade de órgãos ou da sua divisão.

Para E. Magalhães Noronha, unidade é a consideração do Ministério Público um só órgão, sob a mesma chefia e exercendo a mesma função, em que todos os seus representantes integram e compõem o mesmo órgão.[363]

O Ministério Público abrange o da União e dos Estados (art. 128, Constituição Federal). Cada espécie de Ministério Público (da União, que se subdivide em Federal, do Trabalho, Militar, do Distrito Federal e Territórios, e dos Estados) exerce o mesmo ofício de Ministério Público, com as suas peculiaridades.

A Constituição Federal indica que o Ministério Público não deveria ser encarado como fração, mas há entendimento de que a unidade seria apenas em relação à mesma espécie de Ministério Público, sem vinculação de um com os demais (Ministério Público Federal em relação ao Ministério Público dos Estados, nem o de um Estado com referência ao de outro ente federativo).[364]

3.2. Indivisibilidade

A indivisibilidade e a unidade são conceitos bem próximos.

A indivisibilidade significa que a instituição é um todo indivisível, é único o ofício de Ministério Público, podendo um membro ser substituído por outro da mesma carreira e ramo (membro do Ministério Público Federal por outro membro do mesmo ramo; membro do Ministério Público do Estado de São Paulo, por outro membro do Ministério Público de São Paulo, não do Paraná nem de outro Estado, vice-versa), sem que interfira no desempenho das funções.

Sobre a indivisibilidade, Magalhães Noronha anota: "Os seus componentes podem ser substituídos uns pelos outros, sempre na forma prevista em lei, sem que se perca o sentido de unidade".[365] Complementa Cabral Neto que "a personalidade de cada um de seus membros é absorvida por sua função".[366]

A substituição não pode ser arbitrária e deve ser prevista em lei.[367]

3.3. Autonomia funcional e administrativa

O constituinte instituiu o princípio da autonomia funcional e administrativa do Ministério Público (127, § 2º, CF). Essa autonomia relaciona-se às atividades normais da instituição e dos seus membros, à

---

363. *Curso de Direito Processual Penal*, Saraiva, São Paulo, 20ª ed., 1990, p. 141.
364. Mazzilli, *Regime Jurídico do Ministério Público*, p. 66.
365. *Op. cit.*, p. 141.
366. *Op. cit.*, p. 32.
367. Mazzilli, *op. cit.*, mesma página.

gestão financeira e administrativa e à iniciativa legislativa de interesse institucional.

A autonomia funcional ou independência funcional garante a liberdade de atuação do órgão do Ministério Público, sem sofrer influência hierarquicamente superior. O membro atua livremente no caso concreto, de acordo com as regras legais e a sua consciência, sem direcionamento vinculativo e compulsório dos órgãos superiores, para que possam servir aos interesses da lei e não aos dos governantes.[368] Agem conforme a sua convicção fática e jurídica.

A hierarquia é apenas administrativa, não podendo o chefe da instituição determinar como deva agir o membro oficiante, muito menos em qual sentido. A chefia do Procurador-Geral é administrativa, não funcional. Magalhães Noronha esclarece: "Apesar de hierarquizados, os membros do Ministério Público mantêm independência e autonomia no exercício da função, podendo haver discordância entre eles, mesmo no mesmo processo".[369]

Evidentemente, a autonomia não é absoluta. Os membros do Ministério Público devem acatar as decisões dos órgãos da administração superior (art. 43, XIV, da Lei Federal nº 8.625/1993), de natureza administrativa e não processual. Não se insere no âmbito da independência funcional as decisões de caráter administrativo relativas à revisão de promoção de arquivamento de inquérito policial (pelo Procurador-Geral) ou de inquérito civil (pelo Conselho Superior) ou de imposição de sanções disciplinares, pelos órgãos superiores.

A chefia da instituição e os demais órgãos superiores podem baixar recomendações sobre atuação jurídica e processual, sem caráter vinculativo (arts. 10, XII, 15, X, 17, IV, 20, 33, II e V, 43, XIV, da Lei nº 8.625/1993).

A autonomia administrativa é uma conquista institucional alcançada na Constituição Federal de 1988. Antes disso, a dependência administrativa e financeira era a marca do Ministério Público, desde a nomeação e provimento de cargos até a elaboração das folhas de pagamento, liberação das verbas respectivas e emissão de demonstrativos. A situação de dependência era generalizada tanto do Ministério Público da União quanto dos Estados da Federação. Até o início da década de 1990, o Ministério Público do Estado de São Paulo era dependente do Executivo e da Secretaria da Fazenda.

---

368. Manoel Gonçalves Ferreira Filho, *Curso de Direito Constitucional*, Saraiva, 1981, p. 294; Mazzili, *Regime...*, p. 67, nota 8.

369. *Op. cit.,* mesma página.

A própria instituição tem autonomia funcional em relação a outros entes públicos, de modo de que não pode alguma outra instituição pública – ligada direta ou indiretamente aos Poderes da República (Judiciário, Legislativo e Executivo) – determinar o modo de atuação do Ministério Público ou de seu membro. A instituição e os seus membros são independentes funcionalmente. Isso equivale a dizer que nenhum governante pode direcionar a atuação do Ministério Público e nem o Procurador-Geral pode impor diretivas aos membros do Ministério Público.

O *parquet* não é mais auxiliar do Governo nem *longa manus* do Executivo – como na origem e até tempos atrás. Caracteriza-se como órgão constitucional independente, investido de funções essenciais à Justiça, não vinculado diretamente aos Poderes da República.

Os membros do Ministério Público são considerados agentes políticos,[370] com autonomia funcional, exercendo relevantes atribuições constitucionais e parcela da soberania do Estado, especialmente na promoção da ação penal pública.

O Ministério Público possui a garantia de autonomia administrativa, de modo que a própria instituição decide sobre os seus assuntos domésticos, sem depender diretamente de outro ente público. O Executivo é obrigado a passar à instituição os recursos públicos constantes do orçamento para o custeio e funcionamento do órgão do Ministério Público, através de duodécimos, até o dia 20 de cada mês, conforme prevê o art. 168, da Carta Magna (STF, AOr 311-AL, Rel. Ministro Marco Aurélio, j. 26.6.1996; MS 21291-RJ, *Boletim Informativo do STF* nº 37; MS 22.384 GO, Rel. Ministro Sydney Sanches, 14.8.1997, *Boletim Informativo do STF* nº 79; *RTJ* 140/818, MS 21.450-MT).

A instituição detém iniciativa do processo legislativo para a criação e extinção de cargos (art. 127, § 2º, CF), organização, atribuições e estatuto do Ministério Público (art. 128, § 2º) e proposta orçamentária (art. 127, § 3º). Tem permissão para o provimento inicial ou derivado de seus próprios cargos e serviços auxiliares criados por lei.

Também pode iniciar o processo legislativo para a fixação ou majoração de vencimentos, decorrente do princípio da independência funcional do Ministério Público, perante o Legislativo, o Executivo e o Judiciário (arts. 127, § 1º, da Constituição Federal e 91, § 1º, da Constituição do Estado de São Paulo), dando-lhe efetividade, porque

---

370. Hely Lopes Meirelles, *Direito Administrativo Brasileiro*, Revista dos Tribunais, São Paulo, 8ª ed., 2ª tir., 1982, p. 59-60; Mazzilli, *op. cit.*, p. 75-76.

segundo parecer de Fábio Konder Comparato *"o vencimento faz parte da definição de cargo público, juntamente com a denominação própria, o número certo e as atribuições correspondentes"*, de modo que a *"proposta de criação de cargos públicos que não contemplasse o seu estipêndio seria evidentemente inepta, por lacunosa em elemento essencial à sua definição"* e a sua *"proclamada autonomia funcional seria puramente retórica, sem nenhuma efetividade"* (Parecer publicado pela *APMP*, São Paulo, 1990, pp. 16 e 18).

O poder de iniciativa de lei para fixação e reajuste de vencimentos está implícito na faculdade de propor a criação e extinção de cargos, com respaldo do E. Supremo Tribunal Federal (ADIn 126/4, Rondônia, j. em 29.8.1991, sessão plena).

O art. 3º, V e VI, da Lei nº 8.625/1993 reconheceu o poder de iniciativa ao procurador-geral de justiça nos projetos de lei relativos à fixação e ao reajuste de vencimentos dos membros do Ministério Público e de seus servidores.

O mesmo dispositivo (art. 3º) delineou o âmbito da autonomia administrativa e financeira do Ministério Público, autorizando-o a praticar atos de gestão; praticar atos e decidir sobre a situação funcional e administrativa de seu pessoal ativo e inativo; elaborar folhas de pagamento e expedir demonstrativos; adquirir bens, contratar serviços e contabilizar; propor ao Legislativo a criação e extinção de cargos, a fixação e o reajuste de vencimentos de seus membros e serviços auxiliares; prover os cargos iniciais da carreira e dos serviços auxiliares, inclusive em remoção, promoção e demais formas de provimento derivado; editar atos de aposentadoria, exoneração e outros que importem em vacância de cargos de carreira e dos serviços auxiliares e de disponibilidade; organizar suas secretarias e os serviços auxiliares das procuradorias e promotorias de justiça; compor os seus órgãos de administração; elaborar os seus regimentos internos; exercer outras competências decorrentes de sua autonomia.

Para completar, o parágrafo único do art. 3º da Lei nº 8.625/1993 considerou de eficácia plena e executoriedade imediata as decisões do Ministério Público, fundadas em sua autonomia funcional, administrativa e financeira, obedecidas as formalidades legais, ressalvada a competência constitucional do Poder Judiciário e do Tribunal de Contas. O Tribunal de Justiça de São Paulo reconheceu que o Ministério Público goza de autonomia funcional e administrativa, sob a fiscalização do Tribunal de Contas (TJSP, MS 127088-1, 1ª Câm. Civ., Rel. Álvaro Lazzarini, j. em 17.4.1990, *JTJ* 127/235).

4. GARANTIAS E PRERROGATIVAS DOS ÓRGÃOS

As instituições públicas têm garantias e os seus membros e órgãos detêm prerrogativas, para melhor desempenharem as suas atividades, em atenção ao interesse público, que são concedidas pela lei em casos especiais.[371]

A instituição do Ministério Público tem garantias institucionais (destinação constitucional, princípios, autonomia, iniciativa legislativa, concurso de ingresso, etc.), que repercutem indiretamente nos seus membros. Há outras garantias, que se relacionam ao órgão (agente público), com reflexo na instituição. Do mesmo modo, o Judiciário e seus membros; o Legislativo e seus componentes.

As garantias são da pessoa, do órgão, do ofício ou da instituição, e as prerrogativas ligam-se ao cargo. A Constituição Federal refere-se às prerrogativas de vitaliciedade, inamovibilidade e irredutibilidade de vencimentos como garantias em relação aos membros do Ministério Público (art. 128, § 5º, I, "a" a "c") e do Judiciário (art. 95, I a III).

Apesar das garantias nem sempre serem prerrogativas e vice-versa, para efeitos desta análise, considera-se as garantias constitucionais dos membros do Ministério Público como prerrogativas, pela sua vinculação ao cargo.

As principais prerrogativas dos membros do Ministério Público são a vitaliciedade (art. 128, § 5º, "a", CF), a inamovibilidade (art. 128, § 5º, "b"), a irredutibilidade de vencimentos (subsídios, art. 128, § 5º, "c"), a independência funcional e o foro por prerrogativa de função. Também são lembradas como garantias políticas dos membros do Ministério Público a isonomia de vencimentos, vedações, promoção e aposentadoria.[372]

5. FUNÇÕES TÍPICAS E ATÍPICAS, EXCLUSIVAS E CONCORRENTES

O Ministério Público exerce funções típicas e atípicas, exclusivas e concorrentes, objetivando o interesse público.

---

371. Sobre garantais e prerrogativas, vide Mazzilli, *O Ministério Público...*, p. 75-83.

372. Mazzilli, *op. cit.*, p. 76-95; Antonio Araldo Ferraz Dal Pozzo, "Democratização da Justiça – Atuação do Ministério Público", *Justitia* nº 127, p. 42 e 49.

O MINISTÉRIO PÚBLICO NA INVESTIGAÇÃO CRIMINAL
MINISTÉRIO PÚBLICO BRASILEIRO   EDIPRO

5.1. Funções típicas

São funções típicas aquelas peculiares à instituição e às suas finalidades constitucionais: promoção da ação penal pública (art. 129, I, CF), da ação civil pública (art. 129, III), da defesa da ordem jurídica, do regime democrático e dos interesses sociais e individuais indisponíveis (art. 127, *caput*), do zelo pelo efetivo respeito dos Poderes Públicos e dos serviços de relevância pública aos direitos assegurados na Constituição (art. 129, II). Também a defesa dos interesses e direitos individuais homogêneos (arts. 81 e 82, do Código de Defesa do Consumidor e art. 21, da Lei nº 7.347/1985) e a atuação na esfera da Infância e Juventude (Lei nº 8.069/1990)

A ação civil *ex delicto* (art. 68, CPP) pode ser enquadrada como função típica, por sua ligação ao exercício completo da ação penal, num sentido amplo, que englobaria a reparação dos danos. Em relação à ação civil para reparação de danos decorrentes de crime, Ada Pellegrini Grinover considera a atribuição da Defensoria Pública para a representação judicial dos interesses pessoais das vítimas de crimes, mas reconhece a "legitimação à causa do Ministério Público que, com o mesmo objetivo imediato, estará perseguindo o interesse social e o do próprio Estado, podendo agir tanto a título individual como a título coletivo, pela via da ação civil pública".[373]

O E. Supremo Tribunal Federal e o E. Superior Tribunal de Justiça consideram que na falta de outro serviço estatal para atuar em defesa de vítima sem meios para constituir defensor particular, o Ministério Público, como substituto processual, tem legitimidade para promover a ação de indenização *ex delicto* (art. 68 do CPP). No STF, RE 135.328/SP, *DJ* 1º.9.1994. No STJ, REsp 94.070/SP, *DJ* 9.6.1997, REsp 58.658/MG, *DJ* 11.11.1996 e REsp 66.982-SP, *DJ* 23.6.1997. Também: REsp 200.597-RJ, Rel. Ministro Ruy Rosado, j. em 18.5.1999, *Informativo de Jurisprudência do STJ* nº19, www.stj.gov.br.

5.2. Funções atípicas

Consideram-se atípicas as funções que não se amoldam às finalidades da instituição e são estranhas ao perfil constitucional do Ministério Público. Por exemplo: o patrocínio de reclamação trabalhista (art. 477, § 3º, CLT; art. 17, da Lei nº 5.584/1970), pedidos de benefi-

---

373. "O Ministério Público na reparação do dano às vítimas do crime", *Tribuna do Direito*, março de 1994, p. 8.

ciários da assistência judiciária, patrocínio de ação acidentária, análise de habilitação de casamento.

A defesa judicial dos interesses patrimoniais da União (Ministério Público Federal) e a cobrança de créditos da dívida ativa da União (Ministério Público dos Estados), além da consultoria jurídica de entidades públicas, eram os exemplos mais marcantes, atualmente vedados constitucionalmente (art. 129, IX, Constituição Federal), funções exercidas até mesmo depois da Constituição Federal de 1988, de forma transitória (art. 29, *caput* e § 5º, do Ato das Disposições Constitucionais Transitórias) até a organização e edição de leis complementares do Ministério Público da União e dos Estados, da Advocacia-Geral da União e da Procuradoria da Fazenda Nacional.

5.3. Funções exclusivas e concorrentes

As funções do Ministério Público relacionam-se à promoção da aplicação e execução das leis, direcionadas ao zelo de interesses sociais ou individuais indisponíveis, difusos e coletivos (arts. 127 e 129), de forma exclusiva ou concorrente, na busca do atendimento do interesse público.

O exercício da ação penal é função exclusiva do Ministério Público (art. 129, I, CF), regra excepcionada apenas em caso de inércia da instituição por meio da ação penal privada subsidiária, intentada pela vítima ou seu representante (art. 5º, LIX, CF).

São concorrentes (art. 129, § 1º, CF) as funções de defensor do povo (art. 129, II, CF), de promoção da ação civil pública (III), de promoção de ação de inconstitucionalidade ou representação para fins de intervenção da União e dos Estados (IV) e de defesa judicial dos direitos e interesses das populações indígenas (V).

6. CAMPO DE ATUAÇÃO

O Ministério Público tem vasto campo de atuação na atualidade. Atua na esfera criminal, civil, infância e juventude e extrajudicial.

No campo criminal, a sua atuação é retratada na promoção privativa da ação penal, requisição de inquérito policial e diligências investigatórias, acompanhamento de atos de investigações policiais e controle externo da polícia. A intervenção é quase sempre como órgão agente, funcionando como interveniente (*custos legis*) nas ações penais privadas.

No civil, atua em causas de interesses públicos, sociais, coletivos, difusos (principalmente em ações civis públicas para a defesa do meio ambiente, da saúde pública, do patrimônio público, histórico e cultural, do consumidor), individuais homogêneos e interesses individuais indisponíveis (especialmente nas causas do direito de família). Também nas ações *ex delicto*.

Na esfera extrajudicial, o seu trabalho consiste no atendimento ao público, instauração e movimentação do inquérito civil, habilitações de casamentos, fiscalização de fundações e referendo de acordos extrajudiciais. Também nos Tribunais de Contas, na fiscalização de contas públicas.

7. ESTRUTURA ORGANIZACIONAL DO MINISTÉRIO PÚBLICO

O Brasil é um Estado Federativo, cuja organização político-administrativa compreende a União, Estados, Distrito Federal e os Municípios, todos autônomos (art. 18, CF). O Direito segue a linha da *civil law*, sistema romano.

Há órgãos jurisdicionais de esfera federal no âmbito do Poder Judiciário (Supremo Tribunal Federal, Superior Tribunal de Justiça, Tribunal Superior do Trabalho, Superior Tribunal Militar, Tribunal Superior Eleitoral, Tribunais Regionais e juízos federais, do trabalho, militares e eleitorais) e estaduais (Tribunais de Justiça dos Estados e juízes estaduais).

Em idêntica estrutura, há os membros do Ministério Público da União e dos Estados, que funcionam perante os respectivos órgãos jurisdicionais.

O Ministério Público brasileiro está estruturado em duas espécies: Ministério Público da União e dos Estados. O Ministério Público da União é composto pelo Ministério Público Federal, Ministério Público do Trabalho, Ministério Público Militar e Ministério Público do Distrito Federal e Territórios. Cada Estado da Federação possui o seu próprio Ministério Público.

7.1. Ministério Público da União

O Ministério Público da União compreende o Ministério Público Federal, Ministério Público do Trabalho, Ministério Público Militar e Ministério Público do Distrito Federal e Territórios (art. 24, I a IV, da Lei Complementar Federal nº 75, de 20.5.1993).

Entretanto, as carreiras são independentes entre si, e cada ramo tem organização própria (art. 32). As funções somente podem ser exercidas por integrantes da respectiva carreira (art. 33), indicando a impossibilidade de mudança de carreira dos diversos ramos, mesmo entre integrantes do Ministério Público da União, exceto por novo concurso de ingresso à outra carreira pretendida. Por exemplo, o membro do Ministério Público Federal não pode se remover para o Ministério Público do Trabalho nem deste para aquele ou em relação aos demais ramos (Ministério Público do Distrito Federal e Territórios ou Ministério Público Militar), vice-versa.

7.1.1. Ministério Público Federal

São denominados Procurador-Geral da República, Subprocuradores Gerais da República, Procuradores Regionais da República e Procuradores da República os órgãos de execução do Ministério Público Federal (art. 43, I, VI, VII e VIII, da Lei Complementar Federal nº 75). Também são órgãos o Colégio de Procuradores da República, o Conselho Superior do Ministério Público Federal, as Câmaras de Coordenação e Revisão do Ministério Público Federal e a Corregedoria do Ministério Público Federal (art. 43, II, III, IV e V). A carreira é constituída pelos cargos de Subprocurador-Geral da República, Procurador Regional da República e Procurador da República (art. 44), sendo este o cargo inicial e o de Subprocurador-Geral da República o do último nível (parágrafo único).

O órgão atua nas causas cíveis e criminais de interesse federal em tramitação no Supremo Tribunal Federal, Superior Tribunal de Justiça, Tribunais e Juízes Federais.

7.1.2. Ministério Público do Trabalho

São denominados Procurador-Geral do Trabalho, Subprocuradores-Gerais do Trabalho, Procuradores Regionais do Trabalho e Procuradores do Trabalho os órgãos de execução do Ministério Público do Trabalho (art. 85, I, VI, VII e VIII, da Lei Complementar Federal nº 75). Também são órgãos o Colégio de Procuradores do Trabalho, o Conselho Superior do Ministério Público do Trabalho, as Câmaras de Coordenação e Revisão do Ministério Público do Trabalho e a Corregedoria do Ministério Público do Trabalho (art. 85, II, III, IV e V). A carreira é constituída pelos cargos de Subprocurador-Geral do Trabalho, Procurador Regional do Trabalho e Procurador do Trabalho (art. 86), sendo este o cargo inicial e o de Subprocurador-Geral do Trabalho o do último nível (parágrafo único).

Atua perante a Justiça do Trabalho (Tribunal Superior do Trabalho, Tribunais Regionais e Juntas de Conciliação e Julgamento) em causas de interesse coletivo.

7.1.3. Ministério Público Militar

São denominados Procurador-Geral da Justiça Militar, Subprocuradores-Gerais da Justiça Militar, Procuradores da Justiça Militar e Promotores da Justiça Militar os órgãos de execução do Ministério Público Militar (art. 118, I, VI, VII e VIII, da Lei Complementar Federal nº 75).

Atua junto à Justiça Militar (Superior Tribunal Militar, Tribunais e Juízes Militares), na esfera federal, na persecução de crimes militares federais.[374]

7.1.4. Ministério Público do Distrito Federal e Territórios

São denominados Procurador-Geral de Justiça, Procuradores de Justiça, Promotores de Justiça e Promotores de Justiça Adjuntos os órgãos de execução do Ministério Público do Distrito Federal e Territórios (art. 153, I, VI, VII e VIII, da Lei Complementar Federal nº 75). Também são órgãos o Colégio de Procuradores e Promotores de Justiça, o Conselho Superior do Ministério Público do Distrito Federal e Territórios, as Câmaras de Coordenação e Revisão do Ministério Público do Distrito Federal e Territórios e a Corregedoria do Ministério Público do Distrito Federal e Territórios (art. 153, II, III, IV e V). A carreira é constituída pelos cargos de Procurador de Justiça, Promotor da Justiça e Promotor da Justiça Adjunto (art. 154), sendo este o cargo inicial e o de Procurador de Justiça o último (parágrafo único).

A atuação ocorre perante os Tribunais e Juízes do Distrito Federal e Territórios nas mesmas matérias atinentes à Justiça dos Estados.

---

374. Na esfera estadual da Justiça Militar, onde ela existe (São Paulo e Rio Grande do Sul), funciona o Ministério Público estadual e não há carreira especial. No âmbito do Judiciário, os cargos de juízes militares compõem a carreira da Justiça Militar Estadual, separada da Magistratura estadual comum.

7.1.5. Ministério Público junto à Justiça Eleitoral

Não há propriamente o Ministério Público Eleitoral, mas funções Eleitorais do Ministério Público Federal, para as causas eleitorais, inclusive por crime eleitoral. Cabe ao Ministério Público Federal atuar perante a Justiça Eleitoral (art. 72, Lei Complementar Federal nº 75). O Procurador-Geral da República é o Promotor Geral Eleitoral (art. 73). O Vice-Procurador-Geral Eleitoral é um dos Subprocuradores-Gerais da República (art. 73, parágrafo único). Os Procuradores Regionais Eleitorais e seus substitutos, que funcionam perante os Tribunais Regionais Eleitorais, são Procuradores Regionais da República (art. 76). O Promotor Eleitoral perante os Juízes e Juntas Eleitorais é o membro do Ministério Público dos Estados, que funciona junto ao Juízo incumbido do serviço eleitoral (arts. 78 e 79 da Lei Complementar Federal nº 75). O Promotor de Justiça do Estado exerce função federal.

7.2. Ministério Público dos Estados

Cada um dos Estados-membros possui um Ministério Público Estadual. A Lei Federal nº 8.625, de 12.2.1993, dispôs sobre as normas gerais para a organização do Ministério Público dos Estados. Cada unidade federativa tem sua norma complementar de organização da instituição, para aplicação no seu Estado, em harmonia com as regras gerais fixadas pela Lei Federal nº 8.625/1993.

Prevê o art. 5º da Lei nº 8.625 que são órgãos da Administração Superior do Ministério Público a Procuradoria-Geral de Justiça, o Colégio de Procuradores de Justiça, o Conselho Superior do Ministério Público e a Corregedoria-Geral do Ministério Público. Também são órgãos de Administração as Procuradorias de Justiça e as Promotorias de Justiça (art. 6º). São órgãos de execução: o Procurador-Geral de Justiça, o Conselho Superior do Ministério Público, as Procuradorias de Justiça e os Promotores de Justiça (art. 7º). São órgãos auxiliares: os Centros de Apoio Operacional, a Comissão de Concurso, o Centro de Estudos e Aperfeiçoamento Funcional, os órgãos de apoio administrativo e os estagiários (art. 8º).

7.3. Ministério Público perante o Tribunal de Contas

A Constituição Federal não criou e nem há possibilidade legal de ser criado um novo ramo de Ministério Público de Contas.

O art. 130, da CF, de péssima técnica legislativa, previu que aos membros do Ministério Público junto aos Tribunais de Contas aplicam-se as disposições da seção pertinentes a direitos, vedações e forma de investidura. A norma é totalmente despicienda e inócua, tendo em vista que se é Ministério Público, mesmo com funções de análise das contas públicas, obviamente possui os mesmos direitos, vedações e forma de investidura.

Mazzilli informa que o Ministério Público junto ao Tribunal de Contas deixou de ser previsto, como instituição própria, tendo em vista a supressão da alínea "e" do inciso I, do art. 128, que previa uma nova espécie de Ministério Público (Ato Declaratório D. 1.144, constituinte Ibsen Pinheiro, Emenda 2t00452). Entende que os órgãos do Ministério Público deviam e devem atuar perante os Tribunais e Conselhos de Contas, são órgãos do Ministério Público da União e dos Estados, enfatizando a necessidade da legislação infraconstitucional disciplinar a atuação do Ministério Público junto aos Tribunais e Conselhos de Contas.[375]

Por outro lado, o E. Supremo Tribunal Federal entendeu que o Ministério Público especial junto aos Tribunais de Contas se trata de instituição autônoma e não se confunde com os demais ramos do Ministério Público comum dos Estados e da União, observando que a instituição "qualifica-se como órgão estatal dotado de identidade e de fisionomia próprias que o tornam inconfundível e inassimilável à instituição do Ministério Público comum da União e dos Estados-membros" (ADIn 2.884, Rel. Ministro Celso de Mello, *DJ* 20.5.2005). Vide sobre o assunto: ADIn 2.068, Rel. Ministro Sydney Sanches, *DJ* 16.5.2003.

Seção II
O PAPEL ATUAL DO MINISTÉRIO PÚBLICO NA AÇÃO PENAL E NA INVESTIGAÇÃO CRIMINAL

1. O MINISTÉRIO PÚBLICO NA AÇÃO PENAL

Segundo a norma constitucional, o Ministério Público é o órgão estatal encarregado de exercer a ação penal pública (art. 129, I, CF),

---

375. Mazzilli, *O Ministério Público na Constituição de 1988*, Saraiva, São Paulo, 1989, p. 64-66.

privativamente. A atribuição para a ação penal pública é privativa da instituição em relação a outros entes públicos.

Entretanto, poderá ser intentada a ação penal privada subsidiária, pela vítima, em crimes do seu interesse, e também por entes públicos e associativos nos crimes de relações de consumo, em caso de inércia da promotoria (art. 5º, LIX, CF). Ação penal privada subsidiária é o mecanismo processual utilizado pela vítima nos crimes de ação pública para o início do processo, quando o Ministério Público não exerce no prazo legal o direito de ação. Por outro lado, ação privada comum é usada nos crimes de ação privada, de exclusivo interesse da vítima e por ela intentada, através de queixa, para desencadear o processo. O art. 80, da Lei nº 8.078/1990, Código de Defesa do Consumidor, possibilitou às entidades e órgãos da administração pública, direta ou indireta, ainda que sem personalidade jurídica, especificamente destinados à defesa dos interesses e direitos protegidos (art. 82, III) e as associações legalmente constituídas (art. 82, IV) intervirem no processo penal atinentes aos crimes e contravenções que envolvam relações de consumo como assistentes do Ministério Público e exercerem a ação penal subsidiária, se a denúncia não for oferecida no prazo legal. O Ministério Público atua como parte adjunta e fiscal da lei na ação penal subsidiária.[376]

Não há inércia quando o Ministério Público, no prazo legal, oferecer a denúncia, requerer o arquivamento do inquérito policial ou requisitar novas diligências (art. 46, CPP). O E. STF extinguiu ação penal privada ajuizada após o arquivamento do inquérito policial, ordenado em primeira instância a requerimento do Ministério Público, formulado no prazo legal (HC 74.276-RS, Rel. Ministro Celso de Mello, 3.9.1996, *Boletim Informativo do STF* nº 43, www.stf.gov.br). Precedentes: INQ. 172-SP (*RTJ* 112/474) e HC 67.502-RJ (*RTJ* 130/1084).

O Ministério Público possui legitimidade política e processual, para a ação penal pública. É o ente estatal legítimo, autêntico e lídimo para tal mister, constitucionalmente reconhecido e habilitado (art. 129, I, CF).

A legitimidade política decorre do preceito constitucional, oriundo da vontade popular expressa pelos constituintes.

A legitimidade processual diz respeito ao exercício em nome do Estado, titular do direito material e de ação. O Estado conferiu ao Ministério Público o encargo do exercício da pretensão punitiva estatal.

---

376. Hélio Tornaghi, *Curso de Processo Penal*, v. 1, Saraiva, São Paulo, p. 74.

Qual a dimensão da incumbência constitucional de promover privativamente a ação penal pública?

Inegavelmente, o oferecimento de denúncia criminal, a participação na instrução judicial, a produção de provas, as alegações e apresentação de recursos e sua resposta são privativos do Ministério Público.

Além disso, a ação penal pública deve ser vista de modo amplo e abarcar todos os assuntos ligados ao crime: participação e acompanhamento da prevenção e política de segurança pública; conhecimento imediato de ocorrências; participação e interferência no trabalho de investigação criminal; movimentação privativa da máquina judiciária penal, atuação na instrução judicial e na efetiva realização da prestação jurisdicional por execução da pena; preservação dos direitos humanos nas diversas fases da influência do crime na sociedade e dos seus reflexos nos envolvidos.

A atuação na reparação dos danos provocados pelos crimes pode ser incluída nessa noção ampla da ação penal, com o objetivo de melhor proteger e beneficiar a vítima, prejudicada pelo crime.

2. ELEMENTOS MÍNIMOS PARA INICIAÇÃO DA AÇÃO PENAL

O trabalho do Ministério Público na fase judicial é essencial e principal na repressão criminal, porque a ação penal é o mecanismo jurídico para a persecução penal e aplicação de sanção penal.

Para o desencadeamento da ação penal, há necessidade de elementos mínimos para servir de base ao início do processo e demonstração de justa causa da persecução estatal. Os dados são produzidos através de investigação criminal.

O meio mais comum e tradicional de investigação criminal é através do inquérito policial, por trabalho da polícia (arts. 4º e seguintes, do Código de Processo Penal), mas podem ser obtidos por outras formas: encaminhamento pela vítima ou por qualquer pessoa do povo (art. 27, CPP) ou por autoridades judiciais (art. 40, CPP) ou por outros entes públicos de documentos ou outros elementos (em sindicância administrativa, devem remeter cópia ao Ministério Público, de fatos delituosos, art. 154, parágrafo único, da Lei Federal nº 8.112/1990) ou produzidos pelo próprio Ministério Público, em procedimentos administrativos de sua atribuição (art. 129, VI, da Constituição Federal; art. 26, I e II, da Lei Federal nº 8.625/1993, art. 7º, I, da Lei Complemen-

220

tar Federal nº 75/1993 e art. 104, I, da Lei Complementar Estadual de São Paulo nº 734/1993). Também por termo circunstanciado (art. 69, da Lei nº 9.099/1995).

O inquérito policial é atribuição da autoridade policial, no exercício do trabalho de polícia de investigação criminal (art. 144, § 1º, I, § 4º, CF), para apuração das infrações e sua autoria (art. 4º, *caput*, CPP), sem exclusão de autoridades administrativas, a quem por lei seja cometida a mesma função (art. 4º, parágrafo único, CPP).

Por outro lado, nada impede que o Ministério Público efetue investigações em procedimento administrativo da sua atribuição – diverso do inquérito policial – e utilize os dados para o exercício da ação penal, sem constituir qualquer vício ou nulidade, mesmo porque dispensável o inquérito policial se presentes elementos suficientes e hábeis que corroborem a denúncia criminal (art. 39, § 5º, CPP).

O trabalho investigatório prévio é destinado a proporcionar informações sobre a autoria e a materialidade e para permitir o oferecimento de denúncia criminal pelo Ministério Público e o seu recebimento pelo juiz criminal, para início da ação e instrução penal. A importância das investigações preliminares para o julgamento é pequena, tendo em vista a produção unilateral, de cunho inquisitório, sem o completo exercício dos princípios constitucionais e processuais do contraditório e ampla defesa, de forma que são repetidas quase todas as provas em Juízo.

3. MOVIMENTAÇÃO DE AÇÃO PENAL PÚBLICA POR OUTROS ENTES PÚBLICOS

Noutros tempos podia ser justificável autorizar o povo ou outras instituições públicas exercerem atribuições típicas do Ministério Público, para suprir eventual ausência do promotor de justiça, inclusive no Brasil-Colônia as suas funções na ação penal pública podiam ser exercidas por escrivães, segundo as Ordenações Filipinas, ou por qualquer do povo, no Império. Nas Ordenações Filipinas, de 1603, ficou estabelecido que na ausência do promotor, o tabelião ou o escrivão do feito faria o libelo e arrolaria as testemunhas (Título XV, 6). Na fase imperial, conforme previa o Código de Processo Criminal do Império, de 1832, a denúncia competia ao promotor ou a qualquer do povo (art. 74), desde que pessoa com condições para ser jurado (art. 36), incumbindo ao denunciante também solicitar a prisão e punição dos criminosos e promover a execução das sentenças e mandados judiciais (art. 37, § 2º). As Ordenações Afonsinas são de 1446, as Manuelinas datam de 1521 e as Filipinas de 1603.[377]

Hoje não mais se explica nem é possível que outra instituição substitua o Ministério Público no seu labor de movimentar a máquina judiciária na ação penal pública, prerrogativa constitucional privativa dentro da estrutura estatal (art. 129, I, CF), que sucumbe somente diante da vítima na ação penal privada subsidiária, esta por inércia promotorial (art. 5º, LIX, CF), tendo em vista a sua completa estruturação e presença em todas as partes do país. O art. 26, do CPP, autorizava o início da ação penal por contravenção pelo autor de prisão em flagrante ou portaria, expedida pela autoridade judicial (juiz) ou policial (delegado de polícia) e também nos crimes de homicídio culposo (art. 121, § 3º, CP) e lesões culposas (art. 129, § 6º, CP), conforme a Lei nº 4.611/1965, que seguiam o rito sumário (arts. 531 e seguintes do Código de Processo Penal). Tais disposições foram revogadas e são inconstitucionais atualmente, por força da privatividade do exercício da ação penal pelo Ministério Público (art. 129, I, CF) e pelo princípio acusatório.

Não é adequada a nomeação de profissional fora da carreira para substituir o membro do Ministério Público em audiência, mesmo em caso de ausência (STF, ADInMC 1.748-RJ, Rel. Ministro Sydney Sanches, 15.12.1997, *Boletim Informativo do STF* nº 97, www.stf.gov.br).

4. REQUISIÇÃO E ACOMPANHAMENTO DE INQUÉRITO POLICIAL

A requisição pelo Ministério Público de instauração de inquérito policial e de diligências investigatórias é perfeitamente possível, sem quaisquer dúvidas. O próprio constituinte previu a requisição (art. 129, VIII, CF). As normas infraconstitucionais prevêem o poder de requisição de inquérito policial civil e militar e de diligências (art. 26, IV, Lei Federal nº 8.625/1993; art. 7º, II, da Lei Complementar Federal nº 75).

Requisição é ato de império que envolve uma ordem, que não pode ser descumprida pela autoridade policial, em virtude da compulsoriedade da determinação do Ministério Público em relação à instauração do inquérito policial e realização de diligências investigatórias.[378]

---

377. Vide Arthur Cogan, "O Ministério Público no inquérito policial", *Justitia* 74/81-89.

378. Sobre o assunto, vide Sérgio de Andréa Ferreira, *O Poder de Requisição do Ministério Público*, p. 145-179; José Celso de Mello Filho, "Ministério Público no inquérito policial", *Revista Jurídica do Ministério Público Catarinense*, nº 03/71, 1980.

O acompanhamento de atos e diligências policiais pelo Ministério Público é previsto legalmente (art. 26, IV, Lei Federal nº 8.625/1993 e art. 7º, II, da Lei Complementar Federal nº 75/1993), em conformidade com suas funções constitucionais (art. 129, IX, CF).

O membro do Ministério Público comparece e participa dos atos de colheita de provas e informações pela autoridade policial no inquérito policial ou investigação criminal correlata. Pode reperguntar às testemunhas e requisitar à autoridade policial a tomada de informações e providências que entender cabíveis, no mesmo momento do ato em andamento, de forma oral, sem necessitar aguardar o final do inquérito. O poder de requisição de diligências investigatórias (art. 129, VIII) não se sujeita aos óbices de tempo, espaço ou fase processual, inclusive harmônico com o exercício do controle externo da atividade policial (VII).

A noção de acompanhamento traz consigo a faculdade de orientar[379] e participar ativamente das investigações, especialmente porque a finalidade do inquérito policial ou outro procedimento investigatório é proporcionar elementos informativos para o exercício da ação penal. Observa Ela Wiecko V. de Castilho que a atividade de orientação e participação das investigações verifica-se em "função do interesse punitivo do Estado, pois quem pode o mais, pode o menos".[380] Acompanhar e orientar sobre o que interessa ser esclarecido para a formação da *opinio deliciti.*

Seção III
CAMINHOS DO MINISTÉRIO PÚBLICO BRASILEIRO

1. LIDERANÇA DO MINISTÉRIO PÚBLICO NO COMBATE AO CRIME E PRIORIDADES

A liderança e a importância do Ministério Público no combate preventivo e repressivo ao crime deve ser prestigiada e aumentada em atenção aos princípios institucionais e constitucionais relacionados à ação penal pública e à defesa da ordem jurídica, do regime democrá-

---

379. *Dicionário Aurélio Eletrônico.*
380. "Investigação criminal pelo Ministério Público", *Boletim dos Procuradores da República* nº 11, ano I, março/99, p. 4.

tico, dos interesses sociais, individuais indisponíveis, coletivos e difusos. O Ministério Público, força dinâmica da Justiça Criminal, deve deter o alto controle da organização repressiva e liderança na coordenação das atividades com o mesmo fim. Roberto Lyra, de saudosa lembrança, em 1937, já defendia tal posicionamento. A liderança na coordenação das atividades visaria superar a atuação dispersa ou passiva, em conseqüência da rotina burocrática e da inconsciência técnica de outros órgãos.[381]

O Ministério Público deve usar a sua estrutura material e pessoal para atuar prioritariamente na prevenção, investigação e repressão de crimes, controle externo das polícias civis e militares e em medidas e ações de interesses individuais indisponíveis, coletivos, difusos e socialmente relevantes, no âmbito da ação civil pública, disciplinando a atuação do promotor criminal em defesa da cidadania, em relação aos seus aspectos ligados direta ou indiretamente ao crime e política criminal e de segurança pública. Importante o trabalho de sugestão e discussão da legislação existente ou a criar, para a melhoria do sistema jurídico, especialmente nas áreas relacionadas ao crime e aos interesses sociais, coletivos, difusos e individuais homogêneos ou indisponíveis.[382]

Essa postura mais participativa em todas as fases ligadas ao crime e os seus reflexos na sociedade não pode ser interpretada como invasão sem mandato de atribuições alheias, e sim uma busca do Ministério Público de ocupar os espaços sinalizados pelo constituinte de 1988 para o cumprimento de suas finalidades de exercer a ação penal pública, zelar pelo efetivo respeito dos Poderes Públicos e dos serviços de relevância pública aos direitos assegurados na Constituição, promover inquérito civil e ação civil pública para a defesa dos interesses sociais, coletivos e difusos e promover ação de inconstitucionalidade (art. 129, CF). A legitimação da atuação do Ministério Público decorre da própria Carta Magna.

---

381. *Teoria e prática da Promotoria Pública*, 2ª ed., Sérgio Fabris, Porto Alegre, 1985, p. 128.

382. Valter Foleto Santin, "A legitimidade do Ministério Público no Processo Penal", São Paulo, *APMP*, passim; "A reengenharia do Ministério Público: Alguns aspectos", *Anais do II Congresso do Ministério Público do Estado de São Paulo*, Imprensa Oficial, São Paulo, p. 384 e 386.

2. PREVENÇÃO DE CRIMES E POLÍTICA DE SEGURANÇA PÚBLICA

A prevenção de crimes exige uma política de segurança pública do Estado, meio pelo qual serão desenvolvidos os trabalhos estatais e do povo para evitar a ocorrência de crimes ou para que os níveis de criminalidade sejam os menores possíveis para a convivência em sociedade, em consonância com os fatores sociais determinantes dos fatos criminosos.

A política de segurança pública e de prevenção de delitos é atribuição do Estado, através dos órgãos do Executivo, especialmente as polícias (art. 144, Constituição Federal). A fixação de política de segurança pública pelo Executivo diz respeito à atuação do Ministério Público. O Ministério Público deve ser ouvido pelo Executivo e cobrar providências e medidas efetivas para diminuir a criminalidade e proporcionar maior segurança à população. Os órgãos públicos devem unir as forças, para o efetivo combate à criminalidade. O Ministério Público deve participar da política de prevenção criminal, empreendendo providências administrativas para desempenhar a atividade ou por meio de ação civil pública.[383]

A ineficiência do sistema de prevenção pública da criminalidade é flagrante, pelos altos índices de criminalidade nas cidades.[384] Todos se sentem inseguros nas cidades grandes. O Executivo, distante da realidade, nada faz de efetivo para mudar a situação. O clima de insegurança da população paulistana é rotineiramente mostrado pelos meios de comunicação, inclusive publicando "manual de sobrevivência na cidade". As ondas de crime afetam principalmente as cidades grandes brasileiras (Rio de Janeiro, Salvador, Brasília, Belo Horizonte, Curitiba e Porto Alegre), segundo panorama nacional.

A segurança pública é dever do Estado, direito e responsabilidade de todos, destinada à preservação da ordem pública e da incolumidade das pessoas e do patrimônio (art. 144, *caput*, Constituição Fede-

---

383. Valter Foleto Santin, "A participação do Ministério Público e do cidadão na política de Segurança Pública", *13º Congresso Nacional do Ministério Público*, v. 1, tomo I, p. 1-8; *Controle judicial da segurança pública: eficiência do serviço na prevenção e repressão ao crime*, RT, 2004, *passim*.

384. Segundo pesquisa da NetEstado 78% das pessoas foram vítimas de crime e 73% não se sentem seguros em nenhuma região de São Paulo (Rodrigo Fiume, 78% foram vítimas de crimes, revela enquete, p. H12). Sobre o assunto vide Eliane Azevedo, Biaggio Talento, Sandra Sato, Evaldo Magalhães, Evandro Fadel e Ayrton Centeno, Violência, a cidade com medo, Caderno Especial (H), *O Estado de S. Paulo*, 25.4.1999.

ral). A segurança é direito social (art. 6º, CF), incluído no rol dos "interesses sociais" defendidos pelo Ministério Público (art. 127, *caput*, CF). São claras as possibilidades de interferência do Ministério Público no assunto, seja administrativamente, por contactos entre órgãos ou pelo inquérito civil, ou judicialmente, por meio de ação civil pública, em virtude da quantidade e qualidade dos serviços de segurança pública cuidarem-se de assuntos de evidente interesse coletivo ou difuso (art. 129, III, Carta Magna).

O Executivo deve aceitar a intervenção do Ministério Público nessa importante área, sob pena de movimentação da jurisdição para apreciação de ameaça ou lesão a direito (art. 5º, XXXV, CF). A propósito, o art. 26, VII, da Lei nº 8.625/1993, permite ao Ministério Público sugerir ao Poder competente a adoção de medidas destinadas à prevenção e controle da criminalidade.

São conhecidos os "pontos negros" do trânsito, que por falta de sinalização ou melhoria do sistema provocam constantes acidentes de trânsito, sem que nenhuma providência seja tomada pelo Executivo, para a reparação da falha com a continuidade de eventos semelhantes. Há os "pontos negros" de criminalidade contra o patrimônio e a vida. Em locais determinados, todos os dias ocorrem roubos e furtos, em situações semelhantes, e a polícia não efetua eficientemente o trabalho de prevenção (por exemplo, na Praça da Sé, os cruzamentos da Av. Consolação com a Rua Henrique Schaumann, Avenidas 9 de Julho com Cidade Jardim, Avenidas Faria Lima e Rebouças, em São Paulo). Tráfico de entorpecentes na "Cracolândia" (Bairro da Luz); homicídios no Jardim Ângela.[385]

Deve ser indagado: em tais locais há policiamento ostensivo e adequado para prevenir o crime? Há medidas eficientes para a prevenção? Desarmamento? Prisões em flagrantes suficientes?

Inegável, que o Executivo, através da polícia, tem o poder discricionário de promover a prevenção do crime. Mas quais os limites aceitáveis de omissão e ineficiência desse serviço? Lembre-se que a "eficiência" foi incorporada aos princípios da Administração, ao lado da legalidade, impessoalidade, moralidade, publicidade e aos demais constantes do art. 37, da Constituição Federal, com a nova redação do seu *caput*, por meio da Emenda Constitucional nº 19/1998.

---

385. Sobre os locais mais perigosos (cruzamentos e trechos nas rodovias) vide "Violência, a cidade com medo", p. H7, Caderno Especial, *O Estado de S. Paulo*, 25.4.1999.

A fixação de política de segurança pública pelo Executivo sem uma discussão ampla com o Ministério Público, representante da sociedade, e outras entidades da sociedade civil assume uma conotação de irregularidade e até de inconstitucionalidade, tendo em vista o direito e a responsabilidade de todos para o cumprimento dos serviços de segurança estatal, conforme programado pelo constituinte de 1988 (art. 144, *caput*).

A referida norma constitucional é programática (*"A segurança pública, dever do Estado, direito e responsabilidade de todos, é exercida para a preservação da ordem pública e da incolumidade das pessoas e do patrimônio..."*), classificada como de *eficácia limitada declaratória de princípios institutivos ou organizativos e declaratória de princípios programáticos* (José Afonso da Silva), que dependem de lei orgânica ou complementar para a sua aplicação, porém com eficácia abrogante da legislação precedente incompatível ou *"paralisante da eficácia dessas leis, sem ab-rogá-las"*, conforme Geraldo Ataliba.[386]

Assim, mesmo sem a normatização da participação popular na segurança pública, mostra-se com contornos de inconstitucionalidade toda e qualquer norma que fixe a política de segurança pública sem ouvir o povo e seus representantes.

Pela experiência de promotor de justiça, verifica-se que a polícia não é arredia à participação do Ministério Público na prevenção de crimes. Ao contrário, percebe-se um imediato estímulo e interesse em resolver os problemas mais gritantes quando impulsionada e cobrada pelo Ministério Público e pela sociedade. Essa situação foi percebida no caso de crimes da Favela da Vila Prudente, em São Paulo. Em julho de 1996, cidadãos (Cláudia N. de Oliveira e outros) da Vila Prudente representaram à Promotoria de Justiça Criminal do Foro Regional da Vila Prudente, para providências com relação aos elevados números de crimes nas imediações da Favela da Vila Prudente (Protocolado PJCRIMVP 01/1996). A Promotoria (sou um dos integrantes) contatou as polícias civil e militar, obtendo dados das ocorrências. Estimulada pelo interesse do Ministério Público, a polícia militar realizou uma reunião pública no CONSEG, da Mooca, para expor o seu trabalho e as dificuldades operacionais. Também intensificou os trabalhos de policiamento no local e os delitos teriam diminuído, segun-

---

386. Na classificação apresentada por José Afonso da Silva, *Aplicabilidade das Normas Constitucionais*, Revista dos Tribunais, São Paulo, 2000, *passim*; Geraldo Ataliba, *Lei Complementar na Constituição*, Revista dos Tribunais, São Paulo, 1971, p. 20; Maria Helena Diniz, *Norma Constitucional e seus Efeitos*, Saraiva, São Paulo, 1989, p. 94.

do informado pelo comandante da área, em documentos oficiais. A experiência foi proveitosa e surtiu bons resultados, demonstrando o comandante da área interesse pela aproximação e respondendo positivamente ao trabalho ministerial.

A participação do Ministério Público no processo de prevenção do crime tem respaldo no direito alienígena, principalmente em Portugal, México e Peru.

O Ministério Público português tem atribuições preventivas, promovendo e realizando ações de prevenção criminal. Em Portugal, o Ministério Público tem a incumbência de "promover e realizar ações de prevenção criminal" (art. 3º, nº 1, "i", da Lei nº 60/1998, Nova Lei Orgânica do Ministério Público), sem prejuízo do trabalho policial. O novo dispositivo não alterou a essência da norma anterior (art. 3º, nº 1, "g", da Lei Orgânica), que previa a promoção e cooperação do MP.[387]

A Procuradoria-Geral da República mexicana é órgão essencial do Sistema Federal de Justiça e representante dos indivíduos, da sociedade e do Estado, participando das ações de prevenção do delito, para garantir a segurança pública. A participação do Ministério Público mexicano no Sistema Nacional de Segurança Pública e suas atribuições estão previstas no art. 2º, VII, e art. 10, da Lei Orgânica.[388]

O Ministério Público peruano tem como função principal, dentre mais, velar pela prevenção do delito (art. 1º, da *Ley Orgánica del Ministerio Público*, Decreto Legislativo nº 052).[389]

3. POLÍTICA CRIMINAL E DISCRICIONARIEDADE

Em regra, a política criminal é desenhada pelo legislador, para cumprimento pelos demais órgãos públicos.

Entretanto, o Ministério Público, titular da ação penal, pode promover medidas de política criminal, não apenas como agente executor das opções do legislador, conforme já reconhecido pelo E. Supremo Tribunal Federal, no HC 75.343-4/MG, m.v., j. em 12.12.1997, relatado pelo Ministro Sepúlveda Pertence, quando analisada recusa do promotor de justiça em propor a suspensão do processo e aplicada a norma do art.

---

387. Sobre o assunto, vide José de Faria Costa, "As relações entre o Ministério Público e a Polícia: a experiência portuguesa", *Boletim da Faculdade de Direito da Universidade de Coimbra*, v. LXX, Coimbra, 1994, p. 224-226.

388. Vide Capítulo III, Seção II.

389. Vide Capítulo III, Seção III.

28, do Código de Processo Penal. No referido HC 75.343-4, o relator para o acórdão Ministro Sepúlveda Pertence anotou: "Não subtraio do Ministério Público o papel relevantíssimo de ser intérprete e expressão, nas circunstâncias variáveis de tempo e de espaço, da política penal vigente. Reduzi-la a opção abstrata do legislador seria plausível, ainda que mesmo assim ilusória, sob a vigência plena do princípio da obrigatoriedade da ação penal (ilusória, sim, porque não é preciso ter sido Promotor, mas apenas passar os olhos por toda a literatura contemporânea, em torno do Ministério Público acusador – na literatura brasileira como na literatura estrangeira – para ver como é ilusória... a obrigatoriedade da ação penal, tantos são os caminhos por meio dos quais, sem prevaricar, o membro do Ministério Público adapta, à sua concepção de justiça penal e de justiça no caso concreto, ainda que sem dizê-lo, a sua recusa de propor a ação penal, invocando motivos aparentemente de legalidade ou de falta de prova, sem dizer da busca de racionalização do apelo a institutos como o princípio da insignificância e outros similares)". (*DJ* nº. 225, de 20.11.1997, p. 60.266, publicado no *Boletim Informativo* nº 8, *CAOCRIM*, Ministério Público do Estado de São Paulo, 1997, pp. 48-49).

O Ministério Público português participa da execução da política criminal definida pelos órgãos de soberania (art. 3º, 1, "b", Lei nº 60/1998).

Na Colômbia, dentre as funções especiais do Fiscal Geral da Nação, o constituinte incumbiu-lhe de participar do desenho da política do Estado em matéria criminal e apresentar projetos de lei a respeito (art. 251, 3).[390]

É indispensável a introdução do critério da discricionariedade no exercício da ação penal por parte do Ministério Público, podendo suspender ou encerrar a investigação criminal e a persecução penal em qualquer momento, utilizando-se dos mecanismos de promoção de arquivamento provisório ou definitivo de inquérito policial ou outro procedimento de investigação ou pleitear a suspensão do processo, por razões de interesse público.

A Lei nº 9.099/1995 instituiu a discricionariedade regrada[391] para os crimes de menor potencial ofensivo, ao prever a possibilidade de transação penal, por proposta do Ministério Público de aplicação imediata da pena, em delitos com pena mínima não superior a 1 (um) ano ou para os crimes de trânsito (mesmo que com pena superior).

---

390. Sobre a Colômbia, vide Capítulo III, Seção II.
391. Ada Pellegrini Grinover *et alii*, *Juizados*.., passim.

A discricionariedade do Ministério Público é padrão em inúmeros países europeus (França, Bélgica, Alemanha) e americanos (Estados Unidos da América e Paraguai).[392] Também no continente asiático (Cingapura).

Em Cingapura, o poder do Procurador-Geral é exercitado de forma discricionária, na instauração, condução e encerramento do procedimento criminal.[393]

4. PARTICIPAÇÃO DO PROCESSO LEGISLATIVO

O Ministério Público deve participar do processo legislativo.

A participação do processo legislativo, com a proposição de criação de normas e sugestões de reformas legislativas, insere-se na atividade de melhorar a legislação que a instituição fiscaliza e exige o cumprimento através da sua atuação penal, civil e em outras áreas.

A participação não seria a título de consultoria jurídica, vedada constitucionalmente (art. 129, IX), mas na qualidade de autoridade pública incumbida da defesa da ordem jurídica, do regime democrático e dos interesses sociais e individuais indisponíveis (art. 129, *caput*, CF).

O Ministério Público é encarregado da defesa da ordem jurídica posta e da fiscalização da execução da lei, sendo perfeitamente compatível com a sua finalidade institucional[394] a intervenção no processo legislativo, no âmbito das comissões, incumbidas de realizar audiências públicas com entidades da sociedade civil (art. 58, § 2º, II, CF) e "solicitar" depoimento de qualquer autoridade ou cidadão (art. 58, § 2º, V).

---

392. Vide Capítulo III.

393. "The crime division is the organisational extension of the Attorney-General in his office as the Public Prosecutor (PP). The PP's control and direction of criminal prosecutions and proceedings was established by section 336 of the Criminal Procedure Code. Since 9 August 1965, the Attorney-General's power, exercisable at his discretion, to institute, conduct or discontinue any proceedings for any offence has been given a constitutional status by Article 35(8) of the Constitution" (www.gov.sg, Mission Statement).

394. Em palestra proferida em 28.9.1998, em São Paulo, perante o Grupo de Estudos "Carlos Siqueira Neto", da Associação Paulista do Ministério Público, o Ministro do E. STF, Dr. José Paulo Sepúlveda Pertence entendeu adequado poder o Procurador-Geral da República dirigir-se ao Congresso e sugerir medidas legislativas, pela posição institucional do Ministério Público.

É indispensável que o Ministério Público seja consultado e procure contatar com o Legislativo, para participar ativamente das discussões de modificações legislativas de normas penais, processuais penais e de interesse difuso, coletivo e de relevância social, em consonância com o seu papel constitucional. Tem legitimidade para tal atividade (art. 6º, XIII, letra "b", Lei Complementar Federal nº 75/1993, art. 26, VII, Lei Federal nº 8.625/1993, art. 104, VI, Lei Complementar Estadual de São Paulo nº 734/1993).

Como isso poderia ser viabilizado?

Durante o processo de tramitação legislativa, antes da votação na comissão, se o projeto contivesse normas penais, processuais penais e que tratassem de normas de interesse social, direitos coletivos, difusos, individuais homogêneos e individuais indisponíveis, poderiam ser encaminhadas cópias ao Procurador-Geral da República e aos Procuradores-Gerais de Justiça dos Estados para conhecimento e sugestões.

Quais seriam os resultados possíveis?

Com esse comunicado e sugestões do Ministério Público haveria a possibilidade de evitar o prosseguimento de leis inconstitucionais, a melhoria das normas constantes do projeto, a inclusão de novas idéias e o preenchimento de eventual vazio jurídico, com inegável aperfeiçoamento do ordenamento normativo. O Ministério Público tem legitimidade para promover a ação de inconstitucionalidade (art. 129, IV) e o Procurador-Geral da República para movimentar a ação declaratória de constitucionalidade (art. 103, § 4º, Carta Magna), motivos bem fortes para que o Parlamento tenha interesse na colheita de sugestões do Ministério Público.

A solução é razoável e tem aplicação em outros países.

Na Colômbia, dentre as funções especiais do Fiscal Geral da Nação, o constituinte atribuiu-lhe o direito de participar do desenho da política do Estado em matéria criminal e apresentar projetos de lei a respeito (art. 251, 3). Também ao "Defensor del Pueblo", que compõe o Ministério Público, é possível a apresentação de projetos de lei sobre as matérias relativas ao seu trabalho de defensor dos direitos humanos (art. 282, 6).[395]

---

395. Na Colômbia, há dois "Ministérios Públicos", autônomos, independentes entre si e com chefias diferentes, previstos na Constituição Política: um penal, incumbido da investigação criminal e da ação penal (*Fiscalía General de la Nación*) e outro civil, com atribuições de controle e fiscal da lei (*Ministerio Público*). Sobre a Colômbia, vide Capítulo III, Seção II.

No Peru, o Ministério Público, presidido pelo *Fiscal de la Nación*, tem como uma das funções principais exercer iniciativa para a formação das leis e comunicar ao Congresso ou ao Presidente da República os vazios ou defeitos da legislação, de acordo com o art. 159, 7, da Constituição Política.[396]

Nos EUA, o Ministério Público (*Attorney General of the State* ou *State Attorney General*) colabora no aprimoramento legislativo, participando de comissões de criação ou reforma legislativa.[397]

O Ministério Público de Cingapura (*Attorney-General's Chambers*) tem uma divisão, *Legislation Division*, encarregada de propor e analisar reformas legais.[398]

O legislador consciente e preocupado com a boa realização do seu trabalho legiferante não pode prescindir de tal ajuda e apoio. Ao contrário, deve estimular e aceitar a participação do Ministério Público, procurando aproveitar as ponderações e sugestões do Ministério Público, para evitar normas inconstitucionais e melhorar a qualidade do ordenamento normativo, sem considerar uma invasão de atribuição e muito menos exercício de arrogância ou prepotência institucional. O Ministério Público é fiscal da lei e tem a função de lutar pela aplicação da norma legal, trabalho menos árduo na situação de normatização mais adequada à realidade da sociedade.

Essa participação do processo legislativo certamente encontra alguma resistência. Inadequada a posição de que a intervenção do Ministério Público no processo legislativo seria ilegítima porque os seus membros não foram eleitos. Não se trata de pretender que o Ministério Público seja a instituição envolvida em todas as áreas, de forma legítima ou ilegítima. Pelo contrário, o perfil institucional desenhado pelo constituinte coloca o Ministério Público como instrumento da democracia e dos interesses sociais, coletivos e difusos, sendo inegável que a melhoria legislativa atende ao interesse da sociedade. O povo almeja uma legislação mais adequada, seja pela normal atuação do Legislativo ou pela participação popular ou das instituições democráticas ou até por comissão formada pelo Executivo.

---

396. Sobre o Peru, vide Capítulo III, Seção III.
397. Luís Roberto Proença, *Participação do Ministério Público no Processo Civil nos Estados Unidos da América*, p. 216.
398. Vide Organisational Structure, www.gov.sg/agc.

5. PEDIDOS DE PRISÕES APENAS PELO MINISTÉRIO PÚBLICO

Em tese, as prisões preventivas e temporárias podem ser decretadas pelo juiz, de ofício, ou por representação da autoridade policial ou por requerimento do Ministério Público (art. 311, do CPP e art. 2º, da Lei nº 7.960/1989).

Para adaptação à norma constitucional, apenas a autoridade judiciária pode decretar tais medidas constritivas, a pedido do Ministério Público, não de ofício nem por representação policial, devendo necessária e obrigatoriamente ser analisada pelo *parquet*.

Inegavelmente, os pedidos de prisões preventiva e temporária são medidas cautelares, compreendidas no âmbito da ação penal, concedida privativamente ao Ministério Público (art. 129, I, CF). A polícia e o Judiciário não têm direito de promover a ação penal. Não pode outro órgão público (polícia ou Judiciário) assenhorar-se da iniciativa de medidas ligadas à ação penal, principalmente porque as autoridades policiais não possuem capacidade postulatória para estar em Juízo e os juízes são inertes e devem ficar eqüidistantes do conflito de interesses entre Estado (Ministério Público) e o indiciado, para manutenção da imparcialidade, inerente à função jurisdicional.

A polícia não é sujeito processual; é auxiliar dos sujeitos processuais.[399]

No sistema acusatório, a investigação prévia é conduzida pelo Ministério Público, com ou sem a ajuda da polícia. O juiz está impedido de investigar e atua de forma garantista, na apreciação de medidas cautelares e na preservação das garantias constitucionais.

Entre nós vigora o modelo acusatório, introduzido pelo constituinte (art. 129, I, da Constituição Federal), a despeito de conferir especialmente à polícia a incumbência da investigação criminal, sob controle externo do Ministério Público, sem prejuízo do trabalho de outras instituições no esclarecimento dos fatos delituosos (Legislativo, nas CPIs; Judiciário, em relação aos crimes praticados por juízes; Ministério Público, nos crimes perpetrados por seus membros e também por crimes de réus comuns, subsidiariamente à atuação policial).

---

399. Jorge de Figueiredo Dias, *Sobre os Sujeitos Processuais no Novo Código de Processo Penal, Jornadas de Direito Processual Penal, O Novo Código de Processo Penal*, Almedina, Coimbra, 1988, p. 12.

6. RECEBIMENTO DE COMUNICAÇÃO DE CRIMES

No aprofundamento da participação do Ministério Público no domínio dos fatos criminosos, deveria ser implementada a obrigação dos organismos policiais comunicarem imediatamente ao órgão ministerial todas as ocorrências de delitos graves (homicídio, seqüestro, tráfico de entorpecente, roubo, latrocínio e outros delitos considerados hediondos e de repercussão social) ou praticados por policiais ou agentes governamentais no exercício das funções ou em razão delas, de autoria conhecida ou desconhecida, em situação de prisão em flagrante[400] ou não, informando as providências preliminarmente adotadas, de ofício e independentemente de eventual requisição do Ministério Público.

Inadequado que o promotor tome conhecimento dos fatos meses depois da ocorrência, quando os elementos probatórios podem ter se dissipado e pouco ou quase nada pode ser feito, para modificar a situação e recuperar o tempo perdido.

No Brasil, o Ministério Público recebe a comunicação imediata apenas de crimes com prisão em flagrante, em virtude do mandamento constitucional que obriga a comunicação de prisão ao juiz criminal e conseqüentemente ao Ministério Público. Na maioria dos crimes graves, o Ministério Público recebe informação dos fatos criminosos trinta dias ou até meses (mais comum) depois dos crimes, quando os autos chegam a Juízo com as investigações concluídas ou para pedido de prorrogação de prazo para o seu término e o membro do Ministério Público recebe vistas dos procedimentos. Nos casos de crimes de menor potencial ofensivo, a determinação legal é que o termo circunstanciado seja enviado a Juízo imediatamente, proporcionando ao Ministério Público condições para conhecimento mais rápido do fato criminoso, ciência que na prática leva alguns dias.

A bem da verdade, o Ministério Público pode cobrar informações da polícia sobre os fatos delituosos ocorridos a qualquer momento, sendo conveniente ser disciplinado pelos órgãos superiores da própria instituição a forma e a regularidade da requisição das notícias,

---

400. A polícia tem obrigação constitucional de comunicar ao juiz a prisão em flagrante (art. 5º, LXII, CF). Em São Paulo, a polícia também deve comunicar ao Ministério Público (art. 103, XIII, "e", da Lei Complementar Estadual nº 734/1993). Também o Ministério Público Federal deverá ser comunicado imediatamente de prisão (art. 10, da Lei Complementar nº 75/1993), norma aplicada subsidiariamente aos Ministérios Públicos dos Estados (art. 80, da Lei nº 8.625/1993).

especialmente em relação às ocorrências de crimes graves, hediondos e de repercussão social. A polícia deveria informar as medidas preliminares adotadas, trocando idéias sobre o que deve ser feito e recebendo recomendações da Promotoria de Justiça sobre o rumo das investigações policiais. O Ministério Público deve cobrar informações regulares e completas sobre os fatos delituosos ocorridos, usando o seu poder de requisição e de controle externo da polícia (art. 129, CF).

O Ministério Público pode recomendar e requisitar a colheita de elementos probatórios pela polícia em qualquer momento e não somente depois de relatado o inquérito policial, cabível em cada caso concreto.

A sociedade não aceita mais o promotor de justiça de gabinete, desconhecedor dos fatos delituosos ocorridos na sociedade e seus detalhes, exigindo um agente público ativo, solerte e ágil no desempenho do seu trabalho, inclusive para prevenir a ocorrência de fatos semelhantes.

No direito comparado, há obrigatoriedade da polícia comunicar imediatamente ao Ministério Público a ocorrência de crimes.

Na Itália, a polícia é obrigada a comunicar sem demora e por escrito ao Ministério Público os elementos essenciais do fato, indicando as fontes de prova e as atividades completas, das quais transmite a respectiva documentação (art. 347, CPPI).

Na França, a polícia e os funcionários públicos têm a obrigação de informar imediatamente (*sans délai*) ao Ministério Público de todas as notícias de infrações chegadas ao seu conhecimento e encaminhar os autos do processo verbal e da investigação realizada (arts. 19 e 40, § 1º, CPPF).

Na Bélgica, os oficiais de polícia têm obrigação de enviar imediatamente todas as informações, processos verbais e atos respectivos ao Ministério Público (arts. 53 e 54, CPPB), mesma obrigação de todos os funcionários públicos (art. 29, 1ª parte, CPPB).

No Paraguai, a Polícia Nacional deve informar ao Ministério Público e ao juiz sobre o crime, dentro de seis horas, começando a investigação prévia (*investigación preventiva*, art. 289, Código de Processo Penal Paraguaio), com a prática de diligências preliminares (art. 296, CPPPa).

Na Bolívia, a polícia deve avisar ao Ministério Público a respeito do crime dentro de oito horas da primeira intervenção policial (art.

293, do Novo Código de Processo Penal, Lei nº 1.970, de 1999) ou no prazo de vinte e quatro horas da notícia-crime (*denuncia ante la policia*) e começar as investigações e diligências preliminares (art. 288, CPPBo), incumbindo ao Ministério Público comunicar ao juiz o início das investigações dentro de vinte e quatro horas (art. 289).

Na Província de Buenos Aires, a polícia deve comunicar imediatamente ao Ministério Público, ao Juiz de garantias e ao defensor público a notícia de crimes, com intervenção imediata da polícia e do Ministério Público (art. 296, Código de Processo Penal provincial).

7. DIREÇÃO, SUPERVISÃO, FISCALIZAÇÃO E CONTROLE DA INVESTIGAÇÃO

Um dos caminhos adequados é a assunção pelo Ministério Público da direção e supervisão do inquérito policial e das medidas policiais de repressão e combate à criminalidade, podendo valer-se da estrutura policial civil e militar para a investigação criminal. É o que ocorre nos sistemas legais mais modernos e avançados, sem interferência do julgador, em atenção ao sistema acusatório.[401]

A atribuição investigatória deve ser desempenhada pelo Ministério Público, com a sua estrutura e/ou auxiliado pela polícia. A polícia deve ser colocada em posição de auxiliar do Ministério Público, devendo cumprir as suas recomendações e determinações no trabalho preventivo, investigativo e repressivo aos crimes de ação pública. A somatória de forças permitiria o completo e eficiente trabalho da promotoria no combate à criminalidade. Outros órgãos públicos poderiam ser utilizados subsidiariamente para ajudar a atividade do Ministério Público.

No cenário mundial é o Ministério Público quem detém o comando das investigações preliminares.[402] Ele dirige ou supervisiona ou coordena as investigações criminais, com exemplos marcantes na Itália, Portugal, Alemanha, França, México, Colômbia, Peru, Paraguai, Japão e Coréia do Sul. O reforço da atuação do Ministério Público na investigação criminal, especialmente o encargo de dirigir a investigação com o auxílio da polícia, é uma tendência irreversível de toda América Latina, seguindo a orientação do Projeto de Código Processual Penal-Tipo

---

401. Vide Capítulo III.
402. Vide Capítulo III.

para Ibero-América (arts. 68, 73, 246, 250 e 261). As reformas recentes de vários países da América (Paraguai, Bolívia, Chile, Província de Buenos Aires) concretizam esta nova postura processual.

Na Itália, o Código de Processo Penal prevê que o Ministério Público dirige as investigações preliminares e dispõe diretamente da polícia judiciária (art. 327, CPPI).

Em Portugal, o Ministério Público dirige o inquérito (art. 53, II, "b"), assistido pelos órgãos de polícia criminal, que atuam sob a direta orientação do MP e na sua dependência funcional (art. 263, do Código de Processo Penal), podendo conferir a órgãos da polícia o encargo de proceder a quaisquer diligências e investigações relativas ao inquérito (art. 270, CPPP).

Na Alemanha, o Ministério Público tem a direção e o controle da investigação criminal.

Na França, o Ministério Público dirige a polícia judiciária (art. 12, CPPF) e se estiver presente no local do crime é ele quem assume os trabalhos e todos o auxiliam (art. 68, CPPF).

Na Bélgica, o Ministério Público é encarregado da investigação e perseguição dos crimes (arts. 22 e 51, do CPP Belga).

No México, o MP dirige a polícia na investigação (art. 21, *caput*, da Constituição Mexicana e art. 3º, Código de Processo Penal Federal). Também na Colômbia (art. 250, da Constituição Federal), Peru (art. 159, da Constituição Peruana) e Paraguai (art. 52, *caput*, do Código de Processo Penal Paraguaio).

No Japão, o promotor pode investigar pessoalmente ou orientar policiais (arts. 191 e 193).[403]

Na Coréia do Sul, a polícia recebe ordem verbal, escrita ou por telefone do Ministério Público. O MP é o único chefe da "enquete" e realiza todo o trabalho preparatório. Não é apenas o coordenador, mas o executante/executor. Ele é o titular da ação penal pública, persegue e instrui. A polícia não faz a "enquete" e não há juiz de instrução. Em caso de flagrante, o Ministério Público coloca o acusado em detenção provisória e depois de 48 horas requer ao juiz a provisória de urgência. Depois do processo preparatório e/ou instrução, ele apresenta o acusado em juízo para julgamento, seguido de um ato acusatório.[404]

---

403. Octacílio Paula Silva, *Ministério Público*, p. 97.

404. Waldir Rolim, *Supervisão da Investigação Criminal pelo Ministério Público no Direito Comparado*, p. 15-16.

O MINISTÉRIO PÚBLICO NA INVESTIGAÇÃO CRIMINAL

Em Cingapura (Singapore), o Ministério Público (*Attorney-General's Chambers*) é um componente vital do sistema legal, que adota a *Common Law*. Nos termos do art. 35, nº 8, da Constituição da República, o *Attorney-General*, como acusador público, *Public Prosecutor*, está investido do poder de instaurar, conduzir e paralisar procedimentos criminais, de forma independente e não sujeito ao controle governamental.[405] A Divisão Criminal, no trabalho de *Public Prosecutor*, controla e dirige a persecução criminal e procedimentos estabelecidos na seção 336, do Código de Processo Penal (*Criminal Procedure Code*). As funções rotineiras e poderes do *Public Prosecutor* são exercidos pelos *Deputy Public Prosecutors* (DPPs), promotores de justiça, da Divisão Criminal.[406] A Divisão Criminal pode delegar certas matérias à polícia, *Police Prosecution Branch (PPB)*. A polícia é ligada funcionalmente, mas não administrativamente.[407]

Na Argentina, na sua principal província, Buenos Aires, a reforma processual penal provincial conferiu ao Ministério Público o direito de dirigir a polícia em função judicial e a praticar a investigação penal preparatória (art. 56, do *Código Procesal Penal de la Província de Buenos Aires*), seguindo a mesma linha traçada pelas províncias de Tucumã, Córdoba e Santiago Del Estero.[408]

Na Bolívia há um Novo Código de Processo Penal da Bolívia, *Nuevo Código de Procedimiento Penal*, instituído pela Lei nº 1.970, de 25 de março de 1999, já vigente plenamente em 2001. A novel legislação processual penal boliviana valorizou a posição do Ministério Público (*Fiscalía*) na investigação preliminar, seguindo a tendência internacional. O Novo Código boliviano (CPPBo) incumbiu o Ministério Público da direção da investigação dos delitos, promoção da ação penal pública ante os órgãos jurisdicionais e atuação na execução penal (art. 70, CPPBo). A etapa preparatória tem por finalidade a preparação do juízo oral e público, mediante a colheita de elementos

---

405. Sobre o Ministério Público de Cingapura vide informes no site governamental (www.gov.sg/agc). "As the Public Prosecutor, the Attorney-General is vested with the power 'to institute, conduct or discontinue proceedings for any offence'. The attorney-General is independent in this role, and note subject to the control of the government". (Mission Statement).

406. "The day-to-day functions and powers of the PP are largely exercised by the Deputy Public Prosecutors (DPPs) of the Crime Division". (Mission Statement).

407. "The crime divisions delegates certain matters such as criminal trials in the Magistrate Courts to the Police Prosecution Branch (PPB). Although not administratively part of the Crime Division, the PPB is functionally linked to the Division" (Mission Statement).

408. Sobre a Argentina, vide o Capítulo III, Seção III, 2.

que permitam fundar a acusação pública do Ministério Público ou do querelante ou a defesa do imputado. O Ministério Público (Fiscalia) é encarregado da investigação de todos os delitos de ação pública, auxiliado pela Polícia Nacional e o Instituto de Investigações Forenses (art. 277, CPPBo). A polícia deve comunicar ao Ministério Público o fato delituoso no prazo de oito horas da primeira intervenção ou vinte e quatro horas da notícia do crime e realizar as diligências preliminares da sua intervenção policial prévia (*intervención policial preventiva*), sob a direção do Ministério Público (arts. 288 e 293, *caput*, CPPBo). A investigação preliminar policial deverá ser encerrada em cinco dias. O Ministério Público exerce a direção funcional da atuação policial na investigação do delito (art. 297, *caput*, CPPBo). Incumbe ao Ministério Público comunicar ao juiz o início das investigações dentro de vinte e quatro horas (art. 289, CPPBo).

Nessa linha, a mudança é um novo desafio ao Ministério Público brasileiro, para o completo domínio dos fatos delituosos, exigindo coragem dos seus membros e trabalho na aquisição de experiência ampla no labor investigatório.

No aumento das atribuições do Ministério Público devem ser prestigiados a fiscalização, a supervisão e o controle das investigações pelo Ministério Público. A fiscalização das atividades criminais visa a preservação da regularidade das investigações. A supervisão refere-se à possibilidade de maior intervenção do Ministério Público na fase de investigação, para melhoria da sistemática e aproximação aos sistemas processuais mais avançados, nos quais o Ministério Público dirige as investigações e a polícia (art. 327, do Código de Processo Penal Italiano; art. 12, Código de Processo Penal Francês; arts. 22 e 51, do Código de Processo Penal Belga; art. 250, da Constituição Federal da Colômbia; art. 21, *caput*, da Constituição Mexicana e art. 3º do Código de Processo Penal Mexicano; art. 159, da Constituição Peruana; art. 52, *caput*, do Código de Processo Penal Paraguaio) ou o inquérito (art. 53, II, "*b*", do Código de Processo Penal Português). Em relação ao controle, o art. 129, VII, da Constituição Federal, prevê o exercício do controle externo da atividade policial. Na reforma processual penal, poderia ser incluído um artigo ou parágrafo com o seguinte teor: "Ao Ministério Público incumbe a fiscalização, a supervisão e o controle das investigações criminais".[409]

---

409. A redação foi proposta por mim à Subcomissão de Estudos do Anteprojeto sobre Investigação Policial, composta por Marcelo Batlouni Mendroni, Renato Nascimento Fabbrini e Valter Foleto Santin, com a participação de Eduardo Araújo da Silva, membros do Ministério Público do Estado de São Paulo. A proposta foi aca-

A longo prazo, a investigação criminal deve passar ao domínio do Ministério Público, com o auxílio da polícia. Na atividade, a polícia deve seguir as instruções do Ministério Público.

8. AVOCAÇÃO DAS INVESTIGAÇÕES

O Ministério Público podia avocar, excepcional e fundamentadamente, inquérito policial em andamento, onde não houvesse delegado de carreira. O ato era do Procurador-Geral de justiça (art. 7º, VII, da Lei Complementar Federal nº 40/1981, não mais em vigor).

Atualmente, não teria previsão a avocação de inquérito policial por parte do Ministério Público. Os novos Estatutos do Ministério Público da União (Lei Complementar Federal nº 75/1993) e dos Estados (Lei Federal nº 8.625/1993) não tratam do assunto.

A avocação é possível pela autoridade policial superior nos inquéritos comuns.

Pode ocorrer a avocação em relação aos crimes praticados por juízes e membros do Ministério Público quando a autoridade policial instaurar o inquérito policial e não enviar os autos ao E. Tribunal ou à Procuradoria-Geral de Justiça ou da República para a continuidade dos trabalhos,[410] porque a atribuição de investigação não é da polícia nesses casos.

No direito comparado, não há a figura da avocação propriamente das investigações criminais porque é o próprio Ministério Público o detentor do poder investigatório, com o auxílio da polícia, e desnecessária a avocação de um direito que ele próprio possui. Na Itália, a avocação motivada das investigações preliminares (*indagini preliminari*) é possível, pelo Procurador Geral junto à Corte de Apelação, em caso de impedimento ou suspeição do procurador encarregado do

---

tada pela E. Procuradoria-Geral de Justiça do Estado de São Paulo, que enviou inúmeras propostas ao Ministério da Justiça em novembro de 2000. Sobre a investigação criminal, vide Santin, Mendroni e Fabbrini, "Relatório das propostas elaboradas pela Subcomissão de Estudos do Anteprojeto sobre investigação policial", in *Propostas de Reforma do Código de Processo Penal*, Ministério Público do Estado de São Paulo, São Paulo, 2001, p. 4-13. Vide mais: Fábio Diamante, "MP quer controlar investigação policial", *O Estado de S. Paulo*, Cidades, p. C1, edição de 10.11.2000.

410. Flávio Meirelles Medeiros, *Do Inquérito Policial*, Livraria do Advogado, Porto Alegre, 1994, p. 30.

caso, falta de sua substituição tempestiva, omissão da substituição pela chefia e reunião de investigações conexas ou divergências de procuradores nos casos de crimes graves ou falta de efetiva coordenação entre vários procuradores investigantes em investigações conexas (art. 372, do Código de Processo Penal Italiano). Na França, quando o membro do Ministério Público comparecer ao local do crime, ele assume os trabalhos e todos o auxiliam (art. 68, CPPF), numa espécie de avocação, decorrente da mera presença no local.

O instituto da avocação das investigações criminais pelo Ministério Público merece reintrodução no sistema processual brasileiro. A providência visa atender aos princípios administrativos da moralidade, impessoalidade, legalidade e eficiência (art. 37, *caput*, da Carta Magna) na fase investigatória e viabilização do exercício constitucional da privatividade da ação penal pública pelo Ministério Público (art. 129, I, CF). O artigo ou parágrafo do Código de Processo Penal poderia ter a seguinte redação: "O Ministério Público poderá avocar as investigações criminais, para a preservação da moralidade, impessoalidade, legalidade e eficiência e para permitir a promoção da ação penal pública."[411]

---

411. Vide nota sobre a Subcomissão de Estudos do Anteprojeto da PGJ-SP.

CAPÍTULO VII
O MINISTÉRIO PÚBLICO
NAS INVESTIGAÇÕES CRIMINAIS

Seção I
O SISTEMA ATUAL
E O DISTANCIAMENTO DO MINISTÉRIO PÚBLICO

1. O SISTEMA ATUAL DE INVESTIGAÇÃO PELA POLÍCIA

No sistema brasileiro é o delegado de polícia quem preside as investigações policiais, colhendo e coordenando todos os trabalhos de colheita dos elementos investigatórios, com o apoio de policiais e investigadores. Depois de concluído, o trabalho é encaminhado ao Juízo, onde o Promotor de Justiça tem acesso e analisa os autos e o material da investigação para a formação da *opinio delicti*. Se a opinião for positiva, desencadeia o oferecimento de denúncia, para início da ação penal. Durante o processo judicial, os atos de investigação e elementos colhidos são repetidos na fase judicial, exceto as perícias, para permitir o exercício do contraditório e da ampla defesa na ação penal.

O trabalho policial investigatório é direcionado à análise do Ministério Público e depois para servir de base à apreciação perfunctória da autoridade judiciária, por ocasião do recebimento da denúncia ou sua rejeição, para aferição de justa causa da ação penal.

A sistemática falha pela duplicidade de colheita dos elementos, distanciamento do Ministério Público dos trabalhos de investigação, no papel de mero repassador de provas, e principalmente pela excessiva autonomia policial.

René Ariel Dotti critica o "tortuoso itinerário do procedimento criminal", pela "absurda duplicidade" dos atos de produção de prova, observando que "a investigação autônoma desencadeada pelo órgão policial constitui obstáculo para se alcançar uma prestação jurisdicional mais eficiente e rápida".[412]

No atual sistema, o promotor fica distante dos atos de captação do material probatório durante a fase investigatória. Tem que se contentar com os dados trazidos pela polícia, o que é insatisfatório para a sua atuação e para o futuro sucesso da ação penal. A polícia investiga o que quer e como quer.[413] É mínima a interferência do promotor de justiça no trabalho da polícia, restrito à requisição da instauração do inquérito policial ou para a realização de diligências e ao acompanhamento dos atos investigatórios, este em poucos casos. O Ministério Público não tem domínio sobre a fase preliminar.

Hélio Bicudo, no início da década de 1970, asseverou que o Ministério Público, autor da ação penal, não dispunha do "instrumental indispensável para efetivamente atuar como representante da sociedade" no plano criminal, observando que nos "grandes centros, perde o promotor público, todo o contacto com a polícia, limitando-se a iniciar a ação penal naqueles casos em que tenha havido, de início, uma opção da autoridade policial. Em outras palavras transforma-se no veículo usado pela Polícia para concretizar, judicialmente, a pretensão punitiva do Estado.". Salientou que por essa "transferência" o Ministério Público acaba perdendo a "dimensão que deve ter, em detrimento do bom funcionamento de todo o aparelho judiciário". Constatou que o "número de denúncias diminui ou aumenta em função da orientação imprimida pela Polícia num dado instante". Revoltou-se contra a situação, afirmando que, transformado o Ministério Público em "mero repetidor de provas nos pretórios", o órgão não

---

412. "O Ministério Público e a polícia judiciária: relações formais e desencontros materiais", in *Ministério Público, Direito e Sociedade*, Fabris, Porto Alegre, 1986, p. 126.

413. No Estado de São Paulo, em 1997, foram lavrados 1.865.022 boletins de ocorrências, cometidos 1.417.611 crimes e apenas 255.008 casos foram instaurados inquéritos policiais; em 1998, foram lavrados 2.139.732 boletins de ocorrências, cometidos 1.588.234 crimes e apenas 299.923 casos foram instaurados inquéritos policiais. Vide estatísticas trimestrais no site www.conjunturacriminal.com.br.

O MINISTÉRIO PÚBLICO NA INVESTIGAÇÃO CRIMINAL 243

MINISTÉRIO PÚBLICO BRASILEIRO NAS INVESTIGAÇÕES CRIMINAIS EDIPRO

cumpre adequadamente as suas tarefas, deixando a ação penal de "refletir, na sua pureza, a pretensão punitiva do Estado, para transformar-se em veículo das imperfeições policiais."[414]

René Dotti salientou que a transformação do Promotor de Justiça em "repassador da prova" colhida pela Polícia é um problema permanente e tortuoso nas relações entre o Ministério Público, a Polícia e os interesses sociais. Quando a investigação é mal dirigida ou se extravia de rumo, verifica-se que ao "titular da ação se sobrepõe o titular do inquérito", de forma que a "denúncia que deveria transmitir a convicção pessoal do agente do *parquet*, extraída de um contato direto com os meios de prova, se converte na síntese de uma *presunção de culpa* decorrente da leitura das peças de informação".[415]

Na linha da indevida submissão à vontade da polícia, João Estevam da Silva critica a situação do Ministério Público atuar basicamente sobre "aquilo que a polícia quer que ele conheça e leve ao conhecimento do Poder Judiciário", recomendando a mudança do panorama e aumento do campo de atuação do Ministério Público, inclusive "fazendo uma análise profunda sobre a forma" da polícia atuar e para que "a lei seja cumprida em relação a todos criminosos".[416]

João Lopes Guimarães Júnior salienta que o "atuar do Promotor de Justiça na área criminal é determinado, dessarte, quase que exclusivamente pela Polícia Judiciária, numa inversão de papéis inadmissível", que neutraliza a sua "titularidade exclusiva para o ajuizamento da ação penal", com reflexos na "Justiça Criminal como um todo", fruto da falta de política criminal do Ministério Público e da sua atual situação de passividade com relação à escolha dos crimes que devem ser prioritariamente investigados, "acomodando-se na posição de simples intermediário entre a Polícia Judiciária e o Judiciário".[417]

O relacionamento institucional entre a polícia e o Ministério Público é formal e distante, sendo normalmente pequena a integração e cooperação entre os órgãos. São raras as trocas de experiências e idéias entre polícia e Ministério Público sobre o andamento da investigação e principalmente em relação aos rumos a serem tomados para o desfecho do trabalho de pesquisa da autoria e materialidade, para uma

---

414. "A investigação criminal e o Ministério Público", *Justitia*, v. 70, 1970, p. 7-21. São Paulo, Ministério Público.

415. *Op. cit.*, p. 140-141.

416. "Ministério Público não deve se limitar ao desejo da polícia", *RT* nº 699, p. 434-435.

417. "Reformulação da atuação criminal", *Anais do II Congresso do Ministério Público do Estado de São Paulo*, 1997, São Paulo, Imprensa Oficial, p. 480.

rápida apresentação dos elementos para a *opinio delicti* ou para o arquivamento do feito, por ausência dos pressupostos legais para a movimentação da máquina judiciária na apreciação da ação penal. Cada instituição trabalha isolada e independentemente, com pouca integração e pequeno intercâmbio de informações.

Dotti entende que a eficácia e a agilidade das investigações têm como maior obstáculo a falta de maior integração entre a Polícia Judiciária e o Ministério Público, tanto as instituições como os seus integrantes; vivem e trabalham em "mundos completamente distintos".[418]

Walter Paulo Sabella constata que o Ministério Público "não tem qualquer controle do fato criminoso" e que o Ministério Público e a Polícia Civil são "instituições estanques e incomunicáveis entre si", enfatizando que a "polícia é hoje um dos segmentos mais poderosos da administração pública, um organismo hipertrofiado, cuja absoluta independência na apuração de crimes equivale à negação do princípio segundo o qual o Ministério Público é o dono da ação penal", não se justificando que o *dominus litis* seja "dependente da polícia", fatores que influíram na inserção do poder de controle do Ministério Público sobre a polícia no texto constitucional.[419]

Antonio Augusto de Camargo Ferraz considera "incompreensível não haja entre Ministério Público e Polícia Judiciária um ambiente comum de análise do inquérito policial, com o fim de aprimorar continuamente a utilização prática desse instrumento de investigação".[420]

A maior prejudicada com a distância entre as duas instituições encarregadas da investigação e da ação penal é a sociedade, que critica a falha e demorada investigação policial, sofrendo os efeitos da deficiente movimentação da máquina de repressão estatal aos crimes.

O Ministério Público possui o juízo político de promover a ação penal, próprio da atividade de formação da *opinio delicti*, e da discricionariedade regrada, submetida a controle judicial, mas a polícia não ostenta o poder discricionário de optar pela instauração ou não de inquérito policial, porque se submete ao princípio da legalidade.[421]

---

418. *Op. cit.*, p. 135-136.
419. "Atividade policial: controle externo pelo Ministério Público", *Justitia*, v. 154, p. 10, 1991, São Paulo, Imprensa Oficial do Estado.
420. "As relações entre o Ministério Público, a sociedade e os poderes constituídos", *Anais do II Congresso do Ministério Público do Estado de São Paulo*, 1997, São Paulo, Imprensa Oficial, p. 326.
421. José Manuel Damião da Cunha, *op. cit.*, p. 129.

2. O INADEQUADO DISTANCIAMENTO DO MINISTÉRIO PÚBLICO

O modelo atual de investigação criminal, conduzido pela polícia e com o distanciamento do Ministério Público, é visivelmente inadequado, arcaico e dissonante da tendência internacional de aproximação do *parquet* com os trabalhos da fase preliminar, até mesmo para a sua direção e condução, auxiliado pela polícia.[422]

O Ministério Público brasileiro normalmente toma conhecimento dos fatos criminosos apenas meses depois da ocorrência quando a polícia encaminha os autos do inquérito policial a Juízo, relatado ou para pedido de prazo. O prazo para conclusão do inquérito policial é de 30 dias, mas na prática do foro percebe-se que não é instaurado imediatamente e sim meses depois, sendo rara a conclusão em 30 dias, inclusive pelos rotineiros e sucessivos pedidos de prazo para a sua conclusão. Por outro lado, no caso de prisão em flagrante o conhecimento do crime é imediato, dada à obrigatoriedade constitucional de comunicação ao Juízo (art. 5º, LXII, CF), com normal ciência ao Ministério Público. Cabe destacar que muitos fatos criminosos registrados como boletins de ocorrências não são objetos de inquéritos policiais, principalmente de autoria desconhecida, permanecendo as informações definitivamente nas delegacias de polícias no aguardo da identificação da autoria, situação em que o Ministério Público sequer toma conhecimento dos crimes e permanece sem possibilidades de tomar providências adequadas.

Em regra, as investigações policiais são insatisfatórias, demoradas e ineficientes, sendo que a polícia não consegue apurar a maioria dos crimes[423], o que gerou desinteresse da população no registro de ocorrências.[424]

São necessárias mudanças, para a melhoria dos elementos e dados probatórios colhidos na fase antecedente, e principalmente para viabilizar a agilização do conhecimento dos fatos pelo Ministério Pú-

---

422. Vide sobre a Itália, Portugal, Alemanha e outros países com domínio do Ministério Público na investigação criminal no Capítulo III.

423. O Departamento de Polícia Judiciária da Capital (DECAP) esclareceu apenas 2,5% dos crimes sob sua responsabilidade em 1997, segundo levantamento do Departamento de Planejamento (DEPLAN), conforme matéria jornalística ("Polícia não apura maioria dos crimes", "Violência, a cidade com medo", Caderno Especial H, *O Estado de S. Paulo*, 25.4.1999, p. 9).

424. Pesquisa realizada pelo InformEstado constatou que 59,6% dos paulistanos não registram ocorrência (matéria jornalística referida). Esse desinteresse de registro é padrão no país inteiro.

blico e a movimentação da ação penal ou o arquivamento do procedimento investigatório. O aprofundamento da participação do Ministério Público na fase investigatória é medida adequada e indispensável. Não há outra saída, na busca do interesse da sociedade na perfeita apuração dos fatos e condições para o desencadeamento da ação penal, julgamento e a punição dos crimes.

Seção II
POSSIBILIDADE JURÍDICA DA INVESTIGAÇÃO CRIMINAL PELO MINISTÉRIO PÚBLICO

1. RESPALDO CONSTITUCIONAL E LEGAL

O respaldo constitucional do poder investigatório do Ministério Público encontra-se principalmente nos arts. 127, *caput*, e 129, da Carta Magna, enquadrando-se harmoniosamente no sistema constitucional vigente.

A finalidade do Ministério Público é a defesa da ordem jurídica, do regime democrático e dos interesses sociais e individuais indisponíveis (art. 127, *caput*).

A função de investigar do Ministério Público afina-se com a defesa dos interesses sociais, porque a prática criminosa ofende a sociedade e constitui inegável interesse social a reparação dos seus efeitos, para reposição da ordem jurídica lesionada pelo delito.

O constituinte concedeu a privatividade da ação penal ao Ministério Público (art. 129, I). A interpretação da "ação penal" deve englobar a ação penal propriamente dita e as providências antecedentes para permitir o seu desencadeamento, os atos de investigação criminal.

Se as investigações criminais forem insuficientes para embasar a denúncia penal, o encargo constitucional será inócuo. É um grande contra-senso garantir privativamente o exercício da ação penal e impedir o desempenho de atos investigatórios. A investigação prévia é acessória; a ação penal, principal. Quem pode o mais (promover a ação penal), pode o menos (fazer investigação criminal).

A eventual falha da investigação pode dificultar ao Ministério Público o acesso ao Judiciário, para apreciação de lesão ou ameaça a direito (art. 5º, XXXV, CF), inviabilizando o exercício privativo da ação penal. O acesso à Justiça não pode ficar prejudicado pela ineficiência ou demora de outro órgão público na investigação do crime.

O Ministério Público tem como instrumentos prévios ao exercício da ação a instauração do inquérito civil (art. 129, III, CF), a expedição de notificações nos procedimentos administrativos de sua competência, a requisição de informações e documentos para instruí-los (art. 129, VI) e a requisição de diligências investigatórias e para instauração de inquérito policial (art. 129, VIII).

O inquérito civil destina-se à colheita de elementos informativos para a proteção do patrimônio público e social, do meio ambiente e de outros interesses difusos e coletivos (art. 129, III, CF). O mecanismo para a busca da prestação jurisdicional dos interesses sociais é a ação civil pública (art. 129, III, CF), mas nada impede a utilização da ação penal (art. 129, I, CF) para a defesa desses direitos difusos e coletivos.

Note-se que a sanção penal de crimes contra o patrimônio público, meio ambiente, consumidor e outros interesses difusos e coletivos é realizada por meio da ação penal. A punição ao crime tem inegável interesse social, de natureza difusa e coletiva, observando que a pena tem função ressocializadora e preventiva de crimes.

Acrescente-se que a previsão constitucional do Ministério Público "expedir notificações nos procedimentos administrativos de sua competência, requisitando informações e documentos para instruí-los" (129, VI, CF), traz evidente a existência de vários "procedimentos administrativos" de atribuição do *parquet*, além do inquérito civil. Para que serviria o poder de expedir notificação e requisitar informes e documentos para a sua instrução se o Ministério Público não pudesse instaurar os procedimentos administrativos?

Ressalte-se que o constituinte autorizou o Ministério Público a "*exercer outras funções que lhe forem conferidas, desde que compatíveis com sua finalidade*" (art. 129, IX, CF). É norma constitucional aberta, que se amolda perfeitamente à finalidade institucional de defesa dos interesses sociais e individuais indisponíveis (art. 127, *caput*, CF), inclusive para maior eficiência do exercício da ação penal (arts. 37, *caput*, e 129, I, CF)

A Lei Complementar Federal nº 75/1993 e a Lei nº 8.625/1993 previram o inquérito civil, a ação civil pública e outros "procedimentos administrativos" para a atuação do Ministério Público.

Não há nenhuma razão lógica para restringir a atuação do inquérito civil ou outro procedimento administrativo à área civil, porque colhidos elementos que caracterizem crime o Ministério Público está autorizado a acionar o Judiciário (arts. 27, 39, § 5º, 40 e 46, § 1º, CPP). Não há obrigatoriedade de inquérito policial para iniciar a ação penal, posição adotada pelos tribunais superiores (STF: *RTJ* 64/363 e 76/741; STJ: RHC 5.637/SC, Rel. Vicente Leal, HC 3.931/RJ, Rel. Vicente Leal e RHC 4.145, Rel. Edson Vidigal), que reconhecem segura e pacificamente a dispensabilidade do inquérito policial para o desencadeamento da ação penal em caso de presença de elementos informativos obtidos por outros meios. A representação da vítima ou de qualquer cidadão e as peças encaminhadas por tribunais e outras autoridades administrativas são dados suficientes para o oferecimento da denúncia.

De qualquer modo, o termo "procedimentos administrativos" é amplo, usado no plural pelo constituinte e pelo legislador ordinário, aplicável às esferas civil, penal e administrativa.

Acresça-se que o Código de Processo Penal já autorizava a apuração de infrações penais e sua autoria por outras autoridades administrativas, além das autoridades policiais (art. 4º, *caput* e parágrafo único), postura legislativa confirmada em relação ao Ministério Público por legislações criminais especiais posteriores (art. 356, § 1º, da Lei nº 4.737/1965; art. 29, *caput*, da Lei nº 7.492/1986; art. 201, VII, da Lei nº 8.069/1990, art. 74, VI, da Lei nº 10.741/2003).

O Código Eleitoral prevê que o juiz eleitoral deve remeter ao Ministério Público a comunicação de infração penal eleitoral (art. 356, § 1º, da Lei nº 4.737/1965), facultando ao Ministério Público a requisição de maiores esclarecimentos e documentos complementares ou outros elementos de convicção (§ 2º).

O art. 29, *caput*, da Lei nº 7.492/1986, dispõe a requisição de informação, documento ou diligência relativa à prova de crime contra o sistema financeiro nacional.

Parece óbvio que a requisição de informação ou documento ou diligência ou maiores esclarecimentos deve constar de algum procedimento administrativo ou peças de informação, para instruir denúncia ou pedido de arquivamento.

As normas de proteção à infância e juventude e ao idoso prevêem expressamente a competência do Ministério Público para instauração de sindicâncias e requisição de diligências. A Lei nº 8.069/1990, Estatuto da Criança e do Adolesdente, trata da possibilidade de instauração de procedimento para apuração de ilícitos ou infrações às normas de proteção à infância e à juventude (art. 201, VII), e, a Lei nº

10.741/2003 cuida da apuração em relação às normas de proteção ao idoso, de idêntica previsão (art. 74, VI).

Com muito mais razão, o Ministério Público pode colher dados complementares para alicerçar melhor a ação penal ou até mesmo para eventual convicção da inocorrência dos fatos ou da participação do indiciado. Os interesses do indiciado e da sociedade estarão mais bem protegidos, porque a atividade acusatória do Ministério Público poderá ser exercida de forma mais segura, adequada, embasada e de acordo com os fatos e a realidade

Inegavelmente, a persecução penal estatal rápida, eficiente e efetiva atende aos fundamentos da soberania, cidadania e dignidade da pessoa humana (art. 1º, I a III, CF), aos objetivos fundamentais republicanos na construção de uma sociedade livre, justa e solidária (art. 3º, I, CF) e aos direitos e garantias fundamentais (igualdade, vedação de tratamento desumano ou degradante, liberdade de locomoção, art. 5º, *caput*, III, XV, CF), numa análise sob o ângulo da vítima e da sociedade, que têm direito à segurança pública e à preservação do seu patrimônio, saúde e vida (art. 144, *caput*), direito e responsabilidade de todos, mas dever do Estado.

Portanto, o Ministério Público tem o direito de efetuar investigações criminais autônomas, seja por ampliação da privatividade da ação penal, pelo princípio da universalização das investigações ou do acesso à Justiça ou direito humano da pessoa ser cientificada e julgada em tempo razoável (arts. 7º e 8º, da Convenção Interamericana de Direitos Humanos, Pacto de San José), ou até por força do princípio do poder implícito, tudo em consonância com o ordenamento constitucional, o Estado Democrático de Direito, os fundamentos e objetivos fundamentais da República Federativa do Brasil.

1.1. Respaldo por Resolução do CNMP

O Conselho Nacional do Ministério Público expediu a Resolução 13, de 2.10.2006, a qual regulamenta o art. 8º da Lei Complementar nº 75/1993 e o art. 26 da Lei nº 8.625/1993, disciplinando, no âmbito do Ministério Público, a instauração e tramitação do procedimento investigatório criminal, e dá outras providências.

O CNMP agiu no exercício das atribuições que lhe são conferidas pelo art. 130-A, § 2º, inciso I, da Constituição Federal e com fulcro no art. 64-A de seu Regimento Interno.

250   VALTER FOLETO SANTIN

O diploma administrativo contém 6 capítulos (Capítulo I – *Da Definição e Finalidade;* Capítulo II – *Da Instauração;* Capítulo III – *Da Instrução;* Capítulo IV – *Da Publicidade;* Capítulo V – *Da Conclusão e do Arquivamento;* e, Capítulo VI – *Das Disposições Finais e Transitórias)* e 19 artigos.

O art. 1º define o procedimento investigatório criminal: *"Art. 1º. O procedimento investigatório criminal é instrumento de natureza administrativa e inquisitorial, instaurado e presidido pelo membro do Ministério Público com atribuição criminal, e terá como finalidade apurar a ocorrência de infrações penais de natureza pública, servindo como preparação e embasamento para o juízo de propositura, ou não, da respectiva ação penal.".*

O seu parágrafo único esclarece que o instrumento não é condição de procedibilidade ou pressuposto processual, e concorrente: *"Parágrafo único. O procedimento investigatório criminal não é condição de procedibilidade ou pressuposto processual para o ajuizamento de ação penal e não exclui a possibilidade de formalização de investigação por outros órgãos legitimados da Administração Pública.".*

O art. 2º cuida das opções do Ministério Público em poder de peças de informação, podendo promover a ação penal cabível, instaurar procedimento investigatório criminal, encaminhar as peças ao Juizado Especial Criminal, promover o arquivamento ou requisitar inquérito policial.

O art. 3º trata da possibilidade de instauração de ofício de procedimento investigatório criminal, por membro do Ministério Público, ao tomar conhecimento de infração penal, por qualquer meio; a distribuição e divisão de serviços; o prazo é de 30 dias para dar andamento às peças de informação.

O art. 4º prevê a instauração do procedimento por portaria fundamentada, registrada e autuada, indicação dos fatos e demais dados da investigação (*caput*), podendo ser aditada (parágrafo único).

O art. 5º determina a comunicação escrita da instauração do procedimento à Procuradoria-Geral ou órgão incumbido da recepção.

O art. 6º elenca as providências e diligências de instrução do procedimento, como vistorias, inspeços, requisições de informações, exames, perícias e documentos públicos e privados, notificações, intimações, oitivas de pessoas e outras providências investigatórias.

O art. 7º prevê a notificação do autor do fato investigado para fornecimento facultativo de informações e acompanhamento, por advogado, em assistência jurídica.

O art. 8º determina a documentação das diligências em auto, sendo as declarações e depoimentos tomados por termo, com possibilidade de utilização de recursos áudios-visuais (art. 9º).

É possível a deprecação para outra localidade (art. 10), por qualquer meio de comunicação (§ 1º).

Será fornecido documento de comparecimento (art. 11).

O prazo de conclusão do procedimento é de 90 dias, com possibilidade de prorrogações sucessivas, por decisão fundamentada do membro do Ministério Público investigante (art. 12, *caput*), com controle atualizado do andamento, preferencialmente por meio eletrônico (§ 1º), que poderá ser restrito (§ 2º).

O procedimento investigatório criminal deve ser público, salvo disposição legal ou razões de interesse público ou conveniência da investigação (art. 13).

Em caso de inexistência de fundamento para a ação penal, o membro do Ministério Público promoverá o arquivamento fundamentado (art. 14, *caput*), submetendo o pedido ao juízo competente (art. 29 do CPP) ou ao órgão superior interno (art. 15, parágrafo único).

Se houver notícias de outras provas novas, poderá ser requerido o desarquivamento (art. 16), com nova comunicação (art. 5º).

No art. 17 há previsão da observância dos direitos e garantias individuais, a aplicação do Código de Processo Penal e a legislação espeial pertinente.

O art. 18 obriga a adequação dos procedimentos em curso. O art. 19 prevê a vigência imediata da Resolução, na data da publicação.

Como se vê, o Conselho Nacional do Ministério Público disciplinou a matéria relativa ao procedimento investigatório criminal, que pode ser abreviado para PIC, de forma muito próxima àquela prevista no próprio Código de Processo Penal (arts. 4º e seguintes), num mecanismo de uniformização da atuação e do procedimento de investigação, útil para a preservação da legalidade de ato administrativo do membro do Ministério Público. Há no STF as ADIn 3.806 e 3.836.

2. O QUESTIONAMENTO DO PODER INVESTIGATÓRIO DO MINISTÉRIO PÚBLICO

O poder de investigação de crimes pelo Ministério Público não é pacífico, na doutrina e na jurisprudência, com posições favoráveis e desfavoráveis.

Na década de 1970, mesmo em situação constitucional que não reconhecia a privatividade da ação penal ao Ministério Público e a gama de poderes e finalidades conferidas pela Carta Magna de 1988, o E. Tribunal Superior Eleitoral já reconhecia o poder investigatório do Ministério Público, ao decidir pela inexistência de falta jurídica na hipótese de crime eleitoral e remessa da representação ao Ministério Público, que "por não dispor de elementos suficientes, realizou a inquirição das testemunhas na sala da promotoria", anotando a "universalização da investigação e da propositura da ação penal" (TSE, Ministro Raphael de Barros Monteiro, RHC 54, Acórdão nº 4985, j. em 18.5.1972, v.u., *BEL* nº 250, tomo 1, p. 558; www.tse.gov.br/jur/).

Nos últimos tempos, o poder investigatório próprio do Ministério Público vem sendo questionado em recursos e ações diretas de inconstitucionalidade, nas instâncias superiores, por indiciados e entidade associativa policial. A ADEPOL (Associação dos Delegados de Polícia) promoveu várias ações diretas de inconstitucionalidade, sem êxito. A E. Suprema Corte brasileira não concedeu nenhuma medida liminar, mantendo eficazes as normas da Lei nº 6.825/1993 e Lei Complementar Federal nº 75/1993 (ADIn 1.142) e resoluções da Procuradoria-Geral de Justiça do Rio de Janeiro, referentes à Promotoria de Investigação Penal (ADIn 1.383-3-RJ) e da Procuradoria-Geral de Justiça do Paraná, na instituição de Promotoria de Investigação Criminal (ADIn 1.336-PR).

2.1. Jurisprudência do STF

Na ADIn 1.142, Rel. Ministro Carlos Velloso, proposta pela Associação dos Delegados de Polícia do Brasil – ADEPOL, foi indeferida a liminar em 14.2.1996, para a declaração de inconstitucionalidade do art. 26, I, da Lei nº 6.825/1993, na parte em que confere ao Ministério Público, no exercício de suas funções, o poder de instaurar inquéritos e "outras medidas e procedimentos pertinentes" e dos arts. 10 e 18, II, "f", e parágrafo único, da LC nº 75/1993, que estabelecem, sucessivamente, obrigatoriedade de comunicação imediata ao Ministério Público competente da prisão de qualquer pessoa por parte de autoridade federal, do Distrito Federal ou dos Territórios; e a prerrogativa dos membros do MP da União de não serem indiciados em inquérito policial, ressalvada, caso haja indício da prática de infração penal, a apuração dos fatos por membro do próprio MP designado pelo Procurador-Geral da República. O Tribunal entendeu que a tese sustentada pelo autor da ação não teria a densidade necessária para justificar a suspensão cau-

O MINISTÉRIO PÚBLICO NA INVESTIGAÇÃO CRIMINAL 253
MINISTÉRIO PÚBLICO BRASILEIRO NAS INVESTIGAÇÕES CRIMINAIS EDIPRO

telar dos dispositivos impugnados (*Boletim Informativo do STF* nº19, www.stf.gov.br). O relator negou seguimento à ADIN (*DJ* 15.6.1998).

No tocante às resoluções da Procuradoria-Geral de Justiça do Rio de Janeiro sobre a Promotoria de Investigação Penal, o STF em 29.4.1998, por votação majoritária, não conheceu da ação direta, por ilegitimidade ativa *ad causam* da ADEPOL (ADIn 1.138-3 RJ, m.v., Rel. Ministro Ilmar Galvão). O STF concedeu inicialmente a liminar, em 8.3.1995, reconsiderou a decisão e indeferiu a liminar, em 15.3.1995, e depois não conheceu da ação (www.stf.gov.br, consulta às ações diretas de inconstitucionalidade).

Relativamente à Resolução da Procuradoria-Geral de Justiça do Paraná, na instituição de Promotoria de Investigação Criminal, na Comarca de Curitiba, com poderes para requisitar exames, documentos e informações de qualquer órgão, repartição ou entidade pública ou privada, e requisitar a condução coercitiva, pela Polícia Civil ou Militar, de quem notificado não comparecesse injustificadamente, na ADIn 1.336-PR, Rel. Ministro Octavio Gallotti, em 11.10.1995, o Excelso Tribunal considerou destituída de plausibilidade a alegação de contrariedade aos arts. 60, I, II e III, 129, VI e VII e 144, da Constituição Federal (*Boletim Informativo do STF* nº 9, www.stf.gov.br). A ADIN foi extinta por ilegitimidade ativa da ADEPOL (*DJ* 16.10.1998), mas interpostos embargos de declaração, com negativa de provimento (j. em 9.8.2006, v.u., *DJ* e *DOU* de 17.8.2006). Por substituição, a relatoria passou para a Ministra Ellen Gracie e depois para a Ministra Carmem Lúcia. Vide www.stf.gov.br, acompanhamento processual.

Apesar disso, no âmbito do Supremo Tribunal Federal não está pacificada a possibilidade ou não de investigação criminal pelo Ministério Público.

Em setembro de 1997, a E. 1ª Turma decidiu ser "regular a participação do Ministério Público em fase investigatória",[425] sinal da possibilidade de investigação criminal pelo Ministério Público.

Por outro lado, a E. 2ª Turma, em dezembro de 1998, em análise de crime de desobediência imputado a autoridade policial por descumprimento de requisição ministerial para realização de investigações penais, decidiu de forma restritiva, entendendo que "não cabe ao membro do Ministério Público realizar, diretamente, tais investiga-

---

425. HC 75.769-3/MG, 1ª T., Rel. Min. Octavio Gallotti, v.u., j. em 30.9.1997, *DJU* 28.11.1997. Vide também: Silvana de Freitas, "Supremo tende a reconhecer apreensões", *Folha de S. Paulo*, caderno 1, p. 8, 22.4.1999.

ções, mas requisitá-las à autoridade policial, competente para tal (CF, art. 144, §§ 1º e 4º)" (RECR 205473-AL, Rel. Ministro Carlos Velloso, v.u., j. em 15.12.1998, *DJ* 19.3.1999, p. 19, *Ementário*, vol. 1943-02, p. 348.). Em maio de 1999, no RE 233072/RJ, j. em 18.5.1999, *Boletim Informativo do STF* nºs 143, 148 e 150, www.stf.gov.br., por maioria de votos, sendo relator originário o Ministro Néri da Silveira e para o acórdão o Ministro Nelson Jobim, não conheceu de recurso extraordinário interposto pelo Ministério Público contra decisão do TRF da 2ª Região (RJ) que anulara o processo, iniciado com base em investigações do Ministério Público. O relator originário Ministro Néri da Silveira e o Ministro Maurício Correa votaram conhecendo do recurso e lhe dando provimento para determinar o prosseguimento da ação penal. O Ministro Nelson Jobim votou pelo não conhecimento do recurso, seguido pelos demais, não sendo conhecido o recurso do Ministério Público Federal, porque o acórdão recorrido baseou-se em mais de um fundamento suficiente para a manutenção da decisão, que não foram atacados pelo recorrente, incidindo a Súmula 283 ("É inadmissível o recurso extraordinário, quando a decisão recorrida assenta em mais de um fundamento suficiente e o recurso não abrange todos eles."). O Ministro Maurício Correa votou pelo conhecimento do recurso e provimento, para a continuidade da ação penal, anotando que seria favorável à investigação do Ministério Público, com a observação da necessidade de regulamentação procedimental, para permitir o controle da atuação e que informes favoráveis ao investigado sejam conservados. A unanimidade expressada no RECR 205473/AL contrária à atuação do Ministério Público não se repetiu no RE 233072/RJ.

No RHC 81326, Rel. Ministro Nelson Jobim, j. em 6.5.2003, a Turma deu provimento a recurso ordinário em *habeas corpus*, para reformar decisão do STJ que entendera válida a requisição expedida pelo Ministério Público do Distrito Federal, para que o recorrente, delegado de polícia, comparecesse ao Núcleo de Investigação Criminal e Controle Externo da Atividade Policial, e fosse interrogado em procedimento administrativo investigatório supletivo. Considerou-se que o Ministério Público não tem poderes para realizar diretamente investigações, mas sim requisitá-las à autoridade policial competente, não lhe cabendo, portanto, inquirir diretamente pessoas suspeitas da autoria de crime, dado que a condução do inquérito policial e a realização das diligências investigatórias são funções de atribuição exclusiva da polícia judiciária (*Informativos* 307 e 314, www.stf.gov.br). O Ministério Público Federal interpôs embargos declaratórios (Emb. Decl. no Recurso em *Habeas Corpus* 81326), relator o Ministro Eros

Grau, por redistribuição e prevenção, o qual, por haver pretensão de efeitos infringentes, decidiu o sobrestamento até a decisão definitiva do Pleno no Inquérito 1.968, que trata do julgamento dos poderes investigatórios do Ministério Público (despacho de 11.5.2006).

De forma diversa, no HC 82865/GO, Relator Ministro Nelson Jobim, j. em 14.10.2003, 2ª T., *DJ* 30.4.2004, pp. 00069; *Ementário* 2149-08/1523, v.u., entendeu-se que "o Ministério Público tem legitimidade para instaurar sindicância para a apuração de crimes previstos no Estatuto da Criança e do Adolescente (art. 201, inciso VII, da Lei nº 8.069/90)". Ressaltou-se que o Ministério Público não necessita de inquérito policial para instaurar ação penal.

Estranhamente, no HC 82865/GO tentou-se maquiar o paradoxo, com a observação de que o caso "não se confunde com o RHC 81.326 que tratava de falta de legitimidade do *Parquet* para presidir ou desenvolver diligências pertinentes ao inquérito policial", porque a "questão relativa à infância e à juventude é regulada por lei especial que tem previsão específica (Lei nº 8.069/1990)".

Posteriormente, confirmou-se a dispensabilidade do inquérito policial para a ação penal e a possibilidade do Ministério valer-se de outros elementos de prova para sua convicção, enfatizando-se que "não há impedimento para que o agente do Ministério Público efetue a colheita de determinados depoimentos, quando, tendo conhecimento fático do indício de autoria e da materialidade do crime, tiver notícia, diretamente, de algum fato que merecesse ser elucidado." (Inq. 1.957, Rel. Ministro Carlos Velloso, *DJ* 11.11.2005). No mesmo sentido: HC 83.463, Rel. Ministro Carlos Velloso, *DJ* 4.6.2004.

O debate mais forte sobre o tema da investigação criminal pelo Ministério Público está sendo travado no Pleno do E. Supremo Tribunal Federal, no Inquérito 1.968, o Caso Remy Trinta, em julgamento interrompido, por vista do Ministro César Peluso, com votação provisória de 3 votos (Ministros Joaquim Barbosa, Eros Grau) favoráveis ao recebimento da denúncia e ao direito de investigação pelo Ministério Público e 2 votos (Ministros Marco Aurélio, relator, e Nelson Jobim) contrários, para a rejeição, porque o Ministério Público não poderia realizar diretamente investigações na esfera criminal. No *Informativo* nº 359 (www.stf.gov.br), há a seguinte notícia resumindo o estágio do julgamento: "O Tribunal retomou julgamento de inquérito em que se pretende o recebimento de denúncia oferecida contra deputado federal e outros pela suposta prática de crime de estelionato (CP, art. 171, § 3º), consistente em fraudes, perpetradas por médicos que trabalhavam na clínica da qual os denunciados eram sócios, que

256
EDIPRO MINISTÉRIO PÚBLICO BRASILEIRO NAS INVESTIGAÇÕES CRIMINAIS

teriam gerado dano ao Sistema Único de Saúde – SUS, as quais foram apuradas por meio de investigações efetivadas no âmbito do Ministério Público Federal. Na sessão de 15.10.2003, o Ministro Marco Aurélio, relator, rejeitou a denúncia, por entender que o órgão ministerial não possui competência para realizar diretamente investigações na esfera criminal, mas apenas de requisitá-las à autoridade policial competente, no que foi acompanhado pelo Ministro Nelson Jobim – v. *Informativo* nº 325. Em voto-vista, o Ministro Joaquim Barbosa divergiu desse entendimento e recebeu a denúncia. Afirmou, inicialmente, não ter vislumbrado, na espécie, verdadeira investigação criminal por parte do Ministério Público. Salientou que o *parquet*, por força do que dispõe o inciso III, do art. 129 da CF, tem competência para instaurar procedimento investigativo sobre questão que envolva interesses difusos e coletivos (no caso a proteção do patrimônio público) e que essa atribuição decorre não da natureza do ato punitivo que resulta da investigação, mas do fato a ser investigado sobre bens jurídicos cuja proteção a CF lhe conferiu. Esclareceu que a outorga constitucional, ao *parquet*, da titularidade da ação penal implicaria a dos meios necessários ao alcance do seu múnus, estando esses meios previstos constitucional (CF, art. 129, IX) e legalmente (LC nº 75/1993, art. 8º, V; Lei nº 8.625/1993, art. 26). Asseverou que, apesar do Ministério Público não ter competência para presidir o inquérito policial, de monopólio da polícia, a elucidação dos crimes não se esgotaria nesse âmbito, podendo ser efetivada por vários órgãos administrativos, tendo em conta o disposto no parágrafo único do art. 4º do CPP. Ressaltou que a premissa de que o art. 144, § 1º, IV, da CF teria estabelecido monopólio investigativo em prol da polícia federal poria em cheque várias estruturas administrativas e investigativas realizadas por diversos órgãos no sentido de combater uma série de condutas criminosas. Concluiu, dessa forma, quanto à questão preliminar, pela existência de justa causa para recebimento da denúncia. Os Ministros Eros Grau e Carlos Britto acompanharam a divergência. Após, o Ministro Cezar Peluso pediu vista dos autos. (CF, art. 129: *"São funções institucionais do Ministério Público:.. III – promover o inquérito civil e a ação civil pública, para a proteção do patrimônio público e social, do meio ambiente e de outros interesses difusos e coletivos;... VIII – requisitar diligências investigatórias e a instauração de inquérito policial, indicados os fundamentos jurídicos de suas manifestações processuais; IX – exercer outras funções que lhe forem conferidas, desde que compatíveis com sua finalidade, sendo-lhe vedada a representação judicial e a consultoria jurídica de entidades públicas...";* LC nº 75/1993: "Art. 8º. Para o exercício de suas atribuições, o Minis-*

O MINISTÉRIO PÚBLICO NA INVESTIGAÇÃO CRIMINAL 257
MINISTÉRIO PÚBLICO BRASILEIRO NAS INVESTIGAÇÕES CRIMINAIS EDIPRO

tério Público da União poderá, nos procedimentos de sua competência:... V – realizar inspeções e diligências investigatórias..."; Lei nº 8.625/1993: "Art. 26. No exercício de suas funções, o Ministério Público poderá: I – instaurar inquéritos civis e outras medidas e procedimentos administrativos pertinentes e, para instruí-los..."; CPP: "Art. 4º. A polícia judiciária será exercida pelas autoridades policiais no território de suas respectivas circunscrições e terá por fim a apuração das infrações penais e da sua autoria. Parágrafo único. A competência definida neste artigo não excluirá a de autoridades administrativas, a quem por lei seja cometida a mesma função."). Inq 1968/DF, Rel. Ministro Marco Aurélio, 1º.9.2004. (Inq. 1.968)".

O assunto da possibilidade de investigação criminal pelo Ministério Público está longe da pacificação, qualquer que seja o resultado da decisão do E. STJ no Inquérito 1.968, especialmente por se tratar de caso individual, fora do campo de controle concentrado atinente à ADIN (Ação Direta de Inconstitucionalidade) ou da ADC (Ação Declaratória de Constitucionalidade), conforme art. 102, II, "a", CF, e pela alteração da composição do Supremo Tribunal Federal, em face de aposentadorias e ingressos de novos ministros.

Mais recentemente, na Medida Cautelar em *Habeas Corpus* 89837-8/DF, do E. STF, o Ministro Celso de Mello indeferiu a liminar, por despacho de 16.10.2006, em pretensão contra indeferimento de *habeas corpus* pelo E. Superior Tribunal de justiça, envolvendo delegado da Polícia Civil, em investigação realizada pelo Ministério Público. No despacho, o relator Celso de Mello anotou: "Cabe salientar, finalmente, sem prejuízo do exame oportuno da questão pertinente à legitimidade constitucional do poder investigatório do Ministério Público, que o "*Parquet*" não depende, para efeito de instauração da persecução penal em juízo, da preexistência de inquérito policial, eis que lhe assiste a faculdade de apoiar a formulação da "*opinio delicti*" em elementos de informação constantes de outras peças existentes `aliunde`". A 2ª Turma não conheceu do agravo regimental contra o indeferimento da liminar em 21.11.2006. Vide www.stf.gov.br.

2.2. Jurisprudência do STJ

Por seu turno, no E. Superior Tribunal de Justiça, a situação é diferente, com confirmação pacífica da atuação do Ministério Público na fase investigatória, conforme se depreende de inúmeras decisões, das 5ª e 6ª Turmas.

Em 1994, a 6ª Turma, Rel. o Ministro Pedro Acioli, chancelou a possibilidade do Ministério Público atuar na fase antecedente à ação penal, assentando: "Não causa nulidade o fato do promotor, para formação da *opinio delicti*, colher preliminarmente as provas necessárias para ação penal". (RHC 3.586-2/PA, v.u., j. em 9.5.1994, *DJU* de 30.5.1994).

Em 1998, a 6ª Turma, Rel. o Ministro Vicente Leal, entendeu que o Ministério Público possui competência para investigar (RHC 7.063/PR, *DJ* 14.12.1998, p. 302.) e pode efetuar diligências, colher depoimentos e investigar os fatos, para o "fim de poder oferecer denúncia pelo verdadeiramente ocorrido" (RHC 8.025/PR, v.u., *DJ* 18.12.1998, p. 416). O Ministro Vicente Leal ao confirmar a possibilidade do Ministério Público investigar, enfatizou: "Por fim, não vejo qualquer ilegalidade na postura do Ministério Público ao proceder investigação, substituindo-se à autoridade policial. Ora, é sabido que o Ministério Público, como órgão de defesa dos interesses individuais e coletivos indisponíveis, tem competência para instaurar inquérito policial para investigar a prática de atos que afetam o interesse coletivo. E a instauração desse procedimento não provoca qualquer constrangimento ilegal ao direito de locomoção." (RHC 7.063/PR). No RHC 8.025/PR, o Ministro Vicente Leal observou: "É de se reconhecer que ao Ministério Público assiste o direito (de) efetuar diligências, colher depoimentos, para embasar a propositura da ação penal pública, investigar os fatos, para o fim de poder oferecer denúncia pelo verdadeiro ocorrido e não ficar à espera de informações fornecidas única e exclusivamente pela polícia, principalmente, no caso dos autos, em que o inquérito é feito contra um policial militar e presidido por outro militar."A 5ª. Turma tem seguido a mesma linha e expressado seguramente a possibilidade da participação do Ministério Público na fase pré-processual para apuração de crime, com inúmeras decisões (HC 7.445/RJ, RHC 8.732/RJ, HC 10.725/PB, HC 10.605/PB e muitas outras).

As posições dos Ministros do E. STJ continuam firmes e claras a respeito da possibilidade de investigação pelo Ministério Público.

Por amostragem, podem ser referidos da relatoria do Ministro Gilson Dipp: HC 7.445/RJ, HC 13.368/DF, RHC 8.106/DF, HC 10.725/PB, HC 12.685/MA, REsp 73.8338/PR, RHC 15.128/PR, REsp 761.938/SP, REsp 756.891/GO.

No HC 7.445/RJ, sendo relator o Ministro Gilson Gipp, decidiu-se que são "válidos os atos investigatórios realizados pelo Ministério Público, que pode requisitar informações e documentos para instruir seus procedimentos administrativos, visando ao oferecimento de denúncia" (*DJ* 1º.2.1999, p. 218). No mesmo sentido: HC 13.368/DF, 5ª

Turma, Relator Ministro Gilson Dipp, j. em 3.4.2001, *DJ* 4.6.2001, p. 194, v.u.; RHC 8.106/DF, 5ª Turma, Relator Ministro Gilson Dipp, j. em 3.4.2001, *DJ* 4.6.2001, p. 186, v.u.

No HC 10725/PB, relator o Ministro Gilson Dipp, entendeu-se que eventual vício nas investigações na fase pré-processual não macula a ação penal, que pode ser proposta sem inquérito policial, e o "Órgão do *Parquet* pode proceder a investigações e diligências conforme determinado nas leis orgânicas estaduais, sendo que tal atribuição fica ainda mais evidente se houve a determinação de abertura de inquérito civil público, através do qual foram colhidos os elementos ensejadores da acusação" (HC 10.725/PB, 5ª T., v.u., *DJ* 8.3.2000, p. 137).

No HC 12.685/MA, Relator Ministro Gilson Dipp, foi reconhecida a legalidade do atos investigatórios do Ministério Público e dispensabilidade do inquérito policial (STJ, 5ª Turma, j. em 3.4.2001, *DJ* 11.6.2001, p. 240), observando no RHC 8.106/DF que a atuação do órgão ministerial não é vinculada ao procedimento investigatório policial (STJ, 5ª Turma, Relator Ministro Gilson Dipp, j. em 3.4.2001, *DJ* 4.6.2001, p. 186, v.u.).

No REsp 738.338/PR, o Relator Ministro Gilson Dipp anotou a consolidação do entendimento da Corte sobre a validade dos atos investigatórios do Ministério Público, porque "a interpretação sistêmica da Constituição e a aplicação dos poderes implícitos do Ministério Público conduzem à preservação dos poderes investigatórios deste Órgão, independentemente da investigação policial", com a observação de que "o Supremo Tribunal Federal decidiu que a vedação dirigida ao Ministério Público é quanto a presidir e realizar inquérito policial" (REsp 738.338/PR, Relator Ministro Gilson Dipp, 5ª T., j. em 25.10.2005, *DJ* 21.11.2005 p. 292, v.u.).

No RHC 15.128/PR, Relator Ministro Gilson Dipp, decidiu-se sobre a possibilidade de aproveitamento para a denúncia de material produzido em processo administrado conduzido pelo Ministério Público, por validade dos atos investigatórios, com base na interpretação sistêmica da Constituição e poderes implícitos do MP, a vedação seria quanto a presidir e realizar IP e o "Ministério Público pode se valer de outros elementos de convencimento, como diligências complementares a sindicâncias ou auditorias desenvolvidas por outros órgãos, peças de informação, bem como inquéritos civis que evidenciem, além dos fatos que lhe são próprios, a ocorrência, também, de crimes" (RHC 15.128/PR, Relator Ministro Gilson Dipp, 5ª T., j. em 3.2.2005, *DJ* 7.3.2005 p. 281, v.u.).

260 VALTER FOLETO SANTIN
EDIPRO   MINISTÉRIO PÚBLICO BRASILEIRO NAS INVESTIGAÇÕES CRIMINAIS

No REsp 761.938/SP, Relator Ministro Gilson Dipp, em discussão sobre o controle externo da atividade policial e a possibilidade de investigação pelo Ministério Público, decidiu-se sobre a "validade dos atos investigatórios realizados pelo Ministério Público, na medida em que a atividade de investigação é consentânea com a sua finalidade constitucional (art. 129, inciso IX, da Constituição Federal), a quem cabe exercer, inclusive, o controle externo da atividade policial", observando que o entendimento do STF veda o MP presidir e realizar inquérito policial, com a anotação de que o STJ "mantém posição no sentido da legitimidade da atuação paralela do Ministério Público à atividade da polícia judiciária", com base no parágrafo único do art. 4º do Código de Processo Penal, por não exclusão de outras autoridades administrativas, porque "entender diferente seria o mesmo que criar 'um absurdo jurídico em que a polícia teria o controle sobre as ações do Ministério Público'" (REsp 761.938/SP, Relator Ministro Gilson Dipp, 5ª T., j. em 4.4.2006, DJ 8.5.2006 p. 282, v.u.).

No REsp 756.891/GO, Relator Ministro Gilson Dipp, em discussão sobre denúncia embasada em inquérito civil público do MP, ratificou-se o entendimento consolidado de validade dos atos investigatórios realizados pelo Ministério Público, por "interpretação sistêmica da Constituição e a aplicação dos poderes implícitos do Ministério Público", independentemente da investigação policial, e o "Ministério Público pode se valer de outros elementos de convencimento", inclusive inquéritos civis, que evidenciem crimes, além dos seus fatos próprios, porque a vedação seria para presidir e realizar inquérito policial (REsp 756.891/GO, Relator Ministro Gilson Dipp, 5ª T., j. em 12.9.2006, DJ 9.10.2006 p. 348, v.u.).

Por amostragem, podem ser referidos da relatoria do Ministro Félix Fischer: RHC 8.732/RJ, HC 10.605/PB, RHC 10.403-DF, RHC 15.469/PR.

No RHC 8.732/RJ, sendo relator o Ministro Félix Fischer, decidiu que "não há nulidade, per si, na realização, por membro do Parquet, de atos investigatórios, a fim de buscar dados para o oferecimento da denúncia" (5ª T., v.u., DJ 4.10.1999, p. 64).

No HC 10.605/PB, relator o Ministro Félix Fischer, entendeu que "É válido o Ministério Público requisitar informações, declarações, documentos e dados com a finalidade de oferecer denúncia" (5ª T., v.u., DJ 13.12.1999, p. 167).

O Ministro Félix Fischer posicionou-se que as "diligências necessárias que não afetam a liberdade e a privacidade das pessoas podem ser realizadas diretamente pelo Ministério Público para a even-

O MINISTÉRIO PÚBLICO NA INVESTIGAÇÃO CRIMINAL 261

tual preparação de ação" (RHC 10403-DF; 5ª Turma, Relator Ministro Félix Fischer, j. em 20.2.2001, STJ000385777, *DJ* 26.3.2001, p. 436, v.u.) e que Inexiste ameaça na intimação (RHC 10403-DF) ou notificação (RHC 9922-DF, j. em 13.12.2000).

Posteriormente, entendeu-se: "Na esteira de precedentes desta Corte, malgrado seja defeso ao Ministério Público presidir o inquérito policial propriamente dito, não lhe é vedado, como titular da ação penal, proceder investigações. A ordem jurídica, aliás, confere explicitamente poderes de investigação ao Ministério Público – art. 129, incisos VI, VIII, da Constituição Federal, e art. 8º, incisos II e IV, e § 2º, da Lei Complementar nº 75/1993. (Precedentes)." (RHC 15469/PR, Relator Ministro Félix Fischer, 5ª T., j. em 8.6.2004, *DJ* 2.8.2004, p. 423; *RSTJ* 186/524, v.u.).

Por amostragem, podem ser referidos da relatoria da Ministra Laurita Vaz: RHC 12871/SP, HC 33462/DF, HC 48479/RJ.

A Ministra Laurita Vaz anotou que não há ilegalidade na realização de diligências pelo Ministério Público para formação da *opinio delicti*, e a atuação não gera impedimento do membro para a denúncia e acompanhe a ação penal (RHC 12871/SP, Relatora Ministra Laurita Vaz, 5ª T., j. em 13.4.2004, *DJ* 17.5.2004, p. 240, v.u.).

O seu entendimento é de que o Ministério Público tem legitimidade para diligências investigatórias, porque "a legitimidade do Ministério Público para conduzir diligências investigatórias decorre de expressa previsão constitucional, oportunamente regulamentada pela Lei Complementar nº 75/1993. É consectário lógico da própria função do órgão ministerial – titular exclusivo da ação penal pública -, proceder a coleta de elementos de convicção, a fim de elucidar a materialidade do crime e os indícios de autoria" (HC 33.462/DF, Relatora Ministra Laurita Vaz, 5ª T., j. em 27.9.2005, *DJ* 7.11.2005, p. 316).

A Ministra Laurita Vaz acrescentou que "é consectário lógico da própria função do órgão ministerial – titular exclusivo da ação penal pública" – o ato de "proceder à coleta de elementos de convicção", porque "a Polícia Judiciária não possui o monopólio da investigação criminal. Embora seja defeso ao Ministério Público presidir o inquérito policial propriamente dito, a competência da polícia judiciária não exclui a de outras autoridades administrativas", "a ordem jurídica confere explicitamente poderes de investigação ao Ministério Público – art. 129, incisos VI, VIII, da Constituição Federal, e art. 8º, incisos II e IV, e § 2º, da Lei Complementar nº 75/1993" e "a atuação do Parquet não está adstrita à existência do inquérito policial, que pode até ser dispensado, na hipótese de já existirem elementos suficientes para

262

VALTER FOLETO SANTIN
MINISTÉRIO PÚBLICO BRASILEIRO NAS INVESTIGAÇÕES CRIMINAIS

embasar a ação penal" (HC 48479/RJ, Relator(a) Ministra Laurita Vaz, 5ª T., j. em 16.3.2006, *DJ* 2.5.2006, p. 353, v.u.). Em pesquisa por amostragem, percebe-se que os Ministros Antonio de Pádua Ribeiro (HC 30683/MT), José Arnaldo da Fonseca (RHC 15507/PR), Jorge Scartezzini (REsp 331903/DF), Nilson Naves (RHC 16659/RS), Hamilton Carvalhido (REsp 494320/RJ; RHC 13728/SP; HC 26543/PR; HC 35654/RO) e Arnaldo Esteves Lima (HC 55100/RJ) aceitam a condução da investigação pelo Ministério Público. Paulo Medina, vencido no REsp 494320/RJ, depois mudou de posição e acatou a corrente jurisprudencial favorável à investigação pelo MP (HC 29614/MG e HC 34812/MG).

No HC 30683/MT, o entendimento do E. STJ é no sentido de que "não há ilegalidade na mera intimação feita pelo Ministério Público para a ouvida de testemunha em procedimento administrativo com o objetivo de esclarecer fatos que, em tese, configuram ilícito penal" (HC 30683/MT, *DJ* 8.3.2004, p. 00160, Relator Ministro Antônio de Pádua Ribeiro, j. em 19.12.2003, Corte Especial, v.u.).

No RHC 15507/PR, Relator Ministro José Arnaldo da Fonseca, a posição é clara sobre a titularidade plena do Ministério Público na ação penal, como preceitua o inciso I, do art. 129, da Constituição Federal, o que "necessariamente legitima a sua atuação concreta na atividade investigatória, bem como o material probatório produzido", promoção investigatória revestida de legalidade, sobretudo por indicação necessária à formação da opinião sobre o delito. Anota que a "concepção vinculativa da atividade investigatória na figura da polícia judiciária contraria as bases do nosso ordenamento jurídico", porque o "modelo pátrio se vincula ao chamado sistema processual", em que "o inquérito é precedente do contraditório", não se sujeita "às nuanças formais da ampla defesa", e pode ser realizado por autoridades administrativas diversas (STJ, RHC 15507/PR, *DJ* 31.5.2004, p. 00328, Relator Ministro José Arnaldo da Fonseca, j. em 28.4.2004, 5ª T., v.u.).

No REsp 331903/DF, Rel. Jorge Scartezzini, salientou que a possibilidade do Ministério Público desenvolver atividade investigatória é tema incontroverso, observando: "Como se sabe, a Constituição Federal, em seu art. 129, I, atribui, privativamente, ao Ministério Público promover a ação penal pública. Essa atividade depende, para o seu efetivo exercício, da colheita de elementos que demonstrem a certeza da existência do crime e indícios de que o denunciado é o seu autor. Entender-se que a investigação desses fatos é atribuição exclusiva da polícia judiciária, seria incorrer-se em impropriedade, já que o titular da Ação é o Órgão Ministerial. Cabe, portanto, a este, o exame da necessidade ou não de novas colheitas de provas, uma vez que, tratando-se o inquérito de peça meramente informativa, pode o MP entendê-la dispensável na medida em que detenha informações suficientes para a propositura da ação penal." (REsp 331903/DF, Relator Ministro Jorge Scartezzini, 5ª T., j. em 25.5.2004, *DJ* 1º.7.2004, p. 248, v.u.).

No REsp 494320/RJ, enfatizou-se que a resposta penal atende a uma necessidade social, motivo da atribuição da ação penal pública ao Ministério Público, como uma de suas causas de existência, observando: "Não é, portanto, da índole do direito penal a feudalização da investigação criminal na Polícia e a sua exclusão do Ministério Público. Tal poder investigatório, independentemente de regra expressa específica, é manifestação da própria natureza do direito penal, da qual não se pode dissociar a da instituição do Ministério Público, titular da ação penal pública, a quem foi instrumentalmente ordenada a Polícia na apuração das infrações penais, ambos sob o controle externo do Poder Judiciário, em obséquio do interesse social e da proteção dos direitos da pessoa humana.". Explicando, anotou-se: "Diversamente do que se tem procurado sustentar, como resulta da letra do seu art. 144, a Constituição da República não fez da investigação criminal uma função exclusiva da Polícia, restringindo-se, como se restringiu, tão-somente a fazer exclusivo, sim, da Polícia Federal o exercício da função de polícia judiciária da União (parágrafo 1º, inciso IV). Essa função de polícia judiciária – qual seja, a de auxiliar do Poder Judiciário –, não se identifica com a função investigatória, isto é, a de apurar infrações penais, bem distinguidas no verbo constitucional, como exsurge, entre outras disposições, do preceituado no § 4º do art. 144 da Constituição Federal, verbis: *"§ 4º. Às polícias civis, dirigidas por delegados de polícia de carreira, incumbem, ressalvada a competência da União, as funções de polícia judiciária e a apuração de infrações penais, exceto as militares."*. Tal norma constitucional, por fim, define, é certo, as funções das polícias civis, mas sem estabelecer qualquer cláusula de exclusividade". Em reconhecimento ao poder investigatório do Ministério Público, finalizou: "O poder investigatório que, pelo exposto, se deve reconhecer, por igual, próprio do Ministério Público é, à luz da disciplina constitucional, certamente, da espécie excepcional, fundada na exigência absoluta de demonstrado interesse público ou social. O exercício desse poder investigatório do Ministério Público não é, por óbvio, estranho ao Direito, subordinando-se, à falta de norma legal particular, no que couber, analogicamente, ao Código de Processo Penal, sobretudo na perspectiva da proteção dos direitos fundamentais e da satisfação do interesse social, que determina o ajuizamento tempestivo dos feitos inquisitoriais e faz obrigatória oitiva do indiciado autor do crime e a observância das normas legais relativas ao impedimento, à suspeição, e à prova e sua produção" (REsp 494320/RJ, Relator Ministro Paulo Medina, Relator p/ Acórdão Ministro Hamilton Carvalhido, 6ª T., j. em 26.10.2004, *DJ* 29.8.2005, p. 447, m.v.). No mesmo sentido relatados pelo Ministro Carvalhido: RHC 13728/SP, *DJ* 21.6.2004, p. 00255; Relator Ministro Hamilton Carvalhido, j. em 15.4.2004, 6ª T., v.u.; HC 26543/PR, Relator Ministro Hamilton Carvalhido, 6ª T., j. em 1º.3.2005, *DJ* 1º.8.2005, p. 560, v.u; HC 35654/RO, Relator Ministro Hamilton Carvalhido, 6ª T., j. em 7.3.2006, *DJ* 20.3.2006, p. 357; *LEXSTJ* 200/292, v.u.

No RHC 16659/RS, Relator Ministro Nilson Naves, lembrou-se que "promover a ação penal é função institucional do Ministério Público. É uma de suas várias e relevantes funções disciplinadas seja por normas constitucionais, seja por disposições infraconstitucionais". Em conseqüência, "é lícito entender que o Ministério Público, embora as investigações sejam destinadas à polícia nas áreas federal e estadual (apuração de infrações penais), pode, também e concomitantemente, delas se incumbir. Se não há, em tal direção, expresso texto normativo, também não existe expresso texto normativo em sentido oposto". A decisão observou que "apurar infrações penais ou exercer a supervisão da investigação criminal é tarefa cujo desempenho, entretanto, requer de quem exerce a função discrição e serenidade, isso em decorrência dos eternos princípios da presunção de inocência e da inviolabilidade da intimidade, da vida privada, etc" e "compete ao Judiciário – se e quando necessário – a correção de desacertos, de violências e desatinos" (RHC 16659/RS, Relator Ministro Nilson Naves, 6ª T., j. em 17.2.2005, *DJ* 5.9.2005, p. 490, v.u.).

No HC 29614/MG, Relator Ministro Paulo Medina, apontou-se: "Detém o Ministério Público autorização legal para instaurar procedimento investigatório administrativo e, neste mister, requisitar informações e proceder diligências com vistas a instruir a propositura de ação penal pública incondicionada (arts. 129, incisos I e VIII, da CRFB; 6º, inciso V e 7º, inciso II, da Lei Complementar nº 75/1993 e 25, III, 26, I, II e V, da Lei nº 8.625/93)" (HC 29614/MG, Relator Ministro Paulo Medina, 6ª T., j. em 24.5.2005, *DJ* 19.9.2005, p. 386, v.u.). O Ministro Medina aceitava anteriormente a possibilidade de investigação pelo MP (HC 34812/MG, Relator Ministro Paulo Medina, 6ª T., j. em 18.11.2004, *DJ* 28.2.2005, p. 371; *REVFOR* 379/367, v.u.).

No HC 55100/RJ, Relator Ministro Arnaldo Esteves Lima, o entendimento é de que, "malgrado seja defeso ao Ministério Público presidir o inquérito policial propriamente dito, não lhe é vedado, como titu-

O Ministério Público na Investigação Criminal 265
Ministério Público Brasileiro nas Investigações Criminais EDIPRO

lar da ação penal, proceder a investigações. A ordem jurídica, aliás, confere explicitamente poderes de investigação ao Ministério Público – art. 8º, incisos II e IV, e § 2º, da Lei Complementar nº 75/1993" (REsp 665.997/GO, Rel. Ministro Félix Fischer, 5ª T., *DJ* de 30.5.2005, p. 408), a fim de viabilizar o cumprimento de sua função de promover, privativamente, a ação penal pública" (HC 55100/RJ, Relator Ministro Arnaldo Esteves Lima, 5ª T., j. em 9.5.2006, *DJ* 29.5.2006, p. 283; *LEXSTJ* 202/367, v.u.).

O E. STJ também considerou inexistente impedimento para oferecimento de denúncia por promotor que atuou na fase investigatória, tendo em vista a possibilidade para formação da *opinio delicti* de colher preliminarmente as provas necessárias para a ação penal (RHC 3.586-2/PA, 6ª T., Rel. Ministro Pedro Acioli, v.u., j. 9.5.1994, *DJU* 30.5.1994). A participação do Ministério Público na prática de atos investigatórios não o incompatibiliza para o exercício da ação penal, porque se ele pode propor a ação penal, desde que tenha os elementos necessários, independentemente do inquérito policial, nada impede que ofereça denúncia (HC 9.023/SC, 5ª T., Rel. Ministro Félix Fischer, j. em 6.6.1999, *in Informativo Jurídico* nº 22, www.stj.gov.br/stj/instituc/Injur22.htm). A 3ª Seção aprovou o seguinte verbete, convertido na Súmula 234, do STJ: "A participação de membro do Ministério Público na fase investigatória criminal não acarreta o seu impedimento ou suspeição para o oferecimento da denúncia" (*Informativo Jurídico* nº 44, www.stj.gov.br, jurisprudência; *DJ* 7.2.2000, p. 185). No sentido da inexistência de impedimento ou incompatibilidade para a proposição da ação penal: RHC 8106/DF, 5ª T., Relator Ministro Gilson Dipp, j. em 3.4.2001, *DJ* 4.6.2001, p. 186, v.u.; RHC 12871/SP, Relator(a) Ministra Laurita Vaz, 5ª T., j. em 13.4.2004, *DJ* 17.5.2004, p. 240, v.u.; RHC 15529/PR, Relator(a) Ministra Laurita Vaz, j. em 15.2.2005, *DJ* 14.3.2005, p. 383, v.u.

2.3. Jurisprudência dos TRFs

O E. Tribunal Regional Federal, da 1ª Região (DF), reconheceu o poder do Ministério Público de instaurar inquérito civil ou procedimento investigatório, para apuração de crimes contra a ordem tributária (Juiz Cândido Ribeiro), em que quebrado judicialmente o sigilo bancário do investigado, mas assegurado a este o acesso às movimentações bancárias (MS 1998.01.00.027824-6/PA, *DJ* 15.3.1999, p. 17 e HC 1998.01.00.048293-0/PA, *DJ* 12.3.1999, p. 99), facilitando o exercício da ampla defesa e do contraditório. O HC 200201000301628/DF,

4ª T., j. em 19.11.2002, *DJ* 17.12.2002, p.107, Relator Hilton Queiroz, m.v., entendeu que não há constrangimento ilegal na notificação e instauração de procedimento investigatório pelo MP. Em sentido contrário: HC 200601000233722/TO, 3ª T., j. em 18.7.2006, *DJ* 28.7.2006, p. 15, Relator Tourinho Neto. http://www.trf1.gov.br/

No E. Tribunal Regional Federal, da 2ª Região (RJ) a posição não é pacífica. Há entendimento favorável (ACR Processo: 200002010448090 /ES, 6ª T., j. em 17.9.2003, *DJU* 30.9.2003, p. 139, Relator Juiz Poul Erik Dyrlund, v.u.; HC 200102010226576/RJ, 6ª T., j. em 2.4.2003, *DJU* 29.4.2003, p. 211, Relator Juiz Poul Erik Dyrlund, v.u.) e desfavorável (HC 96.02.35446-1, 2ª T., Rel. Des. Fed. Silvério Cabral, v.m., j. em 11.12.1996, e 97.02.09315-5, 1ª T., Rel. Des. Fed. Nei Fonseca, v.u., j. em 19.9.1997, *DJU* de 9.10.1997; HC Processo: 200202010055567/RJ 4ª T., j. em 21.5.2002, *DJU* 4.11.2002, p. 579, Relator Juiz Valmir Peçanha). Vide: http://www.trf2.gov.br/ ou http://www.justicafederal.gov.br.

No E. Tribunal Regional Federal, da 3ª Região (SP) há decisões favoráveis à investigação criminal pelo Ministério Público (HC Processo: 2003.03.00.031711-0/SP, 1ª T.. J. em 17.2.2004, *DJU* 9.3.2004, *RTRF3* 68/279, Relator Juiz Luiz Stefanini, v.u.; HC 2005.03.00. 045189-3/SP, 2ª T., j. em 22.8.2006, *DJU* 22.9.2006, p. 443, Relator Juiz Cotrim Guimarães, v.u.). Vide: www.trf3.gov.br/juris/pesquisa/ pesq-ledoc.php3.

O E. Tribunal Regional Federal, da 4ª Região (RS), como exceção da investigação policial, reconheceu a possibilidade de denúncia com base em investigações procedidas pelo Ministério Público, que "pode investigar fatos, poder que se inclui no mais amplo de fiscalizar a correta execução da lei", de modo que tal "poder do órgão ministerial mais avulta quando os envolvidos na infração penal são autoridades policiais, submetidas ao controle externo do Ministério Público" (HC 97.04.26750-9/PR, 1ª T., Rel. Juiz Fábio Bittencourt da Rosa, 1ª T., v.u., j. 24.6.1997, *DJU* 16.7.1997, p. 143). A posição favorável à investigação pelo MP permanece: HC 2002.04.01.046028-4/RS, j. em 9.12.2002, 8ª T., *DJU* 8.1.2003, p. 293, Relator Luiz Fernando Wowk Penteado; ACR 2001.04.01.064921-2/PR, j. em 4.2.2003, 7ª T., *DJU* 26.2.2003, p. 911, Relator Vladimir Passos de Freitas; HC 2006.04.00. 004466-2/PR, j. em 28.3.2006, 7ª T., *DJU* 12.4.2006, p. 171, Relator Tadaaqui Hirose. Vide os acórdãos no site: http://www.trf4.gov.br/trf4/ jurisjud/pesquisa.php.

O E. Tribunal Regional Federal, da 5ª Região (PE), ao denegar ordem de *habeas corpus*, reconheceu que "a competência da polícia judiciária para colheita de provas para instauração de ação penal, bem como para presidir o procedimento administrativo, não exclui a competência de outra autoridade administrativa, a quem por lei seja cometida a mesma função", porque "a Lei Complementar nº 75/1993, em seu art. 8º e incisos, especifica as atribuições do Ministério Público para o exercício de suas funções constitucionais nas investigações criminais por ele presidida", inclusive entendendo que "os princípios constitucionais do contraditório e da ampla defesa não são exigidos no inquérito policial e na investigação criminal presidida pelo Ministério Público, por se tratar de procedimento administrativo de natureza inquisitória e informativa, formador da *opinio delicti* do titular da ação penal." (HC 1153, Processo 00.05.00029196-3/CE, 1ª T., j. em 17.8.2000, *DJ* 8.9.2000, p. 742, Juiz Ubaldo Ataíde Cavalcante). Também são favoráveis à investigação criminal pelo Ministério Público: QUONCR – Questão de Ordem em Notícia-Crime – 497, Processo 00.05.00014-8 – CE, j. em 24.5.2000, *DJ* 11.8.2000, p. 429, Pleno, Juiz Castro Meira, v.u.; HC 2004.05.00.039262-1, 4ª T., Relator Desembargador Federal Marcelo Navarro, j. em 19.4.2005, *DJ* 8.6.2005, p. 1850, v.u. Vide a respeito http://www.trf5.gov.br/atenas/index.jsp

2.4. Jurisprudência dos Tribunais de Justiça

Os Tribunais de Justiça caminham no sentido favorável ao trabalho de investigação criminal pelo Ministério Público, em vários pronunciamentos dos órgãos julgadores estaduais pesquisados.

O E. Tribunal de Justiça de São Paulo, no HC 95852/SP, sendo relator o Des. Nelson Fonseca, em virtude de atuação de membro do Ministério Público na fase do inquérito policial, decidiu sobre a admissibilidade do "promotor de justiça, designado para a fase investigatória, promover a ação penal", porque "acompanhamento dos atos de investigação ou realização direta de diligências relevantes que não se erigem em impedimento à sua atuação" (6ª Câm. Crim., j. em 15.8.1990, *RT* 660/288).

O mesmo E. TJSP tem confirmado o poder investigatório do Ministério Público. No HC 452.874.3/0, 4ª Camâra Criminal, Rel. Canellas de Godoy, j. em 25.5.2004, v.u., afastou-se a nulidade pretendida pela atuação do Ministério Público na investigação criminal, considerando que os Promotores de Justiça do GAECO poderiam instaurar procedimentos investigatórios para apurar infrações penais, investigação que não se contrapõe ao art. 144, § 4º, da Constituição Federal, e harmoniza-se com o art. 129, I, CF. São favoráveis à investigação direta pelo

Ministério Público: 1ª Câm. Crim. (HC 369.630.3/8, Rel. Des. Jarbas Mazzoni – j. em 18.2.2002, v.u.), 2ª Câm. Crim. (HC 379.299-3/4-00, rel. Des. Almeida Braga, j. 17.6.2002), 3ª Câm. Crim. (HC 394.804.3/0, j. 8.10.2002, Rel. Des. Luiz Pantaleão; HC 394.322-3/0, j. 05.11.2002, rel. Des. Walter Guilherme; HC 424.074.3/0. Rel. Des. Segurado Braz, j. em 29.7.2003), 5ª Câm. Crim. Férias (HC 452.195-3/1, Rel. Celso Limongi, j. em 28.1.2004, v.u.; HC 474.968.3/0-00, Rel. José Damião Pinheiro Machado Cogan, j. em 16.6.2005, v.u.) e 6ª Câm. Crim. (HC 371.742-3/9-00, Rel. Des. Lustosa Goulart, j. 28.2.2002). Vide: www.tj.sp.gov.br.

O E. Tribunal de Justiça do Rio Grande do Sul admitiu investigação pelo Ministério Público para a colheita de provas para servir de base à denúncia ou à ação penal (*RT* 651/313). O juiz gaúcho Vladimir Giacomuzzi, em julgamento de *habeas corpus*, HC 291071702, afirmou que *"a CF, ao conferir ao MP a faculdade de requisitar e de notificar, defere-lhe o poder de investigar, no qual aquelas funções se subsumem"* (C-Crim. de Férias, j. em 25.7.1991, *Julgados do TARS* nº 79/128).

O entendimento favorável à investigação pelo Ministério Público continua forte no TJRS (HC 692117948, Segunda Câmara Criminal, Relator: Nilo Wolff, Julgado em 12.11.1992, *Jurisprudência TJRS*, C-CRIM, 1994, V-1, T-5, P-108-123 CCC; HC 70009016015, Segunda Câmara Criminal, Relator: Marco Aurélio de Oliveira Canosa, Julgado em 19.8.2004, v.u.; HC 70008621096, Segunda Câmara Criminal, Relator: Marco Aurélio de Oliveira Canosa, Julgado em 13.5.2004, v.u.), com a observação de que a investigação criminal não é exclusiva da polícia judiciária estadual (HC 692023476, Segunda Câmara Criminal, Relator: Luiz Glênio Bastos Soares, Julgado em 15.4.1992, *Jurisprudência TJRS*, C-CRIM, 1992, V-1, T-9, P-168-170. PROV BBB) ou dos órgãos policiais (HC 70007273691, Sexta Câmara Criminal, Relator: Aymoré Roque Pottes de Mello, Julgado em 4.12.2003). Entendeu-se que pode o Ministério Público realizar atos investigatórios para fins de eventual oferecimento de denúncia (HC 70005078373, Quarta Câmara Criminal, Relator: Vladimir Giacomuzzi, Julgado em 10.10.2002) e nada impede o Ministério Público de proceder a diligências para formulação da sua opinião (HC 70009567843, Sétima Câmara Criminal, Relator: Marcelo Bandeira Pereira, Julgado em 7.10.2004). Vide: www.tj.rs.gov.br.

O E. Tribunal de Justiça do Distrito Federal e Territórios, sediado em Brasília, tem aceitado a legitimidade do Ministério Público para atos investigatórios, sem que implique invasão de atribuições da polícia judiciária, podendo o órgão de acusação instaurar procedimento administrativo investigatório e realizar investigação visando coligir elementos, por ser concorrente a legitimidade do Ministério Público para colheita de elementos de prova, em face de suas funções institucionais, porque os inquéritos e procedimentos da Lei Complementar nº 75/1993 não se restringem à matéria cível ou administrativa, a investigação criminal não é monopólio da polícia nem há exclusividade, e qualquer promotor de justiça pode colher preliminarmente provas informativas necessárias ao oferecimento da denúncia.[426]

A 1ª Turma Criminal do E. Tribunal de Justiça do Distrito Federal e Territórios tem aceitado a "legitimidade do Ministério Público para promoção de atos procedimentais investigatórios sem que com isto implique invasão de atribuições da polícia judiciária" (HC 2000002005 5635HBC DF, Relator Natanael Caetano, v.u., j. em 29.11.2000, *DJU* 7.2.2001, p. 59; HC 19990020025904HBC DF, j. em 23.9.1999, Relator Natanael Caetano, v.u., *DJU* 3.11.1999, p. 26; HC 19990020025 929HBC DF, j. em 23.9.1999, Relator Natanael Caetano, *DJU* 17.11.1999, p. 40; HC 19990020013713HBC DF, j. em 27.5.1999, Relator Natanael Caetano, *DJU* 30.6.1999, p. 63). Tem decidido que o Ministério Público pode instaurar procedimento administrativo investigatório e "realizar investigação visando coligir elementos, ele próprio, para a instauração penal" (HC 20000020012404HBC DF, j. em 27.4.2000, Relator Otávio Augusto, v.u., *DJU* 24.5.2000, p. 39; HC 200000200 23630HBC DF, Relator Otávio Augusto, v.u., j. em 15.6.2000, *DJU* 9.8.2000, p. 27), sendo concorrente a "legitimidade do Ministério Público para colheita de elementos de prova" (Embargos de Declaração no HBC 19980020000358HBC DF, j. em 25.6.1998, relator Otávio Augusto, v.u., *DJU* 16.9.1998, p. 79), "em face de suas funções institucionais, o que se dá, contudo, sem prejuízo da jurisdicionalização daqueles mesmos elementos" (HC 19980020000358HBC DF, j. em 12.3.1998, Relator Otávio Augusto, *DJU* 3.6.1998, p. 38).

Na mesma linha, a 2ª Turma Criminal do E. Tribunal de Justiça do Distrito Federal e Territórios tem se posicionado que os inquéritos e procedimentos da Lei Complementar nº 75/1993 "não se restringem à matéria cível ou administrativa" e "uma vez que a investigação criminal não é monopólio da polícia judiciária, pode o membro do Ministério Público proceder a diligências investigatórias para formar sua convicção acerca da possibilidade de instaurar ação penal pública" (HC 19990020027062HBC DF, j. em 7.10.1999, Relator Getulio Pinheiro, v.u., *DJU* 2.2.2000, p. 37; HC 20000020015434HBC DF, j. em

---

426. Sobre as decisões adiante, vide Internet: www.tjdf.gov.br

4.5.2000, Relator Getulio Pinheiro, v.u., *DJU* 31.5.2000, p. 45; HC 20000020016382HBC DF, Relator Getulio Pinheiro, v.u., j. em 4.5.2000, *DJU* 31.5.2000, p. 45; HC 20000020012460HBC DF, j. em 6.4.2000, Relator Joazil M. Gardes, Relator designado Getulio Pinheiro, m.v., *DJU* 31.5.2000, p. 44; HC 20000020008096HBC DF, j. em 16.3.2000, Relator Getulio Pinheiro, v.u., *DJU* 17.5.2000, p. 42). Considerou-se que "qualquer promotor de justiça pode colher preliminarmente provas informativas necessárias ao oferecimento da denúncia", porque "conforme disposto no parágrafo único, do art. 4º, do Código de Processo Penal, os atos de investigação não são exclusivos da polícia judiciária", concluindo que "o Ministério Público tem, portanto, legitimidade para proceder a investigações e diligências, possibilitando a propositura da ação penal", com a decisão de rejeitar a preliminar de inconstitucionalidade do ato investigatório do Ministério Público, por unanimidade (ApCriml 19980310090187APR DF, 2ª Turma Criminal, Relator Vaz de Mello, j. em 19.10.2000, *DJU* de 7.3.2001, p. 71). Há inúmeras outras decisões do E. TJDFT favoráveis à atuação investigatória do Ministério Público, sem considerar irregularidade na atividade. Vide: HC 20020020068184HBC DF, j. em 13.3.2003, 1ª Turma Criminal, Relator Edson Alfredo Smaniotto, *DJU* 5.5.2004, p. 44; HC 200500200 25371HBC DF, j. em 19.5.2005, 2ª Turma Criminal, Relator Sérgio Rocha, *DJU* 13.10.2005, p. 76; ApCrim 20000110370404APR DF, j. em 1º.12.2005, 1ª Turma Criminal, Relator Lecir Manoel da Luz, *DJU* 22.3.2006, p. 71.

O E. Tribunal de Justiça de Mato Grosso caminha na mesma linha de aceitação da investigação ministerial: Ação Penal Pública 43359, 2003, Des. Paulo da Cunha; HC 40900, 2005, Des. Rondon Bassil Dower Filho. Vide: www.tj.mt.gov.br/, jurisprudência.

No Tribunal de Justiça de Minas Gerais há divergência acentuada sobre o poder investigatório do Ministério Público. São favoráveis à atuação do MP: Número do processo: 1.0000.00.304919-4/000(2) Relator: Reynaldo Ximenes Carneiro, data do acordão: 11.2.2004 data da publicação: 24.6.2004, m.v.; 1.0000.04.412849-4/000(1), Relator: Armando Freire, data do acordão: 19.10.2004, data da publicação: 26.10.2004, v.u.; 1.0000.05.418298-5/000(1), Relator: Hyparco Immesi, data do acordão: 9.3.2006, data da publicação: 18.7.2006, v.u.; 1.0527.05.930419-8/001(1), Relator: Sérgio Braga, data do acordão: 1º.8.2006, data da publicação: 18.8.2006, v.u.; 1.0000.04. 413156-3/000(1), Relator: Armando Freire, data do acordão: 30.8.2005, data da publicação: 7.9.2005, v.u. São desfavoráveis: 1.0000.05.421343-4/000(1), Relator: Paulo Cézar Dias, data do acordão: 22.11.2005, data da publicação: 15.2.2006, m.v.; 1.0000.05.

O MINISTÉRIO PÚBLICO NA INVESTIGAÇÃO CRIMINAL 271
MINISTÉRIO PÚBLICO BRASILEIRO NAS INVESTIGAÇÕES CRIMINAIS EDIPRO

417678-9/000(1), Relator: Erony da Silva, data do acordão: 7.2.2006, data da publicação: 11.7.2006; 1.0000.05.417805-8/000(1), Relator: Paulo Cézar Dias, data do acordão: 7.3.2006, data da publicação: 13.6.2006, m.v.; 1.0000.06.436895-4/000(1), Relator: Paulo Cézar Dias, data do acordão: 5.9.2006, data da publicação: 15.11.2006, m.v. Vide http://www.tjmg.gov.br, jurisprudência.

No Tribunal de Justiça do Rio de Janeiro há divergência sobre o poder investigatório do Ministério Público. São favoráveis à atuação do MP: 2006.059.00786 – Habeas Corpus, Des. Suely Lopes Magalhaes, j. em 16.2.2006, Oitava Câmara Criminal; 2006.059.00460 – Habeas Corpus, Des. Maurilio Passos Braga, j. em 17.10.2006, Sétima Câmara Criminal. Em sentido contrário: 2005.050.02025 – Apelacao Criminal, Des. Valmir de Oliveira Silva, j. em 9.8.2005, Terceira Câmara Criminal; 2005.050.04513 – Apelação Criminal, Des. Valmir de Oliveira Silva, j. em: 17.1.2006, Terceira Câmara Criminal. Vide: http://www.tj.rj.gov.br

No Tribunal de Justiça de Goiás também há divergência sobre o poder investigatório do Ministério Público. São favoráveis à atuação do MP em procedimento investigatório (1ª Câmara Criminal, *DJ* 14791 de 5.7.2006. Acórdão: 20.6.2006, Processo: 200601624453, Comarca: Neropolis, Relator: Des. Juraci Costa, Recurso: 26726-4/217 – Habeas Corpus; 1ª Câmara Criminal, *DJ* 14393 de 17.11.2004 Acórdão: 21.9.2004, Processo 200401524889, Comarca: Goiania, Relator Des. Byron Seabra Guimaraes, Recurso: 23285-3/217 – Habeas Corpus) e em inquérito civil (2ª Câmara Criminal, *DJ* 14896 de 11.12.2006, Acórdão: 28.11.2006, Processo: 200601148899, Comarca: Goiania, Relator: Des. Aluizio Ataides de Sousa, Recurso: 26430-8/217 – Habeas Corpus, v.u.). Contra: Órgão Especial, *DJ* 14692 de 3.2.2006, Acórdão: 23.11.2005, Processo: 200500402919, Comarca: Jussara, Relator: Des. Gilberto Marques Filho, Recurso: 149-0/269 – Denuncia; 2ª Câmara Criminal, *DJ* 14350 de 10.9.2004, Acórdão: 19.8.2004, Processo: 200401389671, Comarca: São Luiz de Montes Belos, Relator: Des. Aluizio Ataides de Sousa, Recurso: 23160-5/217 – Habeas Corpus. Vide http://www.tj.go.gov.br/

2.5. Doutrina favorável à investigação pelo MP

Na doutrina, é maciça a aceitação da atuação investigatória do Ministério Público. Essa participação na apuração de crimes já era defendida anteriormente por Alckmin, Frederico Marques, Hélio Bicudo, Marcio Antonio Inacarato, Ubirajara do Mont'Serrat Faria Salgado

272 VALTER FOLETO SANTIN
EDIPRO MINISTÉRIO PÚBLICO BRASILEIRO NAS INVESTIGAÇÕES CRIMINAIS

e outros, sendo seguida a posição por Júlio Fabbrini Mirabete, Marcellus Polastri de Lima, Hugo Mazzilli e outros.

Na década de 1970, inspirados no Anteprojeto Frederico Marques, inúmeros membros do Ministério Público dedicaram-se ao estudo e discussão do tema, especialmente em congressos do Ministério Público.

Em 1971, no Congresso do Ministério Público de São Paulo, Marcio Antonio Inacarato e Ubirajara do Mont'Serrat Faria Salgado deram a sua contribuição ao assunto. Inacarato pretendia a concessão da faculdade de realização da investigação criminal pelo Ministério Público e Ubirajara Salgado visava o comando da persecução penal e a direção dos atos de investigação. Marcio Antonio Inacarato preconizava a possibilidade de "outorgar-se ao Ministério Público a faculdade de realizar por conta própria a investigação criminal, quer na fase do inquérito, quer na fase do processo propriamente dito".[427] Por seu lado, Ubirajara do Mont'Serrat Faria Salgado defendia uma "maior soma de poderes ao órgão estatal fiscal da lei e da sua execução, particularmente no campo da tutela penal, com o comando total e a integral direção da persecução penal", com a necessidade de o legislador possibilitar ao Ministério Público acompanhar diretamente diligências e dirigir atos de investigação.[428]

Em 1974, Arnaldo de Carvalho Machado, Cassio Juvenal Faria, Edi Cabrera Rodero, Geraldo Mascarenhas Filho, Moacir Tutui, Paulo Cesar Nicolau Coelho, Paulo Humberto Borges e Paulo Norberto Arruda de Paula, seguindo a linha de Inacarato, propuseram a faculdade do Promotor de Justiça presidir a realização de atos investigatórios e o próprio inquérito policial, por avocação, quando útil ou necessário à descoberta da verdade, de forma discricionária.[429]

Essa posição foi se aperfeiçoando para a "titularidade do procedimento criminal". Em 1985, Vidal Serrano Nunes propôs a titularidade ao Ministério Público, nominada como "poder de atuação", que representaria um "sistema de ação no País, que, ao tomar conhecimento de toda violacão penal, o Ministério Público ficaria encarregado de apurar essa violação, independente do poder que teria a polícia", que

---

427. "Atribuições do Ministério Público no Código de Processo Penal", *Anais do Congresso do Ministério Público do Estado de São Paulo*, v. 2, 1971, p. 19-32.
428. "Atuação direta e direção efetiva do Ministério Público em todas as fases da persecução penal", *Anais do Congresso do MP*, v. 2, p. 71-75.
429. "A atuação do Ministério Público no inquérito policial", *Justitia* v. 87, São Paulo, p. 243-254.

O MINISTÉRIO PÚBLICO NA INVESTIGAÇÃO CRIMINAL   273
MINISTÉRIO PÚBLICO BRASILEIRO NAS INVESTIGAÇÕES CRIMINAIS   EDIPRO

atuaria "sempre sobre o comando do Ministério Público", de forma que as "forças políticas e administrativas... perderiam... toda influência sobre a justiça".[430]

Em 1986, René Ariel Dotti recomendou ao constituinte que incumbisse o Ministério Público de dirigir a investigação criminal e promover a ação penal. Na busca de fórmula para superar as dificuldades, sugeriu que a "autoridade policial e seus agentes deveriam cuidar autonomamente da produção da prova nas hipóteses de prisão em flagrante (depoimentos, interrogatório e constatação do *corpus delicti*) no prazo de 48 (quarenta e oito) horas com a remessa imediata dos autos ao Ministério Público para prosseguir nas investigações, requisitando outros elementos de convicção e oficiando como de Direito". Fora da situação de flagrante, "a demonstração da autoria do fato e a apuração de todas as suas circunstâncias seriam tarefas afetas à responsabilidade e direção do Promotor de Justiça".[431]

Em 1987, Vasco Della Giustina seguiu a linha de raciocínio de René Dotti, sugerindo a inclusão no texto constitucional da função institucional do Ministério Público de dirigir a investigação criminal.[432]

Após a Constituição de 1988, com o crescimento das finalidades, funções e instrumentos de atuação do Ministério Público, a sua participação na apuração de crimes foi fortalecida.

Mirabete salienta que tem o Ministério Público "legitimidade para proceder a investigações e diligências".[433]

Hugo Mazzilli entende que nos procedimentos administrativos do Ministério Público (art. 129, VI, CF) "também se incluem investigações destinadas à coleta direta de elementos de convicção para a *opinio delicti*", porque se destinados apenas à área cível bastaria o inquérito civil (inciso III) e o "poder de requisitar informações e diligências não se exaure na esfera cível, atingindo também a área destinada a investigações criminais".[434]

Marcellus Polastri de Lima entende que a polícia judiciária não detém a exclusividade na apuração de infrações penais e que "nada

---

430. "Ministério Público como titular de todo procedimento penal", *6º Congresso Nacional do Ministério Público*, São Paulo, junho-1985, p. 138-148.

431. *Op. cit.*, p. 141.

432. "O Ministério Público e a Constituição – O Ministério Público deve dirigir a investigação criminal", *7º Congresso Nacional do Ministério Público*, Belo Horizonte, abril, 1987, p. 73-76.

433. *Processo Penal*, Atlas, 4ª ed., 1995, p. 77.

434. *Manual do Promotor de Justiça*, 1991, p. 121.

274 VALTER FOLETO SANTIN
MINISTÉRIO PÚBLICO BRASILEIRO NAS INVESTIGAÇÕES CRIMINAIS

obsta que o Ministério Público promova diretamente investigações próprias para elucidação de delitos", porque exerce "parcela de autoridade" e "pode proceder às investigações penais diretas na forma da legislação em vigor".[435]

Marcio Freyesleben considera que a "investigação criminal presidida pelo Promotor é absolutamente normal e amparada em lei",[436] através de procedimento administrativo.

João Lopes Guimarães Júnior propõe que o Ministério Público passe a "coordenar a investigação de determinados crimes, atuando diretamente na produção das provas que levará a Juízo", quando "julgar necessário", podendo "avocar o inquérito policial conduzido por autoridade policial para providenciar ele mesmo sua conclusão" ou "dispensar a instauração de inquérito policial, colhendo diretamente as provas e indícios", por razões de "oportunidade e conveniência".[437]

Ludgero Francisco Sabella entende que o Ministério Público deve comandar as investigações para o combate do crime organizado, com a participação das polícias e de funcionário do Fisco.[438]

Eduardo Araújo da Silva propõe a criação de Promotorias de Justiça de Combate às Infrações Organizadas, dotadas de especial estrutura material e humana, a fim de "possibilitar aos seus integrantes a realização de diligências próprias, imprescindíveis quando se cogita em investigar crimes que envolvem agentes do Estado, notadamente policiais civis e militares".[439]

Marcelo Batlouni Mendroni pretende o fortalecimento da atuação do Ministério Público nas funções de investigação do fato criminoso, para tornar o sistema processual mais eficiente, aconselhando desenvolva o Ministério Público, "concomitante e paralelamente", investigações criminais.[440]

---

435. *Ministério Público e Persecução Criminal*, Rio, Lumen Juris, 1997, p. 84 e 87.
436. *O Ministério Público e a Polícia Judiciária: Controle Externo da Atividade Policial*, Del Rey, Belo Horizonte, 2ª ed., 1993, p. 90.
437. "Reformulação da atuação criminal", *Anais do II Congresso do Ministério Público do Estado de São Paulo*, 1997, São Paulo, Imprensa Oficial, p. 482-483.
438. "O Ministério Público e o combate ao crime organizado", *Anais do II Congresso do Ministério Público do Estado de São Paulo*, 1997, São Paulo, Imprensa Oficial, p. 555-559.
439. "Da aproximação de um conceito de crime organizado e seus reflexos práticos na atuação do Ministério Público", *Anais do II Congresso do Ministério Público do Estado de São Paulo*, 1997, São Paulo, Imprensa Oficial, p. 564.
440. "A tendência no Processo Penal moderno", *Anais do II Congresso do Ministério Público do Estado de São Paulo*, 1997, São Paulo, Imprensa Oficial, p. 579-586.

Artur Pinto de Lemos Júnior defende que o Ministério Público deve "assumir e concentrar em suas mãos" a apuração de crimes com a participação de policiais, como forma de efetivar o controle externo da polícia, com a finalidade de assegurar o respeito aos serviços de relevância pública e exercer, "em seu grau mais absoluto, o domínio e a plenitude da ação penal".[441] Também de organizações criminosas.[442]

Rômulo de Andrade Moreira entende que o MP "pode e deve... investigar diretamente os fatos criminosos".[443]

Aloísio Firmo Guimarães da Silva, Maria Emília Moraes de Araújo e Paulo Fernando Correa pretendem a atuação investigatória do Ministério Público "sempre que a atuação da Polícia Judiciária possa revelar-se insuficiente à satisfação do interesse público consubstanciado na apuração da verdade real", porque estão compreendidos entre os poderes e prerrogativas do Ministério Público o de "produzir provas e investigar a ocorrência de indícios que justifiquem sua atuação na persecução penal preliminar".[444]

Hilton Cortese Caneparo, Rosângela Gaspari e Vani Antônio Bueno apregoam a legalidade da investigação criminal pelo Ministério Público.[445] Cláudia Cristina Rodrigues Martins, Domingos Thadeu Ribeiro da Fonseca, Luís Eduardo Silveira de Albuquerque e Paulo José Kessler propõem a instauração de procedimentos investigatórios para apuração de envolvimento de policiais.[446]

Aury Celso L. Lopes Jr. defende a atuação do "promotor investigador", sistema em que "o promotor é o diretor da investigação, podendo praticar por si mesmo as diligências, bem como determinar que as realize a polícia, segundo os critérios que ele estabeleça". Enfatiza que a "polícia judiciária deve ser um imprescindível órgão técnico, a serviço da administração da justiça e não o titular absoluto do poder de investigar". Propõe a definição clara de que o "Ministério Público

---

441. "O controle da polícia e os crimes cometidos por seus integrantes", *Anais do II Congresso do Ministério Público do Estado de São Paulo*, 1997, São Paulo, Imprensa Oficial, p. 587-590.

442. "A imprescindibilidade do procedimento investigatório do Ministério Público", *13º Congresso Nacional do Ministério Público*, v. 1, tomo I, p. 35-43.

443. "Ministério Público e poder investigatório criminal", *Revista do Ministério Público do Estado da Bahia*, nº 9, Salvador, Ciência Jurídica, 1998, p. 49.

444. "A investigação criminal direta pelo Ministério Público", *IBCCRIM* nº 66, maio de 1998, São Paulo, e, *Revista Eletrônica Teia Jurídica*, *Internet*.

445. "Legalidade da investigação criminal pelo Ministério Público", *13º Congresso Nacional do Ministério Público*, v. 1, tomo I, p. 19-22.

446. "Controle externo da atividade policial e crimes praticados por agentes policiais", *13º Congresso Nacional do Ministério Público*, v. 1, tomo I, p. 27-34.

276 VALTER FOLETO SANTIN
EDIPRO MINISTÉRIO PÚBLICO BRASILEIRO NAS INVESTIGAÇÕES CRIMINAIS

exercerá o controle externo da atividade policial, dando instruções gerais e específicas para melhor condução do inquérito", cabendo "definir instrumentos para um controle periódico das notícias-crimes recebidas", especialmente nos crimes graves e complexos, com necessidade de conhecimento imediato.[447]

Cristiano Chaves de Faria entende que o Ministério Público pode promover investigações criminais diretamente, autônomas, sempre que o interesse social exigir ou de acordo com a peculiaridade do caso, sem que haja incompatibilidade para o oferecimento da denúncia ou suspeição ou impedimento para a atuação em Juízo.[448]

A doutrina mostra-se fértil na discussão da possibilidade de investigação criminal pelo Ministério Público, com novas obras, artigos e trabalhos jurídicos constantemente, cujos argumentos e fundamentos jurídicos favoráveis ou desfavoráveis não destoam da linha de raciocínio e argumentos constantes desta obra. Como exemplo da bibliografia mais recente pode ser consultada pesquisa do E. STF (vide http://www.stf.gov.br/institucional/biblioteca/bibliografia_ministerio_publico.asp.).

2.6. Doutrina contrária à investigação pelo MP

Em sentido contrário à investigação criminal pelo Ministério Público, podem ser citados Antônio Evaristo de Moraes Filho, Sérgio Marcos de Moraes Pitombo, Rogério Lauria Tucci e Guilherme de Souza Nucci.

Antônio Evaristo de Moraes Filho funda-se na possibilidade de "direcionamento favorável ao indiciado", "verdadeira ditadura do Ministério Público", "sério comprometimento para o princípio da obrigatoriedade da ação penal", risco para o princípio da paridade de armas e arbítrio incontrastável.[449]

Sérgio Marcos de Moraes Pitombo embasa-se na dúvida sobre o controle interno e comprometimento da imparcialidade do membro do Ministério Público.[450]

---

447. "A crise do inquérito policial e a investigação controlada pelo Ministério Público", *APMP Revista*, São Paulo, Salesianas, nº 30, dez-jan., 2000, p. 35-36.

448. "A investigação criminal direta pelo MP e a inexistência de impedimento/suspeição para o oferecimento da denúncia", *APMP Revista*, São Paulo, Salesianas, nº 30, dez-jan., 2000, p. 37-40.

449. "As funções do Ministério Público e o inquérito policial", *Revista Brasileira de Ciências Criminais* nº 19, Revista dos Tribunais, São Paulo, p. 104-110.

450. *Procedimento administrativo criminal, realizado pelo Ministério Público, p. 3.*

Rogério Lauria Tucci critica a interpretação constitucional defensiva da investigação criminal do Ministério Público, pretendendo interpretação restritiva, e entende "manifesta afronta às garantias constitucionais dos investigados".[451]

Guilherme de Souza Nucci entende que o Ministério Público não pode produzir sozinho a investigação, o sistema processual seria equilibrado e harmônico e faltaria fiscalização e participação do indiciado.[452]

As argumentações contrárias ao poder investigatório do Ministério Público são tímidas, frágeis e destituídas de força jurídico-constitucional. Tais argumentos inconsistentes foram rebatidos no decorrer desta obra. Lembre-se rapidamente que o procedimento investigatório é unilateral, o contraditório e a ampla defesa são mitigados, eventuais abusos e irregularidades são passíveis de reparação, o controle das investigações é administrativo e judicial, o sigilo é excepcional, a Constituição Federal admite a universalização das investigações e a investigação criminal pelo Ministério Público é adequada ao sistema acusatório, à finalidade do Ministério Público e ao seu perfil constitucional e institucional.

Seção III
HIPÓTESES DE ATUAÇÃO INVESTIGATÓRIA DO MINISTÉRIO PÚBLICO

1. CRIMES PRATICADOS POR MEMBROS DO MINISTÉRIO PÚBLICO

O Ministério Público pode investigar crimes cometidos por seus membros, conforme arts. 18, parágrafo único, da Lei Complementar Federal nº 75/1993 (Ministério Público da União) e 41, parágrafo único, da Lei nº 8.625/1993 (Lei Orgânica Nacional do Ministério Público dos Estados).

Se a polícia instaurar inquérito policial e constatar a participação de membro do Ministério Público deverá enviar imediatamente os

---

451. *Ministério Público e investigação criminal*, RT, *passim*.
452. *Manual de Processo Penal e Execução Penal*, 2ª ed., RT, p. 129-132.

autos para o Procurador-Geral de Justiça (crime praticado por Promotor ou Procurador de Justiça) ou Procurador-Geral da República (delito cometido por Procurador da República), para continuidade das investigações, sob a presidência de um procurador. Na hipótese da autoridade policial não enviar os autos, será possível uma espécie de avocação.[453]

Além da continuidade do inquérito, outro instrumento para a investigação criminal de membro do Ministério Público é o procedimento investigatório administrativo,[454] conduzido totalmente pela Procuradoria-Geral de Justiça ou Procuradoria-Geral da República, normalmente com a designação de um procurador.

2. INVESTIGAÇÃO DE CRIMES PRATICADOS POR INDICIADOS SEM FORO ESPECIAL

A possibilidade de investigação criminal pelo Ministério Público não se restringe aos delitos envolvendo os membros da instituição, da sua atribuição legal e na esfera das suas funções, em detrimento da atividade policial de inquérito policial. O Ministério Público também pode investigar crimes praticados por pessoas diversas dos seus membros, vale dizer os delitos envolvendo os cidadãos comuns, cuja atribuição investigatória incumbe normal e principalmente à instituição policial. A atividade do Ministério Público na investigação criminal envolvendo indiciado sem foro especial é subsidiária e complementar à função da polícia.

Para a tarefa e documentação das investigações o Ministério Público utiliza procedimentos de sua atribuição (art. 129, VI, da Constituição Federal; art. 26, I e II, da Lei Federal nº 8.625/1993, art. 7º, I, da Lei Complementar Federal nº 75/1993 e art. 104, I, da Lei Complementar Estadual de São Paulo nº 734/1993), podendo empreender diretamente as diligências investigatórias ou requisitá-las.[455]

---

453. Flávio Meirelles Medeiros, *op. cit.*
454. A Procuradoria-Geral de Justiça de São Paulo denomina "protocolado" o procedimento investigatório administrativo de crimes praticados por membros do Ministério Público.
455. Hugo Mazzilli, *Regime...*, p. 169-170.

3. EXPERIÊNCIAS DE INVESTIGAÇÃO DO MINISTÉRIO PÚBLICO

A realização de investigação criminal pelo próprio Ministério Público é comum no país inteiro. O seu exercício é restrito a casos determinados, para compatibilização com a estrutura atual do órgão.

Há notícias da sua realização em maior número na área de crimes contra as relações tributárias, crime organizado, delitos financeiros e crimes praticados por policiais e servidores públicos (tortura, corrupção e correlatos).

Em São Paulo, no Ministério Público Estadual há o Grupo de Apuração ao Crime Organizado (GAECO), o GAESF (Sonegação Fiscal) e em 1999 foi criado um Grupo de Combate ao Tráfico de Entorpecentes (GAERPA). Também foram criados nas regiões paulistas os GAERCOS.

No Paraná e no Rio de Janeiro funcionam as Promotorias de Investigação Criminal, com funções de investigações gerais. No Rio de Janeiro, os inquéritos e procedimentos investigatórios circulam entre o Ministério Público e a polícia, apenas distribuídos e judicializados com a necessidade de medidas e ações cautelares e depois do pedido de arquivamento ou oferecimento de denúncia.

Na esfera federal, o Ministério Público Federal tem desempenhado atividades de investigação de crimes, em procedimento investigatório próprio, pessoalmente ou em equipe. A Resolução nº 38, de 13 de março de 1998, do Conselho Superior do Ministério Público Federal, disciplinou o exercício da titularidade plena da ação penal pública, que teve a sua constitucionalidade questionada e não declarada.[456]

4. AS INVESTIGAÇÕES POR ATOS INFRACIONAIS DE ADOLESCENTES

O Ministério Público tem desenvolvido atividades investigatórias e contato direto com os elementos prévios à ação na esfera da infância e da juventude, para apuração de atos infracionais praticados por adolescentes (inimputáveis, de 12 a 18 anos), oferecimento de

---

456. O Partido Social Liberal questionou a constitucionalidade da resolução, mas o E. Supremo Tribunal Federal negou seguimento à ação, observando o relator Nelson Jobim, em seu despacho: "Não se trata de afronta à Constituição. A norma superior à Resolução é a LC nº 75/1993. O exame se extrapola, ou não, os limites da LC diz com a ilegalidade, ou não, do ato normativo." (ADIn 2000-DF, j. em 27.3.2000, *DJ* 5.4.2000, p. 7; www.stf.gov.br).

representação e posterior aplicação judicial de medidas sócio-educativas, nos termos da Lei nº 8.069/1990 – Estatuto da Criança e do Adolescente.

Cometido um ato infracional (crime ou contravenção) por adolescente (12 a 18 anos incompletos), inimputável, a polícia apresenta o infrator ao Ministério Público, acompanhado por boletim de ocorrência ou auto de apreensão de adolescente (art. 175, *caput*, da Lei nº 8.069/1990). Na apresentação, o Promotor de justiça recebe os papéis e documentos policiais e os dados necessários, valendo-se de contato informal com o adolescente, vítima e testemunhas (art. 179, *caput*) e oferece representação (peça inicial do processo menorista), de imediato (arts. 180, III e 182, *caput*, da Lei nº 8.069/1990). As diligências e investigações complementares podem ser requisitadas à polícia ou efetuadas pelo próprio Ministério Público ou através do Judiciário, por pedido inicial na representação ou durante o processo.

A experiência tem demonstrado a inegável utilidade da medida, dando condições para uma rápida movimentação da máquina judiciária, sem perda de tempo desnecessário e inútil com produção de elementos informativos unilaterais, que depois devem ser repetidos em Juízo, para atendimento aos princípios constitucionais do contraditório e da ampla defesa. A ação por ato infracional de adolescente é rapidamente intentada pelo Ministério Público e permite um julgamento mais célere pelo Judiciário.

Essa atividade da área da Infância e Juventude indica a conveniência da sua aplicação no campo de apuração de crimes de imputáveis.

Seção IV
A MAIOR PARTICIPAÇÃO
DO MINISTÉRIO PÚBLICO NAS INVESTIGAÇÕES:
VANTAGENS E DESVANTAGENS

1. O PROBLEMA DA PARTICIPAÇÃO DO MINISTÉRIO PÚBLICO

O problema sobre a participação do Ministério Público nas investigações é tormentoso, porque afronta a estrutura atual de domínio absoluto da polícia na investigação, o tradicional afastamento do Ministério Público e os entraves corporativos, uma instituição não interessada em "perder poder" e a outra, tímida em assumir mais uma atribuição.

A atividade investigatória criminal é típica da entidade policial. A estrutura policial é montada para a investigação criminal, desde a presença de profissionais especializados em técnicas de investigação até o aparato técnico-científico à disposição.

Por outro lado, falta ao Ministério Público, no momento, a necessária estrutura material, pessoal e científica adequada para investigar os crimes e uma maior experiência investigatória, o que justificaria uma certa timidez institucional na assunção da função. Essa situação pode ser revertida, mesmo porque os inquéritos civis públicos, prévios para propositura de ação civil pública (Lei Federal nº 7.347/1985, Lei de Ação Civil Pública), proporcionam condições para que os membros do Ministério Público tenham um contato mais direto e prático com o trabalho de investigação, em condições de desenvolvimento do perfil investigatório.

São necessários investimentos públicos para dotar o Ministério Público de estrutura material e pessoal para permitir o seu trabalho na investigação criminal, preferencialmente em conjunto com a estrutura policial.

Evidentemente, devem ser aproveitadas as experiências institucional e técnico-científica da polícia e a tradição do sistema brasileiro, não constituindo atitude sana a dispensa do trabalho investigatório policial.

2. RAZÕES PARA O AUMENTO DA PARTICIPAÇÃO DO MINISTÉRIO PÚBLICO

São várias as razões que justificam o aumento da participação do Ministério Público na investigação criminal: celeridade, imediação, universalização das investigações, prevenção e correção de falhas no trabalho policial e melhoria da qualidade dos elementos investigatórios.

Inegavelmente, a maior participação do Ministério Público nas investigações criminais proporcionará uma aceleração da elucidação dos crimes e melhoria da qualidade das investigações, decorrente do contato direto com testemunhas e elementos de prova, facilitando a percepção dos fatos e das peculiaridades do caso, de modo a proporcionar a tomada de medidas para a preservação dos vestígios de prova, o rápido desfecho da fase de investigação e condições para a formação da *opinio delicti*, emissão de denúncia e desencadeamento da ação penal ou promoção de arquivamamento.

2.1. Celeridade das investigações

A celeridade é um princípio processual buscado incessantemente pelas normas jurídicas modernas, para permitir o rápido acesso ao Judiciário e o conseqüente fornecimento da prestação jurisdicional.

Em regra, as investigações policiais são demoradas e ultrapassam constantemente o prazo legal de 30 dias para a sua conclusão, com inúmeros e sucessivos pedidos de prazo. A rapidez no desfecho das investigações ocorre nos casos de prisão em flagrante, dada a exigüidade temporal para a conclusão dos trabalhos (10 dias).

A demora na elucidação dos fatos dificulta a atividade do Ministério Público de movimentação da ação penal.

A celeridade da atividade poderá ser alcançada pela aproximação do Ministério Público aos trabalhos de investigação criminal, possibilitando a rápida atividade de oferecimento de denúncia e o início da ação penal, com a conseqüente possibilidade de rapidez e eficiência na prestação jurisdicional.

2.2. Imediação

A proximidade do Ministério Público com as investigações atende ao princípio da imediação, proporcionando contato direto com os elementos colhidos no trabalho de investigação, a melhor compreensão dos fatos e influência positiva na rápida formação da *opinio delicti*, seja pela emissão da denúncia ou pedido de arquivamento. A imediação (contato direto na colheita dos elementos investigatórios) é muito mais conveniente e adequada para estimular os órgãos sensoriais e permitir uma maior percepção, facilitando a melhor compreensão das informações em comparação com a mediação (contato indireto, distante, emanado da leitura dos escritos investigatórios).

René Dotti percebe que a falta de um contato direto do Ministério Público com os meios de prova prejudica a formação da convicção pessoal do seu agente, necessária para a emissão da denúncia, substituída e convertida na "síntese de uma *presunção de culpa* decorrente da leitura das peças de informação", pela situação decorrente da transformação do Promotor de Justiça em "repassador da pro-

O Ministério Público na Investigação Criminal

va" colhida pela Polícia, destacando os riscos no mau direcionamento ou desvio de rumo da investigação.[457]

2.3. Universalização das investigações

O princípio da universalização das investigações representa o aumento do leque de pessoas e entidades legitimadas a participar no trabalho de investigação criminal, em oposição ao monopólio e exclusividade do trabalho policial. As investigações administrativas, parlamentares e do Ministério Público amoldam-se à ampliação dos órgãos legitimados a investigar.[458]

Inegavelmente, a ampliação do número de entidades encarregadas da investigação poderá proporcionar a melhoria do trabalho investigatório, sem que a polícia perca o seu especial poder de investigação. O atual sistema em que a polícia conduz quase livremente a investigação criminal não tem justificativa plausível nem atende ao interesse público e da sociedade, tendo em vista que normalmente o inquérito policial é visto pela polícia como "um processo em si mesmo", a ser burocratizado e prolongado, talvez para a sua maior valorização, quando deveria ser encarado como uma etapa intermediária (até mesmo dispensável) para a movimentação da ação penal o mais rapidamente possível pelo Ministério Público, em virtude da obrigação da repetição da maioria dos atos investigatórios na fase de instrução judicial, para exercício dos princípios da ampla defesa e do contraditório.

A universalização das investigações harmoniza-se com a democracia participativa, a maior transparência dos atos administrativos, a ampliação dos órgãos habilitados a investigar e a facilitação de acesso ao Judiciário, princípios decorrentes do sistema constitucional atual.

2.4. Melhoria da qualidade dos elementos investigatórios

A polícia tem estratégia e visão peculiares na investigação dos fatos criminosos, tanto na forma da colheita dos elementos como na qualidade das informações obtidas. Busca descobrir a autoria do crime, mas raramente aprofunda a caça de elementos de prova e vestígios do crime para a futura facilitação da demonstração do fato em Juízo. Esse trabalho policial nem sempre atende às expectativas do

---

457. *Op. cit.*, p. 140-141.
458. Sobre a universalização da investigação vide Capítulo II.

Ministério Público para a formação da *opinio delicti* ou para embasar o início da ação penal.

A proximidade do Ministério Público com o trabalho investigatório provocará a criação de um canal de comunicação mais amplo, para que a polícia compreenda as necessidades de informações do Ministério Público sobre o crime e a sua visão sobre a qualidade e quantidade dos elementos necessários para o oferecimento da denúncia e maior sucesso na ação penal.

Essa troca de informações entre a polícia e o Ministério Público certamente provocará a melhoria acentuada dos dados investigatórios do caso concreto.

2.5. Prevenção e correção de falhas no trabalho policial

O trabalho de investigação criminal é muitas vezes falho e necessita de correções. Algumas falhas são constantes, sendo conveniente uma providência preventiva para evitar a sua ocorrência.

Nada impede que o Ministério Público brasileiro faça recomendações para a atividade de investigação policial, em relação ao caso individual ou genericamente, exercendo um poder de orientação,[459] componente do exercício do controle externo da polícia e poder de requisição.

2.6. A dificultação de desvios funcionais da polícia

Nenhuma instituição está a salvo de comportamentos inadequados e ilícitos dos seus componentes. A polícia sofre mais intensamente os efeitos nefastos de excessos e abusos dos seus servidores, provavelmente pelo seu difícil encargo de tomar as primeiras providências nas ocorrências de crimes e no afã de esclarecer o delito ou de acobertar a sua autoria.

Os desvios funcionais de policiais podem caracterizar infração administrativa e até delitos (abuso de autoridade, prevaricação, tortu-

---

459. Em Portugal, são utilizadas diretivas, para orientação da atividade de investigação. Segundo José Manuel Damião da Cunha "directiva é um comando com carácter vinculativo que determina um fim ou fins, e por isso é impositivo de uma actuação, embora deixando um espaço de apreciação (valorativa) ao órgão dirigido, quanto à forma e meios de cumprir aquele comando." (*O Ministério Público e os Órgãos de Polícia Criminal*, p. 131). Insere-se no "poder de orientação", conexo ao "poder de pedir informações" e mesmo de "avocação" (p. 132).

ra, corrupção passiva), dependendo das características dos atos praticados.

A maior interferência do Ministério Público na investigação preliminar certamente diminuirá a possibilidade de desvios funcionais e de corrupção policial, eventualmente existente em alguns segmentos da polícia. Pode não eliminar totalmente, mas com certeza reduzirá. A proximidade do Ministério Público nas atividades policiais poderia proporcionar inibição dos desvios funcionais policiais. O Ministério Público tem interesse na preservação dos direitos e garantis individuais do indiciado, para não macular a credibilidade das informações e elementos de investigação nem ameaçar a obtenção de sucesso na futura ação penal.

Entretanto, mesmo que remota, não pode ser descartada a atividade irregular de membro do Ministério Público nessa aproximação com a polícia, a ser reparada pelos órgãos superiores do Ministério Público e pelo Judiciário.

2.7. Efetivação do controle externo da polícia

A maior aproximação do órgão de acusação aos atos investigatórios também proporciona maiores condições para a efetivação do controle externo da polícia, poder conferido pelo constituinte ao Ministério Público (art. 129, VII, Carta Magna), coibindo falhas e abusos.[460]

O contato mais intenso com a fase de investigação possibilita o surgimento de um excelente canal de comunicação com a polícia, testemunhas, indiciados e cidadãos para conhecimento da sistemática investigatória, dos métodos empregados, das eventuais influências externas indesejáveis para desvio do foco das investigações e outras particularidades da atividade de investigação, através de visitas a locais de crimes e delegacias, participação de audiências administrativas, consulta a papéis, documentos e autos, e diálogos informais com os envolvidos nos fatos, testemunhas e cidadãos, em condições de rápida apreensão dos fatos, maior facilidade na percepção de vícios ocultos e apuração de irregularidades, com providências pertinentes para a regularização da situação e normal andamento dos trabalhos correlatos, em atenção aos princípios constitucionais da legalidade, moralidade, impessoalidade, eficiência, igualdade, privatividade da ação penal e acessibilidade ao Judiciário.

---

460. Sobre o controle externo da polícia, vide Capítulo II, Seção III.

Seção V
MECANISMOS E INSTRUMENTOS DE ATUAÇÃO DO MINISTÉRIO PÚBLICO NA FASE PRELIMINAR

1. MECANISMOS DE ATUAÇÃO DO MINISTÉRIO PÚBLICO

Na fase antecedente à ação penal, o Ministério Público pode atuar utilizando os mecanismos jurídicos da requisição (de diligências investigatórias e da instauração de inquérito policial), acompanhamento (das investigações policiais, administrativas e judiciais) e promoção do inquérito civil ou outros procedimentos administrativos. Também através de atos e procedimentos variados para o exercício do controle externo.

A requisição de diligências investigatórias pressupõe a existência de procedimento administrativo. A requisição da instauração de inquérito policial é para o seu desencadeamento pela autoridade policial.

O acompanhamento é para a participação em inquérito policial ou outro procedimento administrativo de investigação criminal conduzido por outra instituição, seja a polícia, o Judiciário, o Parlamento ou outras autoridades administrativas.

A investigação própria do Ministério Público é desenvolvida em inquérito civil ou outro procedimento administrativo de natureza penal, instaurado pelo órgão de acusação, no trabalho de coleta direta dos elementos de prova de crimes e na requisição de diligências e documentos a outras entidades públicas ou privadas.

No exercício do controle externo da polícia, o Ministério Público poderá se valer de atos diversos, como visitas a locais de crime e delegacias, participação de audiências administrativas, consulta a papéis, documentos e autos, entrevistas e contatos informais com os envolvidos, testemunhas e cidadãos.

2. MEIOS DE PARTICIPAÇÃO DO MINISTÉRIO PÚBLICO NA INVESTIGAÇÃO CRIMINAL

Nos casos em que seja recomendável a participação ou condução das investigações criminais pelo Ministério Público, dependendo do caso concreto, são possíveis as seguintes opções: 1ª) a instauração de inquérito policial pela polícia, no seu trabalho de polícia de investigação criminal, com o acompanhamento do Ministério Público; 2ª) a

O MINISTÉRIO PÚBLICO NA INVESTIGAÇÃO CRIMINAL 287

MINISTÉRIO PÚBLICO BRASILEIRO NAS INVESTIGAÇÕES CRIMINAIS   EDIPRO

instauração de inquérito policial, pela polícia de investigação criminal, e a concomitante e separada iniciação de procedimento investigatório pelo Ministério Público, com entreajudas recíprocas; 3ª) a instauração de dois procedimentos (um pela polícia e outro pelo Ministério Público), cada um buscando os meios à disposição para a colheita de provas; 4ª) a instauração de dois procedimentos, com o acompanhamento das atividades policiais pelo Ministério Público.

Todas as hipóteses referidas são possíveis no sistema constitucional e legal atual, em que a polícia é encarregada da apuração de delitos (art. 144, § 1º, I e § 4º, da Constituição Federal), o Ministério Público tem direito de requisição de inquérito e diligências investigatórias (art. 129, VIII, CF), pode acompanhar os atos de investigação (art. 129, IX) e possui poder próprio e autônomo de investigação em procedimento dentro das suas atribuições, nas áreas civil e penal (art. 129, VI), em compatibilidade com a sua finalidade (art. 129, IX), de promoção da ação penal (art. 129, I), e de controle externo da atividade policial (art. 129, VII).

3. INSTRUMENTOS INVESTIGATÓRIOS DO MINISTÉRIO PÚBLICO

O Ministério Público pode investigar os delitos com a utilização dos autos do inquérito policial ou por procedimento investigatório do próprio Ministério Público, dependendo da situação, do andamento das investigações do caso concreto e da necessidade de intervenção.

3.1. Uso do inquérito policial

A polícia instrumentaliza as investigações criminais principalmente em inquérito policial, que possui prazo para o seu término (30 ou 10 dias, se solto ou preso o indiciado), efetuando o relatório ao final dos trabalhos.

É perfeitamente viável e possível utilizar o próprio inquérito policial como instrumento para as investigações preliminares do Ministério Público, aproveitando os autos encaminhados pela polícia, seja pelo decurso do prazo legal para a sua conclusão ou após o relatório final, caso as diligências sejam consideradas insatisfatórias ou insuficientes para a sua finalidade de elucidar a autoria e a materialidade do delito.

O uso desse instrumento evitaria a duplicidade de procedimentos, podendo ser adotado na maioria das situações que necessitassem de investigações diretas ou dirigidas pelo Ministério Público, porque a polícia já teria realizado o seu trabalho de polícia de investigação criminal, mas considerado pelo Ministério Público como inadequado, insatisfatório ou deficiente para a formação de *opinio delicti*.

3.2. Procedimento autônomo: procedimento investigatório criminal

O Ministério Público pode optar pela via da instauração de procedimento investigatório autônomo e independente do inquérito policial, sem prejuízo do trabalho normal da polícia. Seriam dois instrumentos de investigação: o inquérito policial e o procedimento administrativo do Ministério Público. O Ministério Público pode instaurar o próprio procedimento administrativo investigatório,[461] objetivando a celeridade das investigações, a melhoria dos elementos de prova, a reparação das falhas na produção da prova e a prevenção e correção de irregularidades ou abuso de poder na atividade investigatória policial.[462]

Pode o representante do Ministério Público efetuar as diligências diretamente ou requisitar a sua realização à própria polícia de investigação criminal e à polícia técnica ou outros entes públicos, com a oitiva de depoimentos de testemunhas, requisição de documentos, perícias e outras providências investigatórias. É recomendável que o membro do Ministério Público zele pela integração da polícia e de outros órgãos colaboradores nas suas funções no procedimento administrativo, em prol da persecução penal e do interesse público (art. 116, do Manual de Atuação Funcional).

---

461. No Estado de São Paulo, o procedimento administrativo para apuração de crimes está disciplinado administrativamente nos arts. 105 a 116, do Ato nº 168, de 21.12.1998, que instituiu o manual funcional (*Manual de Atuação Funcional dos Promotores de Justiça do Estado de São Paulo*, São Paulo, 1999) e no Ato Normativo nº 314, PGJ/CPJ, de 27.6.2003. Na esfera federal, a função está prevista na Resolução nº 38, do Conselho Superior do Ministério Público Federal, que disciplinou o exercício da titularidade plena da ação penal pública. A Resolução nº 13, de 2.10.2006, do CNMP, disciplinou a matéria da investigação criminal e procedimento investigatório criminal pelo Ministério Público.

462. O Ministério Público do Estado de São Paulo recomenda que "O membro do Ministério Público que instaurar o procedimento administrativo atentará aos seguintes fins: I – a prevenção da criminalidade: II – a finalidade, celeridade, o aperfeiçoamento e a indisponibilidade da persecução penal; III – a prevenção e a correção de irregularidades, ilegalidades ou abuso de poder relacionados com a atividade de investigação criminal; IV – a superação de falhas na produção da prova, inclusive técnica, para fins de persecução penal." (art. 107, do *Manual de Atuação Funcional*).

O MINISTÉRIO PÚBLICO NA INVESTIGAÇÃO CRIMINAL 289
MINISTÉRIO PÚBLICO BRASILEIRO NAS INVESTIGAÇÕES CRIMINAIS EDIPRO

Se preferir a instauração de procedimento investigatório próprio o mais adequado é a sua formalização em autos. Entretanto, isso não impede que o Ministério Público colha declarações ou elementos de prova e providencie a sua juntada nos autos do inquérito policial ou da ação penal, sem que tenha sido retratado num procedimento investigatório rígido e formal.

O Ministério Público do Estado de São Paulo chama o procedimento de "procedimento administrativo criminal" (Ato nº 314/2003). A Resolução nº 13, do Conselho Nacional do Ministério Público, de 2.10.2006, denomina o procedimento administrativo conduzido pelo Ministério Público de "procedimento investigatório criminal". A denominação "procedimento administrativo criminal" feita na resolução do CNMP provavelmente será seguida e disseminada, numa forma de uniformização de nomenclatura do expediente de investigação conduzido pelo Ministério Público, e que pode ser abreviado para "PIC".

4. CARACTERÍSTICAS DO PROCEDIMENTO ADMINISTRATIVO DO MINISTÉRIO PÚBLICO

O procedimento administrativo do Ministério Público deve ter características semelhantes às do inquérito policial ou do inquérito civil, aproveitando os melhores caracteres de um e outro, consonantes com a atividade de investigação criminal. Deve atender aos princípios administrativos da discricionariedade, legalidade, publicidade, moralidade, eficiência e impessoalidade.

4.1. Discricionariedade e legalidade

A discricionariedade e a legalidade são aplicáveis ao procedimento administrativo do Ministério Público.

Em algumas situações da investigação é possível o exercício da discricionariedade e em outros, a legalidade estrita.

O rito do procedimento administrativo é semelhante ao inquérito policial. O próprio inquérito policial não possui rito procedimental determinado e formalizado, com liberdade procedimental. Não há determinação legal específica de qual ato investigatório deva ser realizado, em que ordem seqüencial, imperando a discricionariedade da autoridade investigante na condução dos trabalhos e na realização das diligências.

290 VALTER FOLETO SANTIN
EDIPRO MINISTÉRIO PÚBLICO BRASILEIRO NAS INVESTIGAÇÕES CRIMINAIS

O E. Supremo Tribunal Federal, sendo relator o Ministro Moreira Alves, decidiu que "como instrumento de denúncia, o inquérito policial não está sujeito a formas indeclináveis, ordenadas em seqüência necessária. Não tem o indiciado, portanto, direito a opor-se à realização de um dos atos investigatórios que o integram, o reconhecimento, sob a alegação de que, por interferência do Ministério Público, não serão necessariamente realizados todos os demais atos desse procedimento administrativo. Pode, pois, o Ministério Público requisitar a instauração de inquérito policial, estabelecendo que se proceda a uma diligência preliminar, de cujo resultado, a seu critério como titular que é da ação penal pública, dependerá a realização, ou não, dos demais atos que a lei determina em razão da eficiência da atividade investigatória, e não como procedimento obrigatório cuja observância possa ser exigida pela defesa" (RHC 58.849/SC, j. em 12.5.1981, 2ª T., v.u., *DJ* 22.6.1981, p. 6.064, *Ementário*, vol. 1.217-01, p. 161; *RTJ* 103, p. 979; www.stf.gov.br).

Por outro lado, os atos formais, como o auto de prisão em flagrante (art. 304, CPP), o interrogatório (art. 6º, V, CPP) e o reconhecimento (art. 226, CPP), devem atender aos requisitos e formalidades legais. As restrições à liberdade e a quebra de sigilo bancário, fiscal, eleitoral, telefônico, de comunicações e de correspondência devem atender às situações de legalidade.

4.2. Publicidade, moralidade e impessoalidade

O procedimento deve ser público, excepcionalmente sigiloso, com a permissão da atuação da vítima, da defesa e do cidadão nos mesmos moldes do inquérito policial.

Os princípios da moralidade e da impessoalidade são aplicáveis ao procedimento administrativo.

No seu trabalho de investigação, o Promotor de Justiça deve coletar os elementos de prova favoráveis e desfavoráveis ao indiciado. Inadequada a colheita de elementos que apenas incriminem o indiciado. Tudo o que for recolhido nas investigações deve compor os autos de investigação.

O perigo de que o material coletado seja colocado numa pasta, gaveta ou num armário, sem acesso aos interessados e ao advogado, não procede. É inadmissível que a polícia "esconda" elementos de prova favoráveis ao indiciado. E mais inadmissível ainda quando a investigação seja feita pelo Ministério Público, que tem a finalidade institucional de defender a ordem jurídica, o regime democrático e os interesses sociais e individuais indisponíveis (art. 127, Constituição Federal), mesmo porque no exercício da ação penal (art. 129, I, CF) o órgão acusador não é obrigado a buscar a condenação do acusado, devendo pleitear a absolvição de inocentes, tudo no intuito de promover a Justiça.

O servidor público (Polícia ou Ministério Público) que agir ilicitamente na supressão de prova favorável ao indiciado pode cometer grave falta funcional e até mesmo crime (prevaricação ou abuso de autoridade). A desconfiança sobre o comportamento investigatório do Ministério Público é frágil, porque eventuais desvios podem ser reparados pela via judicial. É óbvio que o Ministério Público não tem interesse em desencadear ação penal por fato que de antemão já percebeu não ser delituoso.

Na condução dos trabalhos investigatórios, o membro do Ministério Público deve agir com impessoalidade, sem a intenção de beneficiar ou prejudicar o indiciado ou a vítima.

Antônio Evaristo de Moraes Filho criticou a condução de investigação pelo Ministério Público no nosso sistema, imaginando uma situação de intencional "direcionamento favorável ao indiciado", que pela fragilidade dos elementos demandaria um arquivamento obrigatório das peças, mesmo com a discordância do juiz, por previsível ratificação do Procurador-Geral, instalando-se uma "verdadeira ditadura do Ministério Público, com sério comprometimento para o princípio da obrigatoriedade da ação penal, que poderia ser facilmente contornado, diante da ausência, proposital, ou não, de elementos probatórios para o oferecimento da denúncia". Entendeu ilegal a atuação investigatória do Ministério Público, e a sua utilização seria um risco para o princípio da paridade de armas e conferiria ao Ministério Público um arbítrio incontrastável.[463]

As ressalvas são destituídas de fundamento. O Judiciário controla rotineiramente o Ministério Público, porque os pedidos da acusação de abertura da ação ou de arquivamento são submetidos à apreciação judicial. Por outro lado, o Ministério Público controla o Judiciário, por via de recursos.

A sociedade espera que a atuação do Ministério Público seja para melhorar o sistema de colheita de elementos investigatórios, em consonância com a eficiência e rapidez no desencadeamento da ação penal ou no arquivamento do procedimento. Não é sadio desconfiar

---

463. "As funções do Ministério Público e o inquérito policial", *Revista Brasileira de Ciências Criminais* nº 19, Revista dos Tribunais, São Paulo, p. 104-110.

292 VALTER FOLETO SANTIN
MINISTÉRIO PÚBLICO BRASILEIRO NAS INVESTIGAÇÕES CRIMINAIS

que o Ministério Público desempenhe essa função de forma diferente daquela com que se conduz lealmente nas suas várias áreas de atuação, dentre elas a investigação por meio do inquérito civil para apuração de lesão aos direitos coletivos e difusos. O exercício da função deve ser de forma mais democrática e com respeito aos direitos e garantias constitucionais do cidadão (art. 5º, CF) e os norteamentos da administração pública (moralidade, legalidade, publicidade, eficiência e impessoalidade, art. 37, *caput*, da CF).

Imaginar que o Ministério Público possa direcionar "favoravelmente ao indiciado" para justificar o "arquivamento", em prejuízo da "obrigatoriedade da ação penal", concebido por Antônio Evaristo, é argumento fantasioso e de dificílima ocorrência prática, mas que caracterizaria infração aos princípios da moralidade e da impessoalidade administrativa, sujeitando o responsável pelo desvio investigatório às sanções administrativas e penais. Pela condição de "interessado" em elementos para iniciar a ação penal, incorporando a "lógica de perseguição da polícia", que "tem como missão encontrar culpados, não inocentes",[464] teria alguma coerência temer que o Ministério Público direcionasse "desfavoravelmente" ao indiciado...

5. CONTROLES JUDICIAL E ADMINISTRATIVO DA INVESTIGAÇÃO CONDUZIDA PELO MINISTÉRIO PÚBLICO

A investigação policial é fiscalizada pelo Ministério Público e pelo Judiciário, durante a tramitação do inquérito policial, por ocasião da análise dos autos, seja nos pedidos de prazo ou após o relatório.

E as investigações criminais conduzidas pelo Ministério Público? A fiscalização deve ser feita administrativa e judicialmente.

Administrativamente, a instauração do procedimento pelo membro do Ministério Público deve ser comunicada aos órgãos superiores, para conhecimento e notícias do andamento.[465]

Durante a tramitação o juiz deveria ter acesso aos autos, com a remessa rotineira ao Juízo para análise do material investigatório e do

---

464. J.L. Sauron, "Les vertus de l'inquisitoire ou l'Etat au service des droits", in *Droit Pénal, Bilan Critique*, Paris, 1990, p. 55, *apud* Delmas-Marty, Mario Chiavario *et alii*, *Procedure*, *op. cit.*, p. 420; Antonio Evaristo, *op. cit.*, p. 107.

465. No Estado de São Paulo, é recomendada a comunicação da instauração ao Centro de Apoio Operacional do próprio Ministério Público (art. 114, do *Manual de Atuação Funcional*).

comunicado de prorrogação do prazo para término de investigação[466] ou ao menos um ofício dando ciência da existência do procedimento e das diligências empreendidas. Essa providência de caráter administrativo, proporcionaria ao Juízo a verificação da regularidade e legalidade dos atos de colheita de elementos de prova, podendo o juiz emitir decisões jurisdicionais para reparar eventuais ferimentos a direitos constitucionais do investigado, como normalmente age em relação ao inquérito policial. É recomendável ao Ministério Público o encaminhamento dos autos ao Juízo criminal, para aferição da legalidade dos atos e da indisponibilidade da ação penal.

O controle também pode ser feito pelo investigado por meio de *habeas corpus* e mandado de segurança, com atividade jurisdicional típica do Judiciário.[467]

O temor de que o Ministério Público não sofreria controle na investigação é improcedente. O procedimento investigatório conduzido pelo Ministério Público deveria sofrer idênticos controles aos exercidos sobre o inquérito policial. Para interferir em direitos constitucionais do cidadão depende necessariamente de decisão judicial, para busca e apreensão domiciliar, interceptação telefônica, prisão temporária ou preventiva. A quebra de sigilo bancário, eleitoral e fiscal pode ser autorizada judicialmente ou por deliberação do Ministério Público.[468]

O prazo adequado para a conclusão do procedimento investigatório deve ser de 10 dias (indiciado preso) ou 30 dias (indiciado solto), período do inquérito policial (art. 10, *caput*, CPP).[469]

---

466. No Estado de São Paulo, o Manual de atuação recomenda a motivação da prorrogação do prazo de conclusão nos próprios autos (art. 113), sem prever comunicado ao Juízo Criminal ou a passagem dos autos pelo Judiciário durante a tramitação.

467. No Estado de São Paulo, compete ao Tribunal o julgamento de *habeas corpus* em que a autoridade coatora é membro do Ministério Público. O E. STF posicionou-se dessa forma (*RT* 683/388), seguido pelo TJSP (*RT* 684/322, 705/316 e 757/550). Entretanto, há posição contrária, defendendo a competência do Juiz de 1ª instância (TJSP, *RT* 759/605, 641/335; TACRIM-SP, *RT* 639/306).

468. A possibilidade do Ministério Público requisitar informações bancárias, fiscais e eleitorais tem base constitucional (art. 129, VI) e legal (art. 8º, II e IV, da LC nº 75/1993; arts. 26, I, "b", II, e 80, da Lei nº 8.625/1993, este que determina a aplicação subsidiária da LC nº 75). O assunto é polêmico (vide Capítulo IV, Seção I, item 3).

469. A E. Procuradoria-Geral de Justiça do Estado de São Paulo recomenda a conclusão do procedimento administrativo para apuração de crime no prazo de 90 dias, prorrogável (art. 113, do *Manual de Atuação Funcional*).

294 VALTER FOLETO SANTIN

MINISTÉRIO PÚBLICO BRASILEIRO NAS INVESTIGAÇÕES CRIMINAIS

Não incumbe ao juiz deferir ou indeferir prazo suplementar, porque na hipótese de "indeferimento" estaria indiretamente obrigando o Ministério Público exercer a ação penal, que não se coaduna com o sistema normativo vigente. No máximo, o juiz pode encaminhar os autos ao Procurador-Geral para as providências cabíveis, por analogia ao art. 28, Código de Processo Penal, se entender que as informações sejam suficientes para a ação penal e mostrem-se desnecessárias novas diligências. Nessa oportunidade, o juiz pode emitir decisão adequada para reparar eventual ferimento a direito constitucional do indiciado.

Na hipótese do Ministério Público propor a ação penal, todos os atos e termos dos autos devem acompanhar a denúncia, sejam favoráveis ou desfavoráveis ao indiciado, para proporcionar a análise judicial sobre a justa causa para o recebimento ou rejeição da denúncia e concessão de medidas cautelares ou diligências necessárias para a instrução do feito, restrição da liberdade ou limitação do exercício do direito de propriedade, por força e efeito da persecução penal.

Seção VI
HIPÓTESES PARA A MUDANÇA
DO SISTEMA ATUAL

1. HIPÓTESES DE MUDANÇA

Como harmonizar os interesses das instituições e da sociedade, para a obtenção de um modelo de investigação criminal mais ágil, moderno, controlado e eficiente?

Várias são as hipóteses para a mudança do sistema atual:

1ª) retirada da polícia da investigação criminal antecedente à ação penal e destinação total ao Ministério Público, com a sua própria estrutura;

2ª) retirada do poder investigatório próprio da polícia, transferência ao Ministério Público e colocação da polícia como auxiliar direta do Ministério Público;

3ª) transferência do poder de investigação para o Ministério Público, com possibilidade deste delegar à polícia em alguns casos a investigação criminal;

4ª) extinção da polícia encarregada das investigações, passagem dos seus membros para o Ministério Público e assunção por este da investigação policial totalmente, com esse novo contingente funcional;

5ª) transferência do poder de investigação para o Ministério Público, permissão à polícia para as primeiras providências urgentes, comunicação do fato imediatamente para que o Ministério Público assuma as investigações;

6ª) transferência do poder de investigação para o Ministério Público, permissão à polícia para que tome as primeiras providências urgentes, comunique o fato imediatamente ao Ministério Público, continuar a polícia as investigações sob a orientação do Ministério Público e selecione este os casos em que entender de interesse público funcionar na investigação criminal;

7ª) transferência do poder de investigação para o Ministério Público, permissão à polícia de tomada das primeiras providências urgentes, com comunicação do fato imediatamente ao Ministério Público, continue a polícia as investigações sob a orientação e supervisão superior do Ministério Público, que a qualquer momento segundo a sua discricionariedade e interesse institucional assuma as investigações totalmente, com o auxílio da polícia.

2. A SITUAÇÃO DA POLÍCIA

A instituição policial e a sua função de polícia na investigação criminal devem ser mantidas.

A polícia deve permanecer na investigação criminal antecedente à ação penal, sendo inadequada a sua retirada da função investigatória, porque a estrutura da polícia e a experiência de seus componentes seriam perdidas. Esse contingente de servidores deve ser preservado, sendo inapropriado o seu deslocamento para outros setores ou sua dispensa do serviço público.

Mesmo com o aumento da intervenção do Ministério Público na investigação criminal, a estrutura pessoal não deve ser transferida. Se o pessoal da polícia fosse transferido para o Ministério Público, todos os vícios e falhas atuais imputados à estrutura policial seriam automaticamente transferidos ao Ministério Público, que ficaria inchado e provavelmente menos eficiente.

De qualquer modo, a instituição policial deve ser preservada, mas passar à condição de auxiliar do Ministério Público na função de investigação criminal.

2.1. Diminuição dos poderes policiais na investigação criminal

A polícia deve continuar com poderes de investigação, mas reduzidos em comparação com o sistema atual, de principal encarregada da apuração de crimes.

A retirada total de poderes de investigação criminal é inadequada, porque o primeiro contato com os fatos criminosos é normalmente da polícia e seria necessária a criação de uma nova equipe de funcionários públicos para a constatação e primeiro atendimento do crime, providência contrária aos interesses públicos.

O pleno domínio da investigação criminal por parte da polícia deve ser alterado, com a redução da sua disponibilidade e discricionariedade sobre o procedimento, com o ingresso em cena do Ministério Público.

2.2. Polícia encarregada das primeiras providências urgentes

Com qualquer transformação de sistema, a polícia deve continuar encarregada das primeiras providências urgentes, para preservação do local, apreensão dos objetos, detenção do autor e identificação das testemunhas, atividades eminentemente de cunho policial.

A polícia é a instituição pública que normalmente tem o primeiro contato com a ocorrência criminal e por razões óbvias deve ser encarregada dessas providências imediatas, exercitando o seu poder de polícia.

A polícia deve comunicar imediatamente ao Ministério Público da ocorrência de crimes e as primeiras providências adotadas, para que o Ministério Público movimente-se para o exercício do seu poder investigatório ou encarregue a polícia para a sua continuidade.

3. A SITUAÇÃO DO MINISTÉRIO PÚBLICO

3.1. A necessidade da participação do Ministério Público

A necessidade da manutenção da polícia no trabalho de investigação, a obrigatoriedade de controle externo eficiente da atividade investigatória, a exigência de penetração maior do Ministério Público na apuração dos delitos, na fase antecedente à ação penal, e a imposição social de alteração do modelo atual de investigação criminal, impõem alterações profundas e corajosas no sistema jurídico: a investigação criminal não pode mais permanecer totalmente nas mãos da polícia e o Ministério Público tem que assumir responsabilidades, direitos e deveres na investigação criminal, na busca do maior alcance do interesse público da sociedade.

3.2. Titularidade das investigações pelo Ministério Público

A transferência do poder de investigação para o Ministério Público é uma necessidade para compatibilização com o sistema acusatório, com o Código-Modelo e com a sistemática dominante em países processualmente mais evoluídos (Itália, Portugal, Alemanha).

No momento, o Ministério Público não possui estrutura material e pessoal para assumir totalmente as atividades, necessitando da colaboração da polícia, para aproveitamento da experiência policial e suprimento da carência estrutural.

Com a mudança da titularidade das investigações criminais, certamente a polícia teria mais interesse em trabalhar bem e rapidamente no maior número de casos possíveis, para evitar o risco da cessação da delegação e assunção do comando e direção por parte do Ministério Público ou por outro ente público designado.

Não acredito que a faculdade de delegação ou assunção das investigações pelo Ministério Público seja uma ameaça à estrutura policial, porque evidentemente a polícia terá interesse em desempenhar adequadamente o seu trabalho e angariar prestígio institucional para exercício amplo das investigações, sem que o Ministério Público sinta a necessidade de tomar as rédeas da atividade.

Não se trata de medida contrária à instituição policial, mas uma adaptação brasileira à tendência internacional de colocação do Ministério Público na vanguarda das investigações preliminares antecedentes à ação penal.

3.3. Supervisão do Ministério Público

O Ministério Público ficaria encarregado da orientação e supervisão superior das investigações, podendo a qualquer momento indicar as providências necessárias ou assumir as investigações totalmente, segundo a sua discricionariedade e interesse institucional.

A polícia deveria ser colocada como sua auxiliar direta, procedendo às investigações e atendendo às recomendações do Ministério Público. Nas hipóteses em que o Ministério Público assumisse diretamente as investigações deveria coadjuvá-lo e fornecer o auxílio material e pessoal necessário.

4. DELEGAÇÃO DE FUNÇÕES INVESTIGATÓRIAS

A transferência ao Ministério Público do direito constitucional de apurar os delitos e instaurar os procedimentos, em substituição à atual estrutura que privilegia a função policial, poderia permitir a delegação das funções de investigação e condução do procedimento à polícia ou outro órgão público, dependendo dos fatos e suas circunstâncias. Essa situação é possível na Colômbia, onde a Fiscalia Geral da Nação pode outorgar atribuições transitórias a entes públicos que possam cumprir funções de polícia judicial, sob sua responsabilidade e dependência (art. 251, nº 4, Constituição Política).

O leque de opções do Ministério Público poderia proporcionar resultados mais satisfatórios, em todos os níveis, desde a qualidade e quantidade dos meios de prova até a maior celeridade da sua colheita. Por exemplo: na apuração de um crime ambiental, o Ministério Público poderia conduzir as investigações diretamente, com o auxílio da polícia, de entes públicos e privados especializados em meio ambiente ou de especialista na área, ou poderia delegar a direção e condução dos trabalhos à polícia ou a um ente público da área de meio ambiente, que deveriam prestar contas e receber orientações do Ministério Público. Da mesma forma, num caso de crime financeiro, poderia se valer do auxílio das autoridades bancárias; em crime fiscal, seria auxiliado por funcionários do fisco.

O Ministério Público poderia delegar à polícia poderes investigatórios para a continuidade dos trabalhos após as primeiras providências urgentes. A delegação seria tácita e interrompida a qualquer momento pelo Ministério Público caso pretendesse funcionar diretamente na investigação criminal.

5. O SISTEMA HIERÁRQUICO

A subordinação da polícia ao Ministério Público é um problema de difícil solução. A polícia é um organismo ligado e subordinado ao Executivo, administrativa e financeiramente, devendo assim continuar. Entretanto, há entendimento de que a "Polícia Judiciária deve estar subordinada ao Ministério Público, que é o órgão competente para promover a prova perante o Poder Judiciário" (conclusão do I Congresso Interamericano do Ministério Público).[470]

No exercício de atribuições ligadas à investigação criminal, a polícia deverá atender às requisições e recomendações do Ministério Público, para o bom andamento dos trabalhos de investigação. Seria uma subordinação hierárquico-funcional decorrente do amplo poder de requisitar, sem prejuízo da normal subordinação administrativa aos policiais superiores.

6. MUDANÇA CONSTITUCIONAL

Na esfera constitucional, propõe-se a alteração dos arts. 129 e 144, da Carta Magna, para viabilização das medidas, melhoria do sistema de investigação criminal e maior participação do Ministério Público.

O art. 129, I, deveria ter a seguinte redação:

"Art. 129. São funções institucionais do Ministério Público:

I – proceder à apuração das infrações penais, diretamente ou com o auxílio das polícias, outros órgãos e agentes públicos dos entes, autarquias e pessoas jurídicas federais, estaduais e municipais, e do povo, podendo delegar total ou parcialmente a atribuição investigatória, e promover, privativamente, a ação penal, na forma da lei; (...)."

O art. 144 passaria a ter a seguinte redação:

"Art. 144. (...)

§ 1º. A polícia federal, instituída por lei como órgão permanente, estruturado em carreira, destina-se a:

---

470. Inacarato, *op. cit.*, p. 30.

I – auxiliar na apuração de infrações penais contra a ordem política e social ou em detrimento de bens, serviços e interesses da União ou de suas entidades autárquicas e empresas públicas, assim como outras infrações cuja prática tenha repercussão interestadual ou internacional e exija repressão uniforme, segundo se dispuser em lei; (...)

IV – exercer as funções de polícia judiciária da União e de auxiliar do Ministério Público. (...)

§ 4º. Às polícias civis estaduais e municipais incumbem as funções de polícia judiciária e de auxiliar do Ministério Público na apuração de infrações penais.

§ 5º. Às polícias militares incumbem a polícia ostensiva, a preservação da ordem pública, as funções de polícia judiciária militar e de auxiliar do Ministério Público na apuração de infrações penais militares; aos corpos de bombeiros militares, além das atribuições definidas em lei, incumbe a execução de atividades de defesa civil. (...)

§ 8º. Os municípios poderão constituir guardas municipais destinadas à proteção de seus bens, serviços e instalações, ao trabalho de polícia ostensiva, de preservação da ordem pública, ao exercício de funções de polícia judiciária e de auxiliar do Ministério Público na apuração de infrações penais no território municipal, conforme dispuser a lei.

§ 9º. As polícias devem tomar as primeiras providências urgentes para a colheita de meios de prova e apuração dos delitos, comunicando imediatamente ao Ministério Público os fatos e as medidas adotadas, recebendo orientações e determinações sobre as diligências e procedimentos a adotar e continuando normalmente o trabalho de formalização do procedimento de investigação e apuração dos fatos, exceto se o membro do Ministério Público exercer diretamente o trabalho de investigação do delito, situação em que a polícia deve colocar à sua disposição todos os meios materiais e humanos necessários.

§ 10. Qualquer órgão público, policial, das Forças Armadas ou de qualquer outra esfera dos serviços estatais pode ser requisitado e nomeado pelo Ministério Público para auxiliar na apuração de infrações penais."

O MINISTÉRIO PÚBLICO NA INVESTIGAÇÃO CRIMINAL 301
MINISTÉRIO PÚBLICO BRASILEIRO NAS INVESTIGAÇÕES CRIMINAIS EDIPRO

Seção VII
SUPERVISÃO DIRIGENTE OU COMANDO DAS INVESTIGAÇÕES E SELEÇÃO DOS CASOS

1. SUPERVISÃO DIRIGENTE DAS INVESTIGAÇÕES PELO MINISTÉRIO PÚBLICO

Para melhorar a situação atual em que a polícia é responsável pela investigação criminal e o Ministério Público distante da colheita dos elementos de investigação, é necessária a instituição de superiores atribuições do Ministério Público na investigação e apuração dos crimes. A figura jurídica mais adequada é a "supervisão dirigente"[471] das investigações criminais pelo Ministério Público.

Os atos de supervisão constituem-se na direção superior dos trabalhos e assunção efetiva quando necessário e conveniente, para a melhoria da qualidade dos serviços.

O "supervisor dirigente" ou "diretor superintendente" das investigações policiais será o membro do Ministério Público, com poderes para delegar funções de investigação aos policiais e outros agentes públicos, determinar, orientar e recomendar a linha de trabalho a ser seguida, requisitar diligências, providências investigatórias e agentes públicos para auxiliá-lo e assumir, dirigir e presidir pessoalmente os trabalhos de colheita de meios de prova, se necessário.

Não há interesse institucional e social no momento em que o Ministério Público assuma totalmente a investigação criminal e conduza todos os procedimentos. Entretanto, é essencial que a instituição assuma uma parcela maior de atribuição na área da investigação criminal, sem retirar da polícia a possibilidade de executar o trabalho de apuração dos delitos quando delegado pelo Ministério Público.

Seria adequado o poder de supervisão em todas os casos, mas que o comando efetivo das investigações fosse em casos selecionados.

---

471. Supervisão é a ação ou efeito de supervisar ou supervisionar. Supervisar ou supervisionar: dirigir, orientar ou inspecionar em plano superior (*Novo Dicionário Aurélio*). Dirigente é que ou quem dirige; diretor (*Dicionário Aurélio Eletrônico*).

2. O ENCARGO DA POLÍCIA NO NOVO SISTEMA

A polícia seria encarregada das primeiras providências e obrigada a comunicar imediatamente as ocorrências ao Ministério Público, para recebimento de instruções e recomendações. A polícia realizaria automaticamente os trabalhos de investigação criminal posteriores, em delegação tácita, exceto se o Ministério Público comunicasse verbalmente ou por escrito o interesse em assumir pessoalmente a sua direção, situação em que deveria receber todo o auxílio necessário de policiais, de outros agentes públicos, da vítima e do povo.

3. O SISTEMA HIERÁRQUICO NA SUPERVISÃO DIRIGENTE

Essa nova estrutura investigatória (supervisão dirigente) não afetaria o sistema hierárquico da polícia. A polícia continuaria a ser órgão ligado ao Executivo, administrativa e financeiramente, com o seu esquema hierárquico próprio.

Não haveria propriamente hierarquia entre os órgãos, mas uma obrigação de coadjuvação (auxílio) da polícia ao Ministério Público no trabalho investigatório para o exercício da ação penal. Note-se que a Constituição Federal, em seus princípios fundamentais (art. 2º), estabeleceu a independência e a harmonia entre os Poderes (Executivo, Legislativo e Judiciário), evidentemente com reflexos em todos as atividades públicas, de modo a proporcionar atuação interdependente e cooperação mútua ou interorgânica.

A coadjuvação é um princípio constitucionalmente implícito, representada no dever de auxílio mútuo de todos os órgãos do Estado (administrativos ou judiciários), de forma interdependente, no exercício de suas atribuições, em favor do interesse social, permitindo a ajuda para atendimento de situações concretas e em certas circunstâncias.[472]

---

472. José Manuel Damião da Cunha refere que a coadjuvação é "um princípio constitucionalmente implícito, que é o de que todos os órgãos do Estado devem, dentro dos limites das suas atribuições, auxiliar-se mutuamente para a consecução do interesse geral. Trata-se, pois, de situações em que órgãos (administrativos ou judiciários) carecem, para casos concretos e em face de certas circunstâncias, da ajuda de um outro órgão deles totalmente independente. Assim, e como expressamente refere o art. 9º, do Código de Processo Penal Português, do que se trata é de uma cooperação." (*O Ministério Público e os Órgãos de Polícia Criminal no Novo Código de Processo Penal*, Porto, 1993, p. 109). Ele cita (nota de rodapé 20) a posição de Gomes Canotilho e Vital Moreira (*Constituição da República Portuguesa, Anotada*, vol. II, art. 209 I), que partilhariam da mesma idéia.

A coadjuvação seria uma forma de cooperação (sistema português). O princípio é adequado ao sistema brasileiro, republicano, constituído em Estado Democrático de Direito, fundado na soberania (art. 1º, I, da Constituição Federal), em que os poderes são interdependentes e harmônicos (art. 2º, CF) e um dos objetivos fundamentais é a construção de uma sociedade livre, justa e solidária (art. 3º, I, CF), tudo a pressupor a colaboração entre os órgãos estatais.

Nos moldes do modelo português, a polícia estaria submetida a uma posição de "co-dependência", constituída por dupla dependência funcional e por uma só dependência organizatória.[473] No exercício das funções investigatórias, sofreria influência da supervisão do Ministério Público, e do poder hierárquico e organizatório do chefe superior policial.

Note-se que o poder de requisição do Ministério Público tem força impositiva para o cumprimento de atos e diligências sem interferir na hierarquia administrativa.

4. A CO-PARTICIPAÇÃO DA POLÍCIA E MINISTÉRIO PÚBLICO NAS INVESTIGAÇÕES CRIMINAIS

É perfeitamente aceitável que os dois órgãos atuem na investigação preliminar, em concorrência de atribuições: a polícia fica encarregada das investigações normais e tradicionais e o Ministério Público, titular da ação penal, incumbido subsidiariamente da investigação preliminar em casos envolvendo crimes praticados por policiais, por autoridades governamentais, crimes financeiros, delitos de organização criminosa, crimes contra os direitos humanos e outros que pela importância dos autores ou das vítimas ou da repercussão social, clamor público e do especial interesse dos meios de comunicação recomendem uma especial atenção do Ministério Público, tendo em vista os reflexos que possam proporcionar na sociedade, na moralidade pública, no funcionamento das instituições públicas e sociais, na prevenção e repressão da atividade criminosa.

Sabe-se que em tais crimes as investigações normalmente são imperfeitas, demoradas e ineficazes, diminuindo sensivelmente as chances de futura ação penal frutífera e procedente.

---

473. José Manuel Damião da Cunha, *op. cit.*, p. 114-115.

Por exemplo: um crime de tortura, praticado por policiais, com grande interesse e repercussão nos meios de comunicação, recomenda uma rápida, impessoal e dinâmica atuação do Ministério Público, na descoberta da autoria, documentação da materialidade e movimentação da ação penal, com as medidas cautelares adequadas, para a preservação da integridade física e mental da vítima e testemunhas, obtenção lícita dos meios de prova, no atendimento de garantias constitucionais, e pronta resposta social.

O ideal é que Polícia e Ministério Público somem forças no trabalho de investigação, deixando de lado eventuais divergências corporativas, para a melhoria dos resultados da investigação preliminar e aumento das possibilidades de sucesso da ação penal. A queda desses obstáculos poderá conscientizar os seus membros de que a polícia ao lado do Ministério Público será mais respeitada; o Ministério Público junto com a polícia será mais eficiente. Tudo em benefício da sociedade.

CONCLUSÕES

Tendo em vista os argumentos indicados, concluo:

1. O Ministério Público, titular da iniciativa da ação penal, deve ter o domínio jurídico e material de todos os assuntos ligados à ação penal pública, inclusive na fase de investigação preliminar.

2. O sistema de controle externo das atividades policiais, por parte do Ministério Público, deve ser aperfeiçoado. A polícia deve prestar contas constantemente ao Ministério Público das suas atividades investigatórias, em períodos mensais, com relações dos registros de ocorrências policiais, contendo informações sobre as datas, horários, locais, tipos de crimes, autores, vítimas e números dos inquéritos policiais instaurados, esclarecendo os motivos em caso de ausência de instauração.

3. A curto prazo, o Ministério Público deve exercer o controle externo da polícia, de forma efetiva, exigindo e recebendo informações imediatas de todos os crimes graves (hediondos, tráfico de entorpecentes, homicídios, crimes financeiros, de organização criminosa, tortura e praticados por policiais e agentes governamentais em desfavor do patrimônio público). A polícia deve comunicar as providências já tomadas, continuar as medidas de primeira intervenção, indicar o rumo que pretende tomar nas investigações, solicitar e receber orientações de como prosseguir nas investigações.

4. O Ministério Público deve selecionar os casos, principalmente aqueles envolvendo policiais e de repercussão pública, e pro-

ceder às suas investigações, em procedimento administrativo próprio, sem prejuízo do normal trabalho da polícia no inquérito policial.

5. A médio prazo, o Ministério Público deve assumir a supervisão das investigações policiais, interferindo diretamente no direcionamento das investigações de todos os procedimentos investigatórios.

6. A longo prazo, deve o Ministério Público aparelhar-se para assumir as funções de direção das investigações criminais preliminares antecedentes à ação penal, procedendo aos trabalhos com a sua própria estrutura material e pessoal ou contando com o auxílio das polícias.

7. As atividades policiais devem ser subordinadas funcionalmente ao Ministério Público, sem hierarquia administrativa, mantendo-se entretanto as instituições em carreiras separadas e os mecanismos hierárquicos e de controle interno da própria polícia.

8. O Ministério Público deve influenciar nos mecanismos públicos para a prevenção do crime, por constituir a segurança pública dever do Estado e direito de todos (art. 144, da Constituição Federal), considerado direito social (art. 6º, CF), no âmbito da sua finalidade institucional de defesa dos interesses sociais e individuais indisponíveis, através da promoção de medidas necessárias à garantia do efetivo respeito dos Poderes Públicos aos direitos assegurados na Constituição Federal, inclusive com a utilização de inquérito civil ou ação civil pública. Na participação, fixação e alteração da política de segurança pública deve tomar parte das discussões das metas e estratégias, tendo em vista que a sociedade exige que outro órgão participe dessas ações, atualmente restritas ao Executivo, que não tem se desincumbido adequadamente do trabalho de planejamento e execução das medidas necessárias para a prevenção e repressão ao crime.

9. O Ministério Público pode desenvolver medidas de política criminal no exercício da ação penal, por meio de arquivamentos e pedidos de absolvições, proposição ou não de benefícios de aplicação imediata da pena ou suspensão condicional do processo, como seu intérprete, não apenas como mero agente executor de política abstrata do legislador.

JURISPRUDÊNCIA SELECIONADA DE TRIBUNAIS

As decisões foram extraídas dos arquivos eletrônicos de jurisprudência dos Tribunais (www.stf.gov.br e www.stj.gov.br) pela Internet. Foram excluídos dados desnecessários.

I – SUPREMO TRIBUNAL FEDERAL – STF

01. INQUÉRITO POLICIAL COMO INSTRUMENTO DE DENÚNCIA.

HC-58849/SC, Recurso de *Habeas Corpus*, 2ª Turma, **Relator Ministro Moreira Alves**, j. em 12.5.1981, *DJ* de 22.6.1981, p. 6064; *Ementário* 1217-01/161; *RTJ* 103-03/979.

HABEAS CORPUS – INQUÉRITO POLICIAL COMO INSTRUMENTO DE DENÚNCIA.

O inquérito policial não está sujeito a formas indeclináveis, ordenadas em seqüência necessária – não tem o indiciado, portanto, direito a opor-se à realização de um dos atos investigatórios que o integram o reconhecimento, sob a alegação de que, por interferência do ministério público, não serão necessariamente realizados todos os demais atos desse procedimento administrativo – pode, pois, o ministério público requisitar a instauração de inquérito policial, estabelecendo que se proceda a uma diligência preliminar, de cujo resultado, a seu critério como titular que é da ação penal pública, dependerá a realização, ou não, dos demais atos que a lei determina em razão da eficiência da atividade investigatória, e não como procedimento obrigatório cuja observância possa ser exigida pela defesa – recurso ordinário a que se nega provimento.

Decisão: Improvido, por votação unânime.

308 VALTER FOLETO SANTIN
EDIPRO JURISPRUDÊNCIA SELECIONADA DE TRIBUNAIS

02. IRREGULARIDADE EM INQUÉRITO POLICIAL – NULIDADE PROCESSUAL – INADMISSIBILIDADE – DEFICIÊNCIA DA DEFESA TÉCNICA.
HC-73271/SP, *Habeas Corpus*, 1ª Turma, **Relator Ministro Celso de Mello**, j. em 19.3.1996, DJ 4.10.1996, p. 37100, *Ementário* 1844-01/ 60.

HABEAS CORPUS – ALEGAÇÃO DE IRREGULARIDADE EM INQUÉRITO PO-LICIAL – PRETENDIDO RECONHECIMENTO DE NULIDADE PROCESSUAL – INADMISSIBILIDADE – TARDIA ARGÜIÇÃO DE INÉPCIA DA DENÚNCIA – ALE-GADA DEFICIÊNCIA DA DEFESA TÉCNICA – NÃO-DEMONSTRAÇÃO DE PREJUÍZO – SÚMULA 523/STF – REEXAME DA MATÉRIA DE FATO EM *HA-BEAS CORPUS* – IMPOSSIBILIDADE – PEDIDO INDEFERIDO.

Inquérito policial – Unilateralidade – A situação jurídica do indiciado.

– O inquérito policial, que constitui instrumento de investigação penal, qualifica-se como procedimento administrativo destinado a subsidiar a atuação persecutória do Ministério Público, que é – enquanto *dominus litis* – o verdadeiro destinatário das diligências executadas pela Polícia Judiciária.

A unilateralidade das investigações preparatórias da ação penal não autoriza a Polícia Judiciária a desrespeitar as garantias jurídicas que assistem ao indiciado, que não mais pode ser considerado mero objeto de investigações.

O indiciado é sujeito de direitos e dispõe de garantias, legais e constitucionais, cuja inobservância, pelos agentes do Estado, além de eventualmente induzir-lhes a responsabilidade penal por abuso de poder, pode gerar a absoluta desvalia das provas ilicitamente obtidas no curso da investigação policial.

Persecução penal - Ministério Público – Aptidão da denúncia.

O Ministério Público, para validamente formular a denúncia penal, deve ter por suporte uma necessária base empírica, a fim de que o exercício desse grave dever-poder não se transforme em instrumento de injusta persecução estatal. O ajuizamento da ação penal condenatória supõe a existência de justa causa, que se tem por inocorrente quando o comportamento atribuído ao réu "nem mesmo em tese constitui crime, ou quando, configurando uma infração penal, resulta de pura criação mental da acusação" (RF 150/393, Rel. Ministro Orozimbo Nonato).

A peça acusatória deve conter a exposição do fato delituoso em toda a sua essência e com todas as suas circunstâncias. Essa narração, ainda que sucinta, impõe-se ao acusador como exigência derivada do postulado constitucional que assegura ao réu o pleno exercício do direito de defesa. Denúncia que não descreve adequadamente o fato criminoso é denúncia inepta. Precedente.

Momento de argüição da inépcia da denúncia.

Eventuais defeitos da denúncia devem ser argüidos pelo réu antes da prolação da sentença penal, eis que a ausência dessa impugnação, em tempo oportuno, claramente evidencia que o acusado foi capaz de defender-se da acusação contra ele promovida. Doutrina e Precedentes.

Vícios do inquérito policial.

Eventuais vícios formais concernentes ao inquérito policial não têm o condão de infirmar a validade jurídica do subseqüente processo penal condenatório. As nulidades processuais concernem, tão-somente, aos defeitos de ordem jurídica que afetam os atos praticados ao longo do ação penal condenatória. Precedentes.

O MINISTÉRIO PÚBLICO NA INVESTIGAÇÃO CRIMINAL — 309
JURISPRUDÊNCIA SELECIONADA DE TRIBUNAIS — EDIPRO

Nulidade processual e ausência de prejuízo.

A disciplina normativa das nulidades no sistema jurídico brasileiro rege-se pelo princípio segundo o qual "Nenhum ato será declarado nulo, se da nulidade não resultar prejuízo para a acusação ou para a defesa" (CPP, art. 563). Esse postulado básico – *pas de nullité sans grief* – tem por finalidade rejeitar o excesso de formalismo, desde que a eventual preterição de determinada providência legal não tenha causado prejuízo para qualquer das partes. Jurisprudência.

Habeas corpus **e reexame da prova.**

O reexame dos elementos probatórios produzidos no processo penal de condenação constitui matéria que ordinariamente refoge ao âmbito da via sumaríssima do *habeas corpus*.

Decisão: Indeferido, por votação unânime.

03. **FATOS NOVOS – ARQUIVAMENTO – PROCEDIMENTO ADMINISTRATIVO DISCIPLINAR – PROCESSO CRIMINAL – IRRELEVÂNCIA – PROSSEGUIMENTO – DENÚNCIA – DISPENSA DE INQUÉRITO POLICIAL.**

HC-77770/SC, *Habeas Corpus*, 2ª Turma, **Relator Ministro Néri da Silveira**, j. em 7.12.1998, *DJ* de 3.3.2000, p. 62, *Ementário* 1981-04/670.

HABEAS CORPUS – FATOS NOVOS – ARQUIVAMENTO PROCEDIMENTO ADMINISTRATIVO DISCIPLINAR – PROCESSO CRIMINAL – IRRELEVÂNCIA – PROSSEGUIMENTO – DENÚNCIA – DISPENSA DE INQUÉRITO POLICIAL – ELEMENTOS SUFICIENTES – COMPROVAÇÃO DA AUTORIA E MATERIALIDADE DO CRIME – DENÚNCIA, MINISTÉRIO PÚBLICO, OFERECIMENTO ORAL, POSSIBILIDADE.

1. *Habeas Corpus*. **2.** Não cabe, em *habeas corpus*, discutir fatos e provas já considerados pela Corte competente, no aresto que recebeu a denúncia e nos limites do juízo de delibação aí cabível. **3.** No caso, não é possível, desde logo, afirmar a improcedência da denúncia. Tratando-se de fato típico e havendo indícios de autoria e materialidade, impõe-se o prosseguimento da ação penal. **4.** Com apoio no art. 129 e incisos, da Constituição Federal, o Ministério Público poderá proceder de forma ampla, na averiguação de fatos e na promoção imediata da ação penal pública, sempre que assim entender configurado ilícito. Dispondo o promotor de elementos para o oferecimento da denúncia, poderá prescindir do inquérito policial, haja vista que o inquérito é procedimento meramente informativo, não submetido ao crivo do contraditório e no qual não se garante o exercício da ampla defesa. **5.** Conversão do julgamento de 10.11.1998 em diligência para que os impetrantes formalizassem, em petição, o fundamento novo invocado do tribuna, com apoio no fato do arquivamento da Representação e à vista do conteúdo do acórdão do Tribunal de Justiça de Santa Catarina. **6.** Arquivamento do procedimento administrativo disciplinar contra o paciente, tendo em conta que os fatos já estavam sendo apurados na ação penal. Irrelevância, em face da autonomia das instâncias administrativa e penal. **7.** *Habeas corpus* indeferido e cassada a liminar.

Decisão: Indeferido, por votação unânime.

Veja INQ-392; RHC-58644, *RTJ* 101/571; ADIMC-1571, HC-69372; *RTJ* 147/219.

310 VALTER FOLETO SANTIN
EDIPRO JURISPRUDÊNCIA SELECIONADA DE TRIBUNAIS

04. INTERROGATÓRIO POLICIAL SEM A PRESENÇA DO DEFENSOR – ILICITUDE DA PROVA – INOCORRÊNCIA – NATUREZA DO INQUÉRITO POLICIAL.

RECR-136239/SP, Recurso Extraordinário Criminal, 1ª Turma, **Relator Ministro Celso de Mello**, j. 7.4.1992, *DJ* de 14.8.1992, p. 12227; *Ementário* 1670-02/391; *RTJ* 143-01/306.

RECURSO EXTRAORDINÁRIO – MATÉRIA CRIMINAL – INTERROGATÓRIO POLICIAL SEM A PRESENÇA DO DEFENSOR – ILICITUDE DA PROVA – INOCORRÊNCIA – NATUREZA DO INQUÉRITO POLICIAL – DISCIPLINA DA PROVA – APLICAÇÃO RETROATIVA DA CF/1988 – INVIABILIDADE – INOCORRÊNCIA DE LESÃO À ORDEM CONSTITUCIONAL (CF/1988, ART. 5º, XL, LVI E LXIII E ART. 133) – RECURSO EXTRAORDINÁRIO NÃO CONHECIDO.

– O inquérito policial constitui mero procedimento administrativo, de caráter investigatório, destinado a subsidiar a atuação do Ministério Público. Trata-se de peça informativa cujos elementos instrutórios – precipuamente destinados ao órgão da acusação pública – habilitá-lo-ão ao instaurar a *persecutio criminis in judicio*.

– A unilateralidade das investigações desenvolvidas pela polícia judiciária na fase preliminar da persecução penal (*informatio delicti*) e o caráter inquisitivo que assinala a atuação da autoridade policial não autorizam, sob pena de grave ofensa à garantia constitucional do contraditório e da plenitude de defesa, a formulação de decisão condenatória cujo único suporte seja a prova, não reproduzida em juízo, consubstanciada nas peças do inquérito.

– A investigação policial – que tem no inquérito o instrumento de sua concretização – não se processa, em função de sua própria natureza, sob o crivo do contraditório, eis que é somente em Juízo que se torna plenamente exigível o dever de observância ao postulado da bilateralidade e da instrução criminal contraditória.

A inaplicabilidade da garantia do contraditório ao procedimento de investigação policial tem sido reconhecida tanto pela doutrina quanto pela jurisprudência dos tribunais (*RT* 522/396), cujo magistério tem acentuado que a garantia da ampla defesa traduz elemento essencial e exclusivo da persecução penal em juízo.

– Nenhuma acusação penal se presume provada. Esta afirmação, que decorre do consenso doutrinário e jurisprudencial em torno do tema, apenas acentua a inteira sujeição do Ministério Público ao ônus material de provar a imputação penal consubstanciada na denúncia.

– A regra constitucional superveniente – tal como a inscrita no art. 5º, LXIII, e no art. 133 da Carta Política – não se reveste de retroprojeção normativa, eis que os preceitos de uma nova Constituição aplicam-se imediatamente, com eficácia *ex nunc*, ressalvadas as situações excepcionais, expressamente definidas no texto da Lei Fundamental.

O princípio da imediata incidência das regras jurídico-constitucionais somente pode ser excepcionado, inclusive para efeito de sua aplicação retroativa, quando expressamente o dispuser a Carta Política, pois "as constituições não têm, de ordinário, retroeficácia. Para as constituições, o passado só importa naquilo que elas apontam ou mencionam. Fora daí, não" (Pontes de Miranda).

– A nova Constituição do Brasil não impõe à autoridade policial o dever de nomear defensor técnico ao indiciado, especialmente quando da realização de seu interrogatório na fase inquisitiva do procedimento de investigação. A Lei Fundamental da Repúbli-

O MINISTÉRIO PÚBLICO NA INVESTIGAÇÃO CRIMINAL
JURISPRUDÊNCIA SELECIONADA DE TRIBUNAIS — EDIPRO

ca simplesmente assegurou ao indiciado a possibilidade de fazer-se assistir, especialmente quando preso, por defensor técnico. A Constituição não determinou, em conseqüência, que a autoridade policial providenciasse assistência profissional, ministrada por advogado legalmente habilitado, ao indiciado preso.

— Nada justifica a assertiva de que a realização de interrogatório policial, sem que ao ato esteja presente o defensor técnico do indiciado, caracterize comportamento ilícito do órgão incumbido, na fase pré-processual, da persecução e da investigação penais.

A confissão policial feita por indiciado desassistido de defensor não ostenta, por si mesma, natureza ilícita.

Decisão: Não conhecido, por votação unânime.

Veja HC-68929, HC-67609, *RTJ* 129/803; HC-62206, *RT* 422/299, *RT* 426/395, *RT* 448/334, *RT* 479/358, *RT* 547-355, *RT* 520/484, *RT* 512/355, *RT* 522/396.

05. MINISTÉRIO PÚBLICO E PODER DE INVESTIGAÇÃO. CASO REMY TRINTA.

Informativo 359 (**Inq-1968**) Título: Ministério Público e Poder de Investigação – 2 – Artigo: O Tribunal retomou julgamento de inquérito em que se pretende o recebimento de denúncia oferecida contra deputado federal e outros pela suposta prática de crime de estelionato (CP, art. 171, § 3º), consistente em fraudes, perpetradas por médicos que trabalhavam na clínica da qual os denunciados eram sócios, que teriam gerado dano ao Sistema Único de Saúde – SUS, as quais foram apuradas por meio de investigações efetivadas no âmbito do Ministério Público Federal. Na sessão de 15.10.2003, o Ministro Marco Aurélio, relator, rejeitou a denúncia, por entender que o órgão ministerial não possui competência para realizar diretamente investigações na esfera criminal, mas apenas de requisitá-las à autoridade policial competente, no que foi acompanhado pelo Ministro Nelson Jobim – v. *Informativo* 325. Em voto-vista, o Ministro Joaquim Barbosa divergiu desse entendimento e recebeu a denúncia. Afirmou, inicialmente, não ter vislumbrado, na espécie, verdadeira investigação criminal por parte do Ministério Público. Salientou que o *parquet*, por força do que dispõe o inciso III, do art. 129 da CF, tem competência para instaurar procedimento investigativo sobre questão que envolva interesses difusos e coletivos (no caso a proteção do patrimônio público) e que essa atribuição decorre não da natureza do ato punitivo que resulta da investigação, mas do fato a ser investigado sobre bens jurídicos cuja proteção a CF lhe conferiu. Esclareceu que a outorga constitucional, ao *parquet*, da titularidade da ação penal implicaria a dos meios necessários ao alcance do seu múnus, estando esses meios previstos constitucional (CF, art. 129, IX) e legalmente (LC nº 75/1993, art. 8º, V; Lei nº 8.625/1993, art. 26). Asseverou que, apesar de o Ministério Público não ter competência para presidir o inquérito policial, de monopólio da polícia, a elucidação dos crimes não se esgotaria nesse âmbito, podendo ser efetivada por vários órgãos administrativos, tendo em conta o disposto no parágrafo único do art. 4º do CPP. Ressaltou que a premissa de que o art. 144, § 1º, IV, da CF teria estabelecido monopólio investigativo em prol da polícia federal poria em cheque várias estruturas administrativas e investigativas realizadas por diversos órgãos no sentido de combater uma série de condutas criminosas. Concluiu, dessa forma, quanto à questão preliminar, pela existência de justa causa para recebimento da denúncia. Os Ministros Eros Grau e Carlos Britto acompanharam a divergência. Após, o Ministro Cezar Peluso pediu vista dos autos. (CF, art. 129: "São funções institucionais do Ministério Público:.. III – promover o inquérito civil e a ação civil públi-

312 VALTER FOLETO SANTIN
EDIPRO JURISPRUDÊNCIA SELECIONADA DE TRIBUNAIS

ca, para a proteção do patrimônio público e social, do meio ambiente e de outros interesses difusos e coletivos;...

VIII – requisitar diligências investigatórias e a instauração de inquérito policial, indicados os fundamentos jurídicos de suas manifestações processuais; IX – exercer outras funções que lhe forem conferidas, desde que compatíveis com sua finalidade, sendo-lhe vedada a representação judicial e a consultoria jurídica de entidades públicas..."; LC nº 75/1993: "Art. 8º Para o exercício de suas atribuições, o Ministério Público da União poderá, nos procedimentos de sua competência:... V – realizar inspeções e diligências investigatórias..."; Lei nº 8.625/1993: "Art. 26. No exercício de suas funções, o Ministério Público poderá: I – instaurar inquéritos civis e outras medidas e procedimentos administrativos pertinentes e, para instruí-los..."; CPP: "Art. 4º. A polícia judiciária será exercida pelas autoridades policiais no território de suas respectivas circunscrições e terá por fim a apuração das infrações penais e da sua autoria. Parágrafo único. A competência definida neste artigo não excluirá a de autoridades administrativas, a quem por lei seja cometida a mesma função."). **Inq 1968/DF, Rel. Ministro Marco Aurélio, 1º.9.2004.** (Inq-1968)

06. MEDIDA CAUTELAR – INVESTIGAÇÃO.

Medida Cautelar em *Habeas Corpus* 89.837-8 – Distrito Federal – **Relator : Min. Celso de Mello** – Paciente : E. L. F. – Impetrantes : J. B. F. e outro(a/s) – Coator: Presidente do Superior Tribunal de Justiça.

Decisão: A presente impetração insurge-se contra decisão, que, emanada do E. Superior Tribunal de Justiça, acha-se consubstanciada em acórdão assim ementado (fls. 491 – Apenso 4):

HABEAS CORPUS – CRIME DE TORTURA IMPUTADO A DELEGADO DA POLÍCIA CIVIL – INVESTIGAÇÃO REALIZADA PELO MINISTÉRIO PÚBLICO – COLHEITA DE DEPOIMENTOS – INEXISTÊNCIA DE NULIDADE – INQUÉRITO POLICIAL – PRESCINDIBILIDADE.

1. A teor do disposto no art. 129, VI e VIII, da Constituição Federal, e no art. 8º, II e IV, da Lei Complementar nº 75/1993, o Ministério Público, como titular da ação penal pública, pode proceder a investigações, inclusive colher depoimentos, sendo-lhe vedado, tão-somente, presidir o inquérito policial, que é prescindível para a propositura da ação penal. 2. Precedentes desta Corte e do Supremo Tribunal Federal. 3. Ordem denegada." (grifei)

O exame dos fundamentos em que se apóia o julgamento ora impugnado parece descaracterizar, ao menos em sede de estrita delibação, a plausibilidade jurídica da pretensão deduzida pelos ilustres impetrantes.

A decisão emanada do E. Superior Tribunal de Justiça – que reconhece, ao Ministério Público, a prerrogativa de promover, por direito próprio, sob sua autoridade e direção, investigações penais – parece legitimar-se em face da Constituição da República promulgada em 1988.

É certo que o ordenamento positivo outorga, à autoridade policial, a atribuição para presidir o inquérito policial, consoante assinala Julio Fabbrini Mirabete (*Código de Processo Penal Interpretado*, p. 86, item nº 4.3, 7ª ed., 2000, Atlas).

Essa especial regra de competência, contudo, não impede que o Ministério Público, que é o *dominus litis* – e desde que indique os fundamentos jurídicos legitimadores de suas manifestações (CF, art. 129, VIII) –, determine a abertura de inquéritos policiais, ou, então, requisite diligências investigatórias, em ordem a prover a investigação penal,

O MINISTÉRIO PÚBLICO NA INVESTIGAÇÃO CRIMINAL 313
JURISPRUDÊNCIA SELECIONADA DE TRIBUNAIS EDIPRO

quando conduzida pela Polícia Judiciária, com todos os elementos necessários ao esclarecimento da verdade real e essenciais à formação, por parte do representante do "*Parquet*", de sua *opinio delicti*.

Todos sabemos que o inquérito policial, enquanto instrumento de investigação penal, qualifica-se como procedimento administrativo destinado, ordinariamente, a subsidiar a atuação persecutória do próprio Ministério Público, que é – nas hipóteses de ilícitos penais perseguíveis mediante ação penal de iniciativa pública – o verdadeiro destinatário das diligências executadas pela Polícia Judiciária (*RTJ* 168/896, Rel. Ministro Celso de Mello).

Trata-se, desse modo, o inquérito policial, de valiosa peça informativa, cujos elementos instrutórios – precipuamente destinados ao órgão da acusação pública – visam a possibilitar a instauração da "*persecutio criminis in judicio*" pelo Ministério Público (Fernando de Almeida Pedroso, *Processo Penal – O Direito de Defesa*, p. 43/45, item nº 12, 1986, Forense; Vicente de Paulo Vicente de Azevedo, *Direito Judiciário Penal*, p. 115, 1952, Saraiva; José Frederico Marques, *Elementos de Direito Processual Penal*, vol. I, p. 153, 1961, Forense).

É certo, no entanto, que, não obstante a presidência do inquérito policial incumba à autoridade policial (e não ao Ministério Público), nada impede que o órgão da acusação penal possa solicitar, à Polícia Judiciária, novos esclarecimentos, novos depoimentos ou novas diligências, sem prejuízo de poder acompanhar, ele próprio, os atos de investigação realizados pelos organismos policiais.

Essa possibilidade – que ainda subsiste sob a égide do vigente ordenamento constitucional – foi bem reconhecida por este Supremo Tribunal Federal, quando esta Corte, no julgamento do RHC 66.176/SC, Rel. Ministro Carlos Madeira, ao reputar legítimo o oferecimento de denúncia baseada em investigações acompanhadas pelo Promotor de Justiça, salientou, no que se refere às relações entre a Polícia Judiciária e o Ministério Público, que este pode "*requisitar a abertura de inquérito e a realização de diligências policiais, além de solicitar esclarecimentos ou novos elementos de convicção a quaisquer autoridades ou funcionários (...)*", competindo-lhe, ainda, "*acompanhar atos investigatórios junto aos órgãos policiais*", embora não possa "*intervir nos atos do inquérito e, muito menos, dirigi-lo, quando tem a presidi-lo a autoridade policial competente*" (*RTJ* 130/1053).

Cabe salientar, finalmente, sem prejuízo do exame oportuno da questão pertinente à legitimidade constitucional do poder investigatório do Ministério Público – que o *Parquet* não depende, para efeito de instauração da persecução penal em juízo, da preexistência de inquérito policial, eis que lhe assiste a faculdade de apoiar a formulação da *opinio delicti* em elementos de informação constantes de outras peças existentes *aliunde*.

Esse entendimento – que se apóia no magistério da doutrina (Damásio E. de Jesus, *Código de Processo Penal Anotado*, p. 7, 17ª ed., 2000, Saraiva; Fernando da Costa Tourinho Filho, *Código de Processo Penal Comentado*, vol. I/111, 4ª ed., 1999, Saraiva; Julio Fabbrini Mirabete, *Código de Processo Penal Interpretado*, p. 111, item n. 12.1, 7ª ed., 2000, Atlas; Eduardo Espínola Filho, *Código de Processo Penal Brasileiro Anotado*, vol. I/288, 2000, Bookseller, v.g.) – tem, igualmente, o beneplácito da jurisprudência dos Tribunais em geral (*RT* 664/336 – *RT* 716/502 – *RT* 738/557 – *RSTJ* 65/157 – *RSTJ* 106/426, v.g.), inclusive a desta Suprema Corte (*RTJ* 64/342 – *RTJ* 76/741 – *RTJ* 101/571 – *RT* 756/481):

"*O inquérito policial não constitui pressuposto legitimador da válida instauração, pelo Ministério Público, da 'persecutio criminis in judicio'. Precedentes. O Ministério Públi-*

co, por isso mesmo, para oferecer denúncia, não depende de prévias investigações penais promovidas pela Polícia Judiciária, desde que disponha, para tanto, de elementos mínimos de informação, fundados em base empírica idônea, sob pena de o desempenho da gravíssima prerrogativa de acusar transformar-se em exercício irresponsável de poder, convertendo, o processo penal, em inaceitável instrumento de arbítrio estatal. Precedentes." (*RTJ* 192/222-223, Rel. Ministro Celso de Mello)

Sendo assim, e sem prejuízo da ulterior apreciação da controvérsia em referência, notadamente em face do julgamento plenário, ainda em curso, do Inq 1.968/DF (em cujo âmbito está sendo rejeitada, por três votos a dois, a tese ora exposta na presente impetração), indefiro o pedido de medida liminar.

2. Achando-se adequadamente instruída a presente impetração, ouça-se a douta Procuradoria-Geral da República.

Publique-se. Brasília, 16 de outubro de 2006. – Ministro Celso de Mello – Relator

In: http://www.stf.gov.br/imprensa/pdf/MCHC89837.pdf

II – SUPERIOR TRIBUNAL DE JUSTIÇA – STJ

01. MINISTÉRIO PÚBLICO – UNIDADE E INDIVISIBILIDADE – DILIGÊNCIAS.

RHC 8025-PR; Recurso Ordinário em *Habeas Corpus* (1998.00.78717-8), 6ª Turma, **Relator Ministro Vicente Leal**, j. em 1.12.1998, STJ000243806, *DJ* de 18.12.1998, p. 416, v.u.

PENAL – PROCESSUAL PENAL – *HABEAS CORPUS* – AÇÃO PENAL – TRANCAMENTO – MINISTÉRIO PÚBLICO – PRINCÍPIO DA UNIDADE E INDIVISIBILIDADE – VINCULAÇÃO DE PRONUNCIAMENTO DE SEUS AGENTES – DENÚNCIA – INÉPCIA – NÃO CONFIGURAÇÃO – DESCRIÇÃO EM TESE DE CRIME.

O princípio da unidade e da indivisibilidade do Ministério Público não implica vinculação de pronunciamentos de seus agentes no processo, de modo a obrigar que um promotor que substitui outro observe obrigatoriamente a linha de pensamento de seu antecessor. — Para a propositura da ação penal pública, o Ministério Público pode efetuar diligências, colher depoimentos e investigar os fatos, para o fim de poder oferecer denúncia pelo verdadeiramente ocorrido. — O trancamento de ação penal por falta de justa causa, postulada na via estreita do *habeas corpus*, somente se viabiliza quando, pela mera exposição dos fatos na denúncia, se constata que há imputação de fato penalmente atípico ou que inexiste qualquer elemento indiciário demonstrativo da autoria do delito pelo paciente. — Não é inepta a denúncia que descreve fatos que, em tese, apresentam a feição de crime e oferece condições plenas para o exercício de defesa. Recurso ordinário desprovido.

Decisão: Por unanimidade, negar provimento ao recurso.

02. COLHEITA DE ELEMENTOS PELO MINISTÉRIO PÚBLICO.

RHC 8106/DF; Recurso Ordinário em *Habeas Corpus* (1998/0089201-0), 5ª Turma, **Relator Ministro Gilson Dipp**, j. em 3.4.2001, *DJ* de 4.6.2001, p. 186, v.u.

O MINISTÉRIO PÚBLICO NA INVESTIGAÇÃO CRIMINAL 315
JURISPRUDÊNCIA SELECIONADA DE TRIBUNAIS EDIPRO

CRIMINAL – RECURSO EM *HABEAS CORPUS* – ABUSO DE AUTORIDADE – TRANCAMENTO DE AÇÃO PENAL – COLHEITA DE ELEMENTOS PELO MINISTÉRIO PÚBLICO – CONSTRANGIMENTO ILEGAL NÃO-CONFIGURADO – LIMINAR CASSADA – RECURSO DESPROVIDO.

Tem-se como válidos os atos investigatórios realizados pelo Ministério Público, que pode requisitar esclarecimentos ou diligenciar diretamente, visando à instrução de seus procedimentos administrativos, para fins de oferecimento da peça acusatória.

A simples participação na fase investigatória, coletando elementos para o oferecimento da denúncia, não incompatibiliza o Representante do *Parquet* para a proposição da ação penal.

A atuação do Órgão Ministerial não é vinculada à existência do procedimento investigatório policial – o qual pode ser eventualmente dispensado para a proposição da acusação.

Recurso desprovido, cassando-se a liminar deferida.

03. MANDADO DE SEGURANÇA – MINISTÉRIO PÚBLICO OBJETIVANDO INFORMAÇÕES DO MINISTÉRIO DA AERONÁUTICA.

MS 5370/DF; Mandado de Segurança (97/0058928-5), 1ª Seção, **Relator Ministro Demócrito Reinaldo**, j. em 12.11.1997, *DJ* de 15.12.1997, p. 66185, v.u.

PROCESSUAL CIVIL – MANDADO DE SEGURANÇA REQUERIDO PELO MINISTÉRIO PÚBLICO OBJETIVANDO LIBERAR INFORMAÇÕES EXISTENTES EM ORGÃOS DO MINISTÉRIO DA AERONÁUTICA – INEXISTÊNCIA DE MOTIVAÇÃO QUE AFETE A SEGURANÇA DO ESTADO – PREVALÊNCIA DO INTERESSE PÚBLICO RELEVANTE – DEFERIMENTO DA SEGURANÇA.

A competência do Ministério Público no concernente à requisição de informações e documentos de quaisquer órgãos da Administração, independentemente de hierarquia, advém de sede constitucional e visa ao interesse público que se sobrepõe a qualquer outro (a fim de que possíveis fatos constitutivos de crimes sejam apurados), pondo-lhe, a Lei Maior, à disposição, instrumentos eficazes para o exercício das atribuições constitucionalmente conferidas.

Em sendo a ação penal pública de iniciativa exclusiva do Ministério Público, e se a Constituição lhe confere o poder de expedir notificações e de requisitar informações e documentos (Constituição Federal, arts. 127 e 129), resulta, daí, que as suas atividades se revestem de interesse público relevante – oponível a qualquer outro – que deve ser cuidado com previdência, eis que a outorga desse poder constitui reflexo de suas prerrogativas institucionais. A ocultação e o não fornecimento de informações e documentos é conduta impeditiva da ação ministerial e, conseqüentemente, da justiça, se erigindo em abuso de poder.

Os documentos e informações requisitadas (e em poder do Ministério da Aeronáutica) não serão, desde logo, acolhidos como verdadeiros e incontestáveis, mas, submetidos ao crivo da autoridade judiciária e do Ministério Público; deste, para auxiliar e, até, impulsionar as diligências subseqüentes e do Judiciário para que as submeta, em tempo oportuno, ao contraditório, em que se assegurará aos indiciados ou acusados a mais ampla defesa. Nada importa que as conclusões dos órgãos da Aeronáutica sejam diametralmente opostas às do Ministério Público ou do Judiciário. A responsabilidade civil é independente da criminal (Código Civil, art. 1.525), como também a ação do

Ministério Público independe do juízo de valor que, na esfera administrativa, a autoridade aeronáutica atribuir aos fatos, não ficando, por isso mesmo, adstrito, quer às conclusões do relatório preliminar, quer às do relatório final.

A publicidade dos atos administrativos e demais atividades estatais decorre de preceito constitucional (art. 5º, XXXIII), que só ressalva a hipótese em que o sigilo seja imprescindível à segurança da sociedade e do estado. "O novo estatuto brasileiro – que rejeita o poder que oculta e não tolera o poder que se oculta – consagrou a publicidade dos atos e das atividades estatais como valor constitucionalmente assegurado, disciplinando-o como direitos e garantias fundamentais" (STF).

Já existindo inquérito instaurado em torno do fato, com o acompanhamento do *Parquet*, torna-se evidente o interesse público na ultimação dessas investigações cujo fito é o de desvendar a existência de possíveis crimes. O sigilo, *in casu*, não pode ser oponível à ação do Ministério Público, visto como o inquérito policial está se desenvolvendo sob absoluta reserva (CPC, art. 20), inexistindo temor sob possíveis desvirtuamentos das informações e documentos requisitados.

É entendimento assente na doutrina que o Ministério Público, em face da legislação vigente, tem acesso ate mesmo às informações sob sigilo, não sendo lícito a qualquer autoridade opor-lhe tal exceção.

Segurança concedida. Decisão unânime.

Decisão: Por unanimidade, conceder o mandado de segurança.

04. INTIMAÇÃO – ATRIBUIÇÕES DO MINISTÉRIO PÚBLICO.

RHC 10403-DF; Recurso Ordinário em *Habeas Corpus* (2000.00.81364-8), 5ª Turma, **Relator Ministro Félix Fischer**, j. em 20.2.2001, STJ000385777, *DJ* de 26.3.2001, p. 436,v.u.

PROCESSUAL PENAL – RECURSO ORDINÁRIO EM *HABEAS CORPUS* – INTIMAÇÃO – NULIDADES – ATRIBUIÇÕES DO MINISTÉRIO PÚBLICO – PUBLICAÇÃO DO ATO DE INSTITUIÇÃO DO NÚCLEO DE INVESTIGAÇÃO CRIMINAL.

I – Diligências necessárias que não afetam a liberdade e a privacidade das pessoas podem ser realizadas diretamente pelo Ministério Público para a eventual preparação de ação. II – Inexistindo ameaça na intimação para comparecimento dos pacientes não há que se falar em constrangimento ilegal. Recurso desprovido.

05. INVESTIGAÇÕES POLICIAIS SIGILOSAS – CF/1988, ART. 5º, LX, E LEI Nº 8.906/1994.

RMS 12516/PR; Recurso Ordinário em Mandado de Segurança 2000/0112062-0 **Relator(a) Ministra Eliana Calmon,** Segunda Turma, j, em 20.8.2002, publicação *DJ* 27.9.2004, p. 282; *RDR* vol. 34/300, m.v.

ADMINISTRATIVO – INVESTIGAÇÕES POLICIAIS SIGILOSAS – CF/1988, ART. 5º, LX E ESTATUTO DA OAB, LEI Nº 8.906/1994.

1. O art. 20 do CPP, ao permitir sigilo nas investigações não vulnera o Estatuto da OAB, ou infringe a Constituição Federal. 2. Em nome do interesse público, podem as investigações policiais revestirem-se de caráter sigiloso, quando não atingirem o direito

O MINISTÉRIO PÚBLICO NA INVESTIGAÇÃO CRIMINAL

JURISPRUDÊNCIA SELECIONADA DE TRIBUNAIS

317

EDIPRO

subjetivo do investigado. **3.** Somente em relação às autoridades judiciárias e ao Ministério Público é que inexiste sigilo. **4.** Em sendo sigilosas as investigações, ainda não transformadas em inquérito, pode a autoridade policial recusar pedido de vista do advogado. **5.** Recurso ordinário improvido.

06. INTIMAÇÃO – PROCEDIMENTO ADMINISTRATIVO – NÃO HÁ ILEGALIDADE NA MERA INTIMAÇÃO FEITA PELO MINISTÉRIO PÚBLICO.

HC 30683/MT; *Habeas Corpus* 2003/0171967-2; *DJ* de 8.3.2004, p. 00160; **Relator Ministro Antônio de Pádua Ribeiro;** data da decisão 19.12.2003; Orgão Julgador CE – Corte Especial, v.u.

Habeas corpus. Intimação para depor em procedimento administrativo. Inexistência de coação ou ameaça à liberdade de ir e vir. Não há ilegalidade na mera intimação feita pelo Ministério Público para a ouvida de testemunha em procedimento administrativo com o objetivo de esclarecer fatos que, em tese, configuram ilícito penal. *Habeas corpus* denegado.

07. PODER INVESTIGATÓRIO DO MINISTÉRIO PÚBLICO – EX-PREFEITO.

RHC 15469/PR; Recurso Ordinário em *Habeas Corpus* 2003/0226806-7; **Relator Ministro Félix Fischer,** 5ª T, j. em 8.6.2004, publicação *DJ* de 2.8.2004, p. 423, *RSTJ* 186/524, v.u.

PROCESSUAL PENAL – RECURSO ORDINÁRIO EM *HABEAS CORPUS* – ART. 1º, I, DO DECRETO-LEI Nº 201/67, ARTS. 288 E 312 DO CÓDIGO PENAL – NULIDADE – PODER INVESTIGATÓRIO DO MINISTÉRIO PÚBLICO – COMPETÊNCIA PARA PROCESSAR E JULGAR AÇÃO CONTRA EX-PREFEITO, EM RAZÃO DE SUPOSTOS ATOS ADMINISTRATIVOS ILÍCITOS PRATICADOS QUANDO INVESTIDO NO MANDATO – ART. 84, § 1º, DO CPP – LEI Nº 10.617/2002.

I – Na esteira de precedentes desta Corte, malgrado seja defeso ao Ministério Público presidir o inquérito policial propriamente dito, não lhe é vedado, como titular da ação penal, proceder investigações. A ordem jurídica, aliás, confere explicitamente poderes de investigação ao Ministério Público – art. 129, incisos VI, VIII, da Constituição Federal, e art. 8º, incisos II e IV, e § 2º, da Lei Complementar nº 75/1993. (Precedentes). II – Por outro lado, o inquérito policial, por ser peça meramente informativa, não é pressuposto necessário à propositura da ação penal, podendo essa ser embasada em outros elementos hábeis a formar a *opinio delicti* de seu titular. Se até o particular pode juntar peças, obter declarações, etc., é evidente que o *Parquet* também pode. Além do mais, até mesmo uma investigação administrativa pode, eventualmente, superdanear uma denúncia. (...). Recurso parcialmente provido.

08. PODER INVESTIGATIVO DO MINISTÉRIO PÚBLICO.

REsp 331903/DF; Recurso Especial 2001/0084450-3; **Relator(a) Ministro Jorge Scartezzini,** 5ª T., j. em 25.5.2004; publicação *DJ* de 1º.7.2004 p. 248, v.u.

RESP – PENAL E PROCESSO PENAL – PODER INVESTIGATIVO DO MINISTÉRIO PÚBLICO – PROVAS ILÍCITAS – INOCORRÊNCIA – TRANCAMENTO DA AÇÃO PENAL – IMPOSSIBILIDADE.

A questão acerca da possibilidade do Ministério Público desenvolver atividade investigatória objetivando colher elementos de prova que subsidiem a instauração de futura ação penal, é tema incontroverso perante esta eg. Turma. Como se sabe, a Constituição Federal, em seu art. 129, I, atribui, privativamente, ao Ministério Público promover a ação penal pública. Essa atividade depende, para o seu efetivo exercício, da colheita de elementos que demonstrem a certeza da existência do crime e indícios de que o denunciado é o seu autor. Entender-se que a investigação desses fatos é atribuição exclusiva da polícia judiciária, seria incorrer-se em impropriedade, já que o titular da Ação é o Órgão Ministerial. Cabe, portanto, a este, o exame da necessidade ou não de novas colheitas de provas, uma vez que, tratando-se o inquérito de peça meramente informativa, pode o MP entendê-la dispensável na medida em que detenha informações suficientes para a propositura da ação penal.

Ora, se o inquérito é dispensável, e assim o diz expressamente o art. 39, § 5º, do CPP, e se o Ministério Público pode denunciar com base apenas nos elementos que tem, nada há que imponha a exclusividade às polícias para investigar os fatos criminosos sujeitos à ação penal pública.

A Lei Complementar nº 75/1990, em seu art. 8º, inciso IV, diz competir ao Ministério Público, para o exercício das suas atribuições institucionais, "realizar inspeções e diligências investigatórias". Compete-lhe, ainda, notificar testemunhas (inciso I), requisitar informações, exames, perícias e documentos às autoridades da Administração Pública direta e indireta (inciso II) e requisitar informações e documentos a entidades privadas (inciso IV).

Recurso provido para determinar o regular andamento da ação penal.

09. INVESTIGAÇÃO DO MINISTÉRIO PÚBLICO – TITULARIDADE PLENA DO DOMINUS LITIS – ART. 129 DA CF.

RHC 15507/PR; Recurso Ordinário em *Habeas Corpus* 2003/0232733-3; *DJ* de 31.5.2004, p. 328; **Relator Ministro José Arnaldo da Fonseca**; j. em 28.4.2004, Orgão Julgador T5 – 5ª T., v.u.

RECURSO EM *HABEAS CORPUS* – PUBLICIDADE DE GRAVAÇÕES SIGILOSAS – ART. 10 DA LEI Nº 9.296/1996 – POLICIAL MILITAR – INVESTIGAÇÃO DO MINISTÉRIO PÚBLICO – PRETENSÃO DE NULIDADE – INCOMPETÊNCIA DO ÓRGÃO MINISTERIAL – MÚNUS DA ATIVIDADE POLICIAL – INOCORRÊNCIA – TITULARIDADE PLENA DO *DOMINUS LITIS* – ART. 129 DA CF.

A titularidade plena do Ministério Público ao exercício da ação penal, como preceitua o inciso I, do art. 129, da Constituição Federal, necessariamente legitima a sua atuação concreta na atividade investigatória, bem como o material probatório produzido.

A promoção investigatória do órgão acusatório, nos termos do comando constitucional, reveste-se de legalidade, sobretudo porque lhe é conferida, a partir dela, a indicação necessária à formação da opinião sobre o delito.

Por outro lado, a concepção vinculativa da atividade investigatória na figura da polícia judiciária contraria as bases do nosso ordenamento jurídico, porquanto o modelo pátrio se vincula ao chamado sistema processual, no qual o inquérito é precedente do contraditório, isto é, representa atividade inquisitorial à parte da ação penal, não se sujeitando às nuanças formais da ampla defesa, e podendo ser realizada por autoridades administrativas diversas. — Recurso desprovido.

O MINISTÉRIO PÚBLICO NA INVESTIGAÇÃO CRIMINAL   **319**
JURISPRUDÊNCIA SELECIONADA DE TRIBUNAIS   EDIPRO

10. **ADVOGADO – BUSCA E APREENSÃO DE DOCUMENTOS EM SEU PODER. MINISTÉRIO PÚBLICO – OITIVA DE TESTEMUNHAS NA FASE PRÉ-PROCESSUAL – INEXISTÊNCIA DE ILEGALIDADE.**

RHC 12871/SP; Recurso Ordinário em *Habeas Corpus* 2002/0058385-0; **Relator(a) Ministra Laurita Vaz, 5ª T.**, j. em 13.4.2004, publicação *DJ* de 17.5.2004, p. 240, v.u.

RECURSO ORDINÁRIO EM *HABEAS CORPUS* – PROCESSUAL PENAL – ESTELIONATOS – ADVOGADO – BUSCA E APREENSÃO DE DOCUMENTOS EM SEU PODER – AUSÊNCIA DE REPRESENTANTE DA OAB NA DILIGÊNCIA – MINISTÉRIO PÚBLICO – OITIVA DE TESTEMUNHAS NA FASE PRÉ-PROCESSUAL – INEXISTÊNCIA DE ILEGALIDADE – PRECEDENTES DO STJ.

1. Nos autos da ADIn nº 1127/DF, o Excelso Supremo Tribunal Federal, em decisão plenária de 6.10.1994, concedeu liminar para suspender a eficácia, dentre outros dispositivos, da expressão "e acompanhada de representante da OAB" do art. 7º, inciso II, da Lei nº 8.906/1994.

2. *In casu*, mesmo sendo desnecessária a providência, foi a OAB informada acerca da busca e apreensão a ser realizada no escritório do advogado investigado, bem como foi solicitada a presença de um representante para acompanhá-la. A entidade, contudo, quedou-se inerte. A omissão em tela, frise-se, irrelevante, não poderia ter o condão de obstaculizar a ação policial determinada em sede cautelar pela Justiça.

3. Não há qualquer ilegalidade na realização de diligências patrocinadas pelo Ministério Público com vistas à formação da *opinio delicti*, como no caso, onde as vítimas dos estelionatos procuraram a Promotoria de Justiça para delatar os crimes e tiveram seus depoimentos colhidos nessa fase pré-processual.

4. Essa atuação no levantamento de subsídios indiciários não gera impedimento para que o mesmo membro ministerial ofereça, em um segundo momento, a denúncia e acompanhe a ação penal.

5. Recurso desprovido.

11. **INQUÉRITO DESARQUIVADO – PROVAS NOVAS – ATOS INVESTIGATÓRIOS PRATICADOS PELO MINISTÉRIO PÚBLICO – POSSIBILIDADE.**

REsp 738338/PR; Recurso Especial 2005/0044509-2, **Relator(a) Ministro Gilson Dipp, 5ª T.**, j. em 25.10.2005, publicação *DJ* de 21.11.2005, p. 292, v.u.

CRIMINAL – RESP – HOMICÍDIO – DELEGADO E AGENTES DE POLÍCIA EM MISSÃO – INQUÉRITO DESARQUIVADO – PROVAS NOVAS – DÚVIDAS ACERCA DA INCIDÊNCIA DA EXCLUDENTE DA LEGÍTIMA DEFESA – ATOS INVESTIGATÓRIOS PRATICADOS PELO MINISTÉRIO PÚBLICO – POSSIBILIDADE. PRERROGATIVA DE FORO DE UM DOS RECORRENTES, DEPUTADO ESTADUAL – CISÃO DO PROCESSO – LEGALIDADE – RECURSO DESPROVIDO.

I – Hipótese em que o Juízo monocrático deferiu pleito de arquivamento formulado pelo Ministério Público relativamente ao homicídio perpetrado pelos recorrentes – delegado e agentes de polícia, em missão – pois a conduta estaria amparada pela excludente do inciso II do art. 23 do Código Penal – legítima defesa.

II – Desarquivamento do inquérito procedido pelo Ministério Público, com fulcro no art. 18 do CPP, tendo em vista a superveniência de novas provas a embasarem a

320 VALTER FOLETO SANTIN
EDIPRO   JURISPRUDÊNCIA SELECIONADA DE TRIBUNAIS

acusação, quais sejam, depoimentos prestados por testemunhas nos autos de procedimento destinado a apurar diversas denúncias feitas àquele Órgão.

III – Se as provas obtidas são capazes de autorizar o início da ação penal, por permitirem uma modificação contundente no cenário probatório dos autos quanto à ocorrência da legítima defesa, deve ser admitida a hipótese de desarquivamento do inquérito.

IV – Denúncia que cumpre os requisitos do art. 41 do CPP, haja vista não haver dúvidas acerca da autoria e materialidade do delito, mas somente quanto à incidência da excludente da legítima defesa.

V – O entendimento consolidado desta Corte é no sentido de que são válidos, em princípio, os atos investigatórios realizados pelo Ministério Público.

VI – A interpretação sistêmica da Constituição e a aplicação dos poderes implícitos do Ministério Público conduzem à preservação dos poderes investigatórios deste Órgão, independentemente da investigação policial.

VII – O Supremo Tribunal Federal decidiu que a vedação dirigida ao Ministério Público é quanto a presidir e realizar inquérito policial.

VIII – A fixação da competência do Tribunal de Justiça, em razão da prerrogativa de foro de um dos recorrentes – deputado estadual – não se estende aos demais, que deverão ser processados e eventualmente julgados pelo Juízo do Tribunal do Júri. Precedentes do STJ e do STF.

IX – Recurso desprovido.

12. MINISTÉRIO PÚBLICO – DILIGÊNCIAS INVESTIGATÓRIAS – LEGITIMIDADE.

HC 33462/DF; *Habeas Corpus* 2004/0013612-9, **Relator(a) Ministra Laurita Vaz**, 5ª T., j. em 27.9.2005, publicação *DJ* de 7.11.2005, p. 316, v.u.

HABEAS CORPUS – PROCESSUAL PENAL – ABUSO DE AUTORIDADE – CORRUPÇÃO PASSIVA – TRANCAMENTO DA AÇÃO PENAL – MINISTÉRIO PÚBLICO – DILIGÊNCIAS INVESTIGATÓRIAS – LEGITIMIDADE – ESCUTA TELEFÔNICA – INEXISTÊNCIA DE CERCEAMENTO DE DEFESA – LICITUDE.

1. O trancamento da ação penal pela via de *habeas corpus* é medida de exceção, que só é admissível quando emerge dos autos, de forma inequívoca, a inocência do acusado, a atipicidade da conduta ou a extinção da punibilidade.

2. A legitimidade do Ministério Público para conduzir diligências investigatórias decorre de expressa previsão constitucional, oportunamente regulamentada pela Lei Complementar nº 75/1993. É consectário lógico da própria função do órgão ministerial – titular exclusivo da ação penal pública –, proceder a coleta de elementos de convicção, a fim de elucidar a materialidade do crime e os indícios de autoria.

3. Se o procedimento de interceptação da comunicação telefônica está, nos exatos termos da Lei nº 9.296/1996, em apenso ao processo criminal e a disposição das partes que poderão, sob o crivo do contraditório, levantar todas as questões relativas à validade dessa prova, não existe qualquer cerceamento de defesa.

4. É lícita a prova de crime diverso, obtida por meio de interceptação de ligações telefônicas de terceiro não mencionado na autorização judicial de escuta, desde que relacionada com o fato criminoso objeto da investigação. Precedentes.

5. *Writ* denegado.

O MINISTÉRIO PÚBLICO NA INVESTIGAÇÃO CRIMINAL 321

JURISPRUDÊNCIA SELECIONADA DE TRIBUNAIS EDIPRO

13. INVESTIGAÇÃO PRELIMINAR – MINISTÉRIO PÚBLICO – LEGALIDADE.

HC 29614/MG; *Habeas Corpus* 2003/0135962-7, Relator(a) Ministro Paulo Medina, 6ª T., j. em 24.5.2005, publicação *DJ* de 19.9.2005, p. 386, v.u.

PENAL E PROCESSUAL – *HABEAS CORPUS* – DENÚNCIA – INDIVIDUALIZAÇÃO DA CONDUTA DO PACIENTE – INÉPCIA – AUSÊNCIA – INVESTIGAÇÃO PRELIMINAR – MINISTÉRIO PÚBLICO – LEGALIDADE – ORDEM DENEGADA.

Não é inepta a denúncia que, descreve adequadamente a conduta incriminada, ainda que não detalhada, se é possível ao denunciado compreender os limites da acusação e, em contrapartida, exercer ampla defesa.

A imputação descreve de maneira satisfatória os fatos supostamente criminosos e, bem assim, discorre sobre suas circunstâncias, narra o *modus operandi* e dá ensejo a perfeita compreensão dos limites da acusação.

Detém o Ministério Público autorização legal para instaurar procedimento investigatório administrativo e, neste mister, requisitar informações e proceder diligências com vistas a instruir a propositura de ação penal pública incondicionada (arts. 129, incisos I e VIII, da CRFB; 6º, inciso V e 7º, inciso II, da Lei Complementar nº 75/1993 e 25, III, 26, I, II e V, da Lei nº 8.625/93).

Ordem denegada.

14. MINISTÉRIO PÚBLICO – APURAÇÃO DE INFRAÇÕES PENAIS – POSSIBILIDADE.

RHC 16659/RS; Recurso Ordinário em *Habeas Corpus* 2004/0138614-7, Relator(a) Ministro NILSON NAVES, 6ª T., j. em 17.2.2005, publicação *DJ* de 5.9.2005, p. 490, v.u.

MINISTÉRIO PÚBLICO (FUNÇÕES) – INFRAÇÕES PENAIS (APURAÇÃO) – INVESTIGAÇÃO (POSSIBILIDADE) – EXCESSO (PREOCUPAÇÃO) – JUDICIÁRIO (ATUAÇÃO).

1. Promover a ação penal é função institucional do Ministério Público. É uma de suas várias e relevantes funções disciplinadas seja por normas constitucionais, seja por disposições infraconstitucionais.

2. Conseqüentemente, é lícito entender que o Ministério Público, embora as investigações sejam destinadas à polícia nas áreas federal e estadual (apuração de infrações penais), pode, também e concomitantemente, delas se incumbir. Se não há, em tal direção, expresso texto normativo, também não existe expresso texto normativo em sentido oposto.

3. Apurar infrações penais ou exercer a supervisão da investigação criminal é tarefa cujo desempenho, entretanto, requer de quem exerce a função, discrição e serenidade, isso em decorrência dos eternos princípios da presunção de inocência e da inviolabilidade da intimidade, da vida privada, etc.

4. Compete ao Judiciário – se e quando necessário – a correção de desacertos, de violências e desatinos.

5. Recurso ordinário improvido.

15. PROCEDIMENTO INVESTIGATÓRIO – MINISTÉRIO PÚBLICO – LEGALIDADE.

REsp 494320/RJ; Recurso Especial 2002/0163917-2, **Relator(a) Ministro Paulo Medina**, Relator(a) p/ Acórdão Ministro Hamilton Carvalhido, 6ª T., j. em 26.10.2004, publicação *DJ* de 29.8.2005, p. 447, m.v.

RECURSO ESPECIAL – DIREITO PROCESSUAL PENAL – PROCEDIMENTO INVESTIGATÓRIO – MINISTÉRIO PÚBLICO – LEGALIDADE.

1. O respeito aos bens jurídicos protegidos pela norma penal é, primariamente, interesse de toda a coletividade, sendo manifesta a legitimidade do Poder do Estado para a imposição da resposta penal, cuja efetividade atende a uma necessidade social.

2. Daí por que a ação penal é pública e atribuída ao Ministério Público, como uma de suas causas de existência. Deve a autoridade policial agir de ofício. Qualquer do povo pode prender em flagrante. É dever de toda e qualquer autoridade comunicar o crime de que tenha ciência no exercício de suas funções. Dispõe significativamente o art. 144 da Constituição da República que "A segurança pública, dever do Estado, direito e responsabilidade de todos, é exercida para a preservação da ordem pública e da incolumidade das pessoas e do patrimônio.".

3. Não é, portanto, da índole do direito penal a feudalização da investigação criminal na Polícia e a sua exclusão do Ministério Público. Tal poder investigatório, independentemente de regra expressa específica, é manifestação da própria natureza do direito penal, da qual não se pode dissociar a da instituição do Ministério Público, titular da ação penal pública, a quem foi instrumentalmente ordenada a Polícia na apuração das infrações penais, ambos sob o controle externo do Poder Judiciário, em obséquio do interesse social e da proteção dos direitos da pessoa humana.

4. Diversamente do que se tem procurado sustentar, como resulta da letra do seu art. 144, a Constituição da República não fez da investigação criminal uma função exclusiva da Polícia, restringindo-se, como se restringiu, tão-somente a fazer exclusivo, sim, da Polícia Federal o exercício da função de polícia judiciária da União (§ 1º, inciso IV). Essa função de polícia judiciária – qual seja, a de auxiliar do Poder Judiciário –, não se identifica com a função investigatória, isto é, a de apurar infrações penais, bem distinguidas no verbo constitucional, como exsurge, entre outras disposições, do preceituado no § 4º do art. 144 da Constituição Federal, *verbis*: "§ 4º. Às polícias civis, dirigidas por delegados de polícia de carreira, incumbem, ressalvada a competência da União, as funções de polícia judiciária e a apuração de infrações penais, exceto as militares." Tal norma constitucional, por fim, define, é certo, as funções das polícias civis, mas sem estabelecer qualquer cláusula de exclusividade.

5. O poder investigatório que, pelo exposto, se deve reconhecer, por igual, próprio do Ministério Público é, à luz da disciplina constitucional, certamente, da espécie excepcional, fundada na exigência absoluta de demonstrado interesse público ou social. O exercício desse poder investigatório do Ministério Público não é, por óbvio, estranho ao Direito, subordinando-se, à falta de norma legal particular, no que couber, analogicamente, ao Código de Processo Penal, sobretudo na perspectiva da proteção dos direitos fundamentais e da satisfação do interesse social, que determina o ajuizamento tempestivo dos feitos inquisitoriais e faz obrigatória oitiva do indiciado autor do crime e a observância das normas legais relativas ao impedimento, à suspeição, e à prova e sua produção.

6. Recurso provido.

O MINISTÉRIO PÚBLICO NA INVESTIGAÇÃO CRIMINAL 323

JURISPRUDÊNCIA SELECIONADA DE TRIBUNAIS EDIPRO

16. CRIMES AMBIENTAIS – DENÚNCIA – IMPEDIMENTO DO MEMBRO DO MINISTÉRIO PÚBLICO – PARTICIPAÇÃO NAS INVESTIGAÇÕES.

RHC 15529/PR; Recurso Ordinário em *Habeas Corpus* 2003/0237245-3, **Relator(a) Ministra Laurita Vaz**, 5ª T., j. em 15.2.2005, publicação *DJ* de 14.3.2005, p. 383, v.u.

RECURSO ORDINÁRIO EM *HABEAS CORPUS* – CRIMES AMBIENTAIS – TRANCAMENTO DA AÇÃO PENAL – DENÚNCIA – IMPEDIMENTO DO MEMBRO DO MINISTÉRIO PÚBLICO – PARTICIPAÇÃO NAS INVESTIGAÇÕES – NULIDADE NÃO EXISTENTE.

1. "A participação de membro do Ministério Público na fase investigatória criminal não acarreta o seu impedimento ou suspeição para o oferecimento da denúncia." (Súmula nº 234 do STJ)

2. Recurso desprovido.

17. DENÚNCIA – MATERIAL PRODUZIDO EM PROCESSO ADMINISTRATIVO CONDUZIDO PELO *PARQUET*.

RHC 15128/PR; Recurso Ordinario em *Habeas Corpus* 2003/0181343-0, **Relator(a) Ministro Gilson Dipp**, 5ª T., j. em 3.2.2005, publicação *DJ* de 7.3.2005, p. 281, v.u.

CRIMINAL – RHC – FALSIDADE IDEOLÓGICA – TRANCAMENTO DA AÇÃO PENAL – DENÚNCIA EMBASADA EM MATERIAL PRODUZIDO EM PROCESSO ADMINISTRATIVO CONDUZIDO PELO *PARQUET* – POSSIBILIDADE – INTERCEPTAÇÃO TELEFÔNICA – INCOMPETÊNCIA DO JUIZ DA CENTRAL DE INQUÉRITO – ILEGALIDADE NÃO DEMONSTRADA – AUSÊNCIA DE JUSTA CAUSA NÃO-EVIDENCIADA DE PLANO – AUSÊNCIA DE DOLO – IMPROPRIEDADE DO MEIO ELEITO – RECURSO DENEGADO.

I. Não obstante se verifique, atualmente, o debate em torno da questão pelo Supremo Tribunal Federal, o entendimento consolidado desta Corte é no sentido de que são válidos, em princípio, os atos investigatórios realizados pelo Ministério Público.

II. A interpretação sistêmica da Constituição e a aplicação dos poderes implícitos do Ministério Público conduzem à preservação dos poderes investigatórios deste Órgão, independentemente da investigação policial.

III. Independentemente da investigação policial, o Ministério Público pode se valer de outros elementos de convencimento, como diligências complementares a sindicâncias ou auditorias desenvolvidas por outros órgãos, peças de informação, bem como inquéritos civis que evidenciem, além dos fatos que lhe são próprios, a ocorrência, também, de crimes.

IV. A vedação dirigida ao Ministério Público é quanto a presidir e realizar inquérito policial. Precedente do STF.

V. Quando a interceptação telefônica constitui medida cautelar, no curso da investigação criminal, a exigência de que a autorização seja feita pelo juiz competente da ação principal deve ser entendida e aplicada com temperamento, para evitar eventual obstáculo da atuação da Justiça. Precedente do STF.

VI. O trancamento da ação penal por falta de justa causa, na via estreita do *habeas corpus*, somente é possível se constatado, de pronto, sem a necessidade de exame

324 VALTER FOLETO SANTIN
EDIPRO JURISPRUDÊNCIA SELECIONADA DE TRIBUNAIS

valorativo dos elementos dos autos, evidenciar-se a atipicidade do fato, a ausência de indícios a fundamentarem a acusação ou, ainda, a extinção da punibilidade. VII. Hipótese em que a conduta narrada constitui, em tese, o crime previsto no art. 299 do Código Penal, vindo a denúncia acompanhada de veementes indícios de materialidade e autoria dos crimes, cuja participação também é atribuída ao recorrente, não sendo possível, *initio litis,* o trancamento da ação penal. VIII. A verificação a respeito da existência, ou não, do elemento subjetivo necessário à caracterização do crime de falsidade ideológica, representado pela intenção dirigida para criar, alterar ou extinguir uma obrigação com prejuízo ou dano de um terceiro, dependeria de minuciosa análise do conjunto probatório, sendo imprópria a via estreita do *habeas corpus.* IX. Recurso desprovido.

18. **LEGITIMIDADE DO MP PARA INVESTIGAÇÃO – INAPLICABILIDADE DOS PRINCÍPIOS DO CONTRADITÓRIO E DA AMPLA DEFESA.**

HC 55100/RJ; *Habeas Corpus* 2006/0037919-5, **Relator(a) Ministro Arnaldo Esteves Lima,** 5ª T., j. em 9.5.2006, publicação *DJ* de 29.5.2006, p. 283; *LEXSTJ* 202/367, v.u.

PROCESSUAL PENAL – *HABEAS CORPUS* – TRANCAMENTO DA AÇÃO PENAL – AUSÊNCIA DE JUSTA CAUSA NÃO EVIDENCIADA – ILEGITIMIDADE DO MINISTÉRIO PÚBLICO PARA PROCEDER À INVESTIGAÇÃO – IMPROCEDÊNCIA – PODER INVESTIGATÓRIO INERENTE À TITULARIDADE DA AÇÃO PENAL – PROCEDIMENTO ADMINISTRATIVO INQUISITORIAL – INAPLICABILIDADE DOS PRINCÍPIOS DO CONTRADITÓRIO E DA AMPLA DEFESA – PARTICIPAÇÃO DO MEMBRO DO *PARQUET* NA FASE INVESTIGATÓRIA – INEXISTÊNCIA DE IMPEDIMENTO PARA O OFERECIMENTO DA DENÚNCIA – SÚMULA 234/STJ – ORDEM DENEGADA.

1. Satisfazendo a peça acusatória os requisitos do art. 41 do Código de Processo Penal, a elucidação dos fatos, em tese delituosos, descritos na vestibular acusatória, depende da regular instrução criminal, com o contraditório e a ampla defesa, uma vez que o trancamento da ação penal pela via do *habeas corpus* somente é possível quando do verificadas, de plano, a atipicidade da conduta, a extinção da punibilidade ou a ausência de mínimos indícios de autoria e prova da materialidade.

2. "Na esteira de precedentes desta Corte, malgrado seja defeso ao Ministério Público presidir o inquérito policial propriamente dito, não lhe é vedado, como titular da ação penal, proceder a investigações. A ordem jurídica, aliás, confere explicitamente poderes de investigação ao Ministério Público – art. 8º, incisos II e IV, e § 2º, da Lei Complementar nº 75/1993" (REsp 665.997/GO, Rel. Ministro Félix Fischer, Quinta Turma, *DJ* de 30.5.2005, p. 408), a fim de viabilizar o cumprimento de sua função de promover, privativamente, a ação penal pública.

3. O inquérito policial, por ser peça meramente informativa, decorrente de atividade administrativa inquisitorial, não é pressuposto para o oferecimento de denúncia, que pode estar fundada em outros elementos que demonstrem a existência de crime e indícios de autoria, inclusive colhidos pelo titular da ação penal pública.

O MINISTÉRIO PÚBLICO NA INVESTIGAÇÃO CRIMINAL   325

4. Os princípios constitucionais que asseguram o contraditório e a ampla defesa não se aplicam ao procedimento administrativo inquisitorial, o qual constitui mera peça informativa.

5. "A participação de membro do Ministério Público na fase investigatória criminal não acarreta o seu impedimento ou suspeição para o oferecimento da denúncia" (Súmula 234/STJ).

6. Ordem denegada.

19. CONTROLE EXTERNO DA ATIVIDADE POLICIAL – INVESTIGAÇÃO DO MP.

REsp 761938/SP; Recurso Especial 2005/0101062-2, **Relator(a) Ministro Gilson Dipp**, 5ª T., j. em 4.4.2006, publicação *DJ* de 8.5.2006, p. 282, v.u.

CRIMINAL – RECURSO ESPECIAL – CONTROLE EXTERNO DA ATIVIDADE PO- LICIAL – MINISTÉRIO PÚBLICO – INVESTIGAÇÃO – NOTIFICAÇÃO DE POLI- CIAL PARA PRESTAR DEPOIMENTO – LEGITIMIDADE – RECURSO PROVIDO.

I. Validade dos atos investigatórios realizados pelo Ministério Público, na medida em que a atividade de investigação é consentânea com a sua finalidade constitucional (art.129, inciso IX, da Constituição Federal), a quem cabe exercer, inclusive, o controle externo da atividade policial.

II. Entendimento do Supremo Tribunal Federal no sentido de que a vedação dirigida ao Ministério Público é quanto a presidir e realizar inquérito policial, na inteligência de que "não cabe ao Ministério Público realizar, diretamente, tais investigações, mas requisitá-las à autoridade policial.".

III. Esta Corte mantém posição no sentido da legitimidade da atuação paralela do Ministério Público à atividade da polícia judiciária, na medida em que, conforme preceitua o parágrafo único do art. 4º do Código de Processo Penal, sua competência não exclui a de outras autoridades administrativas, a quem por lei seja cometida a mesma função.

IV. Entender diferente seria o mesmo que criar "um absurdo jurídico em que a polí- cia teria o controle sobre as ações do Ministério Público".

V. Hipótese em que a notificação do recorrido, policial federal, foi realizada com fundamento no art. 8º, I, da Lei Complementar nº 75/1993, que permite a notificação de testemunhas e requisição de sua condução coercitiva, no caso de ausência injustificada.

VI. Recurso provido.

20. MINISTÉRIO PÚBLICO – PODERES DE INVESTIGAÇÃO.

HC 48479/RJ; *Habeas Corpus* 2005/0162715-6, **Relator(a) Ministra Laurita Vaz**, 5ª T., j. em 16.3.2006, publicação *DJ* de 2.5.2006, p. 353, v.u.

HABEAS CORPUS – PROCESSUAL PENAL – CRIMES CONTRA A ADMINIS- TRAÇÃO PÚBLICA – DENÚNCIA – NULIDADE – INEXISTÊNCIA – MINISTÉRIO PÚBLICO – PODERES DE INVESTIGAÇÃO – PRECEDENTES DO STJ.

1. É consectário lógico da própria função do órgão ministerial – titular exclusivo da ação penal pública – proceder à coleta de elementos de convicção, a fim de elucidar a materialidade do crime e os indícios de autoria.

2. A Polícia Judiciária não possui o monopólio da investigação criminal. Embora seja defeso ao Ministério Público presidir o inquérito policial propriamente dito, a competência da polícia judiciária não exclui a de outras autoridades administrativas.

3. A ordem jurídica confere explicitamente poderes de investigação ao Ministério Público – art. 129, incisos VI, VIII, da Constituição Federal, e art. 8º, incisos II e IV, e § 2º, da Lei Complementar nº 75/1993.

4. A atuação do Parquet não está adstrita à existência do inquérito policial, que pode até ser dispensado, na hipótese de já existirem elementos suficientes para embasar a ação penal.

5. Precedentes do STJ.

6. Writ denegado.

21. DENÚNCIA EMBASADA EM INQUÉRITO CIVIL PÚBLICO DO MP.

REsp 756891/GO; Recurso Especial 2005/0092805-7, Relator(a) Ministro Gilson Dipp, 5ª T., j. em 12.9.2006, publicação DJ de 9.10.2006, p. 348, v.u.

CRIMINAL – RESP – CRIMES CONTRA A ADMINISTRAÇÃO PÚBLICA – TRANCAMENTO DA AÇÃO PENAL – DENÚNCIA EMBASADA EM MATERIAL PRODUZIDO EM INQUÉRITO CIVIL PÚBLICO CONDUZIDO PELO PARQUET – POSSIBILIDADE – RECURSO PROVIDO.

I. Não obstante se verifique, atualmente, o debate em torno da questão pelo Supremo Tribunal Federal, o entendimento consolidado desta Corte é no sentido de que são válidos, em princípio, os atos investigatórios realizados pelo Ministério Público.

II. A interpretação sistêmica da Constituição e a aplicação dos poderes implícitos do Ministério Público conduzem à preservação dos poderes investigatórios deste Órgão, independentemente da investigação policial.

III. Independentemente da investigação policial, o Ministério Público pode se valer de outros elementos de convencimento, como diligências complementares a sindicâncias ou auditorias desenvolvidas por outros órgãos, peças de informação, bem como inquéritos civis que evidenciem, além dos fatos que lhe são próprios, a ocorrência, também, de crimes.

IV. A vedação dirigida ao Ministério Público é quanto a presidir e realizar inquérito policial. Precedente do STF.

V. Recurso provido.

APÊNDICE – LEGISLAÇÃO

CONSELHO NACIONAL DO MINISTÉRIO PÚBLICO

RESOLUÇÃO Nº 13, DE 2 DE OUTUBRO DE 2006

Regulamenta o art. 8º da Lei Complementar nº 75/1993
e o art. 26 da Lei nº 8.625/1993, disciplinando, no âmbito do Ministério Público,
a instauração e tramitação do procedimento investigatório criminal,
e dá outras providências.

O CONSELHO NACIONAL DO MINISTÉRIO PÚBLICO, no exercício das atribuições que lhe são conferidas pelo art. 130-A, § 2º, inciso I, da Constituição Federal e com fulcro no art. 64-A de seu Regimento Interno,

Considerando o disposto no art. 127, *caput* e art. 129, incisos I, II, VIII e IX, da Constituição Federal,

Considerando o que dispõem o art. 8º da Lei Complementar nº 75/1993, o art. 26 da Lei nº 8.625/1993 e o art. 4º, parágrafo único, do Código de Processo Penal,

Considerando a necessidade de regulamentar no âmbito do Ministério Público, a instauração e tramitação do procedimento investigatório criminal,

Resolve:

Capítulo I
DA DEFINIÇÃO E FINALIDADE

Art. 1º. O procedimento investigatório criminal é instrumento de natureza administrativa e inquisitorial, instaurado e presidido pelo membro do Ministério Público com atribuição criminal, e terá como finalidade apurar a ocorrência de infrações penais de natureza pública, servindo como preparação e embasamento para o juízo de propositura, ou não, da respectiva ação penal.

328

EDIPRO

VALTER FOLETO SANTIN
APÊNDICE – LEGISLAÇÃO

Parágrafo único. O procedimento investigatório criminal não é condição de procedibilidade ou pressuposto processual para o ajuizamento de ação penal e não exclui a possibilidade de formalização de investigação por outros órgãos legitimados da Administração Pública.

Capítulo II
DA INSTAURAÇÃO

Art. 2º. Em poder de quaisquer peças de informação, o membro do Ministério Público poderá:

I – promover a ação penal cabível;

II – instaurar procedimento investigatório criminal;

III – encaminhar as peças para o Juizado Especial Criminal, caso a infração seja de menor potencial ofensivo;

IV – promover fundamentadamente o respectivo arquivamento;

V – requisitar a instauração de inquérito policial.

Art. 3º. O procedimento investigatório criminal poderá ser instaurado de ofício, por membro do Ministério Público, no âmbito de suas atribuições criminais, ao tomar conhecimento de infração penal, por qualquer meio, ainda que informal, ou mediante provocação.

§ 1º. O procedimento deverá ser instaurado sempre que houver determinação do Procurador-Geral da República, do Procurador-Geral de Justiça ou do Procurador-Geral de Justiça Militar, diretamente ou por delegação, nos moldes da lei, em caso de discordância da promoção de arquivamento de peças de informação.

§ 2º. A designação a que se refere o § 1º deverá recair sobre membro do Ministério Público diverso daquele que promoveu o arquivamento.

§ 3º. A distribuição de peças de informação deverá observar as regras internas previstas no sistema de divisão de serviços.

§ 4º. No caso de instauração de ofício, o membro do Ministério Público poderá prosseguir na presidência do procedimento investigatório criminal até a distribuição da denúncia ou promoção de arquivamento em juízo.

§ 5º. O membro do Ministério Público, no exercício de suas atribuições criminais, deverá dar andamento, no prazo de 30 (trinta) dias a contar de seu recebimento, às representações, requerimentos, petições e peças de informação que lhes sejam encaminhadas.

§ 6º. O procedimento investigatório criminal poderá ser instaurado por grupo de atuação especial composto por membros do Ministério Público, cabendo sua presidência àquele que o ato de instauração designar.

Art. 4º. O procedimento investigatório criminal será instaurado por portaria fundamentada, devidamente registrada e autuada, com a indicação dos fatos a serem investigados e deverá conter, sempre que possível, o nome e a qualificação do autor da representação e a determinação das diligências iniciais.

Parágrafo único. Se, durante a instrução do procedimento investigatório criminal, for constatada a necessidade de investigação de outros fatos, o membro do Ministério Público poderá aditar a portaria inicial ou determinar a extração de peças para instauração de outro procedimento.

O MINISTÉRIO PÚBLICO NA INVESTIGAÇÃO CRIMINAL   329
APÊNDICE – LEGISLAÇÃO   EDIPRO

Art. 5º. Da instauração do procedimento investigatório criminal far-se-á comunicação imediata e escrita ao Procurador-Geral da República, Procurador-Geral de Justiça, Procurador-Geral de Justiça Militar ou ao órgão a quem incumbir por delegação, nos termos da lei.

Capítulo III
DA INSTRUÇÃO

Art. 6º. Sem prejuízo de outras providências inerentes à sua atribuição funcional e legalmente previstas, o membro do Ministério Público, na condução das investigações, poderá:

I – fazer ou determinar vistorias, inspeções e quaisquer outras diligências;

II – requisitar informações, exames, perícias e documentos de autoridades, órgãos e entidades da Administração Pública direta e indireta, da União, dos Estados, do Distrito Federal e dos Municípios;

III – requisitar informações e documentos de entidades privadas, inclusive de natureza cadastral;

IV – notificar testemunhas e vítimas e requisitar sua condução coercitiva, nos casos de ausência injustificada, ressalvadas as prerrogativas legais;

V – acompanhar buscas e apreensões deferidas pela autoridade judiciária;

VI – acompanhar cumprimento de mandados de prisão preventiva ou temporária deferidas pela autoridade judiciária;

VII – expedir notificações e intimações necessárias;

VIII - realizar oitivas para colheita de informações e esclarecimentos;

IX – ter acesso incondicional a qualquer banco de dados de caráter público ou relativo a serviço de relevância pública;

X – requisitar auxílio de força policial.

§ 1º. Nenhuma autoridade pública ou agente de pessoa jurídica no exercício de função pública poderá opor ao Ministério Público, sob qualquer pretexto, a exceção de sigilo, sem prejuízo da subsistência do caráter sigiloso da informação, do registro, do dado ou do documento que lhe seja fornecido.

§ 2º. O prazo mínimo para resposta às requisições do Ministério Público será de 10 (dez) dias úteis, a contar do recebimento, salvo hipótese justificada de relevância e urgência e em casos de complementação de informações.

§ 3º. Ressalvadas as hipóteses de urgência, as notificações para comparecimento devem ser efetivadas com antecedência mínima de 48 horas, respeitadas, em qualquer caso, as prerrogativas legais pertinentes.

§ 4º. A notificação deverá mencionar o fato investigado, salvo na hipótese de decretação de sigilo, e a faculdade do notificado de se fazer acompanhar por advogado.

§ 5º. As correspondências, notificações, requisições e intimações do Ministério Público quando tiverem como destinatário o Presidente da República, o Vice-Presidente da República, membro do Congresso Nacional, Ministro do Supremo Tribunal Federal, Ministro de Estado, Ministro de Tribunal Superior, Ministro do Tribunal de Contas da União ou chefe de missão diplomática de caráter permanente serão encaminhadas e levadas a efeito pelo Procurador-Geral da República ou outro órgão do Ministério Público a quem essa atribuição seja delegada.

330
EDIPRO

VALTER FOLETO SANTIN
APÊNDICE – LEGISLAÇÃO

§ 6º. As notificações e requisições previstas neste artigo, quando tiverem como destinatários o Governador do Estado os membros do Poder Legislativo e os desembargadores, serão encaminhadas pelo Procurador-Geral de Justiça.

§ 7º. As autoridades referidas nos §§ 5º e 6º poderão fixar data, hora e local em que puderem ser ouvidas, se for o caso.

§ 8º. O membro do Ministério Público será responsável pelo uso indevido das informações e documentos que requisitar, inclusive nas hipóteses legais de sigilo.

Art. 7º. O autor do fato investigado será notificado a apresentar, querendo, as informações que considerar adequadas, facultado o acompanhamento por advogado.

Art. 8º. As diligências serão documentadas em auto circunstanciado.

Art. 9º. As declarações e depoimentos serão tomados por termo, podendo ser utilizados recursos áudio-visuais.

Art. 10. As diligências que devam ser realizadas fora dos limites territoriais da unidade em que se realizar a investigação, serão deprecadas ao respectivo órgão do Ministério Público local, podendo o membro do Ministério Público deprecante acompanhar a(s) diligência(s), com a anuência do membro deprecado.

§ 1º. A deprecação poderá ser feita por qualquer meio hábil de comunicação, devendo ser formalizada nos autos.

§ 2º. O disposto neste artigo não obsta a requisição de informações, documentos, vistorias, perícias a órgãos sediados em localidade diversa daquela em que lotado o membro do Ministério Público.

Art. 11. A pedido da pessoa interessada será fornecida comprovação escrita de comparecimento.

Art. 12. O procedimento investigatório criminal deverá ser concluído no prazo de 90 (noventa) dias, permitidas, por igual período, prorrogações sucessivas, por decisão fundamentada do membro do Ministério Público responsável pela sua condução.

§ 1º. Cada unidade do Ministério Público, manterá, para conhecimento dos órgãos superiores, controle atualizado, preferencialmente por meio eletrônico, do andamento de seus procedimentos investigatórios criminais.

§ 2º. O controle referido no parágrafo anterior poderá ter nível de acesso restrito ao Procurador-Geral da República, Procurador-Geral de Justiça ou Procurador-Geral de Justiça Militar, mediante justificativa lançada nos autos.

Capítulo IV
DA PUBLICIDADE

Art. 13. Os atos e peças do procedimento investigatório criminal são públicos, nos termos desta Resolução, salvo disposição legal em contrário ou por razões de interesse público ou conveniência da investigação.

Parágrafo único. A publicidade consistirá:

I – na expedição de certidão, mediante requerimento do investigado, da vítima ou seu representante legal, do Poder Judiciário, do Ministério Público ou de terceiro diretamente interessado;

O MINISTÉRIO PÚBLICO NA INVESTIGAÇÃO CRIMINAL · 331
APÊNDICE – LEGISLAÇÃO · EDIPRO

II – no deferimento de pedidos de vista ou de extração de cópias, desde que realizados de forma fundamentada pelas pessoas referidas no inciso I ou a seus advogados ou procuradores com poderes específicos, ressalvadas as hipóteses de sigilo;

III – na prestação de informações ao público em geral, a critério do presidente do procedimento investigatório criminal, observados o princípio da presunção de inocência e as hipóteses legais de sigilo.

Art. 14. O presidente do procedimento investigatório criminal poderá decretar o sigilo das investigações, no todo ou em parte, por decisão fundamentada, quando a elucidação do fato ou interesse público exigir; garantida ao investigado a obtenção, por cópia autenticada, de depoimento que tenha prestado e dos atos de que tenha, pessoalmente, participado.

Capítulo V
DA CONCLUSÃO E DO ARQUIVAMENTO

Art. 15. Se o membro do Ministério Público responsável pelo procedimento investigatório criminal se convencer da inexistência de fundamento para a propositura de ação penal pública, promoverá o arquivamento dos autos ou das peças de informação, fazendo-o fundamentadamente.

Parágrafo único. A promoção de arquivamento será apresentada ao juízo competente, nos moldes do art. 28 do CPP, ou ao órgão superior interno responsável por sua apreciação, nos termos da legislação vigente.

Art. 16. Se houver notícia de outras provas novas, poderá o membro do Ministério Público requerer o desarquivamento dos autos, providenciando-se a comunicação a que se refere o art. 5º desta Resolução.

Capítulo VI
DAS DISPOSIÇÕES FINAIS E TRANSITÓRIAS

Art. 17. No procedimento investigatório criminal serão observados os direitos e garantias individuais consagrados na Constituição da República Federativa do Brasil. aplicando-se, no que couber, as normas do Código de Processo Penal e a legislação especial pertinente.

Art. 18. Os órgãos do Ministério Público deverão promover a adequação dos procedimentos de investigação em curso aos termos da presente Resolução, no prazo de 90 (noventa) dias a partir de sua entrada em vigor.

Art. 19. Esta Resolução entra em vigor na data de sua publicação.

Brasília, 2 de outubro de 2006.

Antonio Fernando Barros e Silva de Souza – Presidente

In: http://www.cnmp.gov.br/documentos-e-publicacoes/resolucoes/resolucoes-index

Publicado em 9.10.2006

BIBLIOGRAFIA

ABADE, Denise Neves. "A consagração do sistema acusatório com o afastamento do juiz do inquérito policial", *Boletim IBCCRIM* nº 55, São Paulo, p. 12, junho de 1997.

ALCKMIN, José Geraldo Rodrigues de. "A instituição do Ministério Público", *Justitia* 80:15, 1973.

ALMEIDA, Joaquim Canuto Mendes de. "O direito de defesa no inquérito policial", *RT* 271:31-38.

ALMEIDA JÚNIOR, João Mendes. *O Processo Criminal Brasileiro,* vol. 1, 4ª ed., Rio de Janeiro/São Paulo, Freitas Bastos, 1959.

AMBOS, Kai. *El Proceso Penal Alemán y la reforma en América Latina,* Santa Fé de Bogotá, Gustavo Ibañez, 1998.

AMODIO, Ennio. "O modelo acusatório no novo Código de Processo Penal italiano", *Revista de Processo* 59:135.

AQUINO, José Carlos G. Xavier. "O Ministério Público no processo penal italiano e breve apanhado sobre algumas modificações introduzidas pelo projeto do novo "codex" processual penal a ele atinentes", *Justitia* 103:107, 1978.

AZEVEDO, Eliane; TALENTO, Biaggio *et alii.* "Violência, a cidade com medo", *O Estado de S. Paulo,* Caderno Especial, p. H-11, 25.4.1999.

BENVENUTI, Feliciano. "Funzione amministrativa, procedimento, processo", *Rivista Trimestrale di Diritto Pubblico,* tomo I, pp. 137-145, 1952.

BERTOLINO, Pedro J. "La situación de la víctima del delito en el Proceso Penal de la Argentina", *in La Víctima en el Proceso Penal: Su Régimen Legal en Argentina, Bolivia, Brasil, Chile, Paraguay, Uruguay.* Buenos Aires: Depalma, pp. 3-68, 1997.

BICUDO, Hélio Pereira. "A investigação criminal e o Ministério Público", São Paulo, Ministério Público, *Justitia* 70: 7-21, 1970.

BUENO, Eduardo. "O início do fim" e "O Impeachment", *in História do Brasil,* São Paulo, Publifolha, Folha da Manhã, p. 284, 2ª ed., 1997.

BUONO, Carlos Eduardo de Athayde; BENTIVOGLIO, Antonio Tomás. *A Reforma Processual Penal Italiana: Reflexos no Brasil,* São Paulo, Revista dos Tribunais, 1991.

BRÜNING, Raulino Jacó. *O Controle dos Atos Administrativos pelo Ministério Público,* Porto Alegre, Sérgio Fabris, FURB, 1989.

334 VALTER FOLETO SANTIN
EDIPRO BIBLIOGRAFIA

CABRAL NETTO, Joaquim. *O Ministério Público na Europa Latina*, Belo Horizonte, Imprensa Oficial, 1974.

CAIROLI MARTÍNEZ, Milton. "Algunos lineamientos acerca del Proceso Penal", in BUOMPADRE, Jorge Eduardo (coord.). *Derecho Penal, Derecho Procesal Penal: Homenaje a Carlos Alberto Contreras Gómez*, Buenos Aires, Abeledo-Perrot, pp. 211-220, 1997.

CALHEIROS, Renan. "É preciso dissipar a névoa", *Folha de S. Paulo*, caderno 1, p. 3, 22.4.1999.

CAMPOS, Benedicto de. *O Ministério Público e o novo Código de Processo Civil*, São Paulo, Revista dos Tribunais, 1976.

CANEPARO, Hilton Cortese; GASPARI, Rosângela & BUENO, Vani Antonio. "Legalidade da investigação criminal pelo Ministério Público", in *13º Congresso Nacional do Ministério Público*, O Ministério Público Social. Curitiba: Associação Paranaense do Ministério Público – Confederação Nacional do Ministério Público, vol. 1, tomo I, p.19-22, 1999.

CARNEIRO, Paulo Cezar Pinheiro. *O Ministério Público no Processo Civil e Penal, Promotor Natural, Atribuição e Conflito*, Rio de Janeiro, Forense, 1989.

CARVALHO, Paulo Pinto. "Uma incursão do Ministério Público à luz do direito comparado: França, Itália, Alemanha, América do Norte e União Soviética", in *Ministério Público, Direito e Sociedade*, Porto Alegre, Sérgio Fabris, Associação do Ministério Público do Rio Grande do Sul, 1986.

CASORLA, Francis & PRADEL, Jean. *Códe de Procédure Penale*, 37ª ed., Paris, Dalloz, 1995.

CASTILHO, Ela Wiecko V. de. "Investigação criminal pelo Ministério Público", *Boletim dos Procuradores da República* 11:3, ano 1, março 1999.

CASTRO, Carlos Roberto de Siqueira. *O Devido Processo Legal e a Razoabilidade das Leis na Nova Constituição do Brasil*, Rio de Janeiro, Forense, 2ª ed., 1989.

CAVALCANTI, Themístocles Brandão. *Tratado de Direito Administrativo*, vol. 3, Rio de Janeiro, Freitas Bastos.

CHIARA DÍAZ, Carlos Alberto. "Nuevo sistema de enjuiciamiento penal en la Provincia de Buenos Aires", in BUOMPADRE, Jorge Eduardo (coord.). *Derecho Penal, Derecho Procesal Penal: Homenaje a Carlos Alberto Contreras Gómez*, Buenos Aires, Abeledo-Perrot, pp. 235-244, 1997.

CHIAVARIO, Mario; Delmas-Marty et alli. *Procedure Penali D'Europa*, Padova, Cedam, 1998.

CHIUSANO, Vittorio. "Pubblico Ministero e Polizia Giudiziaria nel processo di parti" in *Il Pubblico Ministero Oggi*, 18º Convegno di Studio "Enrico di Nicola": Problemi Attuali di Diritto e Procedura Penale, Centro Nazionale di Prevenzione e Difesa Sociale, Milano, Giuffré, 1994, pp. 155-165.

CHOUKE, Fauzi Hassan. *Garantias Constitucionais na Investigação Criminal*, São Paulo, Revista dos Tribunais, 1995.

CINTRA, Antonio Carlos Araújo et alii. *Teoria Geral do Processo*, São Paulo, Malheiros, 12ª ed., 1996.

CIPRIANI, Nicola. *Codici Penale e di Procedura Penale*, Rimini, Maggioli Editore, 2ª ristampa, 1995.

COBRA, Coriolano Nogueira. *Manual da Investigação Policial*, São Paulo, Saraiva, 7ª ed., 1987.

COELHO, Inocêncio Mártires. "O controle externo da atividade policial pelo Ministério Público", *RT* 664, fevereiro de 1991.

O MINISTÉRIO PÚBLICO NA INVESTIGAÇÃO CRIMINAL

COGAN, Arthur. "O Ministério Público no inquérito policial", São Paulo, APMP, *Justitia* 74, 1971.

———. "Investigação particular", *Justitia* 130, 3º trimestre de 1985.

COGAN, José Damião Pinheiro Machado. *Mandado de Segurança na Justiça Criminal e Ministério Público,* São Paulo, Saraiva,1990.

———. "O sigilo no inquérito policial", São Paulo, APMP, *Justitia* 132:82-86, 1985.

———. "Controle externo da atividade policial", *RT* 678, abril de 1992.

COLAÇO, Antonio Bernardo. "O Ministério Público e as polícias no quadro do futuro Código de Processo Penal", *Revista do Ministério Público,* Cadernos, nº 2, pp. 115-123, Sindicato dos Magistrados do Ministério Público, Lisboa, Editorial Minerva, 1988.

COSTA, José de Faria. "As relações entre o Ministério Público e a Polícia: a experiência portuguesa", *Boletim da Faculdade de Direito da Universidade de Coimbra,* v. 70, Coimbra, 1994.

COULANGES, Fustel de. *A Cidade Antiga – Estudos sobre o Culto, o Direito e as Instituições da Grécia e de Roma,* trad. de Edson Bini, Edipro, Bauru, SP, 3ª ed., 2001.

CUNHA, José Manuel Damião. *O Ministério Público e os Órgãos de Polícia Criminal no Novo Código de Processo Penal,* Porto, 1993.

DEGANELLO, M.; GASPARINI, A.; MOLLO, M. e ROSSETTO, G., a cura di MUSSO, Rosanna Gambini. *Il Processo Penale Statunitense: Soggetti ed Atti,* Torino, G. Giappichelli Editore, 1994.

DELMAS-MARTY, Mireille *et alii. Procedure Penali d'Europa,* Padova, Cedam, 1998.

DIAMANTE, Fábio. "MP quer controlar investigação policial". *O Estado de S. Paulo,* Cidades, p. C1, 10.11.2000.

DIAS, Jorge de Figueiredo. "Sobre os sujeitos processuais no Novo Código de Processo Penal", *Jornadas de Direito Processual Penal: O Novo Código de Processo Penal,* Coimbra, Almedina, 1988.

DIEGUEZ, Consuelo; PAIVA, Esdras; EXPEDITO Filho; PATURY, Felipe & PAIXÃO, Roberta. "O círculo está se fechando, e, Dinheiro fora do imposto de renda", *Revista Veja* nº 1.595:36, 28.4.1999.

DINAMARCO, Cândido Rangel *et alii. Teoria Geral do Processo,* São Paulo, Malheiros, 12ª ed., 1996.

———. *Fundamentos do Processo Civil,* São Paulo, Revista dos Tribunais, 2ª ed., 1987.

DINIZ, Maria Helena. *Norma Constitucional e seus Efeitos,* São Paulo, Saraiva, 1989.

DÓRIA, Antonio Roberto Sampaio. *Direito Constitucional Tributário e "Due Process of Law",* Rio de Janeiro, Forense, 2ª ed., 1986.

DOTTI, René Ariel. "O Ministério Público e a Polícia Judiciária: relações formais e desencontros materiais", *in Ministério Público, Direito e Sociedade,* Porto Alegre, Sérgio Fabris, 1986.

DOVAT, Eduardo F. Fernández. "La investigacion preliminar a cargo del Ministerio Público", *Revista do Ministério Público Catarinense* 23:45.

ESCÂNDALO de Watergate. *Nova Enciclopédia Ilustrada Folha,* v. 2, p. 995, São Paulo, Folha da Manhã, 1996.

FAZZALARI, Elio. "Processo (teoria generale)", *in Novo Digesto Italiano,* v. 12, p. 1.074, 1966.

FARIA, Cristiano Chaves de. "A Investigação criminal direta pelo MP e a inexistência de impedimento/suspeição para o oferecimento da denúncia", São Paulo, Salesianas, *APMP Revista* 30:37-40, dez-jan, 2000.

FERNANDES, Antonio Scarance. "Necessidade de participação popular para a efetividade da Justiça Criminal", *in* GRINOVER, Ada Pellegrini; DINAMARCO, Candido Rangel & WATANABE, Kazuo (coords.). *Participação e Processo*, pp. 346-359, São Paulo, Revista dos Tribunais, 1988.

———. *O Papel da Vítima no Processo Criminal*, São Paulo, Malheiros, 1995.

———. "A vítima no Processo Penal Brasileiro", *in La Víctima en el Proceso Penal: su régimen legal en Argentina, Bolivia, Brasil, Chile, Paraguay, Uruguay*, Buenos Aires, Depalma, 1997.

FERRAZ, Antonio Augusto Mello de Camargo. "Anotações sobre os Ministérios Públicos Brasileiro e Americano – 1988", São Paulo, APMP, *Justitia* 144:48.

———. *Ministério Público e Afirmação da Cidadania*, São Paulo, ed. pelo autor, 1997.

———. "As relações entre o Ministério Público, a sociedade e os poderes constituídos", *in Anais do II Congresso do Ministério Público do Estado de São Paulo*, p. 326, São Paulo, Imprensa Oficial, 1977.

FERRAZ JÚNIOR, Tercio Sampaio. *Introdução ao Estudo do Direito: Técnica, Decisão, Dominação*, São Paulo, Atlas, 2ª ed., 1994.

FERREIRA, Aurélio Buarque de Holanda. *Novo Dicionário Aurélio,* Nova Fronteira, 1ª ed., 15ª impressão.

———. *Dicionário Aurélio Eletrônico.*

FERREIRA FILHO, Manoel Gonçalves. *Curso de Direito Constitucional*, São Paulo, Saraiva, 1981.

———. *Comentários à Constituição Brasileira de 1988*, vol. 1, São Paulo, Saraiva, 1990.

FERREIRA, Sérgio de Andréa. "O poder de requisição do Ministério Público", *in Ministério Público, Direito e Sociedade*, pp. 145-179, Porto Alegre, Sérgio Fabris, Associação do Ministério Público do Rio Grande do Sul, 1986.

FIUME, Rodrigo. "78% foram vítimas de crimes, revela enquête", *O Estado de S. Paulo,* Caderno Especial "Violência, a cidade com medo", p. H-12, 25.4.1999.

FREITAS, Silvana. "Supremo tende a reconhecer apreensões", *Folha de S. Paulo,* Caderno 1, p. 8, 22.4.1999.

FREITAS, Vladimir Passos de & FREITAS, Gilberto Passos de. *Crimes contra a Natureza,* São Paulo, Revista dos Tribunais, 2ª ed., 1991.

FREYESLEBEN, Márcio Luís Chila. *O Ministério Público e a Polícia Judiciária: Controle Externo da Atividade Policial,* Belo Horizonte, Del Rey, 2ª ed., 1993.

FRONTINI, Paulo Salvador. "Ministério Público, Estado e Constituição (Pela explicitação constitucional das atribuições próprias do Ministério Público)", São Paulo, APMP, *Justitia* 90:247, 1975.

GIACOMUZZI, Vladimir. "Dos poderes do Ministério Público na fase preparatória à ação penal", *in Anais do Congresso do Ministério Público do Estado de São Paulo,* vol. 2, 1971.

GIOSTRA, Glauco. "Pubblico Ministero e Polizia Giudiziaria nel processo di parti: interventi prestabiliti", *in II Pubblico Ministero Oggi*, 18º Convegno di Studio "Enrico de Nicola" : Problemi Attuali di Diritto e Procedura Penale. Centro Nazionale di Prevenzione e Difesa Sociale, Milano, Giuffré, 1994, pp. 179-190.

GIUSTINA, Vasco Della. "O Ministério Público e a Constituição: O Ministério Público deve dirigir a investigação criminal", *7º Congresso Nacional do Ministério Público,* pp. 73-76.

GOITÍA, Carlos Alberto. "La situación de la víctima del delito en el Proceso Penal Boliviano", *in La Víctima en el Proceso Penal: Su Régimen Legal en Argentina, Bolivia, Brasil, Chile, Paraguay, Uruguay*, Buenos Aires, Depalma, pp. 71-118, 1997.

GOMES FILHO, Antonio Magalhães. *Direito à Prova no Processo Penal,* São Paulo, Revista dos Tribunais, 1997.

GOMES, Luiz Flávio. "Notas sobre a justiça penal espanhola", São Paulo, *RJTJESP* 129:22.

GONÇALVES, Manuel Lopes Maia. *Código de Processo Penal Anotado,* Coimbra, Almedina, 1987.

GUEDES, Gilse. "Procuradoria pede quebra do sigilo de documentos", *O Estado de S. Paulo,* caderno A, p. 4, 19.4.1999.

GUIMARÃES, Ary Florêncio. *O Ministério Público no Mandado de Segurança,* Curitiba, 1959.

GUIMARÃES, João Lopes. "A posição do Ministério Público na fase pré-processual e o projeto do Código de Processo Penal", São Paulo, APMP, *Justitia* 92:9, 1976.

GUIMARÃES JÚNIOR, João Lopes. "Reformulação da atuação criminal", *in Anais do II Congresso do Ministério Público do Estado de São Paulo,* pp. 479-483, São Paulo: Imprensa Oficial, 1997.

GUIMARÃES JR., Renato. "Magistratura e Ministério Público nos Estados Unidos segundo seus líderes e um olhar no futuro", São Paulo, APMP, *Justitia* 98:121, 1977.

GRINOVER, Ada Pellegrini. *Liberdades Públicas e Processo Penal: as Interceptações Telefônicas,* São Paulo, Revista dos Tribunais, 2ª ed., 1982.

————. *et alii* (coordenação). *Participação e Processo,* São Paulo, Revista dos Tribunais, 1988.

————. "Defesa, contraditório, igualdade e *par condicio* na ótica do processo de estrutura cooperatória", *in Novas tendências do Direito Processual,* pp. 1-16, Rio de Janeiro, Forense Universitária, 1990.

————. "Garantias do contraditório e ampla defesa", *Jornal do Advogado,* Seção de São Paulo, nº 175, p. 9, novembrom 1990.

————. *et alii. Teoria Geral do Processo,* São Paulo, Malheiros, 12ª ed., 1996.

————. "A instrução processual penal em Ibero-América", *in O Processo em Evolução,* pp. 242-257, Rio de Janeiro, Forense Universitária.

————. "Do direito de defesa em inquérito administrativo", *in O Processo em Evolução,* pp. 81-97, Rio de Janeiro, Forense Universitária.

————. "Influência do Código de Processo Penal Modelo para Ibero-América na legislação latino-americana. Convergências e dissonâncias com os sistemas italiano e brasileiro", *Revista Brasileira de Ciências Criminais.* São Paulo, Revista dos Tribunais, ano 1, vol. 1, janeiro-março/1993.

————. "O Ministério Público na reparação do dano às vítimas do crime", *Tribuna do Direito,* p. 8, março de 1994.

————. *et alii. Juizados Especiais Criminais: Comentários à Lei nº 9.099, de 26.9.1995.* São Paulo, Revista dos Tribunais, 1995.

————. "Que juiz inquisidor é esse?", *Boletim IBCCRIM* 30:1, São Paulo, junho de 1995.

————. "A iniciativa instrutória do juiz no Processo Penal Acusatório", *Revista do IBCRIM* 27:71-79, São Paulo, Revista dos Tribunais, jul-set de 1999.

————. *et alii. As nulidades no Processo Penal,* São Paulo, Malheiros, 3ª ed., 2ª tir., 1994.

INACARATO, Márcio Antonio. "Atribuições do Ministério Público no Código de Processo Penal", *Anais do Congresso do Ministério Público do Estado de São Paulo,* vol. 2, 1971.

—————. "Da conceituação doutrinária e legal do Ministério Público", *Anais do Congresso do Ministério Público do Estado de São Paulo*, vol. 1, 1971.

JARDIM, Afranio Silva. "Ministério Público e o controle da atividade policial", *Revista do Ministério Público do Estado de Sergipe*, ano II, nº 3, pp. 60-68, 1992.

LARENZ, Karl. *Derecho Justo: Fundamentos de Etica Juridica*, trad. Luis Díez-Picazo, Madrid, Civitas, 1993.

LEITE, Eduardo de Oliveira. *A Monografia Jurídica*, Porto Alegre, Sérgio Fabris, 1985.

LEMOS JÚNIOR, Artur Pinto de. "O controle da polícia e os crimes cometidos por seus integrantes", *Anais do II Congresso do Ministério Público do Estado de São Paulo*, pp. 587-590, São Paulo, Imprensa Oficial, 1997.

—————. "A imprescindibilidade do procedimento investigatório do Ministério Público", *13º Congresso Nacional do Ministério Público*, O Ministério Público Social, Curitiba, Associação Paranaense do Ministério Público – Confederação Nacional do Ministério Público, vol. 1, tomo I, pp. 35-43, 1999.

LIMA, Marcellus Polastri de. *Ministério Público e Persecução Criminal,* Rio de Janeiro, Lumen Juris, 1997.

LOPES JR., Aury Celso L. "A crise do inquérito policial e a investigação controlada pelo Ministério Público", São Paulo, Salesianas, *APMP Revista* nº 30, pp. 35-36, dez-jan, 2000.

LYRA, Roberto. *Teoria e Prática da Promotoria Pública*, Porto Alegre, Sérgio Fabris, 2ª ed., 1989.

—————. *O Ministério Público e o Jury,* Rio de Janeiro, Coelho Branco.

MACHADO, Antonio Claudio da Costa. *A Intervenção do Ministério Público no Processo Civil Brasileiro,* São Paulo, Saraiva, 1989.

MACHADO, Arnaldo de Carvalho; *et alii.* "A atuação do Ministério Público no inquérito policial", São Paulo, APMP, *Justitia* 87:243, 1974.

MANUAL de Atuação Funcional dos Promotores de Justiça do Estado de São Paulo, São Paulo, Procuradoria-Geral de Justiça – Associação Paulista do Ministério Público,1999.

MARQUES, Hugo. "Renan avisa CPI que considera iniciativa da Procuradoria ilegal", *O Estado de S. Paulo*, caderno A, p. 4, 17.4.1999.

MARQUES, José Frederico. *Estudos de Direito Processual Penal,* Rio de Janeiro, Forense, 1960.

—————. *Elementos de Direito Processual Penal,* vol. 1, Rio de Janeiro, Forense.

—————. "A investigação policial. O inquérito policial e a instrução criminal contraditória – interpretação do art. 141, § 25, da Constituição Federal", *RT* 271:20-30.

—————. *Tratado de Direito Processual Penal,* vol. 1, São Paulo, Saraiva, 1980.

MARTINS, Claudia Cristina Rodrigues; FONSECA, Domingos Thadeu Ribeiro da; ALBUQUERQUE, Luís Eduardo Silveira de & KESSLER, Paulo José Kessler. Controle externo da atividade policial e crimes praticados por agentes policiais. *13º Congresso Nacional do Ministério Público*, O Ministério Público Social. Curitiba: Associação Paranaense do Ministério Público – Confederação Nacional do Ministério Público, vol. 1, tomo I, pp. 27-34, 1999.

MARTINS, Eduardo. *O Estado de S. Paulo – Manual de Redação e Estilo,* São Paulo, 1990.

MAZZILLI, Hugo Nigro. *Manual do Promotor de Justiça,* São Paulo, Saraiva, 1987.

—————. *O Ministério Público na Constituição de 1988,* São Paulo, Saraiva, 1989.

—————. *Regime Jurídico do Ministério Público,* São Paulo, Saraiva, 1993.

—————. "Controle externo da atividade policial", *RT* nº 664, fevereiro de 1991.

O MINISTÉRIO PÚBLICO NA INVESTIGAÇÃO CRIMINAL

BIBLIOGRAFIA
EDIPRO

————. "As investigações do Ministério Público", *O Estado de S. Paulo*, p. A2, 3.5.1999.

————. *O Inquérito Civil: Investigações do Ministério Público, Compromissos de Ajustamento e audiências Públicas*, São Paulo, Saraiva, 1999.

MEDAUAR, Odete. *A Processualidade no Direito Administrativo*, São Paulo, Revista dos Tribunais, 1993.

MEDEIROS, Flávio Meirelles. *Do Inquérito Policial*, Porto Alegre, Livraria do Advogado, 1994.

MEHMERI, Adilson. *Inquérito Policial (Dinâmica)*, São Paulo, Saraiva, 1992.

MEIRELLES, Hely Lopes. *Direito Administrativo Brasileiro*, São Paulo, Revista dos Tribunais, 8ª ed., 2ª tir., 1982.

MELLO, Celso Antonio Bandeira. *Curso de Direito Administrativo*, São Paulo, Malheiros Editores, 5ª ed., 1994.

MELLO FILHO, José Celso. "Ministério Público no inquérito policial", *Revista Jurídica do Ministério Público Catarinense* 3:71, 1980.

MENDRONI, Marcelo Batlouni. "A tendência no processo penal moderno", *Anais do II Congresso do Ministério Público do Estado de São Paulo*, p. 579-586, São Paulo, Imprensa Oficial, 1997.

MIGLIARI JÚNIOR, Arthur. *Os crimes falenciais no direito intertemporal*. In: http://www5.mp.sp.gov.br:8080/caocivel/boletim_itens/OS%20CRIMES%20FALEN CIAIS%20NO%20DIREITO%20INTERTEMPORAL.htm.

MIGUEL, João Manuel da Silva & OLIVEIRA, Alberto Augusto Andrade de. "O inquérito e a instrução no projecto do Código de Processo Penal", *Revista do Ministério Público*, Cadernos nº 2, p. 77-103, Sindicado dos Magistrados do Ministério Público, Lisboa, Editorial Minerva, 1988.

MIRABETE, Julio Fabbrini. *Processo Penal*, São Paulo, Atlas, 4ª ed., 1995.

MORAES FILHO, Antonio Evaristo de. "As funções do Ministério Público e o inquérito policial", *Revista Brasileira de Ciências Criminais* 19:104-110, São Paulo, Revista dos Tribunais.

MOREIRA, Rômulo de Andrade. "Ministério Público e poder investigatório criminal", *Revista do Ministério Público do Estado da Bahia* 9:42-50, Salvador, Ciência Jurídica, 1998.

MORTARA, Lodovico. "Pubblico Ministero, istituzioni di ordinamento giudiziario", 1896. Republicada pela *Revista do Ministério Público* n° 67, do Sindicato dos Magistrados do Ministério Público de Portugal (www.smmp.pt/mp67.htm).

NANNUCCI, Ubaldo. "Pubblico Ministero e Polizia Giudiziaria nel processo di parti: interventi prestabiliti", *in Il Pubblico Ministero Oggi*, 18º Convegno di Studio "Enrico de Nicola": Problemi Attuali di Diritto e Procedura penale. Centro Nazionale di Prevenzione e Difesa Sociale, Milano, Giuffré, 1994, pp. 169-178.

NARDINI, Maurício José. "O Promotor de Justiça e a presidência da investigação criminal", *Revista do Ministério Público do Estado de Sergipe*, ano V, n° 9, pp. 51-57, 1996.

NERY JÚNIOR, Nelson. *Princípios do Processo Civil na Constituição Federal*, São Paulo, Revista dos Tribunais, 2ª ed., 1995.

————. *Código de Processo Civil Comentado*, São Paulo, Revista dos Tribunais, 3ª ed., 1997.

NERY, Rosa Maria Barreto Borriello de Andrade. "Notas sobre a Justiça e o Ministério Público no direito da Alemanha Ocidental", São Paulo, APMP, *Justitia* 136:42.

————. *Código de Processo Civil Comentado*, São Paulo, Revista dos Tribunais, 3ª ed., 1997.

NÓBREGA, J. Flóscolo. *Introdução ao Direito*, São Paulo, Sugestões Literárias, 7ª ed., 1987.

NORONHA, E. Magalhães. *Curso de Direito Processual Penal*, São Paulo, Saraiva, 20ª ed., atual. por Adalberto José Q. T. de Camargo Aranha, 1990.

NUCCI, Guilherme de Souza. *Manual de Processo Penal e Execução Penal*, 2ª ed., São Paulo, RT, 2006.

NUNES, Vidal Serrano. "Ministério Público como titular de todo procedimento penal", *6º Congresso Nacional do Ministério Público*, p. 138-148, São Paulo, 1985.

O DELEGADO da Madrugada. *Veja São Paulo*, São Paulo, Abril, ano 32, nº 18, p. 7, 5.5.1999.

O GLOBO. *Manual de Redação e Estilo*, São Paulo, Globo, 7ª ed., 1992.

OLIVEIRA, Alberto Augusto Andrade de & MIGUEL, João Manuel da Silva. "O inquérito e a instrução no projecto do Código de Processo Penal", *Revista do Ministério Público*, Cadernos nº 2, p. 77-103, Sindicato dos Magistrados do Ministério Público, Lisboa, Editorial Minerva, 1988.

PASSOS, Rogério Duarte Fernandes dos. Caso Escola Base: Desrespeito à ética do jornalismo e ao direito, in http://conjur.estadao.com.br/static/text/41958,1.

PEREIRA, Almir de Lima. "O Ministério Público e a legislação pátria", São Paulo, APMP, *Justitia* 87:205, 1974.

PEREYRA, Rita Mill de. "Juicio oral: nuevo rol de los sujetos procesales", *in* BUOMPA-DRE, Jorge Eduardo (coord.). *Derecho Penal, Derecho Procesal Penal: Homenaje a Carlos Alberto Contreras Gómez*, p. 291-302, Buenos Aires, Abeledo-Perrot, 1997.

PIERANGELLI, José Henrique. *Processo Penal: Evolução Histórica e Fontes Legislativas*, São Paulo/Bauru, Jalovi (Edipro), 1983.

PIETRO, Maria Sylvia Zanella Di. *Direito Administrativo*, São Paulo, Atlas, 3ª ed., 1992.

PIMENTA BUENO, José Antonio. *Apontamentos sobre o Processo Criminal Brasileiro*, São Paulo, Revista dos Tribunais, edição anot. atual. e complem. por José Frederico Marques, 1959.

PINHEIRO, Daniela & LIMA, Maurício. "Dom Nicolau, Lau, Lau, Lau, Lau", *Revista Veja*, São Paulo, Abril, nº 1.595, pp. 44-46, de 28.4.1998.

PITOMBO, Sergio Marcos de Moraes. "Procedimento administrativo criminal, realizado pelo Ministério Público", *Boletim do Instituto Manoel Pedro Pimentel, n. 22, jun.-ago. 2003*.

POLÍCIA não apura maioria dos crimes, *O Estado de S. Paulo*, Caderno Especial: "Violência, a cidade com medo", p. H9, 15.4.1999.

PONTES DE MIRANDA. "Processo administrativo disciplinar ou tributário", *in Comentários à Constituição de 1967*, v. 5, p. 222-223.

PORFÍRIO, Fenando. Escola Base: Folha é condenada a pagar R$ 250 mil a donos da escola, in http://conjur.estadao.com.br/static/text/37004,1.

PORTO, Hermínio A. Marques. "Ministério Público como fiscal da Polícia Judiciária e da Execução Penal – Corregedoria da Polícia Judiciária e Corregedoria da Execução Penal", *Anais do Congresso do Ministério Público do Estado de São Paulo*, vol. 1, 1971.

POZZO, Antonio Araldo Ferraz Dal. "Democratização da Justiça – Atuação do Ministério Público", São Paulo, APMP, *Justitia* 127:42-49.

PRADEL, Jean & CASORLA, Francis. *Code de Procédure Penale*, Paris, Dalloz, 37ª ed., 1995.

PROENÇA, Luís Roberto. "Participação do Ministério Público no Processo Civil nos Estados Unidos da América", *in* FERRAZ, Antonio Augusto de Mello Camargo Ferraz (coord.), *Ministério Público: Instituição e Processo*, São Paulo, Atlas – IEDC, 1997.

O MINISTÉRIO PÚBLICO NA INVESTIGAÇÃO CRIMINAL
BIBLIOGRAFIA

PROCURADORIA Geral da República de Portugal. "Evolução do Ministério Público", *Internet*: www.pgr.pt.

REIS, Alberto dos. *História do Ministério Público. Organização Judicial* (1905). Republicada na *Revista do Ministério Público* nº 66, do Sindicato dos Magistrados do Ministério Público. *Internet*: www.smmp.pt/mp66.htm.

REMÉDIO, Alberto Esteves. "Sobre o inquérito e o projecto de Código de Processo Penal", *Revista do Ministério Público*, Cadernos nº 2, 00. 105-113, Sindicato dos Magistrados do Ministério Público, Lisboa, Editorial Minerva, 1988.

ROCHA, Luiz Carlos. *Organização Policial Brasileira*, São Paulo, Saraiva, 1991.

ROLIM, Waldir. "Supervisão da investigação criminal pelo Ministério Público no direito comparado", *Revista Forense* 302:3.

RUBIO, José María Paz *et alii. Ley de Enjuiciamiento Criminal y Ley del Jurado*, Madrid, Colex, 7ª ed., 1995.

SABELLA, Ludgero Francisco. "O Ministério Público e o combate ao crime organizado", *Anais do II Congresso do Ministério Público do Estado de São Paulo*, pp. 555-559, São Paulo, Imprensa Oficial, 1997.

SABELLA, Walter Paulo. "Atividade policial: controle externo pelo Ministério Público", São Paulo, APMP, *Justitia* 154:10, 1991.

SALGADO, Ubirajara do Mont'Serrat Faria. "Atuação direta e direção efetiva do Ministério Público em todas as fases da persecução penal", *Anais do Congresso do Ministério Público do Estado de São Paulo*, vol. 2, 1971.

SANTIN, Valter Foleto. "A Legitimidade do Ministério Público no Processo Penal", *XXV Seminário Jurídico dos Grupos de Estudos, Bauru, São Paulo*, Associação Paulista de Ministério Público, 1997, *Internet*: www. apmp.com.br, estudos institucionais, artigos.

————. "A reengenharia do Ministério Público: alguns aspectos", in *Anais do II Congresso do Ministério Público do Estado de São Paulo*, São Paulo, Imprensa Oficial, pp. 379-386, 1997, *Internet*: www.apmp.com.br, estudos institucionais, artigos.

————. "Comissão Interamericana de Direitos Humanos: legitimação e competência", *APMP Revista* 21:31-37, São Paulo, agosto de 1998.

————. "A participação do Ministério Público e do cidadão na política de Segurança Pública", *13º Congresso Nacional do Ministério Público*, O Ministério Público Social, Curitiba, Associação Paranaense do Ministério Público – Confederação Nacional do Ministério Público, vol. 1, tomo I, pp. 1-8, 1999.

————. "A Investigação criminal e o acesso à justiça", *Revista Jurídica da UNIRON-DON*, Cuiabá, Unirondon, 2001, vol. 1, pp. 51-70; *Revista dos Tribunais* v. 792, outubro de 2001, p. 464-476.

————. *Controle judicial da segurança pública: eficiência do serviço na prevenção e repressão ao crime*, São Paulo, RT, 2004.

SANTIN, Valter Foleto; MENDRONI, Marcelo Batlouni & FABBRINI, Renato Nascimento. "Relatório das propostas elaboradas pela Subcomissão de Estudos do Anteprojeto sobre investigação policial" in *Propostas de Reforma do Código de Processo Penal*, Ministério Público do Estado de São Paulo. São Paulo, Procuradoria-Geral de Justiça, 2001, pp. 4-13.

SILVA, Aloisio Firmo Guimarães da; *et alii.* "A investigação criminal direta pelo Ministério Público", São Paulo, *Boletim IBCCRIM* 66, maio de 1998, e, *Revista Eletrônica Teia Jurídica*, *Internet*.

SILVA, Eduardo Araujo da. "Da aproximação de um conceito de crime organizado e seus reflexos práticos na atuação do Ministério Público", in *Anais do II Congresso do Ministério Público do Estado de São Paulo*, São Paulo, Imprensa Oficial, p. 561-566, 1997.

342 · VALTER FOLETO SANTIN
EDIPRO BIBLIOGRAFIA

――――. "Sistema Britânico de Persecução Criminal", *Revista do Ministério Público do Estado de Sergipe*, ano VI, nº 10, VI, p. 71-75, 1996.

SILVA, João Estevam da. "Polícia, Corregedoria da Polícia Judiciária e o controle externo da atividade policial como uma das funções institucionais do Ministério Público", *RT* 670:382-387, agosto de 1991.

――――. "Ministério Público não deve se limitar ao desejo da polícia", *RT* 699:434-435, janeiro de 1994.

SILVA, José Afonso da. *Aplicabilidade das Normas Constitucionais*, 4ª ed. rev. e atual., São Paulo, Malheiros, 2000.

SILVA, Octacílio Paula. *Ministério Público*, São Paulo, Sugestões Literárias, 1981.

SIMON, John Anthony. "Considerações sobre o Ministério Público americano", *Revista dos Tribunais*, v. 640, p. 8, São Paulo, 1989.

SIRACUSA, Francesco. *Il Pubblico Ministero, parte generale*. Torino: Unione Tipografico-Editrice Torinese, 1929.

SMANIO, Gianpaolo Poggio. "A Reforma do sistema penal", São Paulo, *Ministério Público Paulista*, maio/junho de 1995.

SOUZA, Gilson Sidney Amancio de. "Prisão em flagrante – Garantia constitucional de assistência da família e de advogado", *RT* 678:277-279, abril de 1992.

SZNICK, Valdir. "O Ministério Público no Direito italiano", *RT* 499:276.

――――. "Da conceituação doutrinária e legal do Ministério Público", *Anais do Congresso do Ministério Público do Estado de São Paulo*, vol. 1, 1971.

――――. "Ombudsman e Ministério Público -- Defensor Público na Constituição", *7º Congresso Nacional do Ministério Público*.

TERRAZ, Regina. "Delegado do caso Escola Base vai para o Denarc", *O Estado de S. Paulo*, p. C3, 4.12.1999.

TONINI, Wagner Adilson. "Defensorias e contraditório informal nos procedimentos iniciais de polícia judiciária", *Boletim IBCCrim* 61:16, dezembro de 1997.

TORNAGHI, Hélio. *Curso de Processo Penal*, vol. 1, São Paulo, Saraiva, 5ª ed. rev., 1988.

――――. *Instituições de Processo Penal*, vol. 2, São Paulo, Saraiva, 1978.

TOURINHO FILHO, Fernando da Costa. *Processo Penal,* vol. 1, São Paulo, Saraiva, 12ª ed., 1990.

TUCCI, Rogério Lauria. *Ministério Público e investigação criminal*, São Paulo, RT, 2004.

TUCCI, Rogério Lauria & CRUZ E TUCCI, José Rogério. *Constituição de 1988 e Processo: Regramentos e Garantias Constitucionais do Processo*, São Paulo, Saraiva, 1989.

――――. *Devido Processo Legal e Tutela Jurisdicional*, São Paulo, Revista dos Tribunais, 1993.

TRONCI, Francesco. *Sul Pubblico Ministero,* Cagliari, Tipografia A. Timon, 1862.

VELLANI, Mario. *Il Pubblico Ministero nel Processo,* vol. 1, Bologna, Nicola Zanichelli Editore,1965.

ÍNDICE
ALFABÉTICO-REMISSIVO

C = Capítulo • S = Seção • Item • [Página]

A

ACESSO À JUSTIÇA
- Investigação: C II, S II, 5 [62] e 6 [69]; C VII, S II, 1 [246]

ADVOGADO
- Ampla defesa e contraditório: C IV, S II [147] e III [158]
- Atuação da defesa na investigação criminal: C V, S II [173]
- Defesa na investigação criminal: C V, S II, 3 [175]
- Participação na investigação criminal: C V, S II, 3 [175], 4 [178] e 5 [179]

ALEMANHA
- Ministério Público: C III, S IV, 3.2 [120]
- Noções gerais: C III, S IV, 3.1 [119]

AMPLA DEFESA
- Contraditório e devido processo legal: C IV, S II [147] e III [158]
- Procedimento: C IV, S III, 2 [160, 3 164]
- Processo: C IV, S II, 3 [152] e 5 [156]
- Sistemas processuais: C III, S I [89]
- Vide contraditório

ARGENTINA
- Código Nacional: C III, S III, 2.1 [109]
- Código Provincial: C III, S III, 2.1. [109]
- Comunicação de crimes ao MP: C VI, S III, 6 [233]
- Direção das investigações pelo MP: C III, S III, 2.1 [109]; C VI, S III, 7 [235]
- Ministério Público: C III, S III, 2.2 [111]

AVOCAÇÃO
- Investigações: C VI, S III, 8 [239]

B

BÉLGICA
- Juizado de Instrução: C III, S II, 2.3 [99]
- Ministério Público: C III, S II, 2.2 [98]
- Noções gerais: C III, S II, 2.1 [97]

BOLÍVIA
- Comunicação de crimes ao MP: C VI, S III, 6 [233]
- Direção das investigações pelo MP: C VI, S III, 7 [235]
- Novo Código: C V, S I, 3 [170]

C

CAMINHOS DO MINISTÉRIO PÚBLICO BRASILEIRO

— Avocação das investigações: C VI, S III, 8 [239]

— Comunicação de crimes (recebimento de): C VI, S III, 6 [233]

— Direção, supervisão e controle da investigação: C VI, S III, 7 [235]

— Liderança no combate ao crime e prioridades: C VI, S III, 1 [222]

— Pedidos de prisões: C VI, S III, 5 [232]

— Política criminal e discricionariedade: C VI, S III, 3 [227]

— Prevenção de crimes e política de segurança pública: C VI, S III, 2 [224]

— Processo legislativo (participação): C VI, S III, 4 [229]

CIDADÃO

— Papel no Processo Penal: C V, S I, 1 [167] e 4 [172]

CINGAPURA

— Ministério Público: C VI, S III, 3 [227], 4 [229] e 7 [235]

COLÔMBIA

— Fiscalia Geral da Nação: C III, S II, 4.2 [103], 4.2.1 [104]

— Ministério Público: C III, S II, 4.2 [103], 4.2.2 [104]

— Noções gerais: C III, S II, 4.1 [102]

CONTRADITÓRIO

— Ampla defesa e devido processo legal: C IV, S II [147] e III [158]

— Contraditório mitigado: C V, S II, 3 [175]

— Defesa do investigado: C V, S II [173]

— Procedimento: C IV, S III, 2 [160], 3 [164] e 4 [165]

— Processo: C IV, S II, 3 [152] e 4 [154]

— Sistemas processuais: C III, S I [89]

— Vide ampla defesa

CONTRADITÓRIO NO EXTERIOR

— Alemanha: C III, S IV, 3 [119]

— Argentina: C III, S III, 2 [109]

— Bélgica: C III, S II, 2 [97]

— Colômbia: C III, S II, 4 [102]

— Espanha: C III, S III, 1 [108]

— Estados Unidos da América: C III, S IV, 5 [125]

— França: C III, S II, 1 [93]

— Inglaterra: C III, S IV, 4 [122]

— Itália: C III, S IV, 1 [114]

— México: C III, S II, 5 [105]

— Paraguai: C III, S IV, 6 [130]

— Peru: C III, S III, 3 112]

— Portugal: C III, S IV, 2 [116]

— Uruguai: C III, S II, 3 [100]

CONTROLE DA POLÍCIA

— Controle externo: C II, S III, 1 [73] e 2 [74]

— Controle interno: C II, S III, 1 [73]

— Controle pela sociedade: C II, S III, 2.2 [76]

— Controle pelo Judiciário: C II, S III, 2.1 [74] e 5 [85]

— Controle pelo Ministério Público: C II, S III, 2.3 [77], 3 [78], 4 [82] e 6 [87]

— Finalidades do controle externo: C II, S III, 3 [78]

— Razões para o aumento da participação do Ministério Público: C VII, S IV, 2 [281]

CORÉIA DO SUL

— Ministério Público: C VI, S III, 7 [235]

CRIME

— Ciência pelo Ministério Público belga: C III, S II, 2 [97]

— Ciência pelo Ministério Público francês: C III, S II, 1 [93]

— Ciência pelo Ministério Público italiano: C III, S IV, 1 [114]

— Ciência pelo Ministério Público paraguaio: C III, S IV, 6 [130]

— Conhecimento do fato pelo Ministério Público: C VI, S III, 6 [233]

— Prevenção de crimes e política de segurança pública: C VI, S III, 2 [224]

D

DEFESA

— Ampla defesa e contraditório: C IV, S II [147] e III [158]

O MINISTÉRIO PÚBLICO NA INVESTIGAÇÃO CRIMINAL

ÍNDICE ALFABÉTICO-REMISSIVO

— Atuação na investigação criminal: C V, S II [173]

— Vide advogado, ampla defesa e contraditório

DEVIDO PROCESSO LEGAL

— Ampla defesa e contraditório: C IV, S II [147] e III [158]

— Processo administrativo: C IV, S II, 6 [157]

DIREÇÃO DA INVESTIGAÇÃO CRIMINAL

— Alemanha: C III, S IV, 3 [119]

— Argentina: C III, S III, 2 [109]

— Bélgica: C III, S II, 2 [97]

— Cingapura: C VI, S III, 7 [235]

— Colômbia: C III, S II, 4 [102]

— Coréia do Sul: C VI, S III, 7 [235]

— Espanha: C III, S III, 1 [108]

— Estados Unidos da América: C III, S IV, 5 [125]

— França: C III, S II, 1 [93]

— Inglaterra: C III, S IV, 4 [122]

— Itália: C III, S IV, 1 [114]

— Japão: C VI, S III, 7 [235]

— México: C III, S II, 5 [105]

— Ministério Público: C VI, S III, 7 [235]

— Paraguai: C III, S IV, 6 [130]

— Peru: C III, S III, 3 [112]

— Polícia: C VII, S I, 1 [241]

— Portugal: C III, S IV, 2 [116]

— Uruguai: C III, S II, 3 [100]

DIREITOS HUMANOS

— Convenção Interamericana de Direitos Humanos: C V, S II, 3 [175]

DISCRICIONARIEDADE DO MINISTÉRIO PÚBLICO

— Alemanha: C III, S IV, 3 [119]

— Bélgica: C III, S II, 2 [97]

— Cingapura: C VI, S III, 3 [227] e 7 [235]

— Discricionariedade regrada: C VI, S III, 3 [227]

— Estados Unidos da América: C III, S IV, 5 [125]

— França: C III, S II, 1 [93]

— Inglaterra: C III, S IV, 4 [122]

— Paraguai: C III, S IV, 6 [130]

E

ESPANHA

— Fase de instrução e de Juízo: C III, S III, 1.2 [108] e 1.3 [109]

— Noções gerais: C III, S III, 1.1

ESTADOS UNIDOS DA AMÉRICA

— Ministério Público: C III, S IV, 5.2 [126]

— Noções gerais: C III, S IV, 5.1 [125]

EXCLUSIVIDADE DA POLÍCIA NA INVESTIGAÇÃO CRIMINAL

— Inexistência de exclusividade: C II, S III, 3 [78] e 6 [87]

— Universalização da investigação criminal: C II, S III, 5 [85]; C VII, S IV, 2.3 [283]

F

FRANÇA

— Juizado de Instrução: C III, S II, 1.4 [96]

— Ministério Público francês: C III, S II, 1.3 [94]

— Noções gerais: C III, S II, 1.1 [93]

— Polícia francesa: C III, S II, 1.2 [94]

H

HIERARQUIA ENTRE MINISTÉRIO PÚBLICO E POLÍCIA

— Alemanha: C III, S IV, 3.3 [120]

— Argentina: C III, S III, 2 [109]

— Bélgica: C III, S II, 2 [97]

— Cingapura: C VI, S III, 7 [235]

— Colômbia: C III, S II, 4 [102]

— Coréia do Sul: C VI, S III, 7 [235]

— Estados Unidos da América: C III, S IV, 5 [125]

— França: C III, S II, 1 [93]

— Itália: C III, S IV, 1 [114]

— México: C III, S II, 5 [105]

— Paraguai: C III, S IV, 6 [130]

— Peru: C III, S III, 3 [112]

346
EDIPRO

— Portugal: C III, S IV, 2 [116]

— Sistemas processuais: C III, S I [89]

— Supervisão do Ministério Público: C VII, S VI, 5 [299]; C VII, S VII, 3 [302] e 4 [303]

HISTÓRIA DA INVESTIGAÇÃO CRIMINAL

— Atualidade: C I, S I, 3 [27]

— Egito, Grécia e Roma: C I, S I, 1 [21]

— Igreja e invasores: C I, S I, 2 [24]

— Ordenações do Reino: C I, S I, 3 [27]

I

IMPRENSA E MEIOS DE COMUNICAÇÃO

— Atuação na investigação criminal: C V, S III [183]

INGLATERRA

— Investigação e ação penal: C III, S IV, 4.4 [124] e 4.5 [125]

— Ministério Público: C III, S IV, 4.3 [123]

— Noções gerais: C III, S IV, 4.1 [122]

— Polícia: C III, S IV, 4.2 [123]

INVESTIGAÇÃO CRIMINAL

— Cidadão: C V, S I, 1 [167] e 4 [172]

— Coadjuvação (cooperação): C VII, S VII, 3 [302]

— Definição: C I, S II, 1 [30]

— Escritura da investigação: CI, S II, 4 [33]

— História: C I, S I [21]

— Imprensa na investigação: C V, S III [183]

— Inexistência de exclusividade de investigação: C II, S II, 6 [69]

— Inquérito policial: C I, S III, 1 [34]

— Instrumentos de investigação: C I, S II, 3 [32]

— Juiz na investigação: C V, S IV [188]

— Ministério Público: C VII, S I, 2 [251]; C VII, S II [246] e III [277]; C VII, S IV, 2 [281]

— Modalidades de investigação: C I, S II, 2 [31]

— Noções: C I [21]

— Termo circunstanciado: C I, S III, 2 [38]

VALTER FOLETO SANTIN
ÍNDICE ALFABÉTICO-REMISSIVO

— Sistema atual e mudança: C VII, S I, 1 [241]; C VII, S VI [294]

— Vítima: C V, S I, 1 [167], 2 [168] e 3 [170]

— Universalização da investigação criminal: C II, S II, 6 [69]

INVESTIGAÇÃO CRIMINAL NO EXTERIOR

— Alemanha: C III, S IV, 3 [119]

— Argentina: C III, S III, 2 [109]

— Bélgica: C III, S II, 2 [97]

— Cingapura: C VI, S III, 3 [227] e 7 [235]

— Colômbia: C III, S II, 4

— Coréia do Sul: C VI, S III, 7 [235]

— Espanha: C III, S III, 1 [108]

— Estados Unidos da América: C III, S IV, 5 [125]

— França: C III, S II, 1 [93]

— Inglaterra: C III, S IV, 4 [122]

— Itália: C III, S IV, 1 [114]

— Japão: C VI, S III, 7 [235]

— México: C III, S II, 5 [105]

— Paraguai: C III, S IV, 6 [130]

— Peru: C III, S III, 3 [112]

— Portugal: C III, S IV, 2 [116]

— Uruguai: C III, S II, 3 [100]

INVESTIGAÇÃO CRIMINAL PELO MINISTÉRIO PÚBLICO

— Coadjuvação (cooperação): C VII, S VII, 3 [302]

— Doutrina contrária: C VII, S II, 2.6 [276]

— Doutrina favorável: C VII, S II, 2.5 [271]

— Distanciamento do Ministério Público: C VII, S I, 2 [245]

— Hipóteses de atuação do Ministério Público: C VII, S III [277]

— Hipóteses de mudança do sistema atual: C VII, S VI [294]

— Inexistência de exclusividade policial: C II, S II, 6 [69]

— Instrumentos de investigação: C I, S II, 3 [32]

— Jurisprudência: C VII, S II, 2.1 [252], 2.2 [257], 2.3 [265] e 2.4 [267]

— Modalidades de investigação: C I, S II, 2 [31]

O MINISTÉRIO PÚBLICO NA INVESTIGAÇÃO CRIMINAL
ÍNDICE ALFABÉTICO-REMISSIVO

— Mudança constitucional: C VII, S VI, 6 [299]

— Possibilidade jurídica pelo Ministério Público: C VII, S II [246]

— Razões para a participação do Ministério Público: C VII, S IV, 2 [281]

— Resolução do CNMP: C VII, SII, 1.1 [249]

— Sistema atual: C VII, S I, 1 [241]

— Universalização da investigação criminal: C II, S II, 5 [62]

INVESTIGAÇÃO EXTRAPOLICIAL

— Características dos instrumentos: C I, S IV [42]

— Inquéritos, procedimentos e processos administrativos: C I, S IV, 1 [42]

— Inquérito ou processo judicial: C I, S IV, 2 [46]; C V, S IV, 2 [189] e 4 [194]

— Peças de informação particulares: C I, S IV, 5 [48]; C V, S I [167], II [173] e III [183]

— Procedimento administrativo do Ministério Público: C I, S IV, 3 [46]

— Procedimento de investigação parlamentar: C I, S IV, 4 [47]

INVESTIGAÇÃO POLICIAL

— Características dos instrumentos: C I, S III [34]

— Investigação e ação penal: C III, S IV, 4.4 [124] e 4.5 [125]

— Inquérito policial: C I, S III, 1 [34]

— Inquérito policial militar: C I, S III, 3 [42]

— Sistema atual: C VII, S I, 1 [241]

— Termo circunstanciado: C I, S III, 2 [38]

ITÁLIA

— Investigação e ação penal: C III, S IV, 1.2 [115], 1.3 [115], 1.4 [116] e 1.5 [116]

— Ministério Público: C III, S IV, 1.2 [115]

— Noções gerais: C III, S IV, 1.1 [114]

— Polícia: C III, S IV, 1.3 [115]

J
JAPÃO

— Ministério Público: C VI, S III, 7 [235]

JUIZ

— Controle da investigação do Ministério Público: C VII, S V, 5 [292]

— Função do juiz no sistema acusatório: C V, S IV, 1 [188]

— Inconstitucionalidade do poder investigatório do juiz: C V, S IV, 3 [192]

— Investigações judiciais: C V, S IV, 2 [189] e 4 [194]

JUIZADO DE INSTRUÇÃO

— Argentina: C III, S III, 2 [109]

— Bélgica: C III, S II, 2.3 [99]

— Espanha: C III, S III, 1 [108]

— França: C III, S II, 1.4 [96]

— Sistema acusatório sem juizado de instrução: C III, S I, 4 [92]

— Sistema misto clássico: C III, S I, 2 [90]

— Sistema misto com juizado de instrução contraditório: C III, S I, 3 [91]

— Uruguai: C III, S II, 3 [100]

JURISPRUDÊNCIA SELECIONADA

— Superior Tribunal de Justiça: C VII, S II, 2.2 [257]

— Supremo Tribunal Federal: C VII, S II 2.1 [252]

— Tribunal Regional Federal: C VII, S II, 2.3 [265]

— Tribunal de Justiça: C VII, S II, 2.4 [267]

M

MÉXICO

— Ministério Público: C III, S II, 5.2 [105]

— Noções gerais: C III, S II, 5.1 [105]

MINISTÉRIO PÚBLICO BRASILEIRO

— Avocação das investigações: C VI, S III, 8 [239]

— Ação penal: C VI, S II [217]

— Caminhos do Ministério Público: C VI, S III [222]

— Comunicação de crimes (recebimento de): C VI, S III, 6 [233]

— Conceito e formato constitucional: C VI, S I, 2 [198]

— Direção, supervisão e controle da investigação: C VI, S III, 7 [235]

- Distanciamento das investigações criminais: C VII, S I, 2 [245]
- Espécies: C VI, S I, 7 [213]
- Funções exclusivas e concorrentes: C VI, S I, 5 [210]
- Funções típicas e atípicas: C VI, S I, 5 [210]
- Garantias e prerrogativas dos órgãos: C VI, S I, 4 [210]
- Hipóteses de atuação investigatória e de mudança: C VII, S III [277] e VI [280]
- Liderança no combate ao crime e prioridades: C VI, S III, 1 [222]
- Mecanismos e instrumentos na fase preliminar: C VII, S V [286]
- Origem, funções e estrutura: C VI, S I [195]
- Papel na ação penal e na investigação criminal: C VI, S II [217]
- Pedidos de prisões: C VI, S III, 5 [232]
- Política criminal e discricionariedade: C VI, S III, 3 [227]
- Possibilidade jurídica de investigação criminal: C VII, S II [246]
- Prevenção de crimes e política de segurança pública: C VI, S III, 2 [224]
- Princípios institucionais: C VI, S I, 3 [205]
- Procedimento administrativo investigatório: C VII, S V, 4 [289]
- Processo legislativo (participação): C VI, S III, 4 [229]
- Razões para participação nas investigações: C VII, S IV, 2 [281]
- Supervisão do Ministério Público: C VII, S VI, 3 [297]; C VII, S VII [301]
- Vantagens e desvantagens da participação nas investigações: C VII, S IV [280]

MINISTÉRIO PÚBLICO NO EXTERIOR

- Alemanha: C III, S IV, 3 [119]
- Argentina: C III, S III, 2 [109]
- Bélgica: C III, S II, 2 [97]
- Cingapura: C VI, S III, 3 [227] e 7 [235]
- Colômbia: C III, S II, 4 [102]
- Coréia do Sul: C VI, S III, 7 [235]
- Espanha: C III, S III, 1 [108]
- Estados Unidos da América: C III, S IV, 5 [125]
- França: C III, S II, 1 [93]
- Inglaterra: C III, S IV, 4 [122]
- Itália: C III, S IV, 1 [114]
- Japão: C VI, S III, 7 [235]
- México: C III, S II, 5 [105]
- Paraguai: C III, S IV, 6 [130]
- Peru: C III, S III, 3 [112]
- Portugal: C III, S IV, 2 [116]
- Uruguai: C III, S II, 3 [100]

P

PARAGUAI

- Juiz penal: C III, S IV, 6.3 [131] e 6.4 [132]
- Ministério Público: C III, S IV, 6.3 [131] e 6.4 [132]
- Noções gerais: C III, S IV, 6.1 [130]
- Polícia nacional: C III, S IV, 6.2 [130]

PERU

- Ministério Público: C III, S III, 3.2 [113]
- Noções gerais: C III, S III, 3.1 [112]

PODER DE POLÍCIA

- Poder de polícia (limitações administrativas): C I, S V, 1 [48]
- Poder de polícia no processo penal: C I, S V, 2 [50]

POLÍCIA

- Características: C II, S I [51]
- Controle interno e externo: C II, S III [73]
- Co-participação do Ministério Público nas investigações: C VII, S VII, 4 [303]
- Divisão constitucional atual: C II, S II, 2 [56]
- Divisão tradicional: C II, S II, 1 [55]
- Espécies de polícia e destinação: C II, S I, 4 [53]
- Funções de polícia: C II, S II [55]
- Hierarquia na supervisão do Ministério Público: C VII, S VI, 5 [299]; C VII, S VII, 3 [302] e 4 [303]
- Hipóteses de mudança do sistema de investigação: C VII, S VI [294]

O MINISTÉRIO PÚBLICO NA INVESTIGAÇÃO CRIMINAL

ÍNDICE ALFABÉTICO-REMISSIVO

EDIPRO

- Inexistência de exclusividade de investigação criminal: C II, S II, 6 [69]
- Polícia de investigação criminal: C II, S II, 3 [59]
- Polícia de segurança pública: C II, S II, 2 [56]
- Polícia judiciária: C II, S II, 3 [59] e 4 [61]
- Privada: C II, S I, 5 [54]
- Sistema atual de investigação criminal: C VII, S I, 1 [241]
- Supervisão do Ministério Público: C VII, S VI, 3 [297]; C VII, S VII [301]
- Universalização da investigação criminal: C II, S II, 6 [69]

POLÍCIA DE INVESTIGAÇÃO CRIMINAL

- Características: C II, S II, 3 [59]
- Distinção da função de polícia judiciária: C II, S II, 3 [59] e 4 [61]
- Inexistência de exclusividade da polícia na investigação criminal: C II, S II, 6 [69]
- Polícia de segurança pública: C II, S II, 2 [56]
- Polícia judiciária: C II, S II, 3 [59] e 4 [61]
- Universalização da investigação criminal: C II, S II, 6 [69]

POLÍCIA DE SEGURANÇA PÚBLICA

- Características: C II, S II, 2 [56]
- Distinção das funções de investigação e de polícia judiciária: C II, S II, 3 [59]
- Divisão constitucional atual: C II, S II, 2 [56]
- Divisão tradicional: C II, S II, 1 [55]
- Espécies de polícia e destinação: C II, S I, 4 [53]
- Funções de polícia: C II, S II [55]
- Polícia de investigação criminal: C II, S II, 3 [59]
- Polícia de segurança pública: C II, S II, 2 [56]
- Polícia judiciária: C II, S II, 3 [59] e 4 [61]

POLÍCIA JUDICIÁRIA

- Características: C II, S II, 3 [59] e 4 [61]

- Distinção da função de polícia de investigação criminal: C II, S II, 3 [59] e 4 [61]
- Divisão constitucional atual: C II, S II, 2 [56]
- Divisão tradicional: C II, S II, 1 [55]
- Exclusividade de polícia judiciária: C II, S II, 4 [61] e 6 [69]
- Função de cooperação: C II, S II, 4 [61]
- Polícia de investigação criminal: C II, S II, 3 [59], 5 [62] e 6 [69]
- Polícia de segurança pública: C II, S II, 2 [56]
- Universalização da investigação criminal: C II, S II, 5 [62]

PORTUGAL

- Ministério Público: C III, S IV, 2.2 [117] e 2.3 [118]
- Noções gerais: C III, S IV, 2.1 [116]

PROCEDIMENTO ADMINISTRATIVO

- Ampla defesa e contraditório: C IV, S III, 2 [160], 3 [164] e 4 [165]
- Características: C IV, S I, 1 [137]
- Direitos constitucionais: C IV, S III [158]
- Investigação criminal: C IV, S I, 4 [142]
- Ministério Público (do): C VII, S V, 3.2 [288] e 4 [289]
- Publicidade e sigilo: C IV, S III, 1 [158]
- Sindicância e inquérito: C IV, S I, 5 [146]

PROCEDIMENTO ADMINISTRATIVO DO MINISTÉRIO PÚBLICO

- Características: C VII, S V, 4 [289]
- Controles judicial e administrativo: C VII, S V, 5 [292]
- Resolução do CNMP: C VII, S II, 1.1 [249]

PROCESSO ADMINISTRATIVO

- Ampla defesa, contraditório e devido processo legal: C IV, S II [147]
- Características: C IV, S I, 1 [137]
- Investigação criminal: C IV, S I, 2 [138]
- Processo administrativo e garantias constitucionais: C IV, S II [147]

PROCESSO JUDICIAL

— Características: C IV, S I, 1 [137]

— Investigação criminal: C IV, S I, 3 [139]

PROCURADOR DA REPÚBLICA

— Vide Ministério Público

PROCURADOR DE JUSTIÇA

— Vide Ministério Público

PROMOTOR DE JUSTIÇA

— Vide Ministério Público

PUBLICIDADE E SIGILO

— Direito de informação da defesa: C V, S II, 2 [174]

— Procedimento administrativo investigatório: C IV, S III, 1 [158]

— Sistema acusatório sem juizado de instrução: C III, S I, 4 [92]

— Sistema misto clássico: C III, S I, 2 [90]

— Sistema misto com juizado de instrução contraditório: C III, S I, 3 [91]

S

SEGURANÇA PÚBLICA

— Participação do Ministério Público: C VI, S III, 2 [224]

— Ministério Público Mexicano: C III, S II, 5.2 [105]

SISTEMA ACUSATÓRIO COM JUIZADO DE INSTRUÇÃO CONTRADITÓRIO

— Argentina: C III, S III, 2 [109]

— Características: C III, S I, 3 [91]

— Espanha: C III, S III, 1 [108]

— Júri: C III, S V, 3 [134]

— Peru: C III, S III, 3 [112]

SISTEMA ACUSATÓRIO SEM JUIZADO DE INSTRUÇÃO

— Alemanha: C III, S IV, 3 [119]

— Brasil: C III, S V [133]

— Características: C III, S I, 4 [92]

— Estados Unidos da América: C III, S IV, 5 [125]

— Itália: C III, S IV, 1 [114]

— Inglaterra: C III, S IV, 4 [122]

— Paraguai: C III, S IV, 6 [130]

— Portugal: C III, S IV, 2 [116]

SISTEMA DE INVESTIGAÇÃO CRIMINAL

— Atual: C VII, S I, 1 [241]

— Hipóteses de mudança do sistema de investigação: C VII, S VI [294]

SISTEMA MISTO CLÁSSICO

— Bélgica: C III, S II, 2 [97]

— Características: C III, S I, 2 [90]

— Colômbia: C III, S II, 4 [102]

— França: C III, S II, 1 [93]

— México: C III, S II, 5 [105]

— Uruguai: C III, S II, 3 [100]

SISTEMAS PROCESSUAIS PENAIS

— Classificação e características: C III, S I [89]

— Sistema acusatório sem juizado de instrução: C III, S I, 4 [92]

— Sistema misto clássico: C III, S I, 2 [90]

— Sistema misto com juizado de instrução contraditório: C III, S I, 3 [91]

— Sistema processual ideal (acusatório): C III, S V [133]

SUPERVISÃO DO MINISTÉRIO PÚBLICO

— Co-participação da polícia nas investigações: C VII, S VII, 4 [303]

— Hierarquia: C VII, S VII, 3 [302]

— Investigação criminal: C VII, S VII [301]

— Situação da polícia: C VII, S VI, 2 [295]; C VII, S VII [301]

— Supervisão dirigente das investigações: C VII, S VII [301]

— Vide Direção da investigação pelo Ministério Público

U

UNIVERSALIZAÇÃO DAS INVESTIGAÇÕES

— Inexistência de exclusividade da polícia: C II, S II, 6 [69]

— Participação do Ministério Público nas investigações: C VII, S IV, 2.3 [283]

— Princípio: C II, S II, 5 [62]; C VII, S IV, 2.3 [283]

URUGUAI

— Noções gerais: C III, S II, 3.1 [100]

— Tendência de modelo acusatório: C III, S II, 3.2 [101]

V

VÍTIMA
— Papel no Processo Penal: C V, S I, 1 [167], 2 [168] e 3 [170]

GRÁFICA PAYM
Tel. (011) 4392-3344
paym@terra.com.br